愛上小雨人

自閉症參與融合教育完全手冊

Paula Kluth 著
黃惠姿、林銘泉 譯

This is a translation of

"You're Going to Love This Kid ! "：Teaching Students with Autism in the Inclusive Classroom

by Paula Kluth

with invited contributors

目　錄

作者簡介 .... ❸
譯者簡介 .... ❹
推薦序 .... ❺
作者序 .... ❻
致謝 .... ⓬
黃序 .... ⓮
譯者序 .... ⓰

• 第一章 •
自閉症的定義 1

• 第二章 •
認識融合教育 37

• 第三章 •
教師的角色：支持融合教育的態度、信念與行動 69

• 第四章 •
與學生的家人建立聯結
與 Eileen Yoshina 合著 91

• 第五章 •
營造舒適的學習環境 121

• 第六章 •
友誼、社交關係與歸屬感 145

• 第七章 •
建立學生的溝通技能、能力及與他人的關係 173

• 第八章 •
看見自閉症學生的讀寫能力：不只是看得見的文字 217

• 第九章 •
重新思考行為的意義：正向教導與支持學生行為的方法 247

• 第十章 •
融合教學法：學生異質性高的班級課程設計 297

• 第十一章 •
教學策略：激勵學生、幫助學生與讓全部學生參與的教學方法
與 Christi Kasa-Hendrickson 合著 347

• 第十二章 •
融合學校中的協作與合作 389

參考書目 423
索引 439

（正文頁邊數字係原文書旁碼，供索引檢索之用）

作者簡介

Paula Kluth，哲學博士，現為美國紐約州錫拉丘茲（Syracuse）市錫拉丘茲大學教學與領導學系的助理教授。Kluth 教授由哈佛大學教育政策碩士畢業後，取得威斯康辛大學的特殊教育博士學位。她以前是一名特殊教育老師，曾經任教於融合班級，並極力推廣融合教育，她在小學與中學都有教學與研究的經驗。其專長與研究興趣著重在多元層次教學，和重度障礙學生參與融合班級的相關議題。

本書中的其他作者

Christi Kasa-Hendrickson，哲學博士，現為美國錫達福爾斯（Cedar Falls）的北愛荷華大學特殊教育學系的助理教授。Kasa-Hendrickson 教授在紐約州錫拉丘茲市的錫拉丘茲大學取得博士學位，之前是一位致力於融合教育的國小教師。

Eileen Yoshina，教育碩士，是一位作家與教育工作者，目前於華盛頓州奧林匹亞的普吉特灣（Puget Sound）社區大學教導寫作課程，並著手進行以年輕人為對象的第一本小說。Yoshina 女士自哈佛大學人類發展與心理學教育碩士畢業，曾於融合小學擔任普通教育老師，在她的教學與教育著述中，透露著她對融合與社會正義的信念與努力。

譯者簡介

黃惠姿

政大國貿系，英國蘭開斯特大學管理研究所畢。英國菠茲矛斯大學心智障礙心理學學士後證照。曾任台中十方啟能中心融合教育資源服務教師，有輔導自閉症與唐氏症兒童參與學前融合與學齡融合的經驗。現從事相關領域之翻譯工作。

林銘泉

政大國貿系畢。現於新加坡從事國際貿易工作。喜愛語言與文學，工作之餘從事翻譯工作。

推薦序

Paula Kluth 或許是寫這本有關如何在公立學校支持自閉症學生的最佳人選。在我想得到的人當中，沒有人比她更清楚教育最重要的三個準則。

第一個準則是說話前，先聽聽別人怎麼說。我所謂的聽並不是做個樣子而已，而是像在聽一個很重要的秘密那樣，認真地傾聽。第二個準則是要愛學生。所謂的愛，並不是像媽媽愛孩子或主人愛寵物那樣，而是兩個人彼此相互扶持、患難與共、有福同享的那種愛。第三個準則呢，就是沒有任何準則。這並不是說什麼都不重要，而是人真的太重要了，而無法訂定出完全符合學生需求的準則。

總之，歡迎大家讀這本精彩的好書。在你讀完之後，你將會知道，對那些有幸遇到你的學生來說，你可以帶給他們很大的幫助。

Eugene Marcus

錫拉丘茲，紐約州

作者註：Eugene Marcus 是一位自閉症患者，他認為他有他的權益，而其他每個人無論有無身心障礙，也都有他們的權益。他是錫拉丘茲融合學校系統培養出來的學生，現在任教於錫拉丘茲大學，與其他老師協同教學一些課程；他同時也是促進溝通學會的會員。Marcus 先生用了他自己的溝通方式—— 促進溝通法，寫了很多篇文章和做了一些研究。並且，他經常就溝通、融合教育、自閉症與身心障礙者的權益等相關議題，發表演講。

作者序

在我教學生涯的第一天早上，學校裡的行政人員告知我，我將負責教導一個六歲的自閉症學生，他的名字叫作 Jacob，然後他給了我一堆文件資料讓我看。我看到那一大疊的報告、能力評量、觀察記錄、臨床評估、作品範例和標準化測驗結果時，著實嚇了一大跳，我無法相信這麼小的小孩，竟能有這麼多的「證件」。當我在看那些資料時，我先是覺得吃驚，然後是不安，最後甚至感到害怕。那一疊 Jacob 的檔案資料裡頭，都是他缺乏學習能力的記錄，文件中詳細記載了 Jacob 具挑戰性的行為、能力缺陷和溝通問題等，我看得暈頭轉向而不知所措。那時的我才二十二歲，才剛從師資預備課程結業，只上過一兩堂有關自閉症的課，並且幾乎全都忘光了。

在我還來不及跟同事抱怨，或悄悄地從後門溜走之前，學校的廣播器傳來了我的名字，叫我到學校的辦公室報到，我很不情願地穿過走廊走向辦公室，結果卻在半路遇到一位笑容滿面又活力充沛的行政主管——Patrick Schwarz 博士，他抓住我的肩膀跟我說：「啊，你以後就是 Jacob 的老師嘍，真是太好了，你很快就會愛上這個孩子的！」

這位鼓舞人心的學校主管，對 Jacob 的評價，或我後來跟這個小朋友的相處情況所做的預測，真是再正確不過了。在接下來的幾年裡，Schwarz 博士、校長、Jacob，還有其他普通教育的同事和學校裡的其他學生，大家齊心協力營造了一個融合的校園環境，在一年級的班級中實施了融合教育。剛開學的前幾週，我們遇到了很多問題，但學校社區中的所有成員都團結起來，大家一起為這個小朋友開創了成功經驗。學校的行政人員調整了 Jacob 班上的課程表，以滿足 Jacob 的需求，讓Jacob可以在早上到校不久後，就有一段課間休息時間；Jacob班上的同學努力地學習 Jacob 所使用的溝通系統；老師們設計了一些教材和編排了一些課程，努力地激發這個新學生的興趣與提高他的參與；Jacob的家人分享了他們對Jacob的經驗與了解，並提供意見幫助老師讓 Jacob 在這所新學校裡感到自在；而 Jacob 則每天努力地認識新朋友、學習班級常規和參與課堂學習。

雖然 Jacob 沒有口語能力，而且有時候會出現一些具挑戰性的行為，還需要很多不同的調整安排才能參與課堂與學習，但他很快就能全面地參與學校的作息，並且過程都很順利。我也因為這個充滿活力、超乎尋常又非常特別的六歲小男孩，學會了如何當一個老師，不只是自閉症學生的老師，同時也是融合班級中，其他所有有障礙與沒有障礙學生的老師。

很明顯地，這個故事中有一個很重要的關鍵人物，就是那位行政主管 Patrick Schwarz 博士。他正面的態度與鼓舞人心的舉動，影響了我對 Jacob 的印象，激發我以全面性的角度來認識學生，更促使我進一步研究有關自閉症、行為支持、技能教學、溝通需求與課程發展等相關主題的知識。

很遺憾地，Schwarz 博士所抱持的觀點與態度似乎很少見。教導自閉症學生所使用的主要模式，都是採行實證的觀點，著重在學生的能力缺陷與病症，過去如此，目前則仍在繼續。Jacob 的檔案資料就是這種模式的具體寫照，而很多教育文獻、大專院校用書和大眾傳播媒介，也都是以這種模式，把自閉症介紹給正在接受師資培育課程的老師（Cowley, 2000; Hallahan & Kauffman, 1994; Leaf & McEachin, 1999; Lovaas, 1981; Maurice, Green, & Luce, 1996; Scheuermann & Webber, 2001）。

我相信這個 Jacob 的故事是一個很適當的例子，可以讓大家看到教導自閉症學生的另一種方式。Schwarz博士教導Jacob的方式，是以正向、個別化和融合式的思想觀念出發，而不是只看到學生的需求、障礙與困難。這個真實的故事讓我們看到了，當教育工作者把學生當作學校社區的一員，把融合教育看作是每一個學生都可以參與的機會，並且體認到「融合」是在每一個學生的每一天中進行的事情，而不是只適用於某些學生的特殊事件時，自閉症學生參與融合教育是有可能成功的。

這本書在規劃課程、設計一個安全而舒適的學習空間、提供學生溝通的機會，以及理解並支持學生的挑戰性行為方面，提供了許多具體的例子。透過觀察學生在教室與學校內的情形，還有我自己在小學和中學任教的經驗，發現了一些實用的方法，可以幫助教育工作者為自閉症系列症的學生，營造一個安全、能激發學習動機，並且能夠參與學習的校園環境。全書各章都著重在幫助學校和老師，提供自閉症系列症學生所需的支持，讓他們能夠成功參與學術領域的課程、學校作息與社交活動等。

本書包含十二個章節。每一章談論一個不同的學校議題／架構（如課程規劃、團隊合作等），並舉一些具體的例子，說明如何在融合學校與融合班級中，提供自閉症學生所需的支持。

我在第一章列舉了各種自閉症的定義，並試著加入自閉症、亞斯勃格症，與其他相關病症患者的親身經歷作為補充。

第二章我以描述什麼是融合教育作為開始，並提供了老師與學校主管一些關於融合教育的做法的資訊，國小、國中都適用。另外，我還在這一章列舉了特教相關法規。

第三章談到教師的角色，在這一章中，我探討了一些支持融合教育永續發展的價值觀念與信念。

第四章是由 Eileen Yoshina 與我合著，本章強調要重視學生家人的聲音，並提供了一些方法，幫助老師以尊重而有意義的方式，與學生的媽媽、爸爸、兄弟姊妹和其他家庭成員共同合作。

在第五章裡頭，我分享了一些具體的策略，幫助老師營造一個正向、安全而又舒適的學習環境。您可以在本章找到一些布置教室與規劃空間的做法，還有一些有關控制與調整教室裡的光線、聲音、溫度與味道的資訊。

第六章談到了如何營造班級團體和支持融合班級中所有學生的社交關係發展。另外，本章還詳細地闡述了自閉症患者在人際關係方面，所經歷的一些困難。

支持學生與他人溝通是很重要的工作。如果教導融合班級的老師，希望能為學生發展出更好的課程與教學，或找到更有效、更能同理學生需求的方式來看待和處理學生的行為，或者想要更進一步認識學生的社交需求，那就要引導學生「說出心聲」。第七章即提出了幾種不同的方法，可以在融合班級中促進與支持學生與人溝通。另外，這一章也談到了各種不同的輔助與替代性溝通系統。

雖然有越來越多的自閉症學生進到普通班級中學習，但是他們還是常常被隔離在豐富而有意義的讀寫經驗之外，比如閱讀與寫作、讀書會、角色扮演與話劇表演、寫日記，以及全班或分組討論等活動。在第八章我探討了自閉症學生為什麼沒有接受他們需要學習，或應該學習的讀寫技能課程的原因，並且探究了幾種不同的方法，可以讓教育工作者促進自閉症學生在讀寫能力上的發展。

第九章談論的重點是行為的議題。在這一章中，我從另一個角度來探討行為的意義。我認為要了解某個行為，一定要了解行為發生時的情境，並且在解讀行為時，一定要非常小心，而不是只是檢討如何終止或處理學生的行為。整個章節都建議以正向的方式支持學生的各種行為。

第十章提供給教育工作者一些課程規劃的工具與架構，這些工具與架構同時適用自閉症與其他相關障礙的學生，以及融合班級中的其他所有學生。文中，我提供了適用各種不同學校和各種不同學生的課程規劃步驟。

第十一章談的是「教學策略」，由一位曾經於小學任教的教育學教授 Christi Kasa-Hendrickson 與我合著。這章是一些在教室中測試過的教學方法，有適用全班學生的，也有適用少數幾個學生的，或適用在學習材料、日常指導或課程等方面，需要一些額外或特殊支持的個別學生。

第十二章的重點在於團隊合作。真正致力推廣融合教育的老師，需要借重他人的專業與支持，這一章即提供了一些建議，讓教育工作者能與其他所有的團隊成員一起合作，還提供了一些幫助教育工作者在教室內合作的秘訣。

我相信這本書是很獨特的，因為大部分有關教導自閉症學生的書籍都如下：

- 沒有涵蓋適用於現今學生異質性高的融合式班級所需的實用資訊或建議。
- 從醫療模式與／或能力缺陷的角度看待自閉症與其他自閉症系列症的學生；也就是說，大部分的著作都著重在探討自閉症的診斷與限制。
- 把溝通、行為與學習方面的問題，看作是「學生本身」的問題，而沒有考量到情境因素與關係互動的影響。
- 缺乏自閉症與其他自閉症系列症患者及其家人的觀點、想法與建議。

而《愛上小雨人》這本書，則是：

- 專門針對融合教育。
- 把融合看作既是一種意識形態，也是一種教學法。
- 提出一種以同理的角度看待與理解自閉症學生的新方法。
- 強調如果提供適當而具創造性的支持，融合班級中的自閉症學生即能夠參與課程與教學。
- 包含了對老師、行政人員與學校內的其他職員（如治療師、輔導員、義工等）有幫助的原則、方法與策略。

- 十分重視自閉症與自閉症系列症患者的聲音。

在我跟學校和大學裡的同事談話的過程中發現，很多國小和國中經驗豐富的老師，都知道要怎麼把有學習障礙、智能障礙、情緒障礙與肢體障礙的學生，融入普通教育的班級中，但卻仍然不清楚要怎麼在這些相同的環境與學習活動中，支持與教導自閉症的學生。這本書就是為那些致力於融合教育，並尋求一些問題解答的教育工作者而寫。

參考書目

Cowley, G. (2000, July 23). Understanding Autism. *Newsweek*.

Hallahan, D., & Kauffman, J. (1994). *Exceptional children: Introduction to special education*. Boston: Allyn & Bacon.

Leaf, R., McEachin, J., Harsh, J.D., & Boehm, M. (1999). *A work in progress: Behavior management strategies and a curriculum for intensive behavioral treatment of autism*. New York: DRL Press.

Lovaas, O.I. (1981). *Teaching developmentally disabled children: The ME book*. Austin, TX: PRO-ED.

Maurice, C., Green, G., & Luce, S.C. (1996). *Behavioral intervention for young children with autism: A manual for parents and professionals*. Austin, TX: PRO-ED.

Scheuermann, B., & Webber, J. (2001). *Autism: Teaching does make a difference*. Florence, KY: Wadsworth Publishing.

致謝

在本書的醞釀與寫作過程中，我得到很多人的幫助。首先，我要感謝我教過的學生，特別是Jason、Andrew、Franklin、Paul、Caleb、Kelsey、Michael，和他們的家人。你們是最早讓我認識什麼是自閉症的人。

還有其他很多患有自閉症的朋友與同事，讓我認真思考「正常」與「身心障礙」的意義，包括 Mark Van Boxtel、Barb Moran、Jamie Burke、Jon Micheal、Christie Sauer、Roy Bedward、Sean Sokler，與Hesham Khater。還有一些自閉症患者的家人，也都非常慷慨地撥出他們的時間與精力來幫助我，他們的經驗與教給我的知識對我是極其寶貴的。

我要感謝在伊利諾州 Orland 公園的 Kruse 教育中心裡工作的行政人員、老師、輔助性專業人員和職員。那裡的老師教我如何教導自閉症學生，和擬定這本書裡所提到的教學策略。我特別要感謝 Barbara Schaffer 與 Peg Sheehan 在我教學生涯裡的第一年所提供的幫助。也要感謝 Patrick Schwarz 博士，他就是那個跟我說「你會愛上這個小雨人！」的人。在威斯康辛州維羅納（Verona）的 Stoner Prairie 小學裡任教的同事，也讓我學到很多如何教導能力與需求各不相同的學生的知識。在此我要謝謝二年級的教學團隊，特別是 Erin DiPerna。

很多前輩幫助我在自閉症與融合教育方面的想法成形。本書是根據Lou Brown博士與Alice Udvari-Solner博士的觀念與文章所寫成的。我對自閉症的想法也受 Sue Rubin、 Eugene Marcus、Anne Donnellan 博士、Douglas Biklen 博士與 Mayer Shevin 博士的影響。我很感謝他們的指導與教授，並從事對於自閉症、課程與教學、教育政策、特殊教育與身心障礙研究有正面影響的工作。此外，這篇感謝辭絕不能漏掉錫拉丘茲大學學生的努力與創新。我與這些未來教育工作者的教學互動，為本書提供了很多寫作的題材。我很感激這些學生所提出的好問題，和每天在公立學校所從事的變革推動工作。

謝謝閱讀我的草稿，並給我一些發人深省的建議的朋友們，Kelly Chandler、Tracy Knight、Gail Gibson、Matt Grant、Kathy Kurowski、Lori Micheal、Bernie Micheal、Janna Woods、Sally Young、Nancy Rice、Christi Kasa-Hendrickson 與 Eileen Yoshina，你們每個人都為這本書提供了獨特而重要的素材。

我的母親 Mary 花了好幾個月的時間來閱讀這本書。有超過一年的時間，她給了我很多很有幫助的回饋與體貼的鼓勵，並提出了很多啟發我思考的好問題。這十年來，我的姊姊 Victoria 一直鼓勵我要寫這本書，我謝謝她對這本書與對我的信心。我也要感謝 Todd 提出很好的方案企劃，和在技術上提供我很多的協助，還有他極度的體貼與智慧。

感謝 Barry Prizant 為這本書做不只一次的檢閱，並提出具深刻見解的意見。最後，我要感謝 Paul H. Brookes 出版社的職員為這本書所投入的時間與關心。謝謝 Melissa Behm、Rebecca Lazo、Elaine Niefeld、Jessica Reighard、Lisa Yurwit、Leslie Eckard、Rebecca Torres 與 Amy Kopperude。你們對我真的很有耐心，並給了我很多幫助。另外，我要特別感謝前編輯 Lisa Benson 邀我並說服我來寫這本書。

我還要感謝那些有自傳作品問世，和與大家分享他們親身經驗的每一位自閉症患者。沒有你們的看法與意見，這本書與其他類似的讀物，都不可能出版印行。

黃序

融合教育的理想與現實

「安排自閉症孩子與社區中一般孩子在同一個教室裡上課，讓自閉兒能從同學身上學到社會技巧、增加溝通能力、改善行為品質」，這是大多數自閉兒家長心中的理想。

然而到了教室中，隨著上課日子的增加，困難可能漸次浮現。原本熱情相助的同學們可能開始有抱怨：「老師，他沒有問我就拿我的東西。」「老師，他一直搖椅子、一直笑，害我不能專心。」……；原本就憂心不安的老師可能更加擔心：「我沒有帶過特殊學生的經驗。」「我還有三十多個學生，沒有辦法兼顧到特殊學生的需要。」……；原本願意愛心接納的同學家長可能態度動搖：「老師要特別照顧他，分給我孩子的時間就變少了。」「那位特殊學生會妨礙我孩子的受教權。」……；原本鼓足勇氣的自閉兒家長可能加深挫折：「我是不是太樂觀了？」「我是不是該把他轉到特教班？」

「融合教育」絕不是把自閉兒放在普通班就可以；「自閉兒能從同學身上學到社會技巧、增加溝通能力、改善行為品質」這個夢想從不會理所當然地發生。

「融合教育」是要將特殊教育服務帶到學生身邊；「融合教育」需要一些教學方法與策略來提供特殊教育服務；「融合教育」不只對特殊需求學生有益、更對所有學生有益。

本書作者詳細描述她在公立學校中推動融合教育的操作細節，完整涵括了對自閉症學生學習特質的了解、普通教師與特教老師的角色與分工、與家長的連結與合作、學校行政的協同支持。難得的是她引述了許多自閉症學生的觀點，這是我們很難獲得、常會忽略的意見。

書中所描述理想的校園場景，其實在台灣也真實地存在著：「十方啟能中心」與台中市軍功國小、光正國小、東山國中合作的融合教育方案，堅持推動了八年，不只支持了包括自閉症在內的特殊需求學生順利就學，更形塑了一個「肯定學生優勢、接納多元價值、重視人格教育」的校園文化。本書譯者黃惠姿老師即曾是這個融合教育合作團隊的重要成員。本書作者寫到「每一個獲致『出乎意料』成功的典型例子，老師都相信他們的學生是有學習能力的，並且都採行了很多做法，來實現他們的想法」，正是黃惠姿老師與軍功國小、光正國小、東山國中及十方啟能中心的老師們身體力行的寫照。

閱讀本書，讓我不斷有「原來如此」的領悟和「心有同感」的興奮。

期待透過此書，能給參與自閉症學生教育老師、父母和學校清楚的信念與有效的方法，教導自閉症學生為「獨立生活」的生涯目標累積更多能力。

黃穎峰

＊黃穎峰：自閉症家長、台中市自閉症教育協進會常務理事、中華民國自閉症總會常務理事、十方啟智文教基金會董事、軍功國小家長會長、秀傳紀念醫院主治醫師。

譯者序

第一次愛上小雨人是在台中十方啟能中心剛擔任融合教育資源服務老師不久。那時，我班上的四個寶貝蛋還在一所幼稚園參與學前融合。有一天，當我跟全部小朋友蹲在地上一起穿鞋準備到戶外參加晨間活動時，我的一個自閉症學生用他所學到引起他人注意的方法，托起我的下巴說：「溜滑梯」三個字，向我表達他想去玩溜滑梯的意願，並徵詢我的同意。從那一刻起，我就深深地愛上了可愛的小雨人，愛他們全無矯飾的單純；當然有時候會為他們不明所以的行為感到頭痛，但也卻常被他們可愛的行徑，搞得啼笑皆非。

在翻譯這本書的過程中，我常感嘆未能早點看到這本書，如果能早點看到這本書，我就可以更了解我的學生，也就能更有效地幫助他們了。本書作者以其親身豐富的經歷，提供了許多深具創意的教學策略與方法，並且常以不同的角度，引導讀者重新看待自閉症及自閉症患者的能力與障礙。書中充滿許多豐富而實用的資訊和深入且不落窠臼的見解，每每與我自身的教學經驗相互印證，讓我有幸逢知音的感覺。更特別的是，作者生動地引用了許多自閉症患者本身及其家人的經驗與心聲，讓讀者能更深入而正確地了解患者，不像一般談論自閉症的書籍，只見專家的觀察與研究，卻缺乏所謂「局內人」的觀點。

國內的融合教育尚未制度化，卻已有許多有心人士為推廣融合教育不遺餘力。現在國內有越來越多特殊兒童進入普通班級參與融合教育，這本書能提供班上有自閉症學生的教師很大的幫助，自閉症的家長和其他相關的專業人員也都能從書中汲取有用的資訊。書中所提供支持學生的觀念與方法，不只適用於接受融合教育的自閉症學生，在其他教育模式中學習的自閉症學生，甚至是其他有特殊需求的學生，也都能因老師採行這些觀念與做法而受益。

能順利翻譯完這本書，首先要感謝我的自閉症學生，他們真的是我的老師，在教導他們的同時，我也學習成長許多。他們像一面面小鏡子，映照出我的弱點並引領我反思許多既定的、大家視為理所當然的觀念與價值。還要感謝台中十方啟能中心的執行長魏振豐先生，他讓我有機會從事特殊教育工作及接觸融合教育，其對融合教育的堅持與用心十分令我感佩。最後要謝謝我摯愛的老公銘泉，沒有他的支持與鼓勵，翻譯的工作便無法進行；他的參與也讓翻譯的過程充滿樂趣。願此書見證我們的愛情，並將此書獻給在初稿完成時出世的寶貝女兒——林海昕。

黃惠姿

林銘泉

獻給聰慧而有耐心的 Franklin Wilson 老師

和我老師的老師——Pat Wilson

Chapter 1
自閉症的定義

人們不應該把自閉症的孩子
塑造成一點都不像他們的樣子，
應當讓他們學習與成長，
並讓他們對自己的存在感到自在。
他們可以體驗多采多姿的新經驗，來擴展他們的世界；
他們可以讓別人看到他們的世界，成為大家的老師。
（O'Neill, 1997, p. 1）

最近有位教八年級的老師打電話給我，問我關於她班上一位新學生的一些問題。她想要更進一步地了解這個被診斷為自閉症的學生，[1]並且希望班上的其他學生，能夠自在地與這位新同學相處。基於這些因素，她問我如果請一位社工做有關自閉症的簡介，或是讓這位學生的家長來班上回答其他學生對身心障礙的疑問，會不會是個好主意。我問她這位學生是不是能清楚地跟別人溝通，她跟我說可以，這個學生不但會說話，而且還說得很好，參與度也很高。接著，我再問她這位學生的需求與想法，我特別想知道這位自閉症學生，是否想要社工或家長來教室看，她回答說：「我不知道，我沒問她。」

老師太常忘記好好利用這個最重要的資源：自閉症學生本身和他

1 在這本書中，當提到任何與自閉症相關的病症時，我一般都用「自閉症」或「自閉症系列症」這兩個詞彙。所有相關自閉症的資訊、建議、做法與勸告，也都適用於亞斯勃格症、無其他特殊性的廣泛性發展障礙和其他我在這章裡特別提到的一些障礙。

們的家人。我以前有一個同事 Sonny 就曾學到這一課。當他被告知他三年級的班上，即將有一位自閉症學生之後，接連好幾個禮拜，他一直打電話給我，要我給他一本自閉症的教科書，我因為擔心他看完書後會有以下的反應，於是就拒絕了他：⑴當他看完醫學或專業上對自閉症的定義之後，他會擔心自己「不夠格」教導自閉症學生；⑵或是在看完內容之後，會覺得自己已經準備好當一位自閉症專家了。我想，這兩種結果對他的新學生 Ronnie 而言，都不是什麼好消息。

在我想出如何平息 Sonny 的要求之前，他打電話告訴我說，Ronnie的家人已經邀請他一起吃晚餐。這個憂心忡忡的老師接受了邀請，並在他們家花了三個小時來了解 Ronnie。當 Sonny 隔天回到學校時，他對於要當 Ronnie 的老師一事覺得比較有自信了。他把 Ronnie 能運用綜合溝通系統（一系列的信號與手勢）、會玩複雜的電動玩具，和喜歡蓋紙排屋的事情，統統告訴了我。

2 在我的同事把Ronnie當作一個獨立的個體來認識的時候，他就在實踐 Kliewer 與 Biklen 所謂局內人的了解（local understanding），也就是「從根本對一個人深入而詳盡的了解」（2001, p. 4）。這些研究人員宣稱，這種關係上的緊密是相當重要的，因為「它讓處在相對權威或權力位置的人，能看到受觀察者個人獨特的行為，因而理解到一些外圍觀察者不理會或忽視掉的事情」（p. 4）。也就是說，當Sonny以個別的方式去認識 Ronnie，並把 Ronnie 當成一個獨立的個體看待時，會對 Sonny 在提供學生有效的支持很有幫助，並讓他成為 Ronnie 爭取權益的人。當工藝老師說使用電腦教學會對 Ronnie 太困難的時候，Sonny 以 Ronnie 的電玩專長來證明他有解決問題、控制精細動作與綜合思考的能力來反駁這個說法。後來，這位工藝老師同意讓Ronnie 上他的課，而且很高興 Sonny 與 Ronnie 證明了他是錯的。

何謂自閉症？

「什麼是自閉症？」——這是一個老師在得知他（她）的班上將會有一個自閉症學生加入時，最急於知道的事情。要為自閉症下定義是很困難的，因為它的症狀非常複雜，而且也沒有兩個自閉症患者的經驗是相同的。雖然很多自閉症患者有許多共同之處，但是他們卻有更多不同的地方。比如說，有一些自閉症患者很喜歡與人接觸，有一些卻對肢體碰觸感到疼痛；有一些自閉症學生很喜歡與人互動或參與社會情境，有一些則需要比較多獨處的空間與時間；有些人非常愛講話，有些人卻無法使用語言清楚地表達自己。每一個自閉症學生的經驗、技能、能力、興趣、性格、天賦、才能與需求都大不相同，這一點很重要，我們一定要記住。如果你認識一個自閉症的人，你就只是認識「一個」自閉症的人。基於這些原因，我從幾個不同的觀點（different perspectives），來提出幾種關於自閉症的特徵描述，以及對心智障礙的解讀。

專家的說法

我先從最重要、最實用的解釋開始，這些解釋是出自自閉症患者、每天親身經歷身心障礙的專家、能體會障礙感覺的人，和那些努力扭轉社會大眾對正常的看法的人：

> 自閉症不是一種病症，也不是把人困住的「殼」。自閉症的背後並沒有躲著正常的小孩。它是一種生存的方式，且無所不在。它讓每個經驗、感覺、看法、想法、感情、際遇，與存在的每一個面向，充滿著豐富的色彩。它是無法跟存在分隔開來的，若把它抽離了，那他就不再是你原來所認識的那個人了。（Sinclair, 1993, p. 1）

我們活在一個表象比真實更真的世界裡。我只能說，我不需
3 要手術來讓我更真實，就如同一個美麗的女人不需要整容來讓她更美麗。但我對自己的認知，與她對自己的認知，是比較接近童話故事而不是所謂的真實。想要變成跟別人一樣的渴望，並沒有讓小木偶Pinocchio變成真人，反倒讓他變成一隻笨驢。而父母想要治癒孩子的自閉、遲緩或強迫行為的渴望，會讓他們離解決問題的真正答案越來越遠，因為抱持著「當我恢復正常的時候，我就是真實的」這種想法的人，只會「近乎」真實，永遠也不會完全真實的。（Marcus, 1998, p. 2）

自閉症意味著醒著的時候，必須時時刻刻注意我的感覺；自閉症意味著一離開房間，就要擔心別人批評我，說些難聽的話；自閉症意味著沒有約會的週末、沒完沒了的孤單，和只能看著電視的週六夜晚；自閉症意味著無法融入同儕的社交關係。但是就我而言，自閉症也意味著有一個記得住所有人生日的好記憶力、講話清晰及擁有特殊才能。總之，我寧可是個自閉症，而不要是個正常人。（Ronan, 節錄自Gillingham, 1995, p. 90）

就某些層面而言，自閉症可以說是好，也可以說是不好，端看你怎樣看待它們。比如說，如果你因為一直看你的腳而沒注意到紅綠燈，注意力過於集中於某一些事物確實是個問題；但就另一面來說，對一些必須在有限時間內完成的工作，注意力極端集中就是個很棒的技能，這個特點特別適合自由業或電腦工作。

我從不去爭辯自閉症全是好的，或只是與眾不同。我的確發

覺我的自閉症是障礙，但那並不表示自閉症就完全不好，也不表示我想被治癒，或許我對自己不全然感到滿意，但並不表示我想變成另一個人。（Molton, 2000）

一腳踩在社會的裡面，
一腳踩在社會的外面，
這就是亞斯勃格症的世界。
我有時候會想——為什麼是我，
有時候又覺得，這是最好的生存方式。
跟其他人有點不一樣，
會讓你覺得自己是次等的；
沒有人真的了解，
我們的生活是多麼的艱難與辛苦。
我外表看起來就跟其他小朋友一樣，
但就是有那麼點不一樣，
讓我變得野蠻而未開化。（Royal, 節錄自 Attwood, 1998, p. 42）

我相信自閉症是大自然的傑作，而不是人類心智出了錯的悲劇性產物，有很多的自閉症患者，都可說是未被發掘的天才。（O'Neill, 1999, p. 14）

上面這些自閉症患者所提出的解釋，其中有一點最值得我們注意的是，有很多自閉症系列症的患者，都以自閉症所帶給他們的天賦來為自閉症下定義。這並不是說，自閉症所帶給每一個患者的經驗都是正面的；事實上，有很多患者都表示，自閉症有時令他們感到非常艱
辛與痛苦。不過，為了讓大家看到傳統看待自閉症的角度，常常與患 4
者本身對自閉症的認知有很大的出入，我特別列舉了一些正面的解

釋。想一想下面這幾段，一些自閉症與亞斯勃格症患者從「障礙／能力」的角度，來看待他們天分的一些說法：

> 我喜歡與眾不同。相較於正常，我更喜歡有亞斯勃格症。對於我喜歡它的什麼，我並沒有具體的解釋。我只是覺得亞斯勃格症的人，看待事情的角度跟一般人不一樣，而且他們比平常人看得更清楚。（Hall, 2001, p. 15）

> 我們可以描述一些別人無法描述的狀況；我們可以告訴你一些難以理解的感覺，和一些神秘的味道；我們還可以非常深入地告訴你，我們最迷戀的事物所具有的錯綜複雜的細節。（Willey, 2001, p. 29）

> 當我走在路上看著地面時，注意到了腳邊有一些動靜，我看到蟬兒爬出洞外的最後一刻。我看著它在我眼前從不起眼的棕綠色小蟲，蛻變成夾雜著翠綠色與金黃色的美麗生物，整個蛻變的過程只花了一個半小時。我那時聽到人們說我瘋了，站在大太陽底下一個半小時，只為了看著一隻蟲子。我覺得是他們瘋了，他們選擇不站在太陽底下看，而錯失了分享如此美麗而令人興奮的經驗。（Lawson, 1998, p.115）

醫學模式

一直到2003年這本書出版發行的時候，在生物學上都還沒有任何有關自閉症的註記；所以，自閉症現存的分類與說明，是根據學者、研究人員與醫學界的判斷與意見所建構出來的，並在文化上被複製。簡單地說，以下的定義與分類只是「代表專家學者努力對發展中的兒童，可能會遇到的問題所提出的歸類與思考」（Contract Consultants,

IAC, 1977, p. 8），這些定義與分類是有限制的，只能就個別學習者及其需求提供很有限的資訊。一個學生的課程、教學、評量與支持，不應該被他的標記所主導，學生的教學計畫應該根據他（她）個人的特質與能力來擬定；不過，身心障礙的標記可以成為老師了解學生需求的一個起始點。

自閉症系列症異常

自閉症通常是指「一系列的異常」，也就是一種有各種症狀，且症狀的程度各不相同的疾病。自閉症是於 1940 年代美國精神病專家 Leo Kanner 首次提出，是第三種最常見的發展障礙，僅次於心智遲緩與腦性麻痺。有一些資料來源指出，每一萬個孩童當中，就有二至七個自閉症（參照 Fombonne, 1999）；不過，一份來自美國疾病預防控制中心的報告則顯示，在美國的某些地區，自閉症的比例可能高至每一千人當中，就有二至三個自閉症。

雖然自閉症的診斷，大多數都要等到孩子四歲甚至更大時才能確定，但自閉症的症狀一般會在三歲之前就顯現，而男孩得自閉症的機率是女孩子的四到五倍（Powers, 1989）。

傳統上，自閉症的定義是源自醫學文獻上的術語，根據一本專為 5
心智異常的診斷與分類提供指導方針的參考書——《心理異常診斷統計手冊》（*Diagnostic Statistical Manual of Mental Disorders-Fourth Edition-Text Revision*, DSM-IV-TR）（American Psychological Association, 2000），自閉症患者在以下至少一項的領域中，出現「遲緩或功能不正常」：

- 社會互動。
- 溝通。
- 行為（比如說狹隘的、反覆的、刻板的行為）、興趣與活動的模式。

下表 1-1 提供了美國精神醫學會對自閉症所訂的更詳盡的診斷標準。

表 1-1　美國精神醫學會對自閉症所下的定義

一、在以下三方面當中，總共有六項以上的情形，第一方面至少兩項，第二與第三方面至少一項以上：

(一)在社會互動方面的障礙，有至少下列兩項的情形：

1. 在運用下列數種非語言的行為上，有顯著的障礙：例如在用以規範社會互動的眼睛注視、面部表情、身體姿勢和手勢等。
2. 不能建立與其發展程度相當的同儕關係。
3. 缺乏自發性地尋求與人分享喜悅、興趣或成就（例如：不會攜帶、展示與指出其所感興趣的物品）。
4. 缺乏社會或情感的互動。

(二)在溝通方面的障礙，至少有下列一項的情形：

1. 口語發展遲緩或毫無語言（且不會嘗試經由其他的溝通管道來加以補救，例如手勢或啞劇動作）。
2. 就已發展出適當語言的兒童來說，他們在與人交談時，仍有明顯的困難開啟話頭或延續交談。
3. 刻板或反覆地使用語言，或者使用其個人獨特的語言。
4. 缺乏與其發展程度相當的各種自發性的假扮遊戲或社會性的模仿遊戲。

(三)在狹隘、重複與刻板的行為、興趣與活動模式方面，有下列至少一項的行為：

1. 偏好一種或多種刻板且狹隘的興趣模式，其興趣的強度或集中度是不正常的。
2. 明顯地毫無彈性地執著於某些特定的、非功能性的日常作息或儀式。
3. 刻板而重複的動作習慣（例如：拍手、扭手、扭手指或全身搖動）。
4. 持續地迷戀物品的部件。

二、幼兒在三歲前，於以下各方面有至少一項發展遲緩或功能不正常：

(一)社會互動。

(二)人際溝通所使用的語言。

(三)象徵性或想像性遊戲。

三、無法歸類於雷特氏症與兒童期崩解症的發展障礙。

摘錄自 2000 年之美國精神醫學會出版之《心理異常診斷統計手冊》（p. 75）。

亞斯勃格症候群

亞斯勃格症候群是自閉症系列症中的一種病症。典型的亞斯勃格症候群學生會有溝通差異的問題，很難適應情境的改變與轉換，並對某些領域有著非常濃烈的興趣。這些學生通常有過人的記憶力（例如：對數字、事情與日期），還有很多對數學與科學有特殊的興趣與 6
能力。亞斯勃格症的學生可能有很長的一段時間都沒有被診斷出來，並且很有可能被別人當作古怪或不正常看待。表 1-2 提供了美國精神醫學會對亞斯勃格症更詳盡的診斷標準。

雖然亞斯勃格症候群曾被視為是一種不同於自閉症的身心障礙或

表 1-2　美國精神醫學會對亞斯勃格症候群所下的定義

一、在社會互動方面有質的損傷，有下列項目中至少兩項的表現：
㈠在使用多種非語言行為（例如：眼對眼注視、面部表情、身體姿勢和手勢等）來協助社會互動上有明顯障礙。
㈡不能發展出與其發展水準相稱的同儕關係。
㈢缺乏自發性地尋求與他人分享快樂、興趣或成就（例如：不會攜帶、展示與指出其所感興趣的物品）。
㈣缺乏社交或情感的互動。
二、在狹隘的、重複的與刻板的行為、興趣與活動模式方面，有下列至少一項的行為表現：
㈠偏好一種或多種刻板且狹隘的興趣模式，其興趣的強度或集中度不正常。
㈡明顯地毫無彈性地執著於某些特定的、非功能性的日常作息或儀式。
㈢刻板而重複的動作習慣（例如：拍手、扭手、扭手指或全身搖動）。
㈣持續地迷戀物品的部件。
三、此障礙在臨床上造成社會、職業或其他重要領域功能的重大損害。
四、臨床上沒有明顯的一般性語言遲緩（例如：到兩歲能使用單字、三歲能使用溝通短句）。
五、認知發展、與其年齡相稱的生活自理技能和適應性行為（社會互動除外），以及兒童期對環境的好奇心等發展，臨床上並無明顯遲緩。
六、不符合其他特定的廣泛性發展障礙或精神分裂症的診斷準則。

病症，但現在已經被認為是自閉症的一種變形，不過它有自己的一套診斷標準。有些人將亞斯勃格症描述成「輕度自閉症」，但「輕度」的說法並未考慮到其中的複雜性，雖然亞斯勃格症看起來像是典型的自閉症，但在它們之中仍有一些差異被誤解。Luke Jackson（2002）在他一本資訊非常豐富的書中——*Freak, Geeks and Asperger Syndrome: A User Guide to Adolescence*，質疑「輕度自閉症」的觀念：

> 亞斯勃格症常被形容為一種輕度的自閉症，但是相信我，雖然亞斯勃格症的症狀比自閉症輕很多，但其中有些部分絕不是「輕度的」。當你們讀這本書時，想像你感覺自己像是來自外太空的外星人的日子裡，你覺得自己只是有「輕度的」問題嗎？（p. 21）

Kalen Molton似乎贊同Jackson的想法，她跟大家分享了別人低估了亞斯勃格症病症的程度，在某方面帶給了她很大的壓力：

> 7 不管我們有多高功能，我們還是需要花費很大的心力來面對亞斯勃格症。有些人以亞斯勃格症是「腦筋不正常」的說法來貶低我們，但是「正常但古怪」與「高功能自閉症」之間還是有點不一樣的。我個人認為，這些差異就在於那些特質是否造成障礙。我有一套很好用的「作客模式」，用這個模式可以讓我看起來很正常；但是，長期被迫處於這種狀態之下，會造成我嚴重的虛脫，而事實上也已經造成了。我有時能讓自己看起來幾乎正常，這讓別人誤以為我可以一直都這樣，如果我沒做到，別人就認為我是偷懶、不用心、混水摸魚或故意惹人生氣。可是，沒有人會去要求走鋼絲的人永遠不要下來吧。（2000）

其他與自閉症相關之病症

除了自閉症與亞斯勃格症之外，還有一些病名是用來形容那些有「似自閉症」特徵的病患。有時候有些學生並沒有符合美國精神醫學會的診斷標準，但是他們確實在學習、溝通、行為與其他方面，與一般的學生有差異，也需要那些提供給自閉症與亞斯勃格症學生的類似支持。例如無其他特殊性的廣泛性發展障礙（pervasive developmental disorder-not otherwise specified, PDD-NOS）與兒童期崩解症（childhood disintegrative disorder）就在此列。

雷特氏症（Rett syndrome）、威廉氏症（Williams syndrome）、X 染色體脆折症（fragile X syndrome），與後天性癲癇失語症（Landau-Kleffner syndrome）等，也有一些與自閉症相同的特徵。患有這些病症的學生，也與自閉症患者有一些相同的需求，他們也可以從此書所分享的策略與建議中獲得幫助。

診斷與標記病名：一些需要考量的重點

一些像是自閉症、亞斯勃格症、無其他特殊性的廣泛性發展障礙等病名，是可以很有幫助的。這些病名的標記，可以為患者、家庭、教育工作者與研究人員，提供共同的語言與架構，也可以把他們與這些病症相關的資源、資訊、資金與服務聯結起來。此外，這些病名的標記可以為教育工作者在建立聯結和開啟對話時，提供一個起始點；然而，過分倚賴這些標記會阻礙老師對學生的個別了解，並且造成老師與其他人的誤解，以為病症的分類是不變的、有意義的，或是能充分解釋此病症的，事實上卻不是那麼一回事。所以當我們在確認與使用病名標記時，一定要非常小心。

這些病名在任何時候都有可能更改，而且在很多方面都還是處於實驗性階段，因此，有一些家庭與教授開始用一個比較廣泛性的名詞「自閉症系列症」，來概括與自閉症相關的病症。雖然這個病名也跟其他病名一樣有很多上述的問題，但卻可以幫助教育工作者不要陷入一些錯誤的觀念，以為自閉症、亞斯勃格症、無其他特殊性的廣泛性發展障礙和其他的病症，是屬於截然不同的障礙類別。大家對自閉症了解得越多，各種自閉症之間的差別就越不清楚，而我們每天都在吸收有關自閉症系列症的新知識，到目前為止，可以確定的只有以下三點：⑴我們對於這些障礙的理解只有一點點，我們所不知道的遠多於現在已經知道的（Anne Donnellan, personal communication, May 2, 2002）；⑵在不久的將來，我們會有新的定義、新的術語、新的理解
8 與新的觀念產生；⑶有很多我們現在認為是正確的觀念，以後將會被證明是錯誤的。基於這些原因，我們在為自閉症下定義和確認學生的病名時，一定要意識到一些需要謹慎考量的相關問題，這點很重要。

■想一想：特定的診斷重要嗎？（有多重要？）

談到把自閉症區分為幾個「種類」的好處時，總會有一些爭辯存在。例如，有些人就質疑，另外使用亞斯勃格症這個病名而不用自閉症，是不是就比較好。有些專業人員堅持，在了解學生的需求與特徵，和給予學生適當的支持等方面，使用「正確」的病名是很重要的；但是，病名的標記是需要慎重處理的，我們目前仍無法用明確的醫學測試來診斷自閉症、亞斯勃格症，和無其他特殊性的廣泛性發展障礙等，這些病症的標記，只是依據問卷、評分標準、心理測驗和其他的工具與方法而斷定的。也就是說，在診斷與標記病症時，有非常多的人為判斷與偏見參雜在裡面，這個過程是很主觀的。

我聽過很多家庭為了釐清小孩的病症，而不停地更換專業人員：我的小孩是自閉症嗎？還是亞斯勃格症？還是其他病症？曾經有個媽媽請我去看看她女兒，然後直接問我她女兒是不是患有自閉症或亞斯勃格症。我跟她說，身為一個教育工作者，診斷與測試小孩不是我平常的工作，但我要她告訴我她對她小孩的病症名稱有什麼想法。當我們結束談話的時候，我問她一個問題：當你今天發現你的小孩是自閉症而不是亞斯勃格症，你明天會對她不一樣嗎？

診斷與命名未必能把一些像學生的需求或能力，或教導他（她）最有效的方法等有用的資訊，提供給學生的家人、老師或其他的專業人員。如果學生有行為、溝通或感覺差異，在診斷之後，這些差異還是在他（她）的身上。此外，諸如自閉症、亞斯勃格症，或無其他特殊性的廣泛性發展障礙等病名，並無法預測這些患者會遭遇到什麼樣的障礙，也無法讓學生的家人或老師，預測學生以後的病情或發展情形。

我們可以從評量的結果得知什麼？

有很多專業人員都是根據學生的診斷測驗（diagnostic tests）結果，來假設學生的能力與表現；但是，有種種因素讓很多自閉症的學生，無法順利使用測試工具（testing tools）。有一些學生無法以傳統的方式操作材料、溝通或回應指示；比如說，某一部分的評量可能會要求自閉症的學生「畫出一個三角形」，這個學生可能知道什麼是三角形，但是卻畫不出來，在這種情形下，這個測驗無法反應出這個孩子所知道的，評量人員只知道這個學生無法按照指令畫出三角形。同樣的，某一些評量可能會要求孩子檢視四張照片，然後從中挑出馬的照片，如果這個孩子知道哪張是馬的照片，但卻缺乏明確指出的能力，他（她）就「無法通過」這個項目。很多自閉症的學生都有動作控制方面的困難，所以這些測驗無法讓他們把他們的能力表現出來，很多時候他們會被誤解為是懶惰、緩慢，甚至是有智能障礙。

當我在高中擔任實習老師的時候，學校請我陪一個患有自閉症的 9
學生 Caleb，去參加能力評量測驗。測驗項目當中，有一項是診斷性測驗，所使用的是非口語、多重選項的評量工具，目的在評估他所聽到的字彙，或對所聽到字彙的理解程度。這項測驗要求學生一次看四張照片，回答與照片有關的問題，問題的困難度會逐漸增加。剛開始只是讓他認照片（如：哪張是馬的照片？），接下來的問題開始增加思考的難度，需要受測者知道照片中物體的性能、屬性與用途（如：

吃草的是哪些動物？）。Caleb 幾乎每個項目都無法做到後面比較複雜、難度比較高的問題，幾乎每個項目的前五題就都錯了，因為他無法指出任何答案，而接下來的兩題又都指向「不正確」的照片。在整個評量的過程中，Caleb 一直在座位上搖來晃去，離開座位好幾次，還有把下巴放在照片上兩次。很難去分辨這些動作是出自不舒服、興奮、困惑，或無法按照測驗的要求去做。在測驗的最後一個項目，施測者要求Caleb從四張照片（馬、娃娃屋、雨傘與燈泡）中，指出「燈泡」給她看，Caleb 或許是想試著把照片看得更清楚（他有弱視），就再一次把他的臉靠近照片，然後他抓起眼前的桌燈大力地搖晃。施測者把桌燈從他手中拿開，溫柔地要他繼續做完測驗，再一次要求Caleb「指出燈泡給我看」，而Caleb也再一次抓著桌燈不停地搖晃。

我向施測者解釋，Caleb 可能是在用他唯一能做到的方式指出燈泡給她看。她同意他或許是在用桌燈來表達他的理解，但她解釋她無法確定他真正的意圖。雖然她確實有注意到Caleb對測驗題目的反應，但 Caleb 在這項測驗只得到很低的分數；雖然施測者看到 Caleb 的能力，但下一個人卻只能從測驗結果中看到一些數字。

負責評量的專業人員對學生的認識，有時並不是很清楚，所以對他們的溝通能力與需求也不是很了解，在這種情況下的評量也是有問題的。想一想以下Wendy Robinson的故事，她帶兒子去醫院做評量，結果負責評量的專業人員懷疑她兒子的能力，讓她感覺受到侮辱：

> 我們下一次的轉診，是由一位在小兒科診所兼職，專門評估Grant 這類相似病症的醫生所負責。她問了我很多問題，並給Grant做了一些簡單的測驗。Grant幾乎每一項都錯得很離譜，因為他今天心情不好，所以與他平常的表現截然不同。她問我當我在洗澡或睡前幫他脫衣服的時候，他會把手舉起來嗎？
>
> 「會。」我答道。

「你確定嗎？」她反駁道，「我不相信他做得到。」

當然，大多數的專業人員都是認真盡責的，也了解他們必須和其他專業人員與病患家人充分合作。但就算是敏感度高的教育工作者，也必須要好好想一想，在評量中他們所抱持的價值、信念與期待是什麼。在評量的過程中，每一個人都應該以學生與家庭為中心的團隊模式來合作。此外，我們應該用各式各樣的真實評量工具來評估學生，包括在各種情境中觀察學生的行為，和訪談學生的家庭成員等，並且 10
如果情況允許，也要訪談學生本人。

自閉症定義的主要來源

Gail Gillingham 在她極富洞察力的著作 *Autism: A New Understanding* 中，質疑大多數自閉症定義的建構方式，她認為這些定義最主要的缺點在於，缺少了解情況的自閉症患者所提供的「親身經歷」。她還指出，相較於抑鬱症的定義，自閉症的定義缺乏親身經歷過限制與障礙的患者觀點：

> 當我們審視抑鬱症的診斷標準時，我們發現它包含了有不斷尋死的念頭、對各種活動的興趣或感受到的樂趣顯著地減少，以及覺得自己一無是處等症狀。社交恐懼症的診斷標準則包含對社交情境有顯著而持續的恐懼，這種恐懼是過度而不理性的，以及處在恐懼的情境中會引發焦慮等症狀。這些症狀若沒有考量到患者的真實經驗，是無法被確認出來的。自閉症、亞斯勃格症或無其他特殊性的廣泛性發展障礙的診斷標準，就沒有把患者的真實經驗納入考量了。在美國精神醫學會出版的《心理異常診斷統計手冊》中，完全沒有提到自閉症患者的真實經驗，而是全部由專家學者的觀察來決定診斷的標準。我們有看到溝通障礙嗎？我們有經歷過社會互

> 動困難嗎？那些重複而刻板的行為，是從我們的角度直接觀察與評估的，沒有人曾花時間或精力去把自閉症患者的真實經驗納入診斷標準中，我想這是因為我們不相信他們有能力跟我們分享任何有用的資訊吧。可是，如果大家覺得那些抑鬱症患者或社交恐懼症患者的親身經驗彌足珍貴，為什麼我們不從自閉症身上得到同樣珍貴的資訊呢？我想，缺乏患者提供的親身經驗，會造成整個診斷的過程無法成立，我很想知道自閉症患者會如何改寫《心理異常診斷統計手冊》中對自閉症的診斷標準，如果給他們機會加上他們的意見，我相信診斷的標準將會跟現在不一樣。（2000, p. 169）

的確，美國精神醫學會的《心理異常診斷統計手冊》，以及其他自閉症的標準定義，看起來不但是「局外人」的觀點，而且還太過強調患者的能力缺陷。在查看大部分的自閉症定義時，我們只能知道患者所無法做的事情，對患者可能具有的優勢或能力卻所知無幾。此外，現存自閉症的定義與診斷標準所使用的語言還有另一個問題，據Leary和Hill（1996）指出，診斷性語言（diagnostic language）常存在著許多可能是錯誤，甚至是會造成傷害的假設，並且為了達到診斷的目的，常會用一些籠統的語詞來形容患者的行為，像是「偏好」、「無法」或「對……有不尋常的興趣」等，而沒有確切地說明哪些特定的症狀會造成這樣的影響。

就像 Leary 和 Hill 所說的，觀察者（尤其當觀察者並不是很了解接受觀察的小朋友時）怎麼能夠知道一個小朋友是不是「偏好」獨自玩耍。或許這個小朋友是比較喜歡跟他的姊姊一起玩，但因為他的姊姊搽了某種乳液或香水，讓他的感覺系統很難受，所以他才自己一個
11 人玩。也或許是因為他不知道要怎麼「加入」姊姊跟鄰居小朋友在玩的遊戲，所以才自己一個人玩。基於這些原因，診斷性測驗與診斷報告中經常使用的語言應該要受到質疑。

亞斯勃格症患者Liane Holliday Willey不能接受別人常用來描述她的方式，而提出了一種更具同理心、更充滿希望的解讀方式，來看待自閉症系列症的患者：

> 根據世界上最令人信服的教育、醫療與心理政策擬定者，亞斯勃格症是一種障礙。我若接受「障礙」這個詞，是因為它開啟了一道門，讓我們這些亞斯勃人（亞斯勃格症患者）可以接受發揮我們潛能所需要的支持與輔導服務。但實際上，我是希望這個字眼離我們遠遠的，至少不要與亞斯勃格症出現在同一個句子。這個字夾雜著太多負面的概念，包括形象的概念：缺乏能力、無能、軟弱、無助、可憐、差勁和什麼事都做不好等；和意象的概念：沒有希望的和劫數難逃等。我不會接受亞斯勃格症是無藥可救的想法，我想說，我們亞斯勃人並不是有缺陷，只是跟一般人不一樣，或說能力不同罷了。是的，我們的學習能力是比較差，但我們都有能力學習、成長、處理問題和有所進步。說得更確切一點，我堅持我們亞斯勃人是沒問題的，或者說，只要社會大眾學習著更接納、更同理我們這些不同於一般人的人，我們就會過得很好。（2001, pp. 138-139）

自閉症患者常見的特徵

雖然沒有兩個自閉症學生的外表、行為、溝通或學習方式是一樣的，但自閉症的學生還是有一些共同的特徵。在這個章節，我舉一些自閉症患者最明顯的特徵（significant characteristics）來跟大家分享。

動作差異

動作差異指的是患者有過度且非典型的動作，以及喪失一般性的動作技能。這些差異可能會阻礙一個人的姿勢、行動、說話、思考、感知、情緒與記憶的發展（Donnellan & Leary, 1995; Leary & Hill, 1996）。有動作差異的人，他（她）的步伐可能不太穩定，可能會有一些過量的動作（如搖晃身體、拍手和來回地走動等），可能會說一些無意識的話，或說話時結結巴巴，也有可能會很難從一個空間移轉到另一個空間，或從一個情境過渡到另一個情境。

很多自閉症的患者都經常有這些動作上的問題。雖然有很多沒有患自閉症的人，也很難把思考與動作結合在一起，也會有一些過量的動作，如輕敲鉛筆或咬指甲，也會沉溺在一些重複性或強迫性的思維模式中，或是不自覺地反覆哼唱著同一個曲調，但這些問題很少會嚴重地影響到他們。

動作差異會在動作的控制上造成一些困難，像是動作的開始、執行（如速度、力道的控制、目標的鎖定與速率等）、持續、停止、結合與轉換等。動作差異所造成的干擾程度有很大的差距，從單純的障礙到會影響整個活動與行為的都有。很多有動作困難的人都表示，他們內在的心智運作過程，包括感知能力、注意力轉換、知覺、動機與情緒等，也與一般人不一樣。

12 與一般人不同的動作方式，會讓那些有動作差異的人感到非常沮喪，也會讓那些觀察他們的人困惑不解。據Donnellan與Leary指出，非典型的動作常常掩蓋了動作者的能力，並且可能對動作者的溝通與社交能力造成影響。例如，「延宕的反應或缺乏控制動作的能力，會影響到一個人及時轉移注意力，或使用大眾溝通符號的能力」（1995, p. 42），很多觀察者都會以為這些動作差異是智能障礙的症狀（Donnellan & Leary, 1995）。

了解並認清學生的動作差異，可以幫助老師提供給學生更適切的支持，並且不會因此對自閉症的學生，做出一些錯誤而有傷害性的假設。比如，當老師沒有意識到學生在動作上的問題時，可能會以為學生盯著天花板看，或在教室後面走來走去，就沒有在注意聽老師上課；但是當老師有意識到學生的動作差異時，就不會斷然地做出這樣的結論。我有一個朋友 Christie，當她跟家人聚在一起時，她會站起來、尖叫或是跑來跑去，Christie的家人都已經很熟悉她的動作差異，而且 Christie 也已經能夠跟家人解釋一些她的行為，所以她的家人都不會覺得 Christie 的行為是反社會的，或是因為不了解家人的談話內容才會這樣。相反的，他們認為Christie是因為很想加入他們才這樣，他們也就盡可能地讓 Christie 參與。以這樣的角度看待學生的動作，可以避免老師在資訊不充分的情況下，解讀學生的動機與意圖。接下來，請試著從下面的例子中，思考自閉症患者是怎麼描述他們的動作差異的：

> 我真的不知道我什麼時候會發出聲音，手臂什麼時候需要移動，或我的腿什麼時候需要跑或跳，而且當沒有人幫我集中注意力時，我也很難控制我的腦袋。我的腦袋瓜動個不停，思緒就像爆米花一樣跳來跳去，我有一些很有趣的想法，只是這些思緒與想法都是一下子突然冒出來，速度很快讓我很難停下來，除非有人幫我把我的注意力集中在某件事情上。你可以想像要用我那像雲霄飛車、沒有明確方向的思緒來完成任何一件事情，是多麼困難的一件事。
>
> 我的眼睛無法隨意地上下移動，也無法從左邊看向右邊，我必須把頭轉向我要看的那個方向，但我眼角的餘光卻可以看得很清楚。當我正面看著一個人時，有時候會看到三隻眼睛，而不是兩隻，那看起來很恐怖，所以有時候我會避免直接注視人，這讓別人很難確定我是不是有在注意聽。（Fihe, 2000, p. 1）

當身體一直試著在找尋一個穩定的狀態時，我要怎麼控制我自己的行為？我的意思是說，有時候我覺得我的身體只有頭，有時候又覺得我的身體只有腳。當我沒在做什麼事時，要感覺到全身是一件很困難的事。（Mukhopadhyay, 2000, p. 73）

在學校，我會比較直截了當地表達我的憤怒、不屑與害羞，還會咯咯地笑個不停、在教室裡跑來跑去和咬我自己的手。（Blackman, 2001, p. 127）

13 刻板動作（stereotypical movements）並不是我基於某個理由而決定做的行為，而是當我沒有注意我的身體時，我的身體就會自己執行的動作。（Cessaroni & Garber, 節錄自 Donnellan & Leary, 1995, p. 53）

不斷地問別人問題是我另一個很煩人的固執行為，我總是一直問著相同的問題，並且開心地等著相同的答覆——一次又一次不停地重複。如果某一個特定的主題引起了我的興趣，我就會把我的注意力集中在談論這個主題，一直到我精疲力竭為止。（Grandin, 1996a, p. 35）

我有時候就是無法控制我自己和我的舉動。當處在公共場所時，我們自閉症的人有 90%的精力都是花在努力避免自己做出一些不適當的行為，而這些行為「正常」人好像很輕易就能克制。曾經有一次我們在一間小劇場裡觀賞 *The Diviners* 的戲劇表演，我試著安靜坐好不要發出任何噪音，那真是可怕的經驗。

不過我並不討厭那齣戲，事實上正好相反，我很喜歡那齣戲。當我沉浸在戲劇中時，我放鬆了所有的戒備，於是很快就變成很吵的觀眾，在我的座位上，來來回回地搖晃我的身體。並不是所有好的事情都能引起我這樣的反應，所以我們可以說從Ian Weatherbee（即作者）的行為表現，顯示*The Diviners*這齣戲和它優秀的演員陣容，得到了四顆星的評價。（Weatherbee, 1999, p. 2）

但我尖叫時並沒有傷害到任何人
我真的很需要尖叫來幫助我找到一個平衡點
也許某一天我不再需要這樣
但現在我很確定尖叫對我還是很重要。（Sellin, 1995, p. 216）

很明顯地，檢視動作差異的觀念，會讓老師對各種身心障礙學生的困難、能力，或許還有天賦，有全然不同以往的解讀。

感覺差異

自閉症患者常常都會有一些不尋常的感覺經驗。有一位自閉症患者 Jared Blackburn 針對這些感覺差異所帶給患者不舒服與沮喪的感受，做了以下的描述：

這些強烈的感覺會對自閉症患者造成一些影響，其中一個常見的影響就是，自閉症患者在持續低度的感覺轟炸之下，他們所接收到的感覺，很容易就會超過他們所能負荷的量。另外，太多的情緒或社會刺激，也會造成他們的感覺超載。正常人一點都不覺得受到干擾（或甚至是感到快樂）的一些情境，自閉症患者卻可能會感到負荷過量。當他們感到負荷過量時，他們的注意力會很難集中，也可能會覺得疲累或困

> 惑，還有一些患者的身體可能會覺得痛。另外，太多超負荷的感官知覺，會讓他們發脾氣或情緒失控；還有可能會造成他們「關機」，關機的時候，他們會失去一些正常的功能運作，甚至是失去全部的功能運作。每一個患者的關機情形都不太一樣，但都非常不好受。（1997）

有一些學生的聽覺（sense of hearing）、觸覺、嗅覺、視覺或味覺，可能比一般人的更敏感或較不敏感，另外有一些學生則不太會解
14 釋他們的感覺。比如，有不少的自閉症患者會躲開別人的碰觸，有一些則只能忍受某些類型的碰觸。好比我以前的一個學生，他就無法忍受他人的碰觸，即使是輕輕地碰一下都不行，如果我用刷子刷他的手，或是抓他的肩膀試著帶他到某個地方時，他會好像很痛似地叫出來。相反地，如果我緊緊地握他的手或拍他的背，他又好像沒什麼反應。

自閉症患者的聽覺也常常受到感覺差異的影響。一些老師連聽都聽不到的聲音，可能就會對學生造成干擾。一位自閉症患者Tyler Fihe就表示：

> 我會聽到很多人都聽不到的聲音，比如，我可以在我家的一間房間裡，聽到我媽媽講電話的內容，即使她把門關起來我也聽得到。另外，還有一些聲音會讓我聽起來覺得很痛苦，像是微波爐、電話鈴聲、割草機、吹落葉機、攪拌器、寶寶哭聲、吸塵器，還有我媽媽發動那輛福斯廂型車時的聲音。（Fihe, 2000）

就像Fihe所說的，各種不同的噪音與聲響，會讓自閉症患者感到焦慮，包括那些一般人聽起來好像很悅耳的聲音。比如說，有人可能聽到蠟筆畫過板子的聲音就會感到非常難受，或是會被暖爐發出的嘶

嘶聲嚇到。另外，有很多患有自閉症的人也很難了解他人的會話內容或口語指示，這也是因為他們有聽覺訊息處理困難的問題。

自閉症患者的視覺也有可能受到感覺差異的影響。學生可能會對某種燈光、顏色或樣式很敏感。有一位自閉症患者就指出，視覺敏感（visual sensitivity）不僅會對一個人的感覺系統造成負面的影響，還有可能會讓一個人變得很容易緊張與焦慮：

> 也許是因為我所看到的東西，並不是它真正的樣子，所以我很害怕看到很多東西，包括人（尤其是他們的臉）、很強的光線、人群和突然移動的東西。還有陌生的大型機器與大型建築物、陌生的地方、我自己的影子、黑暗的地方、橋、河流、運河、小溪和海洋等等。（Jolliffe et al., 節錄自 Attwood, 1998, p. 137）

老師應該要注意觀察學生是否因為看到教室裡的什麼東西而覺得不舒服（如某張海報、布告欄等），即使是教室牆壁的顏色，都有可能會干擾到學生的感覺系統。

另外，自閉症學生也可能會有過於敏感或不同於常人的嗅覺，他們可能聞到一些味道會覺得很難忍受，聞到另一些味道又會覺得很愉悅、很平靜，或對他們有幫助。例如，我以前有一個學生會避開所有有搽香水的老師，但卻很喜歡去聞他班上一個同學的頭髮，因為那位同學用了一種水果香味的洗髮精（請翻到第五章參閱更多有關感覺差異的資訊）。

溝通差異

很多自閉症的學生都有溝通差異的問題，影響了他們的口語和語言能力，很多人因此只能說幾句話或完全不會說話，就算是那些有口語能力的學生，他們說話的特質也跟一般人不太一樣。比如說，語調

15 不尋常或是一直重複地說著某些話（模仿別人說的話）；此外，患有自閉症的人也很難學會或掌控說話的時機與節奏，還有可能在使用語言方面有困難，比如，有一些自閉症的學生在使用代名詞，或學習會話的規則方面有困難，有一些則很難理解比喻性語言（如玩笑話、隱喻等）。

自閉症的學生也可能在表達性溝通或接受性溝通方面有困難。也就是說，他們不太會跟別人分享他們的想法或意見，或不太能了解他們所聽到或看到的事情。事實上，有很多學生都同時有表達性與接受性溝通的困難。

有越來越多的學生透過使用各種教學策略與輔助科技（包括打字與書寫促進溝通法、圖片交換系統，和輔助與替代性溝通輔具等），在溝通上獲致成功的經驗（請參閱 Biklen, 1990; Bondy & Frost, 2002; Crossley, 1997; Mirenda, 1999）。有趣的是，這些輔助科技不僅讓學生有管道說話，還因而改變了很多教育工作者、學生家人與研究學者對自閉症的溝通與能力的看法。當有越來越多的自閉症學生能夠清楚地跟別人溝通，和跟別人分享他們的故事時，沒有自閉症的人也開始改變他們對自閉症患者的看法了（請參看第七章查閱更多有關溝通的資訊）。

社交與互動差異

自閉症學生普遍給人一個刻板印象，就是對社交關係不感興趣。雖然的確有一些自閉症的學生表示他們需要獨處的時間，或覺得很難參與一些社交情境，但這些人中還是有一些人表示，他們很嚮往跟別人有社會互動與建立友誼。也就是說，同一個自閉症患者有可能既害怕又希望與人建立關係。事實上，有一些自閉症患者表示跟人在一起並不難，而是跟人在一起時所要做的「事」，讓他們很難跟別人建立起友誼。比如說，我有一個朋友 Mary Kathleen，她就很喜歡跟她的朋友在一起，但就是搞不清楚對話的規則，她因而覺得參加派對是壓力很大、很不愉快的事情。我還有另一個朋友 Theola，她很珍惜她跟她姊妹、外甥和姪女間的一對一關係，但她就是無法忍受家庭聚會時的嘈雜與混亂。

另外有一些自閉症學生覺得參與社會情境對他們來說很困難，因為他們缺乏讓「一般」社會互動順利進行所需的技能。比如說，他們可能不太會解讀微妙的社交信號，假如看到對方打呵欠或穿上夾克時，大部分的人都會把這個信號解讀為對方已經準備好結束對話回家去了，但對一些自閉症的患者來說，要解讀這些微妙的信號真的是很難的事情。

自閉症的學生也有可能因為周遭的人不了解他們嘗試與人交往或互動的努力，而在社交上經歷挫敗。比如說，我以前的一個學生Donna，她常把她筆記本上的紙撕下來揉成球，然後丟向她的同學，她班上的同學都斥責她的這個行為，並一再地告訴她：「Donna，不要把垃圾丟到你朋友身上。」可是當我告訴Donna的媽媽這件事情時，她喘了口氣，然後就笑了起來。她解釋說Donna是在模仿她哥哥，當她
的哥哥想跟她玩的時候，就會把紙張摺成小球，然後假裝把球投進他 16
們用手臂圍成的框框裡。在Donna的家裡，朝著某人丟紙團是找人一起玩的意思，當然被丟的人要趕快把手臂圍成弧形，做成一個「籃框」讓球通過。所以，對Donna來說，她的行為完全正當，沒有覺察到社交信號的是她的同學而不是她。

有一個自閉症患者 Lucy Blackman 強調，老師了解學生是以不同的方式與人接觸，和發起社會互動是很重要的：

> 對我來說，「社交」接觸順不順利，要看其他人怎麼解讀我所發出的信號。我的一些溝通嘗試跟一般人沒什麼兩樣，比如當我把手臂向上伸向某人，並且手掌朝上伸出時，是表示我很需要有人把我抱起來或扶起來；但是，Jay 注意到當我把手臂舉向她，卻把我的手掌翻向外面時，我是在請她幫我

做翻滾的動作，而不是要她幫我爬起來。如果她解讀錯了，那事情就會變得一發而不可收拾。（2001, p. 11）

學習差異

自閉症作家 Donna Williams 說過，她有很多不同的資訊處理困難（processing difficulties），其中一種叫作「抱歉，地址錯了」或叫「打錯了」：

有時候訊息的分類與處理會很沒有效率，所以訊息之間的聯結也就很糟糕。這就好像撥了錯誤的電話號碼，或是地址是隔壁鄰居的家而不是你家。
這就是我所說的「打錯了」。在我的生活中就常有一些誤打的情形，比如，我常會想到一些形狀、樣式或韻律相似的句子或名字，但卻在意義上跟我試著回想的句子或名字一點都不像，好比 Margaret 和 Elizabeth 這兩個名字，我就常搞混，因為它們的感覺很像，對我來說，我覺得它們很相近。
同樣的情形也發生在一些句子上，比如，當我的意思是「我要拿我的夾克」時，我卻說「我要拿我的鞋子」，而當我拿到我表面上要求的鞋子時，我卻感到很驚訝。（1996, p. 89）

另外還有一個自閉症患者 Sue Rubin 表示，她有很嚴重的記憶問題：

我的思考能力上有些缺陷，我不知道這對自閉症患者來說是不是很平常，還是只有我這樣。當我記得一件事情時，我無法分辨這些事情是真的發生過，還是出自我的想像。我的頭腦真的會出現這些事情的畫面，我會一直相信這些事情都是

> 確有其事，直到有人告訴我這些事情根本沒有發生過。當我知道事情都是我想像出來的時候，我真的覺得很尷尬，我甚至會為那些我以為真的發生過、但卻只是我想像出來的事情感到擔心，因而一直衍生出問題。我在記憶上的問題，並沒有影響到我在課堂上的學習，因為我學的是寫在課本上的知識、教授講課的內容，和課堂上其他同學所發表的意見，但我承認我在寫指定作業的時候，還是遇到了一些問題，我需要有人幫我把老師指定的作業寫下來，因為我聽過就記不起來了，我覺得我忘記寫作業的情形，一定比一般人的情形嚴重許多。（1998, p. 3）

雖然自閉症學生常見的問題中，有很多都被誤認為與智力有關， 17
但事實上，這些問題跟學習障礙學生所遇到的問題非常相似（Gilroy & Miles, 1996; Mooney & Cole, 2000; Smith & Strick, 1997）。換句話說，也就是老師可能會以為學生之所以無法回答出正確答案，或無法正確回應指示，是因為沒有能力了解問題或指令的內容；但是有很多時候，學生之所以沒有回應或無法回應，是因為資訊在他們腦袋裡的呈現、接收與處理出了問題。

興趣或執迷

很多自閉症患者對某一個或多個主題有著強烈的興趣。有一些東西經常引起自閉症患者的興趣（如火車、馬、電燈的開關等），有一些則是個別患者獨特的興趣。例如，有一位自閉症患者Sean Barron，曾經有一段日子對數字24非常感興趣，後來變成對死巷很著迷（Barron & Barron, 1992）。

負責為學生規劃教育訓練的團隊，常常會把訓練的重點，放在限制學生從事他們的興趣或做一些強迫行為（compulsions），很多會議和行為改變計畫都是為了解決學生對某件事物有著強烈的興趣，或過度投入某件事情。我自己本身也有很多強迫行為，包括需要隨身帶著我的書包，還有在有壓力的時候，在一些類似綢緞這種材質柔軟的東西上搓我的手。我無法想像如果由別人為我管理我「最喜歡的事物」會是什麼樣的感覺。

Willey 提醒我們，沒有患自閉症的人若斷然決定什麼是興趣、什麼是強迫行為是很危險的。事實上，她觀察到在很多方面和很多領域，有強烈的興趣在別人眼中是很正面，甚至是令人羨慕的事情。

> 基本上，我真的很懷疑我們真的跟那些馬拉松運動員、企業總裁、鳥類觀察家，或數著新生兒呼吸次數的新手父母有那麼大的不同嗎？因為好像有很多人都有某些形式的強迫行為，包括一般神經狀態或非一般神經狀態的人。在我的心裡，這些強迫行為都是好的，因為不管是存在人們心中或出自人們的強迫行為，都不是什麼壞習慣，反而有很多的好處。強迫行為一直都是很多學者密切研究的焦點，它是偉大成就所需的元素，我真的相信那些最傑出的藝術家、音樂家、哲學家、科學家、作家、研究學者和運動員，一定都對他們所選擇的領域非常執著，不然他們就不會有如此偉大的成就。就某些方面而言，我們必須說我們不需要把強迫行為看作是一種缺陷。（2001, p. 122）

Luke Jackson 批評說，我們社會好像可以接受沒有身心障礙的人對某些事物有濃厚的興趣，卻不容許有身心障礙的人也有強烈的興趣：

> 我問了在座的年輕人一個問題：什麼時候極度執迷不算是強迫行為呢？
>
> 結果他們回答：當執迷的是足球的時候。

> 多麼不公平啊！我們社會好像完全接受有很多男人和男孩「吃飯、睡覺和呼吸時都是足球」，好像認為如果誰不迷足球，那他就不算是男人似的，真是愚蠢！（2002, p. 47）

Jackson注意到，當談到什麼是正常和什麼是異常的議題時，我們 18
社會上存在著一些僵固的觀念：

> 我相信如果有人去看醫生時，跟醫生說他們正值青少年的孩子，每天一直喋喋不休地談論著足球，醫生會笑他們說這是非常正常的現象。這感覺好像我們都要跟大家一樣才行。為什麼沒有人能懂這個世界並不是這樣的呢？我真希望每一個人都能一整天不停地談論著電腦，但我不期待他們會這麼做，他們很快就會叫我不要再說了。（2002, pp. 47-48）

若照 Willey 和 Jackson 的建議，老師可能會希望讓對某些事物執迷的學生，在不會影響他們的學習或傷害到他們的情況下，有時間和空間追求他們所執迷的事物。因為學生常需要透過這些他們最喜歡的東西、活動、行為和感興趣的領域，來幫助他們放鬆、集中注意力或與他人建立關係。此外，如果給學生機會，他們也經常能夠找到方法來控制他們自己的強迫行為。

當然，有一些學生既想要也需要有人幫他們限制他們的行為，或限制花在他們喜歡的東西或活動上的時間，尤其是如果這些東西或活動具有危險性，或會讓他們感到很尷尬（如不當的碰觸別人）。有一些自閉症的人會希望不要花那麼多時間在這些興趣上，甚至希望能戒掉這些興趣，遇到這種情形時，老師就要從旁支持學生。然而，有一點很重要我必須強調的是，老師在協助學生減少或戒除興趣的過程中，一定要尊重學生，並且要一直跟學生合作。

Willey 建議老師要跟自閉症學生談談有關「執迷好的一面與不好

的一面」，她分享了她幫助其患有亞斯勃格症的女兒學習與興趣和諧共處的經驗：

> 我們試著慢慢地、有耐心地、一小步一小步地，幫她找到執迷的好的一面與不好的一面。我們跟她說：「當你在學校發生了一些讓你感到難過的事情時，跟你蒐集的玩具猴子玩是很好的一件事。」我們有時會說：「你當然可以買那本有關猴子的書，因為你這一星期都很努力地在控制你的脾氣。」有時則提醒她說：「不行，你不可以整理你的猴子，要等到你寫完功課才行。」她早晚都要自己做這些事情，早晚都會知道什麼時候該享受或控制她的執迷。（2001, p. 125）

如果學生並不想減少或轉移他們的興趣，那老師就要謹慎地處理。有很多時候，都是學生生活中的一些人，希望學生能減少或戒除他（她）的興趣，但學生本身並不希望。Eugene Marcus 是一位作家兼老師，同時也是為自閉症爭取權益的人，他指出，執迷與興趣常對自閉症患者的生活有很重要的意義；他並且強調，當情況允許時，應該要讓自閉症患者有機會從事和控制他們的興趣、強迫行為或執迷：

> 請不要介意我受制於我的強迫行為，剛認識我的人總是很在意，而已經認識我的朋友就從來不會擔心，但也從來不覺得這些行為對我重要。我自己的看法是，我的生活因為這些支配我的習慣而變得更豐富和更有意義，我覺得我是出於自願而受這些行為支配的，沒有其他人強迫我這麼做，甚至也沒有人准許我這麼做。
>
> 19 我希望有一天我可以不受這些強迫行為的支配，但不是現在。雖然這些強迫行為帶給我許多不方便和讓我引人注目，但我從默默地配合這些強迫行為中，學會了一些其他時候學

不到的事情。我因而認清了哪些人是真正的朋友，哪些不是（即使是那些想當我朋友的人，但他們都只有在我扮演著別人而不是自己的時候，才是我的朋友）。另外，我的強迫行為還讓我在一些只能奢求「吃吃喝喝」的情境中，做自己想做的事情；我的強迫行為對那些出於好意卻想不透我真正的想法與需求的人，也是一種漸進式的自我防衛方式，我若沒有強迫行為，怎麼能夠不讓人覺得非得跟我愉快相處不可呢？我知道強迫把自己變得好相處，就很有可能會失去我自己的步調與夢想。唉！要做我自己，同時又要為社會所接受，有時候真的是一件很複雜的事情。（2002, p. 8）

自閉症的社會建構

這一章如果沒有提到身心障礙的社會建構就不算完整。我們的社會與文化（societal and cultural ideas）對人們的外表、溝通、互動、動作與行為存有刻板的觀念，很多患有自閉症的人都因此而經歷了一些困境。雖然大部分的自閉症患者都會跟你說，他們確實是以不同的方式感受一些事情，他們的身體確實是不太合作，他們也確實有感覺或溝通上的問題，但就某些方面來說，他們的這些差異也有可能是被這個缺乏彈性的社會給擴大了。也就是說，自閉症是社會建構的產物，是一種由文化、社會環境，和人與人之間的互動所創造和再創造出來的。比如說，自閉症的學生可能在同一天有比較多或比較少的障礙，端看那天學校是不是有提供他們適當的支持，或周遭的人是不是期待他們以傳統的方式與人溝通。有一位自閉症患者 Jonathan McNabb 建議「一般神經狀態」（neurotypical）的人（即沒有患自閉症的人），不要把差異假定為反常的行為，而要試著從自閉症患者身上，了解他們的經驗：

> 我個人覺得幾乎所有的議題，基本上都被一件事情給絆住了，那就是大部分一般神經狀態的人，都認為一般神經狀態看待世界的觀點是中立而正常的，一般神經狀態的世界是既定的。如果有很多人也都意識到這是個問題，我會感到很驚訝。就這樣，自閉症患者就被看作是這個既定的、自然的、中立而正常的社會中的異類，而社會也以自閉症患者所能做到社會所訂定的價值與標準，來判定他們的能力。
>
> 於是，自閉症的人就在這個不了解他們的社會中生存，並且由一些對自閉症患者的處境並沒有幫助，反倒很多時候都是阻礙他們的人，決定了自閉症的定義。於是，自閉症的人就被迫學習如何在這樣的社會中生存。社會上想出了很多方法來解決自閉症的問題，其中有一些對自閉症患者是比較好，但很多時候自閉症患者是被迫當白老鼠的。（2001, p. 1）

當人們對什麼是「正確的做法」抱持著僵固的價值觀念，當人們
20 無法提供某些人所需的幫助，或當人們期待所有人的行為與需求都一樣時，就造成了所謂的障礙，或擴大了障礙的程度。

當有人無法參與我們的文化時，一般都是因為我們文化尚未創造出讓他（她）能夠參與的情境。例如，當一個八十歲的老太太，再也不能走到街頭的另一角拿取她的信件時，她會感到很挫折；但是，如果在她家附近設置信箱，並由鄰居為她收信，或是給她一個電動輪椅，那她的挫折與「障礙」就會降到最低，甚至完全消失不見。對這個老太太來說，環境一改變，她就能參與社會，她的世界也就變得完全不一樣了。同樣地，當自閉症學生需要有空間放鬆、需要額外的時間適應兩堂課之間的情境轉換，或需要同儕的支持時，學校都能為他們的需求做一些調整，那他們的能力就會增強，障礙也會因而減少。

為了讓大家看到沒有身心障礙的人，對障礙所抱持的狹隘觀點，自閉症與亞斯勃格患者架設了一個網站，提供大家另一個看待自閉症

的方式。架設這個網站的人想像了一個世界，在那個世界裡，自閉症是正常人，而一般人變成是有問題的。看一看一些自閉症的人是如何看待沒有自閉症的人，對老師、患者家人與所有支持自閉症的人可能會有些幫助。在辦公桌的另一端坐一會兒，看一看下面這段這個網站的創辦人所寫的文章：

> 一般神經狀態症是一種神經生物方面的疾病，其特徵是非常熱中於社交、自以為高人一等，並有強迫順從的行為。一般神經狀態患者經常假設他們的世界經驗若不是唯一的，就是唯一正確的；患者很難獨處，也很難忍受他人表面上的小差異。當處在群體中時，患者在社交與行為方面具有僵固性，經常堅持一些沒什麼功能、沒什麼建設性，甚至是根本做不到的儀節，把這些儀節當作是維持團體認同的方式。一般神經狀態的患者很難直接跟別人溝通，並且說謊的次數比自閉症的人多很多。一般神經狀態症據信是先天的疾病，屍體剖驗的結果顯示，一般神經狀態症患者的大腦，都比自閉症的人小，並且其社會行為功能區有過度發展的現象。（Institute for the Study of the Neurologically Typical, 2002）

總　結

在《雨人》這部電影上映之前（Johnson & Levinson, 1988），很少有人知道什麼是自閉症，認識自閉症患者的就更少了。這部備受稱讚的電影，讓一般人看到了這個鮮為人知的障礙族群，但卻也在我們國人的腦海裡，留下了各種有關自閉症與自閉症患者的刻板印象。在看完那部電影之後，大部分的觀眾都開始以為，自閉症患者可以像拉斯維加斯賭場裡的專業賭徒那樣記住所有的紙牌，還可以一眼就算出幾百根牙籤的數目。

從那部電影首映到現在已經超過十年了，人們對自閉症系列症的認識，已經有了大幅的提升。這些年來，因為去機構化運動的盛行，21 身心障礙者參與社區生活的擴大，以及在一些傳記、患者自傳、雜誌與電視上，出現了有關自閉症患者更多、更正確的描述，大部分的美國人都比以前更了解自閉症。還有因為有越來越多人推廣融合教育運動，越來越多人強調認識班級學生的個別差異的重要性，以及在師資培育教材和教師預備課程中，都對自閉症學生有越來越多、越來越正確的描述，因此也就有越來越多的教師（包括特殊教育和普通教育老師）努力地學習如何教導自閉症的學生。

就如同我在這章的前言中所提到的，現在有很多教育工作者，都從學生的身上認識自閉症。老師可以把這個章節當作了解自閉症的入門，但要找到成功教導自閉症學生的最好方法，還是要去了解您班上的自閉學生和學生的家人。如果學生會說話，或能透過口語或書寫的方式分享他（她）的想法，就可以透過直接跟學生溝通來認識學生，和學習一些與自閉症相關的資訊與知識。如果學生無法清楚地與人溝通，那就藉著花時間跟學生互動、努力地幫助與教導學生，來認識該名學生。就像 Jasmine Lee O'Neill 所說的，認識學生、賞識學生、尊重學生的個體性，並讓學生在班上感到自在，這跟老師的任何其他工作一樣重要：

> 很多患有自閉症的人，都很有感觸而幽默地說他們自己是外星人，他們覺得自己好像被錯放在一個充滿各種生活規範的巨大星球上，他們明白他們是無法符合這些規範的。但是，如果這個星球上的人們接納他們獨特的存在，歡迎並愛護他們，那雙方就都不會有那麼多的紛爭了。外星人可以在保持他們原貌的同時，變得更自在、更不會被恐懼給攫住。他們的本質不變，自然也就不需要看輕他們外星人的身分，彷彿

那特殊性只是別人強加於他們身上似的；相反地，他們可以盡情享受他們的獨特性，就跟其他人享受他們的個體性一樣。（1999, p. 125）

更多的答案與資料請參考： 22

Attwood, T. (1998). *Asperger's syndrome: A guide for parents and professionals.* London: Jessica Kingsley Publishers.

Donnellan, A., & Leary, M. (1995). *Movement differences and diversity in autism/mental retardation: Appreciating and accommodating people with communication and behavior challenges.* Madison, WI: DRI Press.

Gillingham, G. (2000). *Autism: A new understanding.* Edmonton, Alberta, Canada: Tacit Publishing Inc.

Waterhouse, S. (2000). *A positive approach to autism.* London: Jessica Kingsley Publishers.

Williams, D. (1996). *Autism: An inside-out approach.* London: Jessica Kingsley Publishers.

認識自閉症最好的方法，當然是直接向自閉症患者學習。很幸運地，有越來越多的自閉症患者跟大家分享他們的經驗。老師若想為即將加入班級的自閉症或患有其他身心障礙的學生做準備，或想更進一步了解學校裡的自閉症學生，有各種的資料可以參考，包括自閉症與亞斯勃格症患者的自傳、教你「如何做」的教學指引和一些針對自閉症系列症青年所寫的書。若想知道更完整與自閉症相關的書目，請看本書參考書目中由自閉症系列症患者所寫的書。

Chapter 2
認識融合教育

我的求學生涯都是在重度障礙的班級裡度過，
那種被隔離的痛苦我實在無法形容。
有些課會要我們組裝手電筒，
然後隔天寫作業時又會被拆開來。
不管上什麼課，我從不講話，
也不看別人的眼睛，
總是一個人發出哼哼啊啊的聲音或進行自我刺激，
也難怪他們會認為我已經沒有希望了。
大家都對我很好，
但是沒有人注意到我的智能發展需求，
因為沒有人知道我究竟能不能思考。
不幸的是，
有很多像我這樣的人也一直陷在這種苦不堪言的處境中。
（Treacy, 1996, p. 8）

融合教育強調學生個別的獨立性和彼此間的相互依存關係，珍視每一個學生的稟賦，並且重視團體的歸屬感和認同感（Falvey, Givner, & Kimm, 1995）。根據 Udvari-Solner 的說法，融合教育也讓全民享有平等受教權的理想得以落實。

（融合教育）推動一波對現代校園文化的批判，並因此激發了教育相關人員革新舊有的觀念和做法，重新思考可以怎麼做和應該做什麼來讓校園更人性化、更公平和更民主。現在

> 不平等待遇和不均等的教育機會引起大家關注，希望藉此促進大家對人權、個別差異的尊重和多元社會的珍惜。（1997, p. 142）

我的看法跟Udvari-Solner一樣，我把融合教育定義為一種支持所有學生並對全部學生都有助益的教育。我也把融合教育視為社會改革和政治運動的一環，就以Udvari-Solner提到的現象為例，如果「不平等待遇和不均等的教育機會引起大家關注」，老師和社區中的成員可能就會質疑能力分班和標準化測驗的做法，這些做法把學生區隔開來並分等級，常常會因此傷害到學生。還有假使學校創造了一個「更人性化、更公平和更民主的學習環境」，那麼老師就會看重每一個學生，並把每一個學生都看作學校的重要成員，包括各種種族和文化的學生、新生或剛搬進社區的轉學生、母語不是英語的學生、認定自己是同性戀的學生，還有因為體型特殊而被排斥的學生（如那些被戲稱「皮包骨」和體重過輕或過重的學生）。融合教育並不只是一套教育
24 策略或做法，而是整個教育理念都導向欣然接納差異和珍視個別學生在班級中的獨特性。

表 2-1　多元融合學校的重要信念、準則和做法

不以智力評價學生，也不施以智力測驗
鼓勵學生努力，而不強調學生的能力
建立學生的強項，而不按照學生的弱項把學生分類
適性發展學生終身學習所須具備各領域的知識與技能，而不把課程集中在某個特定的領域
在觀念性和功能性課程間取得平衡
利用學生的志向做進一步的訓練與發展，而不約束學生的夢想
把學生視作學校的一分子，而不是工廠裝配線的產品

融合教育學校的特徵

雖然每一所學校的外觀和給人的感覺都不一樣，但那些致力推展融合教育招收各種學生的學校卻有一些共同的特徵。確切地說，也就是這些學校都有堅定的領導（committed leadership）、民主的教室（democratic classrooms）、 省思的教師（reflective teachers）、支持性的文化（supportive culture）、增加學生參與並安排與學生切身相關的課程（engaging and relevant curriculum）、靈活應變的教學（responsive instruction）。

堅定的領導

行政人員、學校董事會的成員，還有居於領導位置的老師（如系所的主任、教師工會代表等），在融合學校中扮演著關鍵性的角色（Keyes, 1996; Rossman, 1992; Villa & Thousand, 1990），要讓融合教育成功，他們要清楚地勾勒出學校的願景，並提供實踐願景所需的支持，以及和學校社群結合起來共同執行融合教育的重要策略與原則（參見表 2-1）。在 Trump 和 Hange（1996）針對老師對融合教育的看法所做的研究中，他們發現學校的行政領導人員是保留融合教育發展方向和成功與否的最大助力，但同時也是最大的阻力。

一項由 Udvari-Solner 帶領的研究發現，受訪的融合學校的行政領導人員均表示，他們需要有足夠的勇氣來「不斷的提出難以解決、截然相反、有爭議和看起來沒有答案的問題」（2000, p. 450）。另外，這些校長和核心行政人員也強調了公開表露他們個人價值信念的重要性，其中一位受訪的校長 Sue Abplanalp 分享她的經驗時說，她覺得對她自己的信念保持開放和誠懇的態度，對學校融合的推動與發展非常重要：

> 我想我所能做的最重要的事應該是做一個融合教育的倡議者。我表明自己的意見，親身力行做大家的榜樣，並讓老師知道最佳的做法。在我不知道該怎麼做時，我會（不斷的詢
> 25 問）我自己：這樣做對學生最有幫助嗎？……我很希望自己成為平等權的擁護者，無論學生年齡高低、有無障礙，無論學生屬於哪一個種族、哪一派宗教，也無論學生的性傾向、能力、性別為何，還有其他所有我一時想不起來的任何分類或標籤，人皆生而平等，這是我對社會正義所抱持的一些看法。（p. 442）

行政人員和其他各年級、各處室的領導者，要幫助學生、教職員和社區居民了解融合教育是一種散布在整個學校的理念和意識形態。每當有教職員的「業務」需要採行新做法時，領導階層的人要幫助他們，讓新措施能夠順利的執行。領導人員要鼓勵和支持老師，因為老師冒著可能會失敗的風險，嘗試用新的方法教導學生。領導人員要教育學生家長和社區成員，讓他們明白學校推廣融合教育的信念和使命。領導人員還要在大家克服了日常工作的困難和獲得成功時，祝賀大家共同努力的成果（Van Dyke, Stallings, & Colley, 1995）。

民主的教室

Cunat把民主式教育定義為「一種重要的、動態的教學互動過程，過程中承認並認可所有參與者皆為一獨立的個體，皆能為自己負責」。他提出民主式教育的精神和意涵說：「民主式教育的終極目標就是讓每一個人都能參與，並在教學過程中協助他們發展技能和態度，讓他們成為一個能夠且願意貢獻自己，並為建造一個充滿活力、平等和人性的社會而努力。」（1996, p. 130）

但在實際生活中，這樣的民主式教室會是怎樣的風貌呢？有意在校園中體現民主的老師，可以鼓勵學生質疑大家習以為常的知識，和

對教材提出他們自己創造性的見解。老師可以幫助學生了解，知識是透過思考和行動不斷地被創造和再創造出來的。在民主式教室裡，老師和學生都把他們自己視作學習者和教導者，他們明白教育是大家共同合作一起學習。

在民主式的教室裡，學生常常有「表演」的機會。假設有一堂課，老師把學生分組並從旁協助各組一起向全班用表演的方式，呈現課程內容的不同面向。老師扮演著類似教練、顧問或建議者的角色，協助每一小組設計課程和製作教具教材，來激發同學的興趣和教導同學。學生則從在網上搜尋相關資料，和透過電話跟當地的專家進行訪談、查閱百科全書，以及做出一個立體的模型等方式，在最後跟班上同學報告時展示，在這過程中，學生變成主動的學習。透過這些活動，老師可以跟小組或個別學生討論，問問他們覺得應該花多少時間做這份報告，讓學生發表他們對報告的看法，還有引導學生評估這次準備報告的經驗。

民主式教育下的學生，經常跟大家分享意見、訂定班規、質疑教室裡的一些習慣性做法、幫助老師創造課程，並且參與決定他們的學習和教室環境。另外，他們也常常監督自己的學習經驗，為了負起這些責任，他們必須能和別人交談、採取行動和跟大家分享。看完這些實施民主教育的優點，有心讓教室更民主的老師可能會問到下列的問題（Kluth, Diaz-Greenberg, Thousand, & Nevin, 2002）：

- 學生坐在哪裡？也就是說，老師一定都是站在教室前面對著學生上課嗎？
- 誰負責評量學生的能力？一定是由老師來評分和評量學生的學習成果嗎？或是學生可以針對評量方法和評量時間表達意見？ 26
- 誰來決定班規？規則要如何訂定與實施？規則是要由老師和學生共同擬定嗎？
- 教室的環境看起來如何呢？當有外人朝教室裡看時，教室裡的空間看起來都是給老師使用的（如所有黑板上的字都是老師寫的、展示的作品都是老師挑的等等）？或是由全部師生共享？

- 學生可以質疑老師所做的決定嗎？要讓學生自己做決定嗎？
- 誰決定課程相關議題？全部都由老師決定嗎？包括上課涵蓋的主題、使用的教材和教學呈現的方法。或是要跟學生討論再做這些決定呢？要讓學生建構課程和設計教學嗎？

在民主式的教室裡，學生跟老師能以團隊合作的方式互相教導和分享，以增進對彼此世界的了解。所以，自閉症的學生可以教導她的老師，讓老師知道她的需求和長處。她可以寫封信給老師，跟老師分享「如何在教室中協助我」的秘訣，也可以用一個文件夾蒐集幾樣她最愛的作品，和回顧她的障礙是怎麼影響她的學習，還可以自己為某些課程做些適應性的調整。

省思的教師

在一個成效良好的融合學校裡，經常會看到老師問學生一些批判性的問題，教師間也常互相觀摩、檢討課程和分享彼此的教學經驗。提出疑問、交換意見和不斷地省思是融合教育老師最重要的工作態度。看看下面這段對省思的教師所下的定義：

> 省思的教師樂於接受負起做決策的責任，並經常思考所面臨的問題，也許會犯錯，但從不曾因此停止努力。他們是誠摯而縝密思考的專家，不斷地省思，並從過往的經驗中學習。省思的教師了解能接受挑戰與不斷的學習，是教師專業持續發展與得到認可的關鍵。（Henderson, 1992, p. 2）

雖然大多數的老師都經常在上班途中、午餐時間，或在和學生互動的時候回想他們的工作，但這樣做並不一定都能從經驗中學習，或對他們的工作有更進一步的了解。這裡所討論的省思的教學，並不只是想起過去的經驗，做一些形式上的改變，或是默默的反省。例如 John Dewey（1910）就建議想讓自己成為省思的人，一定要確實做到保持開通的心胸接受新思想，經常做縝密的思考，還要保持小心謹慎的態度。

Nirua Regiane Henke (www.disal.com.br/nroutes/nr5/pgnr508.htm) 提出一套按照步驟練習省思的方法，可以幫助老師的思考更邏輯和更理性。她建議一開始先集中在一個領域，並選擇一些工具（如期刊、 27
錄影帶等）來幫助老師研究所選定領域的相關議題和事件。接著，老師試著把相關的事件或議題盡可能詳細地描述出來，為了要練習從不同的觀點理解一件事件或議題，在描述過程中，要不斷提問關於這個事件的「為什麼」的問題。雖然有些人可以自己很有效的練習這些方法，但還是有很多老師比較喜歡跟同事一起做練習，也覺得這樣比較有樂趣。現在有一些學校發起討論團體、討論專業主題的讀書會、行動研究計畫、同事相互教導與訓練，還有其他發展老師專業的獨特活動，這些活動都是用來激發老師省思的。

教育工作者一定要不斷地思考，不斷地省思自我的經驗和信念，同時還要能和別人良好地合作，把教學看作是一種協力的、動態的學習經驗。一個省思的教師要經常找機會檢視自己的偏見，質疑大家視為理所當然的假設，挑戰既有的成見，還要把理想付諸實行。

支持性的校園文化

一間學校的文化，往往在參觀者一走進學校大門時，就可以感受得到。校外人士從看學校圍牆的設計、聽老師在走廊上的談話內容，和觀察學生課堂參與的情形，就可以知道學校的許多事情，而這些就是構成校園文化的要素。

Fullan 和 Hargreaves 對校園文化做了如下的描述：

> （校園文化是）學校運作所依據的明確信念與展望，特別是在人與人之間如何相互聯繫（或沒有聯繫）這方面。簡單的說，文化就是一個地方裡面的人「做事情的方式」，和人與人之間的相處模式。（1996, p. 3）

所以如果一個學校的文化是開放、接納和人文關懷的，融合教育就可以蓬勃發展。相反的，如果學校強調競爭、偏重個人主義和威權式作風，那融合教育就不可能順利地推展。營造安全、正向、有活力的校園文化，可能是創建融合學校工作中，最困難的一部分，但可能也是最關鍵的一部分。有心營造融合校園文化的領導者和教育者，可以採行下面的做法：

- 跟一小組老師、職員、學生和家長舉辦非正式的餐會。
- 邀請家長和社區成員進入校園參觀教室和協助計畫的推行，讓他們成為學校的資源。
- 讓學生有機會可以上台教學和帶領課程。
- 設置建議箱，並履行校內所有權益相關團體所提供的意見。
- 讓學生和老師有機會聯絡感情。
- 訂定小規模和大規模的校慶時間。

Peterson（2002）說過關於一個校長如何在一間新設立的學校營
28 造校園文化的故事。Shelby Cosner 是美國威斯康辛州布魯克菲爾德（Brookfield）市威斯康辛山丘（Wisconsin Hills）中學的第一任校長，她致力於建立重視和支持教師不斷在專業上學習與成長的校園文化。經過一段時間之後，這所學校的教職員發展出培養專業和重視專業進修的風氣。

這所學校的教職員所用的策略中，有一個是透過討論發展出一套核心的主題和價值觀念來引導大家學習。他們每隔一週固定安排一天

「成長日」（教職員成長日）。他們總是帶食物來研討會上，跟大家分享，增加大家對團體的向心力與跟彼此的聯繫，邊吃邊研究多元教學（differentiating instruction）和整合科技與教學的新方法。大家彼此分享私人的事情和專業上的意見，有時候是關於學生的，有時候則是關於他們自己的。最後，他們還舉辦說故事比賽，讓大家票選最有趣的班級或校園故事，然後把這些故事刊登在學校簡訊上和大家分享。

增加學生參與並安排與學生切身相關的課程

融合班級的老師必須用心設計課程內容與教學形態，讓課堂活動既適合個別學生又符合社會文化，讓各種不同學習風格的學生都能參與，還要滿足不同資質、不同興趣的學生需求。這不只是對自閉症學生和其他有特殊學習需求或社交需求的學生很重要，對教室中的每一個學生也都很重要，因為孩子是從每天的課程中學習與成長的，而學校對待差異的態度，學生也會在不自覺中學起來。

透過設計一些符合學生差異的課程和教學法，融合教育的老師為學生提供了良好的示範。學習單元一定要對學生有意義，並且跟學生有關，探討的主題一定要生動有趣，並且能激發學生的學習興趣，教學的內容也一定要給予學生適當的挑戰，而教具教材也要能讓各種不同需求的學生都能使用，例如在教室裡的圖書室放幾本由不同於一般人或團體所寫成的書，和幾本關於不同於一般人或團體的書。此外，老師也應該要安排幾堂課程，提供一些跟班上特殊學生有關的各種團體的資訊，比如老師可以在一堂發明或創造的課堂上，跟學生分享Edison 有學習障礙的故事，或是在讀到 Amy Tan 的小說時，跟學生討論華人文化的複雜性和多樣性（幫助美國學生了解華人同學）。

靈活應變的教學

融合班級的老師都很關心該如何幫助每一個學生，以及引起學生的學習動機。最好的情況是老師精通於教材調整、課程編排、教學安排（instructional arrangements）、課程目標和教學策略（Udvari-Solner, 1996），並且能同時滿足學生的學習需求與社會性需求。所以在融合班級裡，老師可能會給表現落後的學生，有一些當領導者的機會；會安排跨年級的學生充當小老師，指導有需要額外協助的學生；會提供那些需要有規則可循的學生一份個別化的學習清單；會結構化合作學習的內容，讓學生在主動學習時，有時間在不同的小組中移動和分享；或是允許自閉症的學生在老師講課或全班進行討論時，在教室後面來回地走動。

不同的學生用不同的方式學習，或是有不同的學習風格，這樣的觀念就算沒有在實務上有一致的做法，在學術研究中卻已經是廣為大
29 家接受的了（Armstrong, 1997, 1994; Gardner, 1993; Ladson-Billings, 1994; Kliewer, 1998; Nieto, 2000; Paley, 1990; Smith & Strick, 1997; Taylor & Dorsey-Gaines, 1988; Udvari-Solner, 1996）。過去「一般標準能力的迷思」已破除，老師開始注意到學生的個別需求，並且尊重每一個學生的獨特性。而融合教育正是促進這種教學模式的催化劑，促使教師採用多元教學的策略，並且在計畫和執行每天的課程活動時，仔細考量學生不同的學習方式。

融合教育作為教育改革的一環

雖然很多人已經知道推行融合教育對身心障礙的學生有益，但大多數融合教育的支持者卻更進一步地了解，融合教育其實是一個跟所有學生都有關係的運動（Kluth, Biklen, & Straut, in press）。融合教育在思考和擬定教學與學習策略時，是希望能夠幫助和支持所有公立學校的學生，其在美國激勵了老師採用新的教學方法、態度和觀念，並提供學生新的支持。就像下面這段 Shapiro-Barnard 所說的，融合是一種能幫助所有學生在校園中都有歸屬感的改革：

> 融合教育對整個學校社區均有益，它讓大家注意到關於歸屬的議題，提醒我們學校能夠提供有意義的學習機會，並且用心注意這樣的機會。即使學校裡沒有身心障礙的學生，營造融合學校的校園文化還是很重要的，因為個別差異並不是等到有身心障礙的學生進入普通班級時才顯現出來，特殊學生的加入只是讓我們更肯定和更清楚地看到差異是一直都存在的。有這樣的校園文化，大家就比較不會對所謂的正常抱持著錯誤的觀念，也比較不會害怕把自己的獨特性表現出來，因此也就更能夠好好的學習。（1998, p. 12）

融合教育運動（inclusive schooling movement）促使教師和教育行政者，以寬宏的胸襟和正面的角度看待學生的個別差異。當我們努力在建構這種新的教育模式時，有一個共同的現象就是，老師們會開始接受、支持以及了解各種不同的學生。融合教育的信念，讓老師們更清楚知道學生要如何才能學習，以及老師要如何教才能指導各種不同的學生，他們對學生的想法和預期也因此變得更廣闊。

目前已經有很多有明顯障礙的學生，成功地在普通班級裡接受教育，比如說一些缺乏有效溝通和功能性溝通能力的學生，和有嚴重行為問題的學生，甚至是一些無法以傳統的方式完成任何班級裡指定的作業或活動的學生，現在也都有了在融合班級裡上課的機會。

雖然說障礙越嚴重的學生，越需要班級教師花心思創造和發明新的教學方式，但所激發出來的教學創意，往往都很適合班上所有的學生，並使全班學生都更進一步受益。為了滿足更多學生的需求，有很多老師把課程和教學策略做些改變和調整，並且在調整之後發現他們的教學技巧變得更純熟了。當老師把課程創造成讓所有學生都能參與的時候，他們常常也會發現所有學生都因此而學得更多、更好。

我曾經和一所中學裡的教師合作，負責支持一位自閉症女學生 Anne 在班級裡的學習。Anne 沒有一套可以跟人有效溝通的系統，常

30 常在課堂上發出聲音而影響到老師上課。一位很受學生歡迎且上課很生動的歷史老師，就對 Anne 在課堂中的表現感到很挫折，這位老師覺得他自己這套上課內容和方式，已經用了好幾年了，並不願意為了「僅僅一位學生」而做改變。

Anne的特殊教育老師建議讓她進入班級和歷史老師合作，創造能讓Anne參與歷史課的機會。那時候歷史課正上到美國和越南的衝突，歷史老師為了教這個特別的單元，選用了一本歷史課本、一系列跟越南有關的著名影片〔例如 *Apocalypse Now*（Coppola, 1979）、*Platoon*（Stone, 1986）、*Hamburger Hill*（Irvin, 1987）等〕，以及 1960 年代晚期和 1970 年代早期報紙的相關報導，與幾篇描述戰爭場景的文學作品。雖然教材很多樣化，且對大多數學生來說很有趣，但是老師的教學風格並不是這樣。雖然這位很有活力的老師講課很有趣，並且讓學生覺得很愉快，但每一次上課卻都以演講方式進行。雖然老師有開放機會給學生問問題和回答問題，但並沒有讓學生有機會互動，也沒有讓學生有更深入探討教材內容、獨立解決問題以及創造發表的機會。有些學生可以在演講形式的課堂上保持專心，但是還有很多其他學生，像 Anne 一樣，沒辦法專心。每次快下課的時候，很多學生都在打瞌睡，或在跟同學傳小抄，或是看著窗外發呆。

Anne的特殊教育老師建議歷史老師，安排每週一次的電影教學，並在播放影片的同時，讓班上學生可以選擇進行另一個活動。兩位老師決定一起合作設計這個教學活動，最後他們決定一位老師留在教室後面，督導學生看電影的情形，另一位老師則帶著一小組學生，在校園裡尋找願意接受訪談的教師、職員和其他人，談談他們對越戰時期的記憶。剛開始的前幾週是由特殊教育老師帶學生在校園裡進行訪談，她帶著包括 Anne 的五位學生，在學校大廳和教師休息室訪談學校教職員，他們甚至在辦公室裡尋找一些來學校參訪的學生家人，調查他們對於越戰時期的看法和經驗。Anne不會說話，小組就讓她負責操作錄音機（這是她為了這項活動而學會的新技能），在訪談一開始，Anne還要負責代表小組，對著即將被訪談的對象出示溝通卡，上面寫著：「我們正在做一份關於美越衝突的歷史報告，我們想要採訪一些對越戰時期有記憶的人，我們可以問您幾個問題嗎？」過程中，Anne 有時也以出示訪談題目卡的方式參與訪談。

三週後，歷史老師決定換他陪同學生去做訪談，而由他的夥伴特教老師，留在教室後面督導學生看影片。歷史老師同時也決定上到這個單元時，每一位學生都要參與訪談活動。老師為班上所有學生設計了一份正式的時間表，讓學生組成小組輪流到校園裡進行訪談，在為期六週的活動中，學生總共訪談了七位家長、三位學生監護人（其中一位在越戰中承接了三次任務）、四位學校秘書、護士阿姨、二位圖書館員、六位學校餐廳的員工（其中一位員工的哥哥在越戰中喪生），還有幾乎所有在休息室或辦公室裡的老師、學校社工員，以及被派任到這所中學的警察。

兩位老師和全班學生後來都對訪談活動興致勃勃，老師甚至把這個單元延長了兩星期，並且加了一些訪談的題目，激發學生探究一些 31
新的學習目標，並藉此教導新的內容。他們的訪談也在學校內掀起一股熱潮，有些老師甚至主動表示希望能被訪談。當學生採訪完後回到班級和同學分享他們訪談的結果時，全班同學或熱烈討論，或一起研究和調查一些主題，包括1960年代的婦女角色、水門事件（譯註：美國史上第一次發生總統辭職的政治醜聞）和黑豹黨（譯註：黑人革命組織）的動亂事件等。

兩位老師都對這個單元學生的學習情形感到很高興，歷史老師還說班上的每一位學生都學得比以前多，包括那些本來就「能專心聽講」的學生。也因為這個訪談活動，這位歷史老師看到了學生的異質性，也讓他可以跟學生談到更複雜的議題，學生也因此有較多的機會做更深入的思考。之後的下一個學期，這位歷史老師已經沒有再教Anne那一班了，不過上到這個單元時，他仍延續之前的做法，把訪談計畫當作這個單元的主要學習活動。後來的幾個學期，他變成把所有學生分組，讓每一組選擇特定的訪談主題，然後各組針對選定的主題設計訪談問題。另外，訪談活動不再分組輪流進行，而是全部一起到校園裡的各個角落，或到附近的社區尋找訪談對象，這樣學生就不會錯過電影教學的時間了。

這個單元對 Anne 來說也很重要，她因此而能夠在自然和真實的情境下，滿足她個別化的學習需求。緊接著，她需要更多機會使用這套溝通系統來跟別人互動和做選擇，後來在上歷史課時，她都能不斷地練習這些溝通技巧。另外，這個單元也讓 Anne 學會了一些其他的新技能，比如說她學會了操作錄音機，讓她後來在校車上，還有在自習時間，都會用錄音機來聽音樂。Anne也學到了一些關於越南的事，如果當初老師決定這門課不適合 Anne 的話，她可能就沒有機會學到這些了。

那些有明顯特殊需求的學生，反倒常常都會激發出老師的創意，並且擴展老師對讓所有學生都能參與的觀念和想法。雖說從未教過障礙學生的老師，也能做到滿足每一個學生的學習需求，但有障礙的學生經常都是那個促使老師改變和激發出老師創意的觸媒。特別是當班上有自閉症學生時，會促使老師更細心的思考課堂上提供了什麼樣的選擇給學生，要怎樣設計課程才能讓每一位學生都參與教學和學習，還有怎樣才能提供全班學生舒服的、有參與感的學習環境，以及多樣化的學習機會。

融合教育相關法規

雖然融合教育在過去二十多年來，早已是美國主流教育的一部分，但還是有很多自閉症的學生沒有機會跟發展正常的同儕一起學習。也許學校把自閉症學生排除在普通教室之外，是因為老師們覺得自己無法教導有溝通或行為差異的學生，或覺得有這樣的學生在班上會讓他們覺得不舒服；也有可能是因為過去自閉症學生（尤其是重度障礙的學生）都在特殊班級或特殊學校上課。不過，雖然自閉症參與融合教育的進程，跟其他障礙類別的學生相比是慢了點，但是還是有越來越多的自閉症兒童，在融合班級裡接受教育。但在融合班級裡，並不表示自閉症學生就真的融入班級或參與學習，很多在融合班級裡的自閉症學生，還是沒有真正參與豐富而有意義的學習經驗。這也許是因為老師不太知道要怎麼讓這些自閉症學生融入和參與，或是因為老師並不認為所有學生都能在普通課程中學習和受益，也有可能只是因為老師沒有受過相關訓練，不知道教學可以多元化以滿足學生各種 32
不同的學習需求。不管原因是哪一個，有一些老師根本就先假定隔離式的教育安置，比較適合那些被貼上自閉症標籤的學生。

不過，也有很多老師開始看到，一些有機會參與融合教育進入普通班級的自閉症學生，和一些其他障礙類別的學生，都獲致了「出乎意料」的成功（Kliewer, 1995; Kliewer & Biklen, 2001; Martin, 1994; Rubin, Biklen, et al., 2001）。光是這些成功的經驗，就足以激勵教育工作者鼓勵特殊學生參與融合教育，但若老師需要更多激勵因素的話，我們國家所訂定的法令可以提供一些幫助。

美國身心障礙者教育法

早在 1975 年，美國國會即通過障礙兒童教育法（Education for All Handicapped Children Act，美國公法第 94 到 142 條），第一次正視並保障全國身心障礙兒童接受公共教育的權利。這項法案促使政府提供身心障礙學生免費而適當的公共教育（free and appropriate public education, FAPE），並規定所有學生一律要被安置在最少限制的環境（least restrictive environment, LRE）中接受教育。這條法令的頒定，徹底改變了美國的教育政策。美國公法第 94 到 142 條後來也繼續加以修訂，來保護身心障礙兒童及其家庭的權利，例如規定在決定身心障礙學生的教育安置和其他相關的服務時，要秉著公平、適當的原則，並且要依照合法程序辦理；公法中也明定各級相關政府機關，要評鑑特殊教育的教學成果，並確保教學品質；另外，還規定聯邦政府提供資金給各州政府和地方政府，協助辦理身心障礙學生的教育訓練。美國公法第 94 到 142 條中的相關規定如下：

- 明定發現疑有身心障礙學生的通報程序。
- 由各相關領域的專業人士組成一團隊，鑑定學生有無障礙，以及障礙的類別與程度。
- 由專業團隊針對該名學生，共同擬定一套個別化教育計畫（individualized education program, IEP）。
- 針對該名學生的需求，選擇最適合學生的教育安置，並設計最符合學生需求的教學目標與方法。
- 家長通報和參與的程序。
- 訂定時間限制，規定通報和鑑定程序最遲的完成時間。
- 定期重新評估學生的障礙情形。
- 遇有爭議和意見不同時的處理程序（King-Sears, 1996, p. 89）。

後來，障礙兒童教育法在 1990 年重新修定（公法第 101 到 476 條），開始重視身心障礙學生的公民權，並為融合教育立下了法源基礎。

免費而適當的公共教育

美國公法第 94 到 142 條以及後來的修訂版所強調的重點，都是在保障身心障礙的青少年，使其都能接受免費而適當的公共教育；也就是說，每一個身心障礙的學生都能得到政府資助的教育支援與服務。這項法令的通過，象徵著身心障礙者及其家庭，在爭取身心障礙者受教權方面，有了重大和具關鍵性的進展。在 1975 年通過這項法令之前，很多身心障礙的學生不是完全沒接受教育，就是必須由其家人或監護人自行負擔。1970 那年，美國公立學校只收受了五分之一的身心障礙學生，其他超過一百萬的身心障礙學生則被隔離開來。那時，甚至還有一些州立法隔離特定的身心障礙學生，包括盲生、聾生，或那 33
些被歸類為「有情緒障礙」或「有心智障礙」的學生（National Council on Disability; Back to School on Civil Rights, January 25, 2000; http://www.ncd.gov/newsroom/publications/backtoschool_1.html ）。

■ 個別化教育計畫

個別化教育計畫（IEP）是美國身心障礙者教育法的另一個重點。IEP 提供了為身心障礙學生做教育規劃、課程設計與教學安排的藍本，可說是在教育身心障礙學生的路上，指引迷津的地圖，也可說是身心障礙者教育法的奠基石。在 IEP 文件中，清楚列出學生該年度的教育目標，以及用什麼對策支持學生達成這些目標。

一份個別化教育計畫主要包括：評估和描述學生現階段的能力表現，列出下一學年度長程的教學目標，以及短程的階段性目標，還有清楚地陳述為學生安排的所有特殊教育服務。另外，為身心障礙學生擬定 IEP 的團隊，還必須要針對個別學生，決定其參與普通課程的方式和進程，並檢討該名學生是否因其障礙，而有任何其他特殊的教育需求必須被滿足。

■ 最少限制的環境

美國身心障礙者教育法的另一個重要信念是，一定要讓身心障礙的學生在最少限制的環境中接受教育。而究竟什麼樣的教育安置是最少限制的環境，則應在個別化教育計畫的會議中，由團隊討論並做決定。做決定時，團隊必須同時考量該名學生個別化的學術與非學術需求。確切地說，也就是所決定的教育安置應確保：

> 不管是公、私立機構的身心障礙學生，或是接受其他治療與訓練服務的學生，都應盡可能地在最適當的環境中，與沒有

> 障礙的同儕一起接受教育。只有當學生特質或障礙程度所需的協助和服務，沒有辦法在普通班級裡提供時，才考慮將學生安置在特殊班級、特殊學校，或其他非正規教育的隔離式教育安置。（IDEA, 1990 PL 101-476, § 612 [a][5]）

上面這段摘錄自身心障礙者教育法的文字，意味著學校有責任接受身心障礙學生，並試著讓學生融入普通班級。但是，法條的文字不是很明確，常常被批評為模稜兩可。基於這個理由，當考量最少限制的環境時，若查詢法院對法條的解釋，應該會對了解身心障礙者教育法的信念有所幫助。過去曾有一個很有名的案例，Rachel Holland和她的家人花了好幾年的時間，上法庭爭取Rachel進入普通班級接受教育的權利（Sacramento City School District v. Rachel H., 1994）。Rachel的父母不滿城區小學的教職員所做的決定，把他們的女兒一半的時間安排在特殊班級中上課，另一半的時間進入普通班級，他們希望他們的女兒可以全天候在普通班級裡。城區的地方法庭最後判決Rachel應該被安置在普通班級，並下令學校提供一位助理老師和特殊教育顧問來協助 Rachel 的普通教師。城區小學不滿判決，一路上訴到最高法院，雖然學校拒絕接受，但最高法院最後仍判定地方法庭的判決有效。Holland一家前前後後花了超過五年的時間，為Rachel爭取參與
34 融合教育的權利（King-Sears, 1996; Villa & Thousand, 2000; Yell, 1995），根據 Yell（1995）的說法，從最小限制環境的訴訟案中，我們可以學到一些重要的課題：

- 最小限制的環境應由 IEP 團隊根據學生的個別需求決定。
- 身心障礙兒童有一法令推定的權利，即有權在融合的環境中接受教育。
- 學校若駁斥最少限制環境的決定，將擔負提出證明的責任。

美國身心障礙者教育法的履行情形

雖然法令明文規定保障身心障礙兒童的權利，但可惜的是，法律條文和真實的履行並不是同樣一回事。在美國，到現在還是有很多家長必須努力去爭取他們孩子進入普通班級接受融合教育的機會。就像 Brown 和學校董事會（Brown v. Board of Education）一案（1959），法庭在 1950 年代即決定學校全面實施融合教育，但各所學校卻拖了超過二十五年的時間才符合法令規定。即使很多年來，已經有很多學校和區域成功地在融合式的環境中教育身心障礙的學生，但全國對這項法律的落實速度還是很慢：

> 在 1977 年到 1978 年間，以及 1989 年到 1990 年間，整個國家在安置身心障礙學生方面，並沒有太大的改變，甚至是沒有改變。在 1977 學年度，68%的身心障礙學生被安置在普通班級和資源教室中，到 1989 學年度是 69.2%。而被安置在隔離的特殊班級的學生，在 1977 學年度佔了 25.3%，1989 學年度還是佔了 24.8%。另外在 1977 學年度，還有 6.7%的身心障礙學生是在隔離的公立特殊學校或其他隔離式的環境中接受教育，到 1989 學年度則還是有 5.4%。（Karagiannis, Stainback, & Stainback, 1996, p. 23）

在美國國立障礙者協會（National Council on Disability, NCD; 2000）獨立發表的報告〈還我公民權，回到學校去〉（*Back to School on Civil Rights*）一文中，也發表了類似的情形。障礙者協會發現每一州都沒有遵照並符合身心障礙者教育法的規定，美國政府官員也沒有依法迫使各州遵照法令規定。另外這份調查還發現，身心障礙者學生經常都被安置在隔離的教室中，而且有很多學校並沒有依照規定，保護學生讓學生免受歧視。

這份障礙者協會的報告中，引用一位名叫 Empris Carter 的學生所陳述的話，她解釋了持續接受隔離教育（practice of educational segregation）讓她感到挫折的原因：

> 小時候在玩遊戲時，我發覺很多老師都覺得我是一個很乖、很聽話、很聰明的小女孩，但後來他們對我的能力有些懷疑，就馬上把我貼標籤，並對我將來在社會上的角色設限。他們並沒有幫助我找方法學習，反而把我轉到一間特殊班級去，在那個班上，學生並不被期待能學習。他們這樣懷疑我的能力，我很生氣，我的自尊心也很低落。我媽媽會用鼓勵我的話反擊回去，我的自尊心就會再強壯起來，聽完我媽媽鼓勵我的話後，我再次明白，我自己才是決定未來最重要的關鍵。
>
> 學習對有些人來說很簡單，對有些人卻比較困難。教育對每一個人的未來都很重要。在未來的社會上，一定有一個我 Empris Carter 的位置，為了讓我以後能正常的生活，並且能
> 35 對我們的社會有一些貢獻，我也跟每一個小朋友一樣，必須有機會接受盡可能的教育。
>
> （http://www.ncd.gov/newsroom/publications/backtoschool_1.html）

即使是現在，還是常常見到學生被貼上障礙者的標籤，並且立刻被安置在獨立門戶的班級中。同樣地，身心障礙的小朋友一旦戴著標籤進入幼稚園就讀，也經常會被安排在獨立的班級裡，連在幼稚園都沒有機會接受普通教育。其他的一些例子則是，即使原本有融合的機會，但一進入新的學校或其他區域，又從普通教育的環境中被抽走，而送到隔離的環境去了。

有人注意到法令規定嗎?

美國公法第94到142條從通過到現在已經超過二十五年了，還是有很多教師和教育行政人員仍然不清楚該如何履行規定，也不清楚學校對身心障礙學生及其家庭，還有學校社區負有什麼樣的責任。有些區域或學校，可能是為了讓學生和學生的家人，能順利地由隔離式教育過渡到融合教育，而一步一步慢慢改變，雖然這漸進式的策略可能是一個有效的方法，讓教師和普通學生對新轉變不會感到不舒服而排斥，但當有身心障礙的學生到學校要求融合教育的機會時，學校不能拿「慢慢改變」來當搪塞推託的藉口。當有需要融合教育服務的學生進到學校時，學校必須努力提供融合教育服務的措施，就像一位身心障礙者權利的捍衛者Reed Martin（2001）強調的，身心障礙的學生和家長一直都耐心等候著，現在該是學校要正視法令規定，還有政府機構該讓學校負起責任的時候了：

> 我們（身心障礙）的孩子，以及孩子的家人，早已有進入公立學校就讀的權利，卻到現在還必須極力去爭取。孩子和他們的家人不是在求取施捨，或博取學校對他們障礙的同情，我們要爭取的也不是優厚的特殊待遇，如「你們一定要對我寬容些，因為你們不能期待我做到像一般小朋友做到的那樣」，我們要的只是大家正視一件事，那就是我們的孩子有權利終止不合法和違反憲法的歧視或排斥，這樣的舉動剝奪了身心障礙學生每天接受跟正常孩子一樣的學習機會。（p. 1）

關於法律規定常見的問題和解答

在下列的問答中，大家可以看到法律是如何影響著學校，這些法律是怎麼被解讀的，還有老師可以怎麼做來提供學生融合教育。

問題：學校可以選擇提供融合教育嗎？

解答：我常聽到老師和家長談論融合學校，他們的語氣好像是融合教育是學校可以選擇提供（或不提供）的。例如，我最近遇到一位老師，她告訴我說他們學校「本來有提供融合，但行不通」，所以後來他們又「把學生放回特殊班級」去了。還有一個類似的情形，就是有一位家長寫了封信給我，告訴我說她想要她的孩子接受融合教育，但她家附近的學校都沒有「在做融合教育」。

早在 1975 年，聯邦法庭即已澄清「最少限制的環境」這一項條文規定的意涵，是要讓身心障礙者盡可能地在主流教育的環境中接受融
36 合教育。如果身心障礙的學生可以在普通教育情境中跟正常的同儕一起學習，那學校就一定要提供機會給該名學生，學校不可以宣稱說他們有或沒有「提供融合」或「做融合」。

從法律的觀點來看，當一所學校開始招收在普通班級裡需要支持和服務的自閉症學生（或其他障礙類別的學生）時，這個學校才算是融合學校。特殊教育不是只是一項計畫，或只在一個地方進行，融合教育也不可以像在做生意那樣，把不想收的學生直接打發走。依照法令指示，只有「當身心障礙學生的特質或障礙程度所需額外的協助和服務，無法在普通班級裡提供並達到令人滿意的程度時」，才考慮把學生從普通班級中抽離（IDEA, PL 101-476, § 612[a][5]）。因此，那些可以讓學生在普通教育中得到「令人滿意的」進展的學校，一定要「提供融合」。

問題：萬一學校還沒準備好要變成一所融合學校呢？

解答：有一個很重要的觀念就是，學校不能因為「不知道該怎麼推展融合」，就拒絕提供身心障礙學生融合教育。就聯邦的法律來說，不知道該做不能當作沒有做的藉口。

當然，在 1975 年公法 94 到 142 條剛通過時，專家學者還沒有提供關於融合教育、多元化教學、課程調整、特殊教師與普通教師之間

的合作，還有正向行為支持等資訊或意見給學校和老師。但是，現在已經有很多資源，包括書、期刊、網頁、研討會，以及專家顧問等，可以引導行政人員和教師來營造融合班級和融合學校。

老師和行政人員有時可能會不知道該如何支持自閉症學生，或其他有獨特學習需求的學生，這是可以了解的。假如老師、治療師或行政人員沒有教導身心障礙學生應具備的技巧或能力，學校的領導者就要提供學校的教職員成功教導身心障礙學生所需的訓練和資源。可以建議老師跟家長接觸，以進一步了解學生的障礙；或派老師參加相關的研討會和工作坊；也可以讓一些老師去參訪試辦融合成功的學校，觀摩觀摩別人的做法。

有一些學校，教職員是彼此互相學習融合班級的教學策略的。語言治療師進入普通班級裡，可以跟從事普通教育的同事示範如何鼓勵學生開口說話；特殊教師和普通教師也可以互相觀摩，學習如何跟個別學生互動，並給予對方意見。往往最成功的學校，都是那些教職員能夠且願意合作，並對融合教育的理念有使命感的學校。

問題：融合教育適合那些重度障礙的學生嗎？

解答：最近有一個特殊教育老師告訴我，她對融合教育真的很感興趣，並且決定讓她的其中一位學生「試試看」。她的這位學生名叫 Patricia，是一個有重度障礙的小女孩，她在那年秋天開學時，讓 Patricia 進入一年級普通班就讀，但還沒 11 月就被送回特殊班級去了。這位老師告訴我當初做這個決定實在非常困難，並向我解釋教師們之所以決定把 Patricia 調回特殊班級去，因為他們覺得「孩子們都很喜歡 Patricia，Patricia 也很喜歡一年級……但她就是無法理解課文，她跟不上其他的孩子」。

有一些家長和老師認為有障礙的孩子，在能力方面和正常發展的 37
學生相差太多，因而認定他們無法參加融合教育。這可能是家長和教師對身心障礙教育法最常見的誤解，並不是有障礙的學生要先跟得上沒有障礙的同學，才能進入融合班級，他們不需要用跟正常學生同樣的方式來參與課程，他們所需要練習的技能也跟正常學生不一樣。總之，並沒有需要以任何先決條件，來決定學生是否有能力參與融合教育。

接下來我舉個例子好讓大家更了解我的意思。有一所中學的社會課上到一堂關於憲法的課，在上這個單元時，老師讓班上學生制定屬於他們自己的憲法和人權法案，並且召開制憲會議，這個班上有一個重度障礙的學生Malcolm，雖然他不會說話，且才剛開始會讀一些字，但他卻全程參加了整個課程活動。在課堂上，Malcolm 跟一位同學，還有一位語言治療師一起，負責向全班提出一條人權法案，他們用 Malcolm 的輔助和替代性溝通工具〔augmentative and alternative communication（AAC）device〕來寫這句條文。Malcolm 也參加了以戲劇演出方式的制憲會議，會議上，每一個學生都扮演著來自不同州的代表，遊走教室各處跟其他人做自我介紹。Malcolm 因為不會說話，就扮演 George Mason 的角色（譯註：George Mason 是一促成美國通過人權法案的關鍵性人物），遞送「名片」給會中代表團的其他成員，讓別人知道他是誰。這個單元結束時，每一個學生需要交一篇三頁的報告，而 Malcolm 的評量方法則是用輔助和替代性溝通工具寫一篇較短的報告（短短幾句話就可以了）。同時，老師也會觀察 Malcolm 參與課堂活動的情形來評量，看看他使用溝通輔具的技巧純熟度，還有他在制憲會議的戲劇活動中，主動和別人互動的情形（Kluth, Villa, & Thousand, 2001）。

這個制憲會議的例子讓我們看到，有障礙的學生不需要跟班上其他學生用一樣的方式參與，也不需要具備一樣的技巧與能力，就可以參與普通課程。此外，這個例子也讓我們清楚看到，有障礙的學生可以在普通課程中，練習個別化的技能和有個別化的學習目標。另外還有一點值得我們注意的是，提供給 Malcolm 的支持和調整，是由他的老師設計的，並在適當的時機用來幫助 Malcolm 獲得成功經驗。在參與的過程中，Malcolm 並沒有被預設要具備其他同學所擁有的全部技巧與能力；相反的，Malcolm的老師創造了一個可以讓Malcolm「秀」出能力的教學情境。

為了讓 Malcolm 可以在班上順利的學習，他的老師需要提供 Malcolm 各種「額外的協助與服務」，這些協助與服務可能包括需要老師設計課程使課程多元化，以符合學生不同的需求；需要輔助性專業人員（paraprofessional）、同儕小老師與某種輔助科技的支持；需要有一位教育顧問可供諮詢；需要治療師的指導；需要不同的座位安排或環境支持；需要修改考試的內容與測驗的方式；需要調整教材（如有聲書、視覺組織器、觸控式電腦螢幕、握筆練習器、個別化的時刻表等）；或者需要其他不計其數的教學策略、方法與做法。雖然學校並不需要提供全部的支持，但確實必須提供那些身心障礙學生所需要的輔助。

另外，1992年到1993年間的 Oberti 對 Clementon 一案顯示，學 *38*
校有責任提供「額外的協助與服務」。Raphael Oberti是一個唐氏症患者，美國巡迴法庭最後判決學校並沒有為 Raphael 提供他在融合班級中順利學習所需要的支持與資源，於是下令學校必須讓 Raphael 繼續在普通班上課。法官同時還判定學校沒有給教師和負責支持的職員適當的訓練，所以學校必須更努力的讓 Raphael 在原來的班級中順利的學習，不然就得向法官解釋為何他們無法做到。為了維護 Raphael 能夠在他鄰近的學校上學，並得到充分而必要的支持的權利，法院依法公正地把證明有遵照身心障礙教育法的責任，交給學校或州政府（而不是學生家長）。也就是說，學校必須證明為什麼 Raphael 有了額外的協助與服務之後，仍沒有辦法在普通班級就讀，而 Raphael 的家長則不須證明他們的孩子只要有充分的協助與服務，就可以在普通班級裡學習。這位聯邦的法官決定以這個案例作為支持融合教育的表徵，並在案例上寫下「參與融合是每個人的權利，而不是少數人獨享的特別待遇」。

問題：自閉症的學生不是應該編在同一班嗎？

解答：幾年前，我到我鄰近的一所學校參與投票表決。有一位老師指引我穿過長長的走廊，然後進入一間標示著「自閉症中心」的教室。當時雖然已經超過下午三點，有一位老師還坐在教室裡辦公，我走向她，並詢問她有關這間教室的問題，她告訴我說這間教室是給全校的自閉症學生上課用的。這位老師負責教導十一位自閉症學生。

在美國各地，還是有很多學校把特殊學生依障礙類別獨立編成一班，並且為該班規劃新的教學課程。特殊的教學安排和獨立的班級都會給學生貼上特定的標籤（如情緒障礙、身體殘障等），並讓教師與同儕對學生的能力與障礙，有先入為主的想法。比如說，有些學校有專為「重度障礙」學生規劃的課程，很多像這樣被安置在隔離與獨立門戶環境中的學生，都沒有機會在有「協助與服務」的支持下，到普通班級上課。像這樣把學生依障礙編班的情形，常常也沒有考慮到學生的需求與能力——也就是說，自閉症的學生常被編在同一班，是因為他們都被貼上自閉症的標籤，但未必所有的自閉症都有相同的需求。

1993 年 Roncker 對 Walter 一案，挑戰了傳統依學生的障礙類別，把學生編在特殊班級或特殊學校的做法。這個案例提出了究竟是要「為孩子提供適合他的服務」，還是只是「為現行提供的服務找到適合的孩子」，最後這個案例以支持融合的（而不是隔離的）教育安置結案，並立下了可移動性原則（principle of portability）。也就是說，「如果現在在隔離的情境中所提供學生需要的服務，可以在融合的情境中提供的話，那依照美國公法第 94 到 142 條解釋，繼續在隔離的安置環境中提供學生此項服務就不適當」（700 F.2d.at 1063）。判決這個案例的法官說：

學校單是宣稱隔離式安置對學生比較好是不夠的（有些學校認為特殊班級或特殊學校的設備比較完善），法院應當確認那些被認為在隔離環境中所提供的較好的服務，能不能移到

> 非隔離的情境中（如普通班級）提供，如果可以的話，那麼依照法令規定（美國身心障礙者教育法），把學生安置在隔離的特殊學校就不適當。（Roncker v. Walter, 700 F.2d at 1063） 39

Roncker 法庭發現教育安置必須針對學生的個別需求決定，若學校沒有考慮學生的學習需求，單就學生的障礙類別或由觀察判定的「能力程度」，就把學生編在事先安排好的學校或班級，這種做法是違反聯邦法的。

問題：如果學生的家長並不想要他們的孩子參與融合教育呢？

解答：身心障礙者教育法的內容已明白規定，身心障礙兒童應跟一般正常發展的學生一樣，盡可能地在其所屬學區內的學校就讀，並且，教育法更進一步指出，假使身心障礙的學生能順利地在普通班裡，與正常的同儕一起學習的話，那學校就應該把該名學生編在普通班級裡。就像法令條文陳述的，只有「當學生特質或障礙程度所需額外的協助和服務，沒有辦法在普通班級裡順利地提供時」，才將身心障礙學生抽離，並做其他形式的教育安置。

因此，對於那些可以在普通教育課程中有令人滿意進展的學生，即使家長對孩子參與融合緊張不安，或覺得學校還沒準備好為在融合班級裡的特殊學生提供適當的教育，學校也沒有法律責任要把學生安置在學生所屬障礙類別的班級，或者是其他隔離而自立門戶的班級。這並不是說家長沒有權利為他的孩子的教育安置「說話」，事實上，身心障礙學生的家長可以藉著出席和參與 IEP 會議，針對他們的孩子在普通班級裡是否能有「令人滿意的進展」的議題，向其他團隊成員表示意見。所以說，如果家長真的很擔憂孩子被安置在普通班的話，應該在 IEP 會議上提出，並且跟其他團隊成員一起討論。

上面是從法令規定的角度來回答關於家長態度的問題，以下我覺得有必要就我個人的意見，和從專業的觀點來回答這個問題。家長可能不希望他們的孩子是第一個進入普通班級的身心障礙兒童，或是班上或學校裡唯一的身心障礙學生，這是很能理解的。家長也可能會擔心他們的孩子，被當作某一學校或地區實施融合教育的「實驗品」。就是因為有這些擔憂，所以確實執行法定的規定就很重要，要確實提供學生必要而適當的支持，讓學生能成功地參與融合。訓練教師，讓教師的教學有效能是學校的責任，提供學生必要而適當的服務與支持，以及提供學校社區成員教育訓練的機會，也是學校的責任。

問題：假使老師覺得自己還沒有準備好教自閉症的學生呢？

解答：雖然可能有很多老師在一開始教導班上身心障礙的學生時，都會覺得自己尚未準備好，但每一個老師都需要把自己視作「融合教師」。因為每一個普通教師都有可能在某一天，被安排擔任有身
40 心障礙學生的班級教師，所以學校有責任徵聘相關行政人員，安排學校職員的教育訓練，幫助職員事先預備好協助各種不同學生的能力，以及安排教師學習新的教學技能，並在有必要時發展教師的專業技能，讓教師更能勝任教導融合班級的工作。

1997 年的身心障礙者教育法修正案，要求普通教師比以往更積極的參與教導身心障礙學生的工作。普通教師在過去太長的一段時間裡，只被要求參與教育身心障礙學生，但大部分老師都沒有充分的機會，參與規劃和評量身心障礙學生的學習。1997 年的修正案才開始重視普通教師的參與，讓普通教師也完全參與身心障礙學生的教育。

修正案要求普通教師直接參與下面的工作：

> 為學生或代表學生要求學校提供所需的特殊教育及其相關服務，以及額外的輔助與服務。還有為學生要求編修教學課程或提供行政支持。（20 U.S.C. 1414[d][1][A][iii]）

若學生有一個以上的普通教師（如就讀國中和高中的學生），那至少要有一位真正參與教導該名學生的老師，能夠針對教育團隊給學

生做的能力評量充分與否，以及專為學生設計的教育計畫是否符合學生需要等議題給予意見。普通教師也是身心障礙學生教育團隊的重要成員之一，因為他們是最了解自己班級的課程與教學的人。

總　結

我過去也是個老師，在我自己的教學經驗中，我看到許多自閉症的學生，因為有機會跟正常的同學學習，參與合作式學習活動，在普通課程中學習，還有同時接受普通教師和特殊教師的指導而不斷地進步。事實上，已有許多在國小和國中的老師發現，有許多自閉症學生包括那些被歸為有「重度障礙」的自閉症學生，都成功地在普通班級裡參與融合教育（Biklen, 1992; Downing, 1999; Farlow, 1996; Heeden, Ayres, Meyer, & Waite, 1996; Jorgensen, 1998; Kasa-Hendrickson, 2002; Kluth, 1998; Schmidt, 1998）。

如果像自閉症這種有各種不同需求的學生，都可能成功參與融合了，為什麼我們國內其他障礙的學生不能參與呢？我相信實際情況之所以跟我們應做或能做的有所出入，其中一個很關鍵的因素是大部分老師對融合教育所持的想法和態度。想想看，教師們有可能把「融合教育」當作一個動詞，是一件我們「要去做」的事；但也有可能把它當作一個名詞，是一項我們「有在做」的事。很可惜的是，大多數的情況是老師把它當作一個名詞，比如常聽到有人說：「我們有做融合，只是這個孩子無法順利地在我們的融合班級裡學習。」

從行動中一邊做一邊試著去了解融合教育，可以促使老師不斷地改善做法，並且變得越來越有能力教導他們的學生。要把融合教育當
作是一個行動，這樣當遇到有特殊溝通、行為與學習需求，而被認為 41
不適合參與融合的學生時，可以激勵老師正視學生的需求，努力實現融合教育。另外，把融合教育當作是一個過程的老師，也比較可能對會遇到的一些問題有心理準備，他們知道有時候學生可能很難有什麼

進展，而當學生克服障礙有所學習與進展時，他們感到欣慰和歡喜。

雖然了解融合教育、融合教育相關法令，以及融合教育實務是很重要的，但沒有比從行動中去學習融合教育的意義與做法更有幫助的了。現在的老師一定要每天都要求自己重視每一位學生參與課程的機會，並朝著更好的融合教育教學方向努力。我希望讀者能夠了解，這一章是要呼籲大家採取行動，要大家把融合教育當作動詞，幫助自閉症的學生能夠參與融合班級，接受融合教育。

不過，也許推動融合教育最重要的因素是，藉著身心障礙學生的加入，提供所有學生一個學習尊重差異的機會。有一位老師曾說過，融合教育不只是為了身心障礙的學生，或只是跟身心障礙學生有關，融合教育是為了全部的學生，並與每一個學生都有關，她說：「我並不是因為我班上自閉症的學生而說我的班級是融合班級，我們班之所以是融合班級是因為……我是班上所有孩子的老師，而融合教育其實就是教導和重視每一個孩子。」（Kasa-Hendrickson, 2002, p. 145）

更多的答案與資料請參考：

Anderson, W., Chitwood, S., & Hayden, D. (1997). *Negotiating the special education maze: A guide for parents and teachers.* Bethesda, MD: Woodbine House.

Capper, C., Frattura, E., & Keyes, M. (2000). *Meeting the needs of students of all abilities: How leaders go beyond inclusion.* Thousand Oaks, CA: Corwin Press.

Downing, J. (2002). *Including students with severe and multiple disabilities in typical classrooms.* Baltimore: Paul H. Brookes Publishing Co.

Fisher, D., Sax, C., & Pumpian, I. (1999). *Inclusive high schools: Learning from contemporary classrooms.* Baltimore: Paul H. Brookes Publishing Co.

譯註：有關台灣特教相關法規請參考吳淑美（2004），《融合班的理念與實務》，台北：心理出版社。或查閱相關網站，如教育部資訊網。

(continued)

Grenot-Scheyer, M., Fisher, M., & Staub, D., (Eds.). (1999). *At the end of the day: Lessons learned in inclusive education.* Baltimore: Paul H. Brookes Publishing Co.

Jorgensen, C. (1998). *Restructuring high schools for all students: Taking inclusion to the next level.* Baltimore: Paul H. Brookes Publishing Co.

Kliewer, C. (1998). *Schooling children with Down syndrome.* New York: Teachers College Press.

Kluth, P., Straut, D., & Biklen, D. (in press). *Access to academics: Critical approaches to inclusive curriculum, instruction, and policy.* Mahwah, NJ: Lawrence Erlbaum Associates.

Peterson, M., & Hittie, M. (2003). *Inclusive teaching: Creating effective schools for all learners.* Needham Heights, MA: Allyn & Bacon.

Sailor, W. (Ed.). (2002). *Whole-school success and inclusive education: Building partnerships for learning, achievement, and accountability.* New York: Teachers College Press.

Thousand, J.S., Villa, R.A., & Nevin, A.I. (2002). *Creativity and collaborative learning: The practical guide to empowering students, teachers, and families* (2nd ed.). Baltimore: Paul H. Brookes Publishing Co.

Villa, R., & Thousand, J. (Eds.). (1995). *Creating an inclusive school.* Alexandria, VA: Association for Supervision and Curriculum Development.

Villa, R., & Thousand, J. (Eds.). (2000). *Restructuring for caring and effective education: Piecing the puzzle together* (2nd ed.). Baltimore: Paul H. Brookes Publishing Co.

Wheelock, A. (1992). *Crossing the tracks: How untracking can save America's schools.* New York: The New Press.

Chapter 3
教師的角色
支持融合教育的態度、信念與行動

人們總是在尋找可以改變一切的仙女棒，
但這世界上沒有仙女棒。
我很幸運地從兩歲半就開始接受一位好老師的輔導，
我再怎麼強調，也無法表達一位好老師的重要性。
好老師真的是無價之寶！
（Grandin, 1996b）

我們發現在每一個獲致「出乎意料」成功的典型例子，老師都相信學生是有學習能力的，並且都採行了很多做法，來實現他們的想法（Keller, 1954; Ladson-Billings, 1994; Matthews, 1988; Meier, 1995; Moses & Cobb, 2001）。顯然，老師擁有一股不可思議的力量，可以鼓舞學生學習，和帶動學校與社區進行重大的改變。在Hiam Ginott常被引用的一段哲學思想中，他概述了老師所具有的神奇力量：

> 我覺得在課堂上我是決定性的影響因素。我個人的教學方式營造出班級的特質，而我每天的心情則決定了教室裡的氣氛。身為一個老師，我有非常大的力量可以決定學生是悲慘的還是快樂的。我可以是折磨人的刑具，也可以是啟發人的工具。我可以羞辱或傷害學生，也可以讓學生心情愉快或治癒學生的創傷。在所有的情境中，是我的反應決定了危機的高低起伏和學生人性的起落升降。（1972, p. 13）

推動融合教育時，
九種支持自閉症學生的做法

本章主要在探討作為教育領導者與變革推動者的教師角色，並強調教師的態度、信念與行動，對融合教育的發展是很重要的。下面我
44 舉了九種老師在推動融合教育時，可以用來支持自閉症學生的做法：

1. 認清差異（recognize differences）。
2. 質疑標記的使用（interrogate the use of labels）。
3. 重新界定專業（reconfigure expertise）。
4. 維護學生的尊嚴（preserve student dignity）。
5. 發掘學生的各種才能與需求（look for complexity in learners）。
6. 當學生的擁護者與教導學生自我爭取權益（serve as an advocate and teach advocacy）。
7. 當教導者與學習者。
8. 傾聽（Listen）。
9. 必要時，採行顛覆教育（practice subversive pedagogy）。

1. 認清差異

對一個老師來說，要看見並了解學生的差異有時是很困難的。例如，常常有老師說：「我的每一位學生都是很特別的，我不覺得有人特別不一樣。」或說：「如果你走進我的班上，你會看不出哪一個學生有自閉症。」雖然這些說法都是出自好意，但卻會造成一些誤解。我相信身心障礙、種族差異、民族差異或其他生活中的各種差異，是不可能「看不見的」。這些差異都確確實實地存在，並且都很重要。無論我們是作為一個獨立的個體，或是社會中的一員，這些差異是我們的一部分。就如 Sapon-Shevin 所指出的，接受所有的學生是很重要的，但忽視差異並不是表現接受的好方法：

> 如果為了讓每一個學生看起來都一樣而刻意去減少或掩飾差異，這會讓學生怎麼看待差異呢？是跟大家討論 Nadia 的助聽器，和她所需要的幫助與支持比較好呢？還是要大家不要去注意她戴著助聽器，不要去理會助聽器有時會發出的尖銳聲響，或當 Nadia 很明顯地沒聽到口頭提示時，也假裝沒注意到呢？這就像是為了滿足患有糖尿病的學生 Tim 的特殊需求，並且不會讓他因為需要特別的飲食調整覺得尷尬，而在吃點心的時候，以不明顯的方式給 Tim 不同的食物，這樣是最好的方式嗎？（2001, p. 24）

「看不見」並不是面對差異時的正面回應。但是，承認並盡力去了解差異如何地影響著學生的生活與學習經驗，可以幫助我們更了解學生，更能滿足學生的需求。

融合學校鼓勵學生表現出他們的個體性，並且鼓勵學生接受「生命中所有的經驗，無論是美好而快樂的，或是痛苦而艱難的」（Sapon-Shevin, 1999, p. 35）。就如 Sapon-Shevin 所強調的，老師要鼓勵學生自在地面對他們的差異，但在這之前，老師必須先創造一個可以顯露差異與接受差異的環境：

> 我們想創造機會讓學生與大家分享他們的每一面，包括美好的、值得稱讚的、讓人心煩的，與令人感到困惑的所有面向。每個社區與文化對於什麼是適合分享的觀念與標準，常有很大的不同，所以老師在表示尊重學生的個別差異時，要格外小心。（1999, p. 36）

融合教育運動樹立了教育改革的典範。這個重要的教育改革，幫 45
助老師把差異看作是班級中重要且珍貴的一個部分。提倡融合的老師會希望找出學生的差異，並認為這些差異對學生的學習是很重要的。

良好的融合學校「視個別差異為可利用的珍貴資源，這樣的認知已經取代了個別差異會增加教學難度，必須加以訂正、改進或改造成適合社會的（如同質化）觀念」（Stainback, 2000, p. 508）。

2. 質疑標記的使用

學生異質性高的班級老師，在了解學生的個別學習需求時，必須體認到肯定學生的差異所帶來的好處。在教學繁忙的日子裡，老師可能會倚賴一些假設、刻板印象及個人看法，來和學生做日常互動及規劃課程與教學。另外，教育工作者在與同事的日常談話中，或在教學報告或其他的溝通形式裡，甚至在與學生互動的時候，也可能會陷入使用標記，或用過於簡單的描述來形容學生的框框（比如說，「我正常班級裡的那兩個自閉症學生」、「九年級那個遲緩的學生」）。

差異的標記（labeling of differences）對教育工作者是一項艱巨的考驗。雖然標記與政治身分可以帶來某些好處，如自我肯定、正向的自我定位及與他人產生連結等，但卻也帶來了很多限制。標記可能是狹隘而有限制的，若依賴標記來描述學生，會造成老師在看到學生的個體性之前先看到他的自閉症，或甚至完全看不到他們的個體性。就如一位有障礙的女士Nancy Burns所說的，標記通常意味著「異類」：

> 身為一個有障礙的人，我不想別人覺得我很特別、很笨、很古怪、很不一樣，或覺得我像個白癡，或是像從其他星球來的外星人，也不想別人把我當作二等公民，或對我視而不見。我只希望大家對我像對其他人一樣的尊重與體貼就夠了，不管是什麼事情。試著去認識一個人的內在，而不要只看到他的缺陷！我敢說你一定會發現他們跟你其實沒什麼兩樣。（1998, p. 12）

在教職員休息閒聊的時候，和在教職員會議或教學報告中，學生常被以片面或負面的方式形容。看一看下面這則關於一位一年級學生 Xang 的故事。有一位教 Xang 的老師給了我一份報告，報告的內容讓 Xang 聽起來很需要協助且能力很弱的樣子。「Xang 在課堂上愛搗亂。即使最簡單的報告也需要協助才能完成。他在學業上也有問題，在英文閱讀與寫作上有困難。」在這份報告和與老師的對話中，老師常認為 Xang 的英文不好，就像英文是第二外語的學生，而沒有看出他是積極、愛發問、有雙語能力，並且能以雙語讀寫的學生。另外，在同一所學校裡有另一個自閉症學生 James 也有類似的情形。James 在解答他自己的數學問題時，常被認為不合群、過度入迷，和「沉溺在他自己的世界裡」；但是在他的媽媽與哥哥的眼中，James 卻是個很聰明的學生。

Ayres（2001）把這種對學生的標記，稱為是種「具傷害性的習慣」。他指出，我們需要好好地檢視與批判我們形容學生和看待學生的方式：

> 督導、協調者和行政人員好像沒有更有建設性的做法，只能 46
> 講些像「軟徵」（soft signs）、「注意力缺陷症」（attention deficit disorder）或「衝動控制能力弱」等專業術語，然後我們其他人就在一旁邊聽邊微笑，假裝了解他們在說些什麼。病症的種類越分越細、越來越多，也越來越古怪，什麼學習障礙（L.D.）、行為異常（B.D.）、情緒障礙（E.H.）、特殊才能與資賦優異（T.A.G.），還有什麼可教育性智能障礙（E.M.H.）等一堆的分類。現在的老師若有教過「特殊才能與資賦優異」的學生、「學習障礙」的學生，或「處於問題情境中」的學生，就不太可能沒聽過這些標記。（p. 29）

譯註：軟徵（soft signs）是微妙而難以準確察覺的指徵，「軟」字是因為解釋困難，以及與結構性腦損傷沒有確定的關係，也稱軟神經症。

為了要減少有傷害性的標記，老師必須要去了解每個學生的獨特性。這也表示老師要花時間與學生一對一相處，或在上課時間與學生分享他們個人的事情。另外，老師若把學生都看作是獨立的個體，在提到自閉症學生的時候，也必須要意識到他們也是獨立的個體。不想過度使用標記的老師，不會去比較與對照自閉症學生的特徵，也不會把他們當作是一個同質性的團體來談論，而是去分享像「Nathan的才藝」、「Kevin 的能力」或「Anne 的成就」等資訊。

3. 重新界定專業

我們太常看到教育工作者要求自閉症學生該怎麼過他們的生活，而沒有給他們機會讓他們打造他們自己的生活。為了要讓融合教育蓬勃發展，老師要對自閉症學生的長處與經驗感到好奇與充滿興趣。此外，老師必須要把從自閉症學生身上學到的東西運用在課堂上，還要思考自閉症學生在班上所展現的天賦與優勢。真正的融合教育是把每一個學生都看作是獨立的個體，而每個獨立的個體都可以互相學習。融合教育不是為幫助少數人而設計的，它最獨特的一面是讓自閉症學生能夠與他人分享經驗，因而能幫助同儕以及老師用新的角度來看世界。

在融合班級中，老師會把學生看作是「專家」，徵詢他們想要學習的內容，邀請學生當小老師與帶領班級。在這些過程中，老師會去檢驗自身的專業與權力（expertise and power）。Kliewer 與 Biklen 認為我們需要改變我們對「專業」的理解：

> 在有關身心障礙者權利的議題中，有一項是重新界定「專業」的意涵。意思是若沒有身心障礙者的參與，身心障礙的相關研究就無法進行，相關政策也無從實施。站在民主的立場，讓身心障礙者參與攸關本身權利的研究或政策擬定，是很自然、很基本的做法；然而，長久以來，身心障礙者在科

> 學家的研究或在政府政策的擬定過程中，一直扮演著被動的角色，保持著客觀的距離，甚至是完全的沉默。事實上，身心障礙者的意識已逐漸抬頭，已開始向科學界和政策擬定機關表明：「我們的權利不是由你們分發或給予的，大家不應該再使用這些違反民主信念的專業特權。」（2000, p. 198）

教育工作者必須先去除「支配」與訂定所有決策的欲望；不過，在這權力轉換的過程中會帶來一些不舒服的感覺。Danforth 與 Rhodes 說：「雖然去探究、傾聽與認真看待那些接受特殊治療計畫的人所說的話與想法，表面上好像是很單純的事，但卻常會造成混亂。」（1997, p. 363）

Dan Reed（1996）在他 *Paid for the Privilege: Hearing the Voices of* 47
Autism 的著作裡，跟大家分享 Randy 的故事，也就是因傾聽而造成混亂的例子。Randy 在接受日常治療計畫時，常常會打別人。但 Reed 解釋 Randy 不是一個壞人，相反的，他很容易受到驚嚇。如果他被別人嚇到，他就會打他們。當 Randy 開始打別人的時候，教職員會馬上「介入他的空間」，保護他與其他的人。不過 Randy 在學會運用輔助溝通法與他人溝通之後，他告訴負責教導他的教育訓練團隊，如何才能把他對別人突如其來的攻擊處理得更好。Randy 以打字說道：「給我一些喘息的空間吧。」教學團隊的成員決定尊重 Randy 的意見，並改變他們介入的方式。當 Randy 開始打人的時候，團隊成員不但不向前阻止，反而離得遠遠的，留給 Randy 一些空間。Reed 在報告中說：「他在幾秒鐘內就安靜下來，幾乎屢試不爽——沒有老師介入，沒有拳打腳踢，也不再喪失學生的尊嚴。」（p. 113）

顯然傾聽學生的需求不是只給學生注意力和提供他們機會而已。教育工作者或其他支持自閉症患者的人員必須去回應學生的意見，就算他們的意見或所提供的資訊與權威人員或機構的做法有所衝突。雖然 Randy 的要求在某種意義上，與團隊成員處理危機的做法有所衝突，但他們能夠去傾聽不一樣的意見，並且把它當成一次學習的經驗。雖然 Randy 所建議的介入方式，與學校、群體之家、日間照護等機構傳統的介入方式有顯著的差異，但負責訓練他的教學團隊成員仍然尊重 Randy 的意見，讓 Randy 能夠去設計他自己所需要的協助。

4. 維護學生的尊嚴

毫無疑問地，所有的老師都想保護學生，幫助他們建立自尊與自重，但是這些目標有時會在教學繁忙的時候，無意間被擺在次要的地位。而諷刺的是，當學生無法參與或達到教學目標的時候，通常原因都是因為老師忽略了自己與學生的個別關係。而當老師靜下心來傾聽學生的聲音，以及認識學生與他們的需求時，也確實是最能增進學生學習能力的時候。

Hutchinson 指出，「只有當一個生命被尊重的時候，才有尊嚴可言。」及「歧視是與尊嚴相互對立的。」（1999, pp. 63-64）如果我們都同意 Hutchinson 對尊嚴的解釋，那找時機與場合，讓學生把自己不同的那一面展現出來，就是老師的責任了；而去思考哪些是學生會被歧視與忽略的情形，並且質疑那些會傷害學生，妨害他們參與學校社區的組織結構與做法，也是老師的責任。

那些把教室營造成一個舒服、具支持性的環境，讓學生可以做他們自己的老師，都有把維持與保護學生的尊嚴放在心上。欺負、嘲笑與侮辱外表、言談或行為與一般「正常人」有點不一樣的學生，在這樣的班級裡，都會被老師與學生制止。就如同 Nieto 所說的，那些傷害學生尊嚴的行為，甚至可以變成課堂上討論社會正義的教材。

48 在很多學校裡常見的侮辱事件，為學生與老師提供了很多對話的機會。這些事件常常被定義為單一事件或問題學生的傑作，與其如此，還不如讓這些事件成為課程中明確的主題，幫助學生了解這是整個學校與社會問題的表徵。把隱藏在侮辱事件中的偏見清楚地攤開來，讓它成為圓圈時間或分享時間的主題，或在課程中讓它成為討論種族偏見、性別偏見、殘疾歧視（也就是對殘障人士的偏見）或其他歧視與偏見的出發點。（2000, p. 356）

然而，就算在最有支持性的班級裡，學生也可能需要一些額外的幫助。有一些自閉症學生在他們求學的生涯裡，曾遭遇困窘、挫折、甚至創傷，比如說，有些學生曾被老師體罰或被同學嘲弄。一些沒有障礙的學生也會需要幫助，比如說害羞的學生、新來的同學，或有某些障礙比別人需要更多鼓勵與注意的學生。對這些學生而言，老師用不同的方式來展現他們的關懷與同情，就顯得特別重要。

最後，當教育者跟學生培養和維持私人關係的時候，就可以維護學生的尊嚴。學生應該要對於在課堂上展現他獨特一面及與老師同學分享私生活感到自在。有效教學的核心就在於了解學生，就如 Cummins（1996）所說的：「良好的教學並不是要我們去學會無窮盡的教學技巧。更重要的是，要知道人際關係是有效教學最核心的部分。」（p. 73）同樣地，Jasmine Lee O'Neill 是一位患有自閉症的女人，她相信最有專業的是那些想要個別了解學生的人：

在這個領域，良好的專業人員花很多時間去個別了解新的自閉症學生或患者。他們尊重這些敏感度高的人的特質，就像生活在活潑的、瑰麗的、以自我為中心的殼裡，害羞的海底動物。他們把每個患者當作一般個體來看待，並對每個個體感到興趣。他們享受著在認識每個個體的過程中所出現的驚喜。（p. 22）

5. 發掘學生的各種才能與需求

教育工作者必須不停地去發掘學生的天分，尋找可以凸顯學生天分與支持學生各種不同需求的場合。自閉症學生的老師必須相信他的學生是有才能的，並創造能讓學生顯現他們才能的舞台。舉例來說，我曾和一位高中老師合作過，在她的電腦課堂上有一位叫作 Scott 的自閉症學生。這個學生的口語能力有限，並且在動作上有明顯的困難。他常常跑著進教室，而且很特別的是，他會在上課的時候在電腦桌之間走來走去；但是他很會玩某些電腦遊戲，也可以自己打一些句子。

為了凸顯 Scott 的能力，這個電腦老師把她每天例行的課程，與Scott的能力及需求相結合。在每堂課的前二十分鐘，先由老師講解新的技能與概念給全班同學聽。接下來的三十分鐘，則由學生們單獨或分組練習之前所學的新技能。不過，Scott 則有一個與眾不同的課程
49 表。上課的前二十分鐘 Scott 並不打電腦，而是在教室後面走來走去聽著老師講解新的觀念。然後當其他學生開始自行練習的時候，老師容許 Scott 可以在電腦桌之間走動，停在不同的位置教同學他所擅長的電腦遊戲。相對的，其他的同學則可以跟 Scott 一對一地複習當日上的課程。

這樣的課程安排似乎對所有的學生都有所助益。Scott的同學珍惜每個禮拜可以學到新奇的事物，而 Scott 有機會可以在輕鬆的小團體中，學習新的技能與概念，這樣的機會似乎也增進了Scott對課程的了解。重要的是，Scott的同學可以有機會看到他在學習新軟體與精通複雜的電腦遊戲的才能。而沒看過 Scott 有任何專長的同學，都對他快速的反應與解決問題的能力感到驚訝。

在另一個班級的老師，對他班上一位患有自閉症的學生Billy的行為感到好奇。Billy每天來上西班牙文課的時候，都會盯著墨西哥的地圖。一開始上課的時候，都要老師叫好幾次，他才肯離開地圖的前面

回到自己的座位。在學期第二個月的時候，他的行為一點都沒有改變。其他的老師都建議拿走那幅墨西哥地圖，但相反的，Billy的老師反而多放了一幅西班牙的地圖在旁邊。Billy開始對兩幅地圖同樣有興趣。而貼滿地圖的教室牆壁上，則由一張波多黎各的地圖佔了最後的空間。之後這個老師給Billy一份縮小版的地圖，讓他放在桌上，所以當 Billy 在聽課的時候，可以研究地圖上的國家。

這些例子說明了當老師如何透過挖掘學生的能力，並且把他們當作學習者看待，是建立了學生的學習能力與興趣。這幾位老師經由學生的才能來增加學生的學習經驗，所以有自閉症的學生可以成功地學習，而在班級團體裡的每個人，也都可以珍惜同學的才能。老師可以用很多方式來挖掘學生的各種能力與需求，比如幫助學生讓他在班級裡展現能力、研究個別學生的學習方式然後因材施教、探索學生如何表達他（她）自己，並在教室裡創造一個適合他（她）表達方式的空間等。想要發展學生各種能力與需求的老師，必須常常思考以下的問題（Ayers, 2001; Kluth, Biklen, & Straut, in press）：

- 這個學生是誰？
- 什麼樣的情境會讓這個學生展現能力？
- 這個學生有什麼天分／技能／能力？
- 這個學生對他（她）自己身為一個學習者有什麼樣的看法？
- 這個學生為班上帶來什麼樣的潛力與努力？
- 如何讓這個學生獲得成功經驗？
- 什麼會阻擋我／幫助我發現這個學生的才能？
- 這個學生的學習方式為何？
- 這個學生重視什麼事物？
- 要如何向這個學生學習及我可以從這個學生身上學到什麼？

6. 當學生的擁護者與教導學生自我爭取權益

教師最重要的角色之一就是為學生爭取權益。有很多的例子都是
50 班上有殘障學生的老師，負起責任教導其他教育工作者有關融合教育，或某些特定殘障的知識。這些老師同時也可能負責解答學生家人、家長教師聯誼會或當地社區民眾所提出的問題。所以當老師接觸融合教育時，保持對相關法令的了解，和熟悉融合教育與異質性班級的教學技巧是很重要的。這些老師同時也必須要熟悉一些相關的支持性團體，如美國重度障礙者協會（TASH）（www.tash.org）、美國國立自閉症委員會（Autcom）與美國自閉症協會（請參閱本章最後的附錄）。

老師需要去研究更廣大的學校社區、課程，以及學校的組織、政治事務和文化。這些擁護學生權益的老師也要反省自己的教學方式，並尋找機會透過教職員的專業成長，結合更廣大的社區，與參與政治性活動等方式，來改善他們的校園社區。舉例來說，從西雅圖到紐約的教師團體都參與反對標準化測驗運動（standardized testing movement），並鼓吹採用更有意義、更真實的評量。參與這個反對運動的老師，特別關心去除標準化測驗所帶來的消除種族、階級、性別與文化的隔閡，讓所有的學生都有公平的機會，並防止這些不利的因素損害教育的品質。另外，也有很多人覺得這種測驗對有身心障礙的學生不公平，他們覺得這種測驗是在評量學生的障礙，多過於評量他們的學術能力。參與這個反對運動的老師有些拒絕實施這種測驗，有些老師則在學校董事會中抗議這種測驗（Rethinking Schools, 2000）。

為了達到真正的改善，老師與學生必須在尊重與重視所有參與者的情況下，致力於有啟發性的改變。也就是說除了為學生爭取權益之外，老師必須鼓勵學生自我爭取權益（self-advocacy）。所有的學生都有能力對他們自己的教育有所貢獻，反倒是大部分的老師都對身心障礙認識不夠，以至於無法為學生解決在他們求學生涯中所遇到的各

種問題。

自我爭取權益是指學生為自己的權益，或其他身心障礙的同學辯護或採取行動。為了鼓勵學生自我爭取權益，老師可以鼓勵學生組織學會；給他們機會向老師或其他社區成員提供自閉症的資訊；幫助學生在他們的個別化教育計畫會議，或其他教育計畫會議裡有所貢獻，並在這些會議在做決定時（如有關日常時刻表或課外活動的安排），確保學生有機會參與或被徵詢；以及給學生機會清楚表達他們的喜好與需求等。

7. 當教導者與學習者

學校需要將老師與學生聚在一起，讓他們變成可以從中互相學習的團體。老師必須要有機會反省自己，接觸新的觀念，並嘗試用不同的策略與方法來學習。有些老師或許會喜歡參與一些專業成長的研討會，或學院與大學的課程。有些老師則會在自己工作的地方尋找學習的機會。舉例來說，我訪問過一所學校，那所學校每個月定期舉行「觀念分享」的檢討會，並邀請每一位在那裡工作的成員參加。不同領域的老師或小組會在每一期的會議中提出一個想法。主題廣及「在融合教室裡開辦寫作研習會」、「與語言治療師協同教學」和「下午三點釋放壓力」等，檢討會幫助了老師從實習中成長，並且這些不斷改善的措施，也會幫助學校往前更進一步。 51

有些學校為老師與職員成立讀書會。在我曾經任職過的一所學校裡，他們的讀書會採用兩種不同領域的主題：專業讀物（如關於合作學習的書）與跟學校或教學無關的個人喜好。這些做法讓老師藉由選讀專業叢書保持不斷的成長，還提供了老師社交活動與形成團體的機會。在另一個學校裡，我特別舉辦了以自閉症為主題的讀書會。這間學校的自閉症學生異常地多，老師時常找機會學習更多有關自閉症的知識，並就這個主題交換意見。我們剛開始先著重在自閉症的個人自傳，之後由老師開始輪流推薦其他有助教學的書籍。

對於沒有時間聚在一起的老師或教育團體，可以用網路留言板來分享訊息。留言板可以用來腦力激盪教學的意見，分享正面的支持行為，或留下相關的問題和成功的經驗。有一學年，我和一組教育工作者一起執行一個大方案，這方案涵蓋了十二個學校與七個不同的地區。方案的行政人員設計了一個網上討論會，鼓勵大家彼此對話與分享想法。老師在網上跟大家分享各種不同的成功經驗（「Donald 今天靠自己吃午餐」）、問題（「大家對於喜歡在課堂上亂塗鴉與坐立不安的學生，有沒有什麼好辦法可以幫助他？」）與想法（「我開始用比較溫和的語氣對待學生，而他們也有不錯的反應。我會繼續運用在 Marie 和 Carol 的身上。今天我會試著這樣對待 Dottie，然後讓大家知道效果如何」）。這種做法不僅讓我們的小組有機會可以交換意見，並且提供了一個支持系統給那些有同樣價值觀與目的，但卻無法聚在一起的教育工作者。

8. 傾聽

一個願意傾聽學生的好老師，通常會發現學生在教學、學習和其他很多的主題上，可以為他們提供非常好的教學意見。例如以下一位患有自閉症的青少年 Jamie Burke，就用他的溝通輔具寫出心目中完美的學校：

> 學校的桌椅柔軟而舒適，裡頭放置了許多很棒的書，教我們要友善對待彼此，還要相親相愛。學校裡的小朋友都要很有禮貌，嘲笑別人是會被懲罰的。只要我們願意，每個人都可以加入自己喜歡的任何社團，而校園到處都播放著悅耳的音
> 52 樂。好的老師是由我們選擇的，而不是透過電腦分派。學生可以選擇自己喜歡的上課主題，而老師必須把學生感興趣的課程教得很好。如果有家庭作業的話，一定要給我們一天以上的時間準備。吃午餐的地方離廚房遠遠的，以免廚房的味

道破壞了我們的食慾。午餐時間大家都安靜地用餐，不會有人大聲喧嘩，也沒有討厭的鐘聲與哨聲，那聽起來就像是一把用來殺怪獸的劍，會刺穿我的耳朵。每一學年，學校都會請所有的新生去看一齣有關怪獸的電影，並且很歡迎學生親愛的爸媽到學校來，與所有親愛的好老師會面，談談他們孩子的能力……不過我現在的學校也很好，學校裡的人都試著愛我、教導我，也試著接納我的自閉症，並教導我與我的自閉症共處。所以我覺得我已經不像小時候那麼害怕了，甚至還夢想著以後也像現在這樣，一直過著快樂的生活。有愛才有尊重，老師如果了解每一個小朋友的能力，並且想要激發出學生的能力，就一定會想要教導每一個學生。老師們一定要了解，要求我們學習長大後獨立生活所需的技能是老師的夢想，而不是我們的，還有老師要以尊重我們的態度來教導我們這些好技能。如果我高興的話，跟我聊聊你就會知道這些了。（Burke, 1999, p. 4）

這段文字至少透露了兩個很重要的訊息。第一，它提供老師具體的概念來支持 Jamie。一位願意從這個學生身上學習的老師，會用心思考他（她）目前教室裡的座位安排，或想想手上有哪些可用的材料。其次，這段文字充滿詩意與深具內省。當老師傾聽 Jamie 的想法時，也會從中了解他寫作與表達的天分。

老師也必須要想辦法傾聽使用不同溝通工具的學生。融合教室裡的學生與老師也要想想，如何充分與廣泛地傾聽那些沒有口語能力、英文能力有限、不同口音和語言，或在全班面前或小組中無法充分表達自己的學生。老師可以與學生一起調整聆聽的方式，以鼓勵他們表達自己的想法。比如說，全班都要很用心地回應那些沒有口語表達能力的學生所做的動作與所發出的聲音。如果有障礙的學生發出咕嚕的聲音、笑聲或大叫，同學們可以對她說：「Patty，你好像對這個有很強烈的感受。你可以用你的溝通輔具說得更清楚一點嗎？」為所有的學生做適應性調整，也可以說在班級中，以團體的模式去學習不同的溝通方式與風格。老師可以用一整個下午的時間，讓全班只用書寫的方式來溝通，或學習以比手勢的方式來講故事，及用手語打招呼和開啟對話等。

傾聽的另一個方法就是當學生在學習或進行社交時，老師把自己融入學生裡。在午餐時間跟學生閒聊，或在走廊上跟學生「鬼混」的時候，可以比較全面性地了解學生。什麼會讓學生感到興奮或憂慮？他們對什麼很在行？他們喜歡什麼？或害怕什麼？

在輕鬆但重要的時刻，只要用心地傾聽與尊重學生，老師可以從中找到如何教導學生及從學生身上學習的關鍵，還可以發現對學生比較好的支持方式。

我有一位叫作 Eileen 的朋友，她是個五年級的老師。她成立一個叫作「來者不拒」的詩詞賞析社來傾聽學生。她這樣做不僅與學生一起參與了社會性活動，還透過他們創作的詩詞，引導他們說出他們的
53 意見與想法，她本身也因為這些活動而受益良多。其他老師還用了一些不同的方式傾聽學生，如與學生共進午餐、教學生運動、在舞會上當學生的舞伴、在下課時間與學生一起玩，或在課堂上找機會與學生建立個別關係等。

9. 必要時，採行顛覆教育

我認識一位叫作 Janna 的老師，她被要求為她的一個自閉症學生設立行為教學方案。當這個自閉症學生咬自己的手或尖叫的時候，一個地區性的行為專家要求 Janna 不要理他。如果他可以控制自己不要做這些動作超過二十分鐘以上，Janna 可以給他一張棒球卡作為獎勵。

Janna 拒絕實施這個方案。她覺得他會去咬自己的手與尖叫，是因為他在新學校感到不舒服和害怕。Janna 非常關心這個學生，並決定去探討造成這些行為的原因。她覺得忽略這些行為是很殘忍的，而

且她擔心這個方法會惡化她和這個學生的關係。

Janna 在拒絕這個方案的時候，她採用的是所謂的「顛覆性教育」。也就是說，Janna 拒絕一般機構的做法，而改為支持她認為比較適當而人性化的做法。「對他們的雇主或妨礙個別學生學習機會與成長的機構」，採行顛覆性教育的老師會「質疑他們所採用的政策、流程與做法」（Lasley, Matczynski, & Rowley, 2002, p. 387）。

另一個採行顛覆性做法的例子則來自我自己的教學經驗。我曾在一個不鼓勵融合教育的地方教了一小段時間，我曾跟一位行政人員與學生家人進行了一場很不舒服的會議。這對父母希望他們的孩子進入五年級的普通班級就讀。行政人員告訴他們，在那樣的環境中要為他們的小孩提供教育會很困難，所以無法執行。她給了這對父母很多理由，並且告訴他們這主要是教職員的問題。學校「沒有」任何一位普通教育的老師，對像他們兒子這樣的學生有足夠的認識，或甚至不願意去支持這樣的學生。當會議結束後，這對夫婦很失望地離開，但似乎接受了這個行政人員的解釋。當我試著跟這位行政人員（我的上司）討論這個議題，她清楚地告訴我她已經做出決定了。我離開她的辦公室回到房間，找出資料夾裡的一本小冊子「特殊教育中的家長權利」，並把重點標示出來，不具名地郵寄給這對夫婦。幾天後，這對夫婦聘雇了一位律師，與這個行政人員再次討論融合教育的問題。

顛覆性教育並不是新奇的觀念。在教育方面，老師反抗他們認為對學生有壓迫性與／或有傷害性的做法與架構，已經有很長的歷史了（Ashton-Warner, 1963; Ayers, 2001; Freire, 1970; Holt, 1967; Kozol, 1967; Ladson-Billings, 1994; Paley, 1979）。Ayers 表示曾經有一次，在被一連串毫無意義的學校廣播打斷他的教學後，他扯斷教室廣播器的電線。在這個「有創意的反抗舉動」之後，學生從此可以安安靜靜地上課，因為在之後的三年內，都沒有人去修理那個廣播器（2001, p. 125）。

在 Ladson-Billings「成功教導非裔美國學生的老師」的研究中，

54 老師也藉著反抗壓迫學生的政策與架構來支持學生。研究人員解釋教育工作者認為以行動來挑戰架構是必須的：

> 在我這份研究中的老師，對抗著雇用他們的學校系統。他們會批評學校系統對待教職員、學生、家長，和積極參與社區活動的民眾的方式。然而，他們不能讓這些批評只存在於文字。他們必須訴諸行動來對抗學校。他們的所作所為是教師的本分與天職，而在他們的班級中，他們採行顛覆性教育。（1994, p.128）

在 Ladson-Billings 研究中的老師，全力拒絕學校要求使用的教材（如不用教科書而使用大眾讀物與小冊子），悄悄地迴避學校不合理和會傷害學生的政策。Ladson-Billings 指出，雖然對抗壓迫有時是一件很困難的事，但老師絕不能「讓國內學校中的不合理正當化，而應該攤開來檢視這些種種的不合理」。她繼續談到有時候「對抗系統是幫助那些不被重視和被忽視的學生最好的方式」（p. 130）。當教導自閉症學生的時候，顛覆性教育是指質疑含有不當或負面語言的個別化教育計畫或教學報告；對抗不尊重、傷害或沒考慮到學生個別需求的行為教學方案和計畫；拒絕對學生沒有挑戰性或學生不感興趣的課程；以及即使學校行政人員不鼓勵，也要去爭取融合教育。

總　結

我的妹妹曾經寄給我一張明信片，上面寫著「一位好的老師是不會被遺忘的」。從此之後，這句簡單的話成為我教學生涯的座右銘。當回憶起我們最喜歡的老師，我們總是會想到那個最了解我們、會花時間向我們學習、喜歡我們或認為我們是有能力的老師。雖然博學多聞或熟練的教學技巧對老師很重要，但是在學生心中，最有成效的老師和最美的回憶，大部分都是跟功課無關的。

雖然好的老師需要知道如何規劃教學計畫及讓學生專心上課，但是怎麼去引導學生的興趣，才是課堂上教學成功與否最有力的指標。老師的信念很重要；表達方式很重要；學生的關係很重要；價值觀也很重要。事實上，這些重要性以非常真實、非常實際的方式存在。當老師相信學生可以學習和成功的時候，學生可以清楚地感受到老師的心意；並且，學生也會知道老師是否對他們有這樣的信心。想一想下面這篇由亞斯勃格症患者 Stephen Shore 所寫的文章：

> 我的數學和閱讀這兩科通常都落後至少半個學期以上。一年級的老師告訴我，我可能無法再讀數學了。雖然如此，我還是繼續學，最後我甚至讀到學院的程度。如果這個老師知道我在學院裡繼續學微積分和統計學，我相信他一定會嚇一跳。（2001, p. 49）

令人高興的是，儘管沒有「符合」老師的期望，Shore 還是成功 55
地學習到數學。老師在教育學生時，不應該對學生有這樣悲觀的想法。老師對學生的信任是教學成功最重要的因素。如果老師不相信學生可以辦得到，不能常常檢視自己的假設，以及常常反省自己在日常教學中所顯示的態度、價值觀與行動，那所有最好的課程、課程調整和教學策略就都沒有意義了。

更多的答案與資料請參考：

Ashton-Warner, S. (1963). *Teacher.* New York: Simon & Schuster.

Ayers, W. (2001). *To teach.* New York: Teachers College Press.

Freedom Writers & Gruwell, E. (1999). *The freedom writers diary.* New York: Doubleday.

Ladson-Billings, G. (1994). *The dreamkeepers: Successful teachers of African-American children.* San Francisco: Jossey-Bass.

Michie, G. (1999). *Holler if you hear me.* New York: Teachers College Press.

Paley, V. (1990). *The boy who would be a helicopter.* Cambridge, MA: Harvard University Press.

■組織

美國重度障礙者協會（TASH）

29 W. Susquehanna Avenue, Suite 210

Towson, MD 21204

(410) 828-8274

http://www.tash.org/

美國重度障礙者協會（TASH）所關心的身心障礙對象有：

- 最有可能被主流社會排除在外者
- 傳統社會服務系統難以滿足者
- 自身權益易被剝奪者
- 於隔離的環境中，無法生存、工作、遊戲和／或學習者
- 無法運用適當的管道與機會來保護自身權益者
- 曾被列為有重度身心障礙者
- 需要持續而個別的支持，以參與融合環境並享有一般大眾生活品質者

美國國立自閉症委員會（Autcom） 56

Post Office Box 6175

North Plymouth, MA 02362-6175

http://www.autcom.org/

一個擁護自閉症患者權益的組織

其共通的願景為使用正面的方法，致力推廣「自閉症患者的社會正義」。於 1990 年成立，旨在保護自閉症患者、廣泛性發展障礙者，或溝通與行為方面有特殊障礙者的人權與公民權。

美國自閉症協會（ASA）

7910 Woodmont Avenue

Suite 300

Bethesda, MD 20814-3067

美國自閉症協會志在推廣社會大眾對自閉症的認識，以及增進大眾了解自閉症患者與其他相關人士在日常生活上的議題。組織提供了相關的資訊、教育與研究，並為自閉症患者爭取權益。

Chapter 4
與學生的家人建立聯結
與 Eileen Yoshina 合著

「媽，」我問我媽：「我也有自閉症，是吧？」
她回答說：「嗯。」
有好長的一段時間，我們就這樣靜靜地坐著看著彼此。
我有一種很奇怪的感覺，一種從來沒有過的全新感受，
突然之間，我明白我可以問媽媽任何問題，說任何我想說的事，
一切都會沒事的——因為她都會了解。
（Barron & Barron, 1992, p. 229）

身為老師，我們應該要與身心障礙學生的家人密切合作，並不是因為這樣是「最好的做法」，或是因為學生家人通常是我們可以尋求合作的夥伴中，意願最高、心胸最開放的，這些原因都相關，但是之所以要建立起家庭與學校間堅定的夥伴關係（home-school partnership），最重要和最具說服力的原因是因為學生和他們家人間的關係緊密。學生的家長知道一些老師不知道的事情。此外，家長看待他們孩子的方式，也與老師不同，他們可以提供與學生有關的訊息，比任何我們可以請教的專業人員或任何研究報導，都來得更豐富、更詳盡。

看看下面這則 Beth Kephart（1998）的故事，她有一位患有廣泛性發展障礙（PDD）的兒子正值適學年齡。Beth 曾試著幫她的兒子 Jeremy 報名參加學前教育，當 Jeremy 參加學校舉辦的校園一日遊時，學校的校長拿著一塊寫字板，一直跟在 Jeremy 後面走，每次 Jeremy 遇

到問題的時候，他就做一次記號；而這個時候，Kephart只能在一旁焦慮地看著：

> Jeremy 很勇敢地試著跟著大家一起做早上的一些例行性活動，他先是坐在一位男孩旁邊的電腦桌前試著自己操作電腦，而這對他來說是新的軟體，結果他失敗了，因而變得很沮喪，在教室的一角觀察Jeremy的校長，在她的寫字板上做了一個記號。之後，老師請我們往前移動，加入另一間教室的活動，那間教室裡的孩子正在集合準備吃點心。校長做了令人敬重的安排但有一個小小的問題，就是Jeremy有特定的座位，座位上貼有一張告示牌，當校長問Jeremy想不想喝點飲料時，Jeremy正在教室裡打轉，尋找在餐桌上的空位，結果他沒有回答校長的問題，就含著淚難過地走了回來，又是另一個記號。之後我們又繼續進行下一個活動。
>
> 58 接下來是圓圈圈活動時間，小朋友二到五個手牽手，在一間暗暗的房間裡，唱他們每天都要唱的一些歌。大家聽著好聽的歌曲，配上可愛的手部動作，我們都忍不住地沉醉在這美好的氣氛中。當小朋友們甩動他們的黃髮時，看起來是那麼可愛、那麼活潑，他們看起來很正常、很興奮，每一個都因為可能上台表演榮耀的獨唱而激起了高昂的興致。我聽過其中的一些歌，但是從來沒唱給Jeremy聽，我沒有想到這些歌會是現在這間學校的主要課程內容。在圓圈圈裡面，Jeremy眼睛張大大地坐著看，他非常有耐心的欣賞著，我真是為他感到非常驕傲，可是後來校長問他想不想當小山谷裡的農夫，並且把他推到教室的中間。什麼是小山谷？Jeremy的眼神似乎哀求著幫忙，如果他不知道什麼是小山谷，校長又不說，其他的小朋友又一直在Jeremy坐下來之前咯咯地笑個不停，他能夠做些什麼呢？那可鄙的寫字板上又加了一個記

號，我則只能對著教室那端，拋下一道憎恨的眼光。

之後是下課休息時間，Jeremy真的很放鬆，在空地上跑來跑去，盡情地在學校的設施上爬來爬去，用他自己的曲調旋轉舞動著，展現了他一開始就有的優雅與協調，但這些都不重要，根本沒有人注意到他的表演。當校長朝著我走過來時，我已經準備好接受她要宣布的消息了，「我想了很久，」她臉上帶著甜甜的笑容，像個老祖母似地和藹地跟我說：「我們實在是沒有餘力了，有一個患有糖尿病的學生已經佔據了我們所有額外的時間，也就是說，我們絕對沒有辦法公正地對待你的兒子。」（Kephart, 1998, pp. 164-165）

從這個幼稚園出現的一些情況，我們可以很清楚地看到，家長的觀點是多麼重要。若沒有Kephart的解釋，Jeremy的老師可能不知道，使用新的軟體會讓 Jeremy 感到困難，不知道只要清楚地告知 Jeremy 要坐在哪裡，和拿取食物的程序，他就可以順利地參與學校的點心時間，也不知道 Jeremy 不會唱那些歌（只是那些特定的幾首歌）。此外，好像只有 Jeremy 的媽媽看到 Jeremy 的「優雅與協調」，也只有 Jeremy 的媽媽知道他有多麼努力地想參與這些幼稚園的活動。

> 不知道是什麼緣故，和從哪裡開始，有一道看不見的牆，阻擋在學校與家庭之間。我們都要了解，學校與家庭都是教育我們孩子必不可少的一部分，孩子在家裡做的事情，會影響到他們在學校的表現；而在學校做的事情，也會影響到在家裡的情形。如果我們可以「站在同一陣線上」，學生將突飛猛進。
>
> 身為家長，我覺得有時候必須要用拜託、借和偷偷摸摸的方式，才能進入自己孩子的教育系統。而這現實世界中的「政治性」，很不幸地就是我所相信的阻礙發展真正夥伴關係的

因素。我真的相信我們要開始在這方面有所進展了，透過無數次的交談，一再地陳述合作的重要性，我們（教職員／家長／學生）就要開始進行技術上與任務上的合作。如果我可以許一個會實現的願望的話，我會希望在 IEP 會議上，在討論任何的目標之前，先確認和發展學校／家庭間的夥伴關係。

—Pat Wilson

Harry（1992）建議老師一定要不斷地問自己一個問題：「我們是不是假設專業人員是唯一正當的意見來源？我們是不是假設家長的角色，只是負責同意進行專業的活動，並且一定得贊同專業人員的決定？」如果老師的答案是「是的」，那就一定要有所改變，因為與學生家人間的真正夥伴關係，是不可能從這樣的信念體系中發展出來的。如果忽視了學生的家人，或是不予理會，不讓他們參與他們孩子
59 的教育，學生的教育將會受到影響——比如學生在教室裡學會的技能與知識，可能無法在家裡繼續加強；而在家裡展現的能力，也將不會在教室中表現出來，甚至看不出來；還有家庭與學校的夥伴關係，對學生在學習新技能上的增效作用，也將永遠不會實現。

我們刻意把這個章節放在本書的前面部分，之所以把這章放在課程、教學、溝通、行為、友誼和其他主題的前面，是希望傳達一個觀念，就是與家庭建立合作的夥伴關係，跟老師在教室裡能做的任何一件事一樣重要，甚至更重要。在這一章我列舉了一些觀念，是希望團隊能以全新的、具創造性的方式，跟學生的家人合作，讓學生的家人不再處於被動或部分參與的位置。接下來的部分，我們提供了一些了解學生家人的方法，還有就如何建立學校與家庭間的夥伴關係提供一些建議。在這樣的夥伴關係中，學校與家庭共同分享權力與分擔責任，並且鼓勵彼此間的對話。

本章所有方塊的內容，都是引述自自閉症孩子的家長。

認識學生的家人

要跟學生建立聯結的第一個步驟，同時也是最重要的步驟是，認識學生的家人，以及學生跟他們的家人在學校以外的共同生活。我們特別建議班上有自閉症學生的老師，努力去進一步認識學生家裡的個別成員與團體，認清班級學生各種多樣化的家庭背景，還有重新思考「難應付的」家庭（"difficult" families）的概念。

想想學生父母以外的家人

有一些學生是由祖母養育，有一些學生是跟領養他（她）的家人生活在一起，還有一些學生是來自有兩個媽媽或兩個爸爸的家庭。核心家庭已不再是美國現實生活中的常態，大家庭的成員（extended family members）、家人的朋友，甚至是機構組織（如群體之家），都有可能是現今學生的監護人或是主要照顧者，所以都應該跟過去典型的父母一樣，被視為是學校社區的一部分。假若自閉症的學生有接受暫時性的照護，或部分時間的收養照護，那提供照護的人也應該要被當作是家庭／學校夥伴關係的成員；另外，有一些文化團體和社區，也把社區機構當作是家庭結構的一部分，這些關係我們也應該予以尊重，比如，教會就有可能在某個家庭的生活中，扮演著很重要的角色。

我們家人間的關係很緊密，如果我們的兒子今天過得不太好，我們全家人也都會覺得不開心。我們兒子剛上高中的時候，我們的大女兒也是那所高中的學生，當她聽到她弟弟在走廊上崩潰地喊叫時，她常常都會很關心。她會找藉口離開教室，去看看她的弟弟到底怎麼了，但最後卻都被送回教室。我們希望老師能夠把學生的兄弟姊妹看作是資源，畢竟學生的手足有可能為當下的情況，帶來不一樣的觀點。大部

> 分的我們，每天都需要他人的同情共感，藉由了解你可以讓事情變得不一樣，你將會透過同情共感而得到力量，讓每一天都是美好的一天。
>
> — Chris Van Boxtel

最後，當與學生的家人合作時，應該要考慮到學生的手足（siblings）在自閉症學生的生活中所扮演的角色。老師可以在正式的會議中，請學生的兄弟姊妹參與貢獻他們的想法或意見，或是請他們把對
60 他們的兄弟或姊妹的意見，告訴他們的父母，讓家長帶到學校來討論。自閉症學生的兄弟姊妹經常都知道一些別人不知道的事情，甚至是一些連家長都不知道的事情。

比如說，曾經有一位女士跟我說過一個很有意思的故事，她說當她和她先生無法了解和幫助他們的兒子 Peter 時，她的其他孩子卻能理解 Peter 並能幫助他。有一天當患有廣泛性發展障礙的 Peter 大叫「呸」，並把滿嘴的辣椒吐得滿桌子都是時，這位女士和她的先生對 Peter的行為感到驚訝又生氣，他們覺得Peter是想要藉著不當的行為，引起兄弟們的注意。Peter 的兄弟看到，突然笑了起來，趕忙幫 Peter 解釋來解救他，他們跟爸媽說，Peter只是在模仿他今天看的史酷比狗錄影帶裡面的動作。Peter常常都會把他最喜歡的卡通場景表演出來，並且好像常常用這些場景來跟別人溝通一些事情，這位女士和她的先生聽了 Peter 兄弟所提供的訊息之後，對 Peter 的嘔吐行為有了不同的想法，並因此能夠好好地跟 Peter 談「狗吃到很辣的辣椒，跟小男孩吃到的有什麼不同」。

認清家庭結構的多樣性

在美國有很多學校，尤其是在市區的學校，學生和老師們的文化、語言及生活經驗，有非常大的差距。在 1990 年代初期，美國的教師幾乎有 87%是白種人，8%是非洲裔的美國人，和 3%的西班牙裔美

國人（National Education Association, 1992）。大約十年之後，美國的老師大部分仍是講英語、中產階級、異性戀的白種女人（Gomez, 1996; Knight, in press; Olmedo, 1997）；不過，這時候美國人民的種族與民族背景已經越來越複雜了，所以學生的種族與民族背景也跟著越來越多樣化（Delpit, 1995; Hernandez, 1989; Hodgkinson, 1985）。

存在於老師與學生之間，不一樣的社會、種族與文化背景，會造成一些問題，現在的學校，如果有比較多有色人種的老師，會對所有的學生有所助益，包括白人學生。這不是暗示白人老師無法把有色人種的學生教得很好，白人老師教導有色人種的學生可以很有成效，但是老師必須努力去看見學生與學生家人在班上呈現的文化、語言和種族的差異（ethnic differences），並且重視這些差異（Knight, in Press; Ladson-Billings, 1994）。

> 我兒子的老師是一個很有耐心、很體貼的人，她已經從家裡打電話給我好多次了，我很高興學校和家庭之間的溝通一直都好極了。學校在遇到一些不容易處理的情況時所採取的做法，讓我印象深刻，我本身也是老師，所以我了解有個具挑戰性行為的學生，是多麼難處理的一件事。多虧 Yuuki 的老師，她人很好，又很有耐心，再加上學校行政部門為我兒子所做的一些適應性調整，我兒子才能順利的在學校就讀。
>
> 以前 Yuuki 曾經受過一些打擊，那個時候，學校請他休學三天。我兒子很喜歡上學，我們都看得出來，當 Yuuki 有幾天沒去上學時，他會變得很不安，因為他是那種日常生活受制於習慣的人，而且他不喜歡上學中斷。如果學校強迫 Yuuki 休學，當他再回到學校的時候，每個人都將經歷 Yuuki 必須再次習慣學校固定作息的痛苦。我很感謝學校努力地跟我一起教導我的兒子。
>
> — Midori Aoki

61 當老師沒有認清和察覺家庭結構的多樣性時，可能會驟然地下一些不正確，及會威脅到家庭／學校夥伴關係的結論。下面這段是一位新上任老師的省思，她強調貿然做出判斷可能造成的危害：

> 在一所有黑人、白人，和拉丁美洲裔與亞洲裔學生的學校裡教書，真的經歷很大的文化衝擊，雖然我想成為一個有能力勝任的老師，但我還是經歷了一些改變，因為現在的孩子跟以前不太一樣。Mai 和 Dou 都是我的學生，他們兩個人相差一歲。Mai 常會看起來很疲憊，服裝不整地來上學，頭髮髒兮兮的……而她的弟弟卻總是精力充沛，整潔而乾淨。我知道亞洲文化中的性別差異，但是我想他們來到美國會「入境隨俗」。有一個下雪的日子，當我看到 Mai 只穿一件汗衫和一雙鞋底有破洞的鞋子來上學，而沒有穿我從當地的慈善團體要來給她的外套時，我真的搞不懂為什麼會這樣——這讓我很生氣。我問她那件外套在哪裡，她說她媽媽已經把外套給她妹妹了，我打了電話去她家，也寫了張短箋給她媽媽，但都沒有任何回應，我覺得他們在忽視這個孩子。最後，我和學校的社工員，還有一位翻譯人員，一起到她家做家庭訪視。結果到頭來，是我錯了……Mai 的媽媽剛移民到美國，不會說英文，對她的孩子都很關心，也很尊敬老師的專業，只是需要一些協助來幫她適應新國度，在這個新社會中，她的文化習俗很容易就被看作是虐待兒童。（Knight, in press）

Delpit（1995）觀察到與學生的家人建立聯結的關鍵，在於注意聽他們談論自己和看待自己的方式，而不要試著揣測甚至堅持我們知道和了解他們是什麼樣的人。老師一定要傾聽學生家人的聲音，並且努力去了解他們的經驗、傳統、歷史、儀節與信仰。當老師試著去學習了解學生的家人怎麼看待他們自己，學生的求學經驗，以及學校與家庭間的夥伴關係時，老師會在過程中受益良多。

另外，老師也應該試著去了解身心障礙學生的家人是怎麼看待他們孩子的障礙的。在一些文化中，人們把身心障礙看作是人類自然的差異，所以屬於這些文化的家庭，也會有類似的觀念；但是在另一些文化裡，卻把同樣的障礙看作是醫學上的問題。比如說，Locust 就曾指出：

> 大部分傳統印第安人的語言，並沒有心智障礙、殘障或缺陷等語詞。他們不用這些分類，而是以直接描述障礙的情形來稱呼個人，例如一隻手臂的人、走路一拐一拐的人等。（引用自 Harry, 1995, p. 46）

知道學生的家人怎麼理解學生的障礙與症狀，可以幫助老師在設計支持、談論學生與學生的障礙，以及在提出教室外的支持與服務建議時，做出適當的選擇。比如說，有一些學生的家人在談論他們孩子的障礙與差異時感覺比較自在，有一些則會覺得不太舒服，而這些不同的感受當然都應該要受到尊重。

重新思考「難應付的」家庭

有時候，老師會在心裡把身心障礙學生的家長，歸類為「難應付
的」家庭。那些經常打電話給老師、拜訪老師、問很多問題，或好像 62
常常對學校、老師或他們孩子的教育計畫，感到不滿意或吹毛求疵的家長，經常會被貼上這個標籤。雖然老師與學生家人間的一些衝突，可能跟個性不合（personality conflicts）有關；但是另外有一些衝突之所以發生，是因為老師不了解學生的家庭史（family's history）。有一些自閉症的學生和他們的家人，在來到您的班級之前，可能有一連串不好的求學經驗，學生的家人可能覺得在其他學校不受歡迎，被人漠視或看不起，或是在某方面讓他們覺得自己沒有價值。有一個家長曾

說過：「我一路以來都跟 Laura 的教育體系是對立的，但那是因為我有很多得不到解答的問題。」（Egel, 1989, p. 200）Harry（1992）也曾指出，很多家長之所以會變成「難應付」，是因為他們的看法不受重視，還有他們在教育夥伴中的地位受到威脅。在這些情況下，家長會覺得他們若不變得「難應付」，就沒有辦法表達他們的看法，或是讓他們的意見受到尊重：

> 除非家長與專業人員間的互動，是建立在對話的基礎上，否則專業人員可能會把他們自己或整個系統當作是真理，並且會把與家長的互動，看作是對立的關係。在這樣的氛圍中，家長發覺他們要不就被動地配合，要不就得採取對抗的立場。（p. 128）

一天打兩次電話給老師問一些問題和提出一些批評的媽媽，可能會習慣長久被漠視的感覺。而開始與違反法令的行徑展開對話的爸爸，可能會活在恐懼之中，害怕看到他的孩子掉入教育的夾縫中。很多學生的家人來到班上時，都已經與一些誤解他們孩子、甚至拒絕接納他們孩子的人或系統對抗過，這一點老師一定要銘記在心，對於那些曾受過屈辱、忽視或傷害的家長，老師剛開始可能要花很多時間和精力，消除他們的疑慮和贏得他們的信任。

要幫助受過傷的家庭最有效的方法之一，就是傾聽他們的聲音和故事。請學生的家人分享他們的故事，可以幫助他們覺得受到重視，而且學生家人的這些描述，也可以幫助老師了解學生來到班上之前的一些經歷。Biklen（1992）曾經分享過一個身心障礙學生的故事，這個學生每到午餐時間，都會尖叫和丟東西，剛開始的時候，負責輔導這個學生的教育團隊，和這個學生的媽媽，都不知道該拿這個行為怎麼辦；可是，後來媽媽終於知道，她的兒子是因為放在餐廳裡的小罐布丁而感到難過。媽媽想到這些布丁正是她兒子幾個月前待的機構用來獎賞他的那種，這些布丁勾起了這個學生對以前那個機構的回憶，那是一個他非常害怕的地方。如果沒有學生的媽媽加入，和她對學生過去艱困經歷的了解，教育團隊很有可能怎麼也猜不到，午餐時候所發生的問題，是因為學生看到布丁的反應，也就很有可能因此花上好幾個月一直努力地在想辦法解決問題（卻都沒有成功）。

老師和其他的教育團隊成員，應該要讓每一個有艱困求學經歷的學生家人，感覺到他們對家庭與學校關係的重視。此外，團隊應該要想辦法透過行動，把他們對學生家庭的承諾展現出來，也就是努力地在現在的這所學校與環境中，創造出一個良好的夥伴關係。

學校與家庭間良好夥伴關係的基本要素 63

然而，為了設計出適當的策略與方法，團隊一定要發展出決定家庭與學校間良好夥伴關係的重要元素。我們建議教育工作者與學生的家人，在建立正向並具成效的關係與合作架構時，一定要具備下面五個基本要素：

- 營造溫馨接納的校園氣氛。
- 抱持著每一個學生都重要的信念。
- 保持開放、持續不斷與成效良好的溝通。
- 展現向學生家人學習的意願與興趣。
- 建立分享資訊與知識的明確架構。

營造溫馨接納的校園氣氛

就算老師是個很溫暖、對孩子接受度很高的人，但是學校裡的建築物和教職員，若沒有給所有學生的家人溫馨接納的感受，家長還是有可能會在學校裡感到不自在。在營造接納學生家人（welcoming families）的過程中，推廣融合教育的理念是很重要的一個環節。到現在還是有很多家庭，努力地爭取讓他們的孩子參與融合教育，雖然現在這種情形，已經不像十年前或二十年前那麼常見了，但是美國各地還是有學生的家人，努力地尋找願意接納和了解他們自閉症孩子的學校。Davern（1996）指出，與學生的家人建立關係會牽涉到長期的全校性規劃，應該要讓學校內的每一位學生都能完全地參與，而不是只是因應個別家長的要求而為幾個學生規劃一些方案。

> 過去幾年來，一直有人告訴我，我的自閉症兒子「在有提供特殊教育計畫的地方，可以得到比較好的服務，比如說特殊學校」，我相信就是這種心態阻礙了我孩子的發展。從過去的這個經驗，我們知道我們需要趕快找到一個心胸開放的正規教育老師來幫助我們。
>
> 我以前一直相信，要實現好的、有成效的融合教育，特殊教育老師是最重要的因素。雖然我相信教育團隊中的每一個成員都很重要，但是現在我覺得正規教育老師的支持，是最重要的關鍵因素。
>
> David 直到今年才遇到這樣的老師，他的普通教育老師完全把他看作是班上的一分子，待他跟其他的學生一樣，並且能夠在有需要的時候，彈性地做一些適應性調整；她還把我們家長當作是團隊中地位平等的一員，鼓勵我們一起參與。最重要的是，她相信我兒子不但可以從沒有障礙的同儕身上學到東西，還可以反過來教同儕許多東西。今年 David 不但變得比較快樂，並且在學業與社交技巧上都有進步，我們真的非常感謝 David 級任老師的支持與接納，而這是我們之所以成功的原因。
>
> — Jo Anne Califana

學校應該要讓學生的家人覺得他們是學校社區的重要成員，尤其是剛開始興辦融合教育的學校更應該如此。在這些學校中，學生的家人可能會需要一些額外的協助，因為可能有很多人都還不清楚一所「正規」學校的規矩與傳統，他們可能還缺乏經驗，不知道該怎麼跟沒有障礙學生的家人建立關係和聯結，也不太常參與一般社區與附近鄰里為兒童舉辦的一些活動，如果家庭中沒有其他無障礙的孩子，那 64
他們可能就會需要協助，幫他們「打入」「足球隊家長」的圈子，或是加入汽車共乘小組。

例如，有一對我們認識的家長去學校為他們的孩子（剛好是自閉症的孩子）辦理註冊時，學校的校長馬上提議他們加入家長與教師聯誼會，還提醒他們要記得參加隔天晚上舉行的公開活動。他們跟校長解釋說，他們的兒子在活動進行的時候，可能會「精力旺盛」，校長聽了之後要他們放心，並跟他們說：「這是學校，不是美術館，我們期待孩子在這兒都能夠自然地做他們自己……並且舉止就像個小孩子，明天晚上請加入我們吧。」

另外，也一定要讓學生的家人覺得學校和班級都把自閉症的學生當作是一分子，學校不只要邀請學生參與班級活動，還要邀請他們參與學校的生活，包括參與一些課外活動（extracurricular activities）、晚間活動（如舞會、音樂會、學校嘉年華會），還有上課前與放學後學生的一些習慣性活動與作息（如跟朋友在走廊上晃一晃、逛逛學校的商店等）。

> 我相信融合如果真要有成功的機會，就一定要建立起教育工作者與學生家長間的合作夥伴關係。如果雙方都願意承認自己並不能解決所有的問題，那應該也會願意承認他們可以從彼此身上學到東西。
>
> 教育工作者與學生家長間的夥伴關係，很像其他任何一種的人際關係，若要成功，就需要建立在彼此互相尊重與信任的

基礎上。學生的家長要承認老師的專業、奉獻與重要性；同時，老師也應該要讓家長展現他們對一些老師不知道的事情的了解。身為家長，我對我孩子獨特的學習方式，及因為疾病所造成的特質有深刻的了解；我也知道我的孩子可以學習，能跟別人產生實際上的互動往來，並且可以適應環境……如果有人幫助他並給他機會的話。我之所以知道這些，是因為我已經成功地把我的孩子融入我的家庭和我們的社區。

有一個跟相仿年齡的小朋友不太一樣的孩子，常會讓我晚上睡不著覺，因為我不知道我孩子的未來會怎麼樣：當他長大之後，他能融入社會嗎？他能找到工作嗎？他會結婚並且有自己的孩子嗎？他有朋友嗎？他能夠成為社區中有生產力和受歡迎的一員嗎？我對真正融合的希望、夢想與理想是，在孩子小的時候，能讓特殊的孩子成為多元學校社區的真正成員，而當他們長大之後，我心中的那些問題也都能獲得肯定的答案。只有在見證了融合教育的成功，並看到老師、行政人員與其他學生承認我孩子的價值，且因我孩子的存在而豐富了他們的生命，我才開始真的相信，世界上真的有容納我孩子的一席之地。

— Jeffery Cohen

抱持著每一個學生都重要的信念

學生的家人應該要能夠期待老師會重視他們的孩子，並且把他們的孩子看作是獨立的個體和重要的人。老師要傳遞給學生家人最重要的訊息之一，就是「我們覺得您的孩子會為學校帶來一些重要的貢獻」，像這類的訊息最好是透過行動傳達。比如我們就認識一位媽媽，當體育老師打電話到她家，問他們說他們的兒子 Gordon 可不可以放學後留下來參加舉重隊時，她非常興奮，她跟我們分享說：「這是第一次不用我們要求就有這麼棒的事情發生在 Gordon 身上。」

還有另一種方式老師可以讓家長知道他們對學生的尊重，就是小
心使用在平日對話、開會與書面文件資料中的語言，如果每一場會議
都以敘述學生所遇到的困難作為開始，如果每一份報告都沒有寫到學 65
生的強項（strengths）與天分，那家長會很難相信老師欣賞他們的孩
子，並且把他們的孩子看作是能對班上有所貢獻的一員。有一個五年
級學生的家長跟我們說，她在教育系統待了六年之後，才有老師說些
對她女兒比較慈愛、比較正面的話。當這位老師不加思索地跟她分享
她女兒Rachel有「很甜美的笑容和旺盛的精力」時，這位媽媽感動得
流下淚，她的反應把老師嚇了一大跳，當老師了解這位媽媽有這樣反
應的原因之後，認為一整個學年都跟媽媽保持分享Rachel的能力、天
分、才能、強項與成就，是很重要的一件事。

> 身為亞斯勃格症患者的家長，我們知道學校的教職員需要我們的協助與支持，來給予我們的孩子適當的教育。我們跟我們兒子入高中就讀的經驗是很正面的，我們起步得很慢，曾經有一段日子，我們不相信我們能夠讓我們的孩子順利地在高中就讀，但是現在我們孩子的高中畢業典禮即將在5月舉行了。經過反覆地嘗試，我們家人和學校的教職員找到方法，一起努力確保正面的成果，我們家與學校之間的溝通大門一直都是敞開的，每次接到學校的電話或短箋，說我們孩子在學校的一切都很順利，我們總是很高興，這些正向的回應，真的讓我們一整天或一整個星期都非常高興。正向的增強不只對孩子很好，也對我們整個家都很有幫助。
>
> — Chris Van Boxtel

看一看下面這段，由一位媽媽敘述一場令她難以忍受的IEP會議，會議的方向都是在討論孩子的缺點，並且都是以計畫為導向：

> 會議室裡總是容納了太多人，有時多達二十一個人，每一個都迫切地要求進行他們所提的討論事項，會議是以Andrew的能力評量、現在的發展程度和一堆他不會做的事情作為開始……目標則早已由專家們寫好，都是針對如何「修正」Andrew的問題，希望能「把他準備好進正規班級」（十次中有七次是如此，準確度高達85%）。（Dixon, 引述自 Contract Consultants, Inc., 1997, p. 61）

然後對照一下下面這段，這是同一個家庭在把他們的兒子轉進另一所融合教育學校，並開始與另一群專家合作之後，對他們參加會議的情形所做的描述，參與會議的專家相信會議應該是正面的，並且要把焦點集中在討論學生的強項：

> 我們談論的是一個漂亮的孩子和這個孩子的天分，還有他正在學習的事情，以及別的孩子從他身上學習到的事情。當我們在設定目標時，沒有人去管 Andrew 三次中有兩次沒有伸出他的食指，我們關心的是，他跟班上的其他學生做同樣的事情，我們是依據我們對 Andrew 所抱持的夢想來設定目標的，我們希望將來 Andrew 離開學校以後，現在所學習的知識與技能能夠幫助他順利地在社會中生活。（Dixon, 引述自 Contract Consultants, Inc., 1997, p. 61）

Biklen 在他針對身心障礙學生家長所做的研究報告中指出，大部分的家長只是希望大家關心他們的孩子，和賞識他們孩子的獨特性罷了：

> 有一個重度自閉症孩子的家長，還記得她送她的孩子去讀幼兒園時的驚恐。雖然她兒子現在已經十九歲了，但她還是記得很清楚，當時她「不必乞求讓她的孩子入學，而是他們接受我們」。學校的負責人和老師都覺得Neil的加入「對其他 66
> 的孩子是好的，他們從來沒有讓我感覺我必須對（他們）招收我的孩子心存感激」；「另外，他們充分表明他們喜歡Neil，並很高興Neil的加入，我以前從來沒有從專業人員身上感受到這種『但願我是Neil的媽媽』的感覺」。（1992, p. 53）

另外，在Davern（1996）的一篇研究報告中也有家長表示，他們很重視「老師有沒有能力在學業成就以外，看到他們孩子不同面向的個性特質」。在這份研究報告中，有一位家長跟大家分享說：「當老師跟我說『我真的很喜歡你的孩子』，或說『你知道的，你的孩子真的很有幽默感』等時，都會讓我知道，他們真的把我的孩子當作一個個體在關心。」（p. 61）另外還有一個家長分享說，她很欽佩老師能夠把焦點放在個別學生的進步情形，而不是把學生拿來做比較，她說：「就是這樣，我們的孩子不會在體育課上表現優異，我們了解這一點，我們只要接受她原本的樣子，為她找到適合她生存的空間。」（p. 61）

身為好幾個有學習差異孩子的家長，我相信融合教育不應該被當作只是老師必須嘗試或去做一些事以盡力幫一些少數學生的事情，融合教育的目標應該是要讓教學延伸到各種能力的學生。透過課程調整與採用各種不同的教具教材與教學策略，可以幫助老師營造出一個對所有學生都是最理想的班級。如果老師用這些具創造性的方法來滿足每一個學生的需求，我兒子和其他每一個孩子就都可以順利地在他們的班上就讀了。我希望我兒子的所有老師都能以多元技巧教學，這樣每一個學生就都有機會以對他們最有效的方式學習。

— Lori Micheal

保持開放、持續不斷與成效良好的溝通

跟所有學生的家人溝通，是教育事業中很重要的一項核心工作。當班上有自閉症學生與患有其他障礙的學生時，與這些學生的家人溝通，更是重要。跟身心障礙學生的家人溝通之所以尤其重要，是因為下面的幾個因素：

- 有一些自閉症的學生無法清楚地與人溝通，所以，所有的家庭與學校的溝通（home-school communication）一定要透過老師與學生的家人。
- 學生可能有一些特殊的需求，需要老師與學生的家人經常地交換訊息（如分享有關藥物治療的影響等資訊）。
- 當在教導有獨特學習需求的學生時，學生的家人經常都會有一些關於學生與障礙的珍貴資訊，而這些訊息是老師從別的地方蒐集不到的。

要改善家庭與學校之間的溝通，其中一個最明顯的方法就是設計資訊分享與相互支持的機會與架構。有一些家庭與學校的夥伴關係，相關人員每個月聚會一次，一起喝杯咖啡；有一些則是每週或每天來來回回地透過通知單與回條溝通；另外還有一些學生的家人與老師是透過電子郵件分享資訊，這對忙碌的家長與老師來說是一項很好的選擇。無論最後資訊是怎麼分享的，團隊都一定要對溝通的過程有明確而清楚的對話。有一些學生的家人無法在工作時接聽電話，有一些則是有很多孩子，而沒有很多時間好好地閱讀與回覆通知單，適當的溝

通系統（communication systems）應該要符合夥伴關係中每一位成員的需求。

下面我們提供可以增強家庭與學校溝通的其他做法： 67

花些時間好好地跟家長談談

大部分溝通方面的問題，都是從家長覺得自己對事情一無所知開始的。尤其當學生沒有辦法跟別人清楚地溝通或是有說話或語言障礙時，他們的家長會更依賴學校跟他們溝通。有一個幼稚園小朋友的媽媽，當她孩子的老師在她工作時打電話給她，問她那沒有口語能力的女兒 Lanie，為什麼沒有帶那天戶外教學的午餐或家長同意回條時，她會感到特別沮喪，因為從來沒有人告訴她戶外教學的事情。定期打電話給家長是很花時間的事情，但如果教學團隊能夠因此避免掉之後的一些誤解，這樣的付出其實是很值得的投資。例如，在這個家長完全不知情的戶外教學例子中，事先讓家長對戶外教學有所準備大概要花個十分鐘；但是，要修復因為沒有溝通而造成的傷害，所要花的時間就遠遠超過十分鐘了，而且老師與學生家人間，會有好幾個星期處於緊張的關係之中。

每一星期或每兩個星期撥出十五到二十分鐘，打個電話給家長，友善地提供家長一些最新的信息，可以搭起學校與家庭間的橋樑，並提供一個途徑，讓學校與家庭能夠在很短且能掌控的時間內，討論一些彼此關心的議題，或是策劃一些未來的計畫。老師可以每一個星期打電話給不同的家長，留言給其中的一些家長，另一些則跟他們進行五分鐘的交談。我們的一位同事很認真、很有規律地執行這項工作，他把每年至少打電話給班上每一位學生的家長一次看作是很重要的事。當遇到患有身心障礙或有其他需求的學生時，打電話的頻率可能要再多些，或是再加上其他的溝通系統或溝通形式作為補充。

> 我的孩子患有亞斯勃格症，現在是就讀大專的年齡，身為他的媽媽，我所能說的一句話就是「我們辦到了」。當我兒子兩歲的時候，他的 IQ 測驗成績是七十二分，我們被告知他有輕度的智能障礙，但他在數數、加法與乘法方面的能力，有驚人的超齡表現，他們說這是「零碎天賦」。我們察覺他有極高的智力，就鼓勵他利用這特殊能力進一步發展，數學一直都是他的強項，他的SAT數學能力測驗分數是八百分。這一路上，我們做了很多的治療，有很多人的愛心付出，還接受了非常多次的輔導，我的兒子才能成為今天的他。一些患有亞斯勃格症的人，常常都會就他們感興趣的主題，累積大量的相關知識，我兒子最感興趣的是籃球，他把他的這項興趣融入了他的學習中，在 Seton Hall 大學裡，他主修運動管理，而且是他們學校籃球隊的學生經理之一，他準備選修他的興趣，並且把他變成他的專業。
>
> 我兒子的成功並不是偶然，我們，我指的是我先生和我，和我兒子的老師、治療師等等，我們都是朝著正向支持的方向努力，早在還沒有多元層次教學與融合教育等教育術語之前，大部分的老師都已經為我的兒子修正了他們對他社會性與行為的期待。而我們兒子國小的校長，更為我們兒子今天的成功鋪了路，他讓我們兒子到當地的國、高中進修高等數學，這一切都是「我們村落」團隊合作的成果。
>
> — Linda Malinsky

■讓學生的家人參與建立解決方案

當家長提出問題或有擔憂的事情時，老師或是教育團隊裡的成員應該要一起坐下來，想一想各種可能的解決方案。當情況允許時，教育工作者應該要讓學生的家人做最後的選擇，老師或行政人員可以跟家長一起回顧所有可能的方案，然後問家長：「哪一個方案你們覺得最舒服？哪一個你們覺得最可行？」家長剛進來開會時，可能會覺得很無力，但離開的時候，他們會有無數個可以供他們處理的解決方案和一個很明確的行動計畫，以及為教育他們孩子所做的最後決定。

另外，跟家長共同建立解決方案也平分了學校與家庭間的責任。家長常常都想要有所行動，但卻不知道該怎麼做，這會讓他們感到挫折和無助。如果讓家長幫忙建立解決方案，那腦力激盪的過程可能會更豐富、更有意義。當家庭與學校之間的關係是夥伴而不是對手時，學生家人的感受和大家對學生的看法會產生很大的不同。就像一個家長所說的： 68

> 大家一起腦力激盪是一個充滿能量的過程，會讓評量與規劃看起來比較不像是葬禮，而比較像是一場歡慶。討論的焦點變成是在讓學生的家人有機會過正常的生活，而不是製造「近似正常的」孩子。（Rocco, 1996, p. 57）

強調正向的一面

我們認識一位媽媽，她說每次她在工作的時候，只要她的手機一響她就會很緊張，因為她兒子就讀的學校是唯一有這支電話號碼的，她知道只要她一接起電話就會聽到壞消息，這個模式已經變得很有規律，也很好預測了。這位媽媽變得越來越討厭講電話，因為她把電話鈴響跟沮喪、生氣和痛苦聯想在一起了。

這位女士的故事存在著很多的問題。首先，學校當然要重新思考這段關係的互動本質，如果只有在遇到負面狀況的時候才與家長聯絡，家庭與學校間的夥伴關係（family-school partnership）當然會失敗。另外，任何一通打給學生家人的電話，都應該要抱持著關心與同情的態度。如果學生的行為表現或健康情形，已經到了一定要打電話給家長的程度，那家長聽到消息會明顯地感到失望，甚至感到心灰意冷。學校應該要一直思考這種情形所造成的壓力，打電話跟家長說：「你需要來學校一趟，Tom 今天狀況又很糟了。」跟說：「你有沒有時間來協助我們？Tom 正在咬他自己，我們好像沒有辦法幫助他平靜下來，你有沒有什麼辦法？」是會造成家長非常不同的反應的。

還有另一個方法可以跟家長建立比較好的關係，並避免家長恐懼接聽電話的情形，就是避免只在遇到困難的時候才跟家長溝通。電話、會議和通知單應該用來分享各種消息——包括好消息和不好的消息。老師和行政人員應該要以寫信或打電話的方式，定期跟家長報告一些成功的故事，和分享一些效果不錯的做法。這項工作很重要也很有效，不只是可以跟家長建立和維持關係，還可以為自閉症的學生建立更好的支持。

展現向學生家人學習的意願與興趣

老師如果沒有跟學生的家人聯繫，從他們身上尋求一些專業知識（seek expertise）或具體的方法，可能會錯失以他們已經習得的技能作為基礎的機會，以及無法好好利用這個可以在家長、社區、學校與學生間，發展重要聯結的機會（Taylor & Dorsey-Gaines, 1988）。透過學生的家人，老師可以知道學生比較熟悉和對學生比較重要的素材，還有一些有效的方法、能激勵學生學習的情境、能激發學生探索意願和興趣的聊天話題或討論主題，還有一些跟學生生活息息相關，並對學生的生活具有意義的活動與議題。

69 每一個自閉症學生都非常獨特，同樣都是自閉症，他們的需求卻各不相同。所以，老師在要教自閉症的學生時，需要依賴了解學生個別需求與能力的專家，而家長是真正唯一有這樣的專業與知識的來源，所以教育工作者一定要跟他們學習，而且要採用他們所提出的想法或建議。

有一個很有效（卻太少人用）的方法可以讓老師向家長學習，就是在教室以外的地方認識他們。很多老師都把至少要去拜訪班上每一位學生的社區與鄰近地區變成是一種習慣，有一些老師甚至試著去班上的每一位學生家裡訪視（home visitations），身心障礙的學生可能會更需要老師這樣做。

當這章的作者之一還是個新任老師時，她在即將開學之前，去了全班的五個學生的家裡拜訪，然後在開學後的一個星期又去一次。這些與學生家人的會面，就認識學生的家人還有與學生的家人建立夥伴關係來說，是非常寶貴的。另外，她還能因此看到學生在自然的情境中，學習、遊戲、與人溝通和社會互動的情形。

在她教學生涯的一開始，她對自閉症幾乎沒什麼概念，而學校的行政人員與同事也好像知道的不多，所以她就靠著學生的家長與手足的協助，盡可能快速而完整地向他們學習。有一位媽媽邀請她去他們家吃晚餐，並且讓她看看她是如何困難地讓她的兒子好好地坐在餐桌上用餐，這讓老師馬上就能看到她兒子能夠做的事情（如打開餐巾、倒牛奶等），還有她兒子很難做到的事情（如一直坐在座位上、切食物等）。還有另一個家庭，讓我們這位老師坐在地上跟他們的兒子玩他最喜歡玩的紙牌遊戲，老師離開之後，就立刻去買了同一種的遊戲卡，好讓這位學生在新班級裡有他熟悉的活動等著他。

過了一年之後，她更進一步地認識學生的家人了，她開始在學生的家裡舉行 IEP 會前會。這讓她可以在跟全部的團隊成員開會之前，以及必須面對正式的文書工作與會議禮節之前，有機會以比較輕鬆的方式，跟學生以及學生的家人談論有關她對這次 IEP 的一些想法。這些會前會好像效果很好，家長開始來參加 IEP 會議，並且是完全地參與，樂於分享他們的想法、提出問題並回答問題，還有提供資訊給其他的團隊成員。

建立分享資訊與知識的明確架構

老師們運用各種工具與方式，來與學生的家人接觸、通知他們一些事情，還有向他們學習。有一些老師是發班級簡訊，有一些是舉辦一連串公開的班級會議，還有一些是以打電話或傳送電子郵件的方式來跟家長保持聯繫。若要讓全部與學生有關的人都一直清楚知道學生的需求與進展，這些有組織的聯絡方式可以發揮非常好的效果。

然而，老師可能會發現一般的班級溝通工具與方式，對一些學生和一些學生的家人是不夠的，他們需要更多的資訊與更頻繁的互動，或需要與老師有個別的互動。下面我們簡要地列了三個能夠增強學校與家庭間溝通的方法，可以讓老師與學生家人互通重要的資訊與知識。

■家長報告

Harry（1992）建議學校以更有意義、更正式的方式，邀請家長參
70 與會議。有一個方法可以從家長身上獲取一些資訊，並讓他們知道他們的觀點是很重要的，那就是請他們在 IEP 會議或教育安置會議上向大家報告：

> 這份報告與其他專業人員的報告一樣，都是正式的會議文件，都會打進會議記錄裡，並在做決策時納入考量。這樣正式的家長角色，不僅會讓專業人員對家長的投入與付出更加重視，還會讓家長感受到他們的付出不只受到大家的重視，而且是大家需要的。（pp. 128-129）

家長報告可以很正式，也可以很不正式；可以長達十頁，也可以只有幾頁。報告裡可以包括一些有關學生的家庭生活（如學生的新興趣、家庭作息的改變等）、學生在家裡或在社區的一些特殊表現（如跟哥哥玩了第一個電視遊戲、被指定在教會中發言等）、在學校中學得的技能應用到家裡的情形，還有／或家長對學生在 IEP 的大小目標的進展感到印象深刻的部分等。另外，家長也可以把一些能幫助團隊更了解學生的東西帶到會議上（如近期的照片、圖畫和醫療資訊

等）。

Harry（1992）指出，為了讓這項建議發揮它的效果，老師和其他教育團隊的成員必須認真地規劃便於學生家人參與的會議，這可能意味著團隊需要考慮在傳統學校上課之外的時間舉行會議，好讓家長的工作進度不至於受到影響；和找一個能讓每一個與會者都感覺舒服的地方開會（如學校的休息室、學生家裡等）；還有確保全部的參與者都受到鼓勵，都能夠盡情地發表他們的意見。有一個團隊藉著設定三十分鐘的時間來確保所有與會者都能參與，當鈴聲響起時，團隊的成員就列出一張已經發過言的「清單」，還有尚未「發言」的清單。

■錄音帶／錄影帶交流

有一些想法很難透過文字表達出來及與他人分享，遇到這種情況時，老師跟學生家人可以透過錄影帶或錄音帶來跟彼此分享。當面對面或透過電話聯繫對教育團隊與學生的家人有困難的時候，用錄音帶分享的方式特別有幫助。另外，有一些情況太複雜，或是跟短箋裡的內容有關，需要學生家人或教育工作者解釋或詢問的，這種時候錄音帶也是最好的方式。我們認識的一個家庭，他們每隔一個星期會透過錄音帶跟他們兒子的老師溝通，老師就在星期五開車回家的路上，聽這捲錄音帶，老師發現她有一些最棒的教學主意，就是從這個間接交流的溝通得來的靈感。

錄影帶也是非常有效的溝通工具，我們最常用錄影的方式，記錄在學校「讓人傷腦筋的狀況」，然後把錄影帶送到學生家給學生的家人看，問他們對錄影帶所拍攝的情形有沒有什麼意見或想法。比如說，有一個高中的女學生Shelley，她在上體育課時遇到了一些困難，老師連續三天把上課的狀況拍攝下來，並寄回家給她的家人看，她的爸爸看了錄影帶之後，給了下面的這些回饋：

- 「她好像不了解老師的指令，也許老師可以把指令寫下來。」

- 「Kathy H.也在班上——或許有一些活動可以讓 Shelley 跟她兩個人一組，她就住在我們家附近，她們倆已經認識好多年了。」
- 71 「她在六年級時，曾經因為打排球受傷，所以她可能到現在還很怕玩排球，或許這個單元，她需要比較消極的參與。」

事後證明 Shelley 爸爸的每一個建議都很有幫助，尤其是 Shelley 恐懼打排球的這個資訊對老師特別有幫助，當體育老師跟Shelley說，她知道 Shelley 以前受傷的事情時，Shelley 果然就變得比較放鬆。剩下的幾堂排球課，老師不再把Shelley安排在靠近網子的位置，而是讓她輪流站在後排的幾個位置。如果不是Shelley爸爸參與提供意見，老師是不可能知道這些重要資訊的。

另外，Shelley的爸媽真的很感謝他們不需要不停地到學校，就能看到Shelley在班上的情況，這讓他們能夠跟他們的女兒一起回顧當天的情形，並且看到 Shelley 的進步。這些錄影帶也對 Shelley 造成了預期之外的正面影響，Shelley因而開始常堅持要看錄影帶，並且透過重複以視覺學習的方式，觀看錄影帶中班上主要的固定作息，Shelley好像因此在課堂上越來越穩定了。

■學生學習日誌

如果學生會寫字或打字，那讓學生每天寫學習日誌或回顧當天的活動，既是很寶貴的教學工具，也是一個很好的方式，可以讓學生的家人知道當問學生「嗯，你今天在學校做了些什麼？」時，學生的答案是什麼。如果您班上的自閉症學生（或任何一位學生），不太可能在放學前完成這項書寫溝通的作業，那班上的同學很容易就可以提供一些協助。

當這章的作者 Eileen Yoshina 以前在教五年級的學生時，她讓全班學生每天在放學鐘響前，填寫家庭作業與當天的回顧日誌。Eileen 一般都與學生一起填寫家庭作業欄，然後再跟全班一起討論回顧日誌的部分可以寫些什麼內容，包括個人的優良表現事蹟、當天練習的新技能，或只是當天發生的一些趣事。她班上一位患有重度障礙的學生 Faith，把她想寫在回顧日誌裡的內容，以口述的方式讓同學 Trang 幫她寫下來。如果老師有提到任何要給學生家人的特定訊息或提醒事項（如準備明天中午野餐的便當、記得還圖書館借來的書等時），Trang 也會把它們寫下來。Faith 也會盡可能地在當天的日誌欄上加上她自己的註解，或以畫圖或選貼圖文標籤的方式做些裝飾。

當人們以重度身心障礙兒童的父母來描述我的人生經驗時，我常常覺得他們「錯了」，這麼想會讓我比較謙遜。它讓我了解到除了我自己的經驗，我對我兒子或我家人的了解是多麼的不夠與不完整。

從來沒有人告訴我一件事，那就是事情是有趣味的一面：孩子就是孩子，充滿了生命力，並且常常都是很可愛的。自閉症對我們，就像是家庭語言的一部分——是一些內在意涵所呈現於外的特定話語、動作或對比。其他人可能不知道我們在笑些什麼，但是要解釋笑話真的是很困難的一件事，而且常常一說出來就不那麼好笑了。

最讓我傷心的是社會上其他人的反應。如果我們只去注意一些我們覺得很重要的差異，我們就很容易忽略對一個人來說真正重要的事情。我們都說「對固定不變的需求」是自閉症的特徵，但是，無法放下差異跟不同類的人自在相處的，其實是我們。

為人父母的真正經驗是，孩子不會變成你期待他們變成的那個樣子，這是千真萬確的事實，不管是我那些沒有自閉症的孩子，還是那個有自閉症的孩子都是這樣。或許是因為我很幸運，才能那麼快從我那個「不一樣」的孩子身上學到這一點，不過事情絕對不會照著我們預期的走的：終有一天，所

> 有的孩子都會比我們強壯，都會讓我們失望、驚喜、驚異，也都有能力讓我們開心。我們的孩子都以他們自己的方式給我們這些經驗，而不是我們的方式。如果我們夠幸運的話，我們才能學會欣賞我們的後代，並且當他們把我們拋在後頭時，仍能跟他們保持朋友的關係。
>
> — David Smukler

72 以學習日誌來替代老師常用來跟身心障礙學生家長溝通的聯絡簿（communication notebook），是很好的做法，因為它讓學生的家人有機會收到孩子班上的一些訊息，還有一些關於他們孩子的資訊。另外，它也讓學生有機會參與老師與其家人之間的互動，同時也讓他們有機會練習讀寫技能與溝通技能。

總　結

想到學校與學生家人間形成堅定而有成效的夥伴關係，是很令人興奮的一件事。我們若不跟學生的家人密切合作，和沒有設計出與他們合作的模式，我們可能無法知道所有可以改善課程、教學、溝通、社會與行為支持的方法。有一對雷特氏症患者的父母 Ro 與 Jo Vargo，跟大家分享了親師合作的重要性：

> 我們的經驗告訴我們，單打獨鬥是沒有辦法讓 Rosalind 參與融合教育的，說真的，我們一定要跟其他人合作才能讓 Rosalind 順利地參與融合。無論是在電話上討論要怎麼做一些調整性的安排，好讓 Rosalind 參與戶外教學（課程調整的部分），或是說服教會的辦公人員讓 Rosalind 參加聖餐儀式（輔導策略的部分）等單純的事情，還是爭取一些讓學校更融合的做法（如協力合作、組成團隊與使環境正常化）等複

雜的事情，都是要跟他人一起合作才行。就算只受過極少的訓練，或根本沒有受過任何訓練，我們還是可以透過他人的協助完成許多事情。（2000, p. 243）

更多的答案與資料請參考：

Barron, J., & Barron, S. (1992). *There's a boy in here.* New York: Simon & Schuster.

Biklen, D. (1992). *Schooling without labels: Parents, educators, and inclusive education.* Philadelphia: Temple University Press.

Fling, E. (2000). *Eating an artichoke.* London: Jessica Kingsley Publishers.

Harry, B. (1992). *Cultural diversity, families, and the special education system.* New York: Teachers College Press.

Hart, C. (1989). *Without reason: A family copes with two generations of autism.* New York: Harper & Row.

Hart, C. (1993). *A parent's guide to autism: Answers to the most common questions.* New York: Pocket Books.

Kephart, B. (1998). *A slant of sun.* New York: Norton.

Mont, D. (2002). *A different kind of boy.* London: Jessica Kingsley 73
Publishers.

Stehli, A. (1995). *Dancing in the rain: Stories of exceptional progress by parents of children with special needs.* Westport, CT: The Georgiana Organization, Inc.

Waites, J., & Swinbourne, H. (2002). *Smiling at shadows: A mother's journey raising an autistic child.* Berkely, CA: Ulysses.

Willey, L.H. (2001). *Asperger syndrome in the family: Redefining normal.* London: Jessica Kingsley Publishers.

Chapter 5
營造舒適的學習環境

你們覺得我為什麼會這麼難專心上課？
那是因為我聽得到周遭所有的聲音。
——校長在她辦公室打的每一通電話，
還有每一次三條街外的十八輪貨車在公路上換檔的聲音，
我聽到了！我全部都聽到了！
（Bober, 1995, pp. 114-115）

當我坐下來準備開始寫作時，我會花將近二十分鐘的時間做一些準備，沒有預先準備也是可以寫，但是當我為自己創造了最好的情境時，我會做得最好。首先，我會先泡杯咖啡或沏壺茶，然後點一根芳香的蠟燭（藍莓香味是我的最愛），打開電視轉到我不需要看的有趣節目，例如有線電視新聞就常常都很管用，甚至一些滿引人注意的資訊廣告節目也有幫助，足球比賽就不管用，因為我會太入迷而想要看完整場比賽。

我可以坐在我辦公桌前或倚躺在沙發上（如果我用筆記型電腦），脫掉鞋子（但穿著襪子），或盤坐或翹腿，好讓身體整個離開地面（如果你問我為什麼，不，我不知道為什麼，但這樣做對我很重要）。

工作時，我通常會把所有燈都打開，甚至連廚房和臥室的燈都開著，直到整個房子像飛機跑道或像警察審問室那麼亮。但有時我又會關掉所有的燈，只在電腦螢幕的微弱光線下工作。

每二十到三十分鐘我會停下工作，切換到網路瀏覽一些網頁，在辦公室裡走來走去，到廚房拿杯飲料，或做其他事情一會兒，每寫好幾頁我就要印出來，享受文字被印在紙上和握在手中的感覺。

然後我需要先把印出來的內容做些編輯，而編輯時我又有另一些習慣。為了把編輯做好，我需要離開寫作的環境，如果是在上班時間，我可能會去一家咖啡店或到辦公室門外軟軟的沙發上，若是在家，我便會坐在屋外（如果天氣適合的話）或是換個房間，我在做編輯時需要一張大桌子，或是一塊寫字板，我習慣把編改過的地方用一支特殊的筆標示出來（個人是偏好一種綠色的氈頭筆），編輯好了以後，我又會回到電腦前工作。

我用這個冗長的例子是要強調，我們很多人為了讓我們的工作最有成效，會耗很多時間在布置我們的工作環境，雖然有些人可能會覺得我寫作的過程雜亂或奇怪，但大部分讀者會發現自己和我所描述的過程有相似之處。

76 為了讓工作有效率，我需要調整工作環境，包括座椅（seating）、採光（lighting），還有視聽（sights and sounds）環境，甚至需要在環境中創造一些獨特的氣味（smells）。並不是只有我這樣做，很多人也都極盡所能地創造一個符合自己工作方式、生理需求和獨特習慣的環境，這對工作效率是很重要的。其實我們每一個人都會把家裡或工作環境做些改變，好讓我們更有生產力或更舒服，所以當我們在為學生設計教室環境時，記住所有這些我們為自己創造環境時所考量的因素會很有幫助。

在我給大學的學生講授關於創造環境的適應性或支持性時，有很多次有學生舉手問我：「但那樣的環境是真實的世界嗎？如果我讓一個學生的桌上有自來水，或給一個學生一張特製的椅子，這樣不是特別待遇嗎？就某一點來說，這個學生必須要學習現實世界就是這樣，而你在現實世界中並沒有享有特別待遇。」

嗯……那我妹妹桌上的搖擺娃娃要怎麼說？我同事辦公室門上的

「請勿打擾」標牌呢？我許多同事開晨會時帶來的咖啡和硬麵包呢？我老闆在她辦公室放置的搖椅呢？我朋友不開房間裡明亮的藝術燈而用桌燈又該怎麼說呢？

很明顯地，在「真實世界」中，我們每一個人都有許多選擇和機會去得到我們所需要的。在大多數的工作環境中，每一個人都有權力和自由為自己的工作空間做某種程度的調整，而且大多數人都可以選擇工作環境，只有少數人例外。反觀學校，學生不能選擇最適合自己的老師、作業或教室。

對大多數人來說，學校環境就大部分情形而言，是比其他地方拘束而沒有彈性，在其他地方，人們會被當作成人般的對待。想想所有這些我們為改變環境所做的事：在工作時喝一杯咖啡或吃一塊小點心、嚼口香糖或吃糖果、聽音樂、在桌上放朋友或情人的照片、隨時起身去上廁所，或跟別人談談，不論這是出自工作上的需要，或只是輕鬆的聊聊天。雖然有一些工作相較之下有比較嚴格的限制，也不是每一個工作者都有很多自由，但我們這些大人仍然比學生有權力或自由控制我們的生活和環境。

另外還有一點很重要，那就是我們要記得當學生長大後，若仍對環境有一特定的強烈需求時，他（她）就需要選擇一份能接受其需求的工作，並需要和雇主商量如何支持他（她）的需求。就學期間不提供學生所需的支持和調整，並無法讓學生變得更堅強或更有能力。事實上，提供學生有效的、體貼的支持，反而能給學生一些觀念或做法，可以在就學期間甚至畢業後一直實施。舉個例來說，我的一個同事注意到一個叫作 Trent 的自閉症學生，在芝加哥小熊隊出賽期間很難專心在學校的課業上，那幾天 Trent 整天都在問：「小熊隊什麼時候上場？小熊隊什麼時候上場？」雖然不知道他是否需要知道小熊隊比賽的時間和結果，但他似乎需要一直問，或者說他無法停止一直問。他的老師想知道是否有特定的方法可以幫助他，就把小熊隊的比賽時間表貼在黑板上，從那個時候開始，每當 Trent 問小熊隊什麼時候比賽時，老師或同學就指向黑板上的時程表，後來他就能自己查詢時程表了。

77 在後來的幾年裡，Trent 在他班上都能夠用這個適應性調整的方法。中學時，他不再需要在教室裡張貼小熊隊的資訊了，變成把比賽時程表夾在透明活頁夾的封面，這樣他就可以把它帶到每一堂課的教室去了。

營造一個所有學生都能有成功經驗的環境

有時候學生缺乏成功經驗，是因為他們在教育環境中感覺不舒服、不安全或甚至覺得害怕。要讓學生有成功經驗，提供一個適切的學習環境（learning environment），是跟有良好的教學策略或教具一樣重要的。患有自閉症的學生，在放鬆和感覺安全的情境下能有最佳的學習狀況。為了能營造一個對自閉症學生以及一般學生最有幫助的學習環境，老師需要檢視教室空間的安排，特別是在學習氣氛、座位選擇（seating options），和空間利用等方面。

營造最佳的學習氣氛

當你走進我最喜歡的一家高檔餐廳時，你馬上就會聞到剛出爐的麵包香味，餐廳裡的光線朦朧，音樂輕柔而動人，等候區有大而舒服的沙發、花瓶裡有大把新鮮的花，還有一個很大的水族箱，五彩繽紛的熱帶魚在裡頭悠游。餐廳裡有一層是幽暗的舞廳，舞廳裡有一個由五人組成的爵士樂團，從不間斷地演奏著美妙的音樂。所供應的食物好吃極了，而且在未看到餐車推出精緻的甜品（並且試吃）前，他們是不會讓你就這樣走的。我們都很清楚這家餐廳在努力營造一種氣氛，他們設計了一些空間引發顧客的一些行為，他們要讓顧客盡情放鬆、跳跳舞、交際互動、（花錢）享受美食，還有再度光臨，所以他們創造了誘發顧客這些行為的環境。

老師也花很多時間在經營教室氣氛，藉此誘發學生的一些行為，包括用功讀書、參與班級活動、互相幫助，還有上課專心等。為了讓所有學生都能有這些行為表現，老師需要評估教室氣氛，並且對教室裡的燈光、聲音、氣味和溫度（temperature）做些調整。

燈光

那些餐廳老闆、攝影師、賭場經理和百老匯製片的導演，最清楚燈光對人們情緒和行為的影響。其實燈光也能對學習產生很大的影響。適當的燈光可以讓所有學生覺得舒暢、平靜、有活力和對學習感興趣，不適當的燈光則會讓自閉症學生心煩、容易分心，甚至覺得痛苦。

有一些自閉症患者，對燈光不可思議的敏感（Attwood, 1998; Gillingham, 1995; Reed, 1996; Willey, 1999; Williams, 1996），Liane Holliday Willey 是一位亞斯勃格症患者，她用「無法忍受」來形容她對燈光的敏感：

> 明亮的燈光、正中午的烈陽、閃爍的光影、閃光燈、日光燈和反光，每一種似乎都在燒灼著我的眼睛……我的頭覺得緊繃、胃翻絞著、脈搏不規律的跳動著，這情形會一直持續到我發現一個舒服的地方為止。（1999, p. 26）

研究顯示自閉症患者不管是小孩或成人，都對日光燈（florescent 78
lights）特別的敏感。日光燈是教室裡最常使用的照明，卻會影響自閉症學生的學習、行為和舒服程度。如果想確認日光燈是否對班上的自閉症學生產生干擾，你可以把天花板上的燈關掉幾天，看看是否沒有日光燈對這個自閉症學生比較好。如果日光燈似乎真的會影響這學生的學習，你可能需要試試其他幾種不同的照明：

- 如果可以的話，試試照明度較低的燈管。
- 用向上投射的照明，不要用向下投射的（Williams, 1996）。
- 試試其他方式的照明，例如只開前排燈或輪流開不同排的燈。曾經有一些老師在白板周圍懸掛節慶布置常用的白色燈泡，並且在教室四周的插座插上小夜燈，讓教室給人比較平靜安寧的感覺（Kinney & Fischer, 2001）。
- 試試不同顏色的燈，在教室的一角試放粉紅色或黃色的燈。
- 把日光燈換成白熾燈。

如果你不能把日光燈換掉，那就試試下面的方法：

- 有些學生發現戴太陽眼鏡會比較好，可以讓學生在下課的時候戴，或甚至可以在室內上課的時候戴著試試看（尤其是在靠近日光燈的位置）。戴棒球帽可能也可以幫助學生避免日光燈的直接照射。
- 移動學生的位置。有時候問題不在日光燈本身，而是反射在牆上或其他物體表面的光線。
- 日光燈用久了，閃爍的現象會越來越多。如果你必須使用日光燈，那就盡可能地使用新的燈管。
- 有一些學生發現在日光燈照明下，要在白紙上讀書寫字特別困難。學生可能會被紙上反射出來耀眼的光線干擾，在白紙上鋪一層透明有顏色的墊板可以減少甚至消除耀眼的反光。
- 有些學生則比較容易因為日光燈的聲音而分心。這種情形發生時，學生可能想要戴著耳塞上課。有一些學生則可能只要移到離噪音源較遠的地方就有幫助。

老師也可以試試在教室裡採用自然的光線，尤其是有幾個對外窗的教室更可以試試，自然光不但省錢，研究報告還顯示，在自然採光（natural light）的教室裡，學生（包括特殊學生和普通學生）會有更好的表現（Kennedy, 2002）。

■聲音

你聽過指甲刮過黑板讓人覺得討厭的聲音嗎？有一些人光是想到這可怕的噪音就起雞皮疙瘩。對一些自閉症患者來說，類似這種指甲刮過黑板引起不舒服的感覺是每天都在發生的，而這些聲音可能對我們是再平常不過的（Grandin, 1995; Jackson, 2002; O'Neill, 1999; Robinson, 1999; Shore, 2001; Stehli, 1991; Waites & Swinbourne, 2001），比如
冷氣機運轉的聲音、別班學生經過走廊時的腳步聲，或是鉛筆劃過簿 79
子的細微聲音，都可能讓自閉症學生覺得難受。

有一些自閉症學生不只要應付我們大多數人都覺得煩人的聲音（例如汽車防盜器的聲音、砂紙磨木頭的聲音等），還對大多數人可以過濾掉，或甚至覺得愉悅的聲音有負面的反應。也有一些自閉症對一些聲音一點反應也沒有，如敲門聲和警報器發出的尖銳聲音。一位自閉症青年的母親 Wendy Robinson，記得當她發現兒子對不同聲音的反應差異那麼大時有多麼的震驚：

> 有一天的傍晚，我坐在大廳地板上，他坐在我腿上，他哥哥在他四周拍打著一顆很大的氣球。突然間氣球在 Grant 旁邊爆破，我嚇一大跳，但 Grant 卻一點也不害怕，甚至連轉頭過去看一下都沒有。後來有一次我在使用電動攪拌器時，他從廚房尖叫著跑開，我必須停下手邊的工作去找他和安慰他。他對真空吸塵器和其他很大聲的電器都有這樣的反應。（2003, p. 43）

再看看下面這幾段，一些自閉症或亞斯勃格症患者描述他們對聲音敏感（sensitivities to sound）的情形：

當我在一些擁擠吵鬧的地方，或當有人大聲說話、拿塑膠袋、吹氣球和飛機飛過的時候，或是建築工地施工時的嘈雜聲、咚咚咚的敲門聲和砰砰砰的關門聲、使用電器產品發出的聲音、海的聲音、用氈頭筆或麥克筆在紙上著色的聲音，還有煙火的聲音等等，到現在我還會覺得很不舒服，而想把耳朵摀起來不想聽的噪音而已。（Jolliffe et al., 節錄自 Attwood, 1998, p. 15）

不知道為什麼我對聲音真的很敏感。（Mukhopadhyay, 2000, p. 72）

我能聽到典型神經症患者所聽到的所有聲音，從很低到很高的音階我都聽得到。我一直都非常討厭音樂或電視的音量開得很大，也因為這樣，當我乘車時，如果司機喜歡把音樂（尤其是重金屬音樂或饒舌歌）開很大聲，我常會覺得很尷尬。我也一直都很討厭別人咀嚼或啃咬東西時所發出嘎吱嘎吱的聲音，在我家吃飯是每人端一盤去吃，而不是大家圍坐在餐桌上一起吃，在飯店或自助餐廳我還可以忍受，是因為周遭的其他聲音蓋過了這些令我苦惱的聲音。（Hamrick, 2001）

小時候大聲的噪音會讓我很難受，常常聽起來就像是牙醫師用電鑽在抽神經的感覺，我真的覺得會痛。我怕死氣球爆破的聲音了，那聲音聽起來就像是有東西在我耳朵裡爆炸的感覺。而那些一般人可以過濾掉的輕微噪音則是會讓我分心，比如當我在讀大學時，我室友用吹風機吹頭髮的聲音，我聽起來像是噴射機要起飛的聲音。（Grandin, 1995, p. 67）

> 我對聲音非常敏感。我在讀研究所時，我同學常常很小聲地叫我，想看看那麼小聲我還聽不聽得到，我聽得到，即使是在教室的另一邊，或常常甚至是在隔壁的教室裡，我都還是聽得到。有一次，有一位老師也試著做類似的事情，他站在
> 我後面，用小到幾乎聽不到的氣音叫我，但我還是感覺得到 80
> 他並且轉身找他，結果老師和全班同學都笑了起來。（Shore, 2001, p. 1）

要幫助學生應付這些聲音的其中一個方法，就是直接詢問他（她）的家人學生最怕聽到什麼聲音。如果 Grant Robinson 的老師知道他怕什麼聲音（如吸塵器和其他電器的聲音），他們就會認真考慮要不要讓 Grant 去上工藝課，並且會盡量讓 Grant 遠離電動削鉛筆機和訂書機等這類的東西。

下面我列舉一些其他能幫助學生克服聲音的方法供您參考：

- 一發現會干擾學生學習的聲音，可能只要把學生盡可能地移到離聲音來源最遠的地方，對學生就會有幫助。
- 盡量保持輕聲細語。與其用大聲叫喊來吸引學生的注意，不如試試低聲說話。
- 在上一些活動式課程，或在一些場地（如體育館）時，試著讓學生戴耳塞或耳機。
- 減少教室裡的噪音。在教室鋪地毯可以減少回音和噪音，有時候在地毯專賣店出清存貨時，可以買到便宜的地毯。另外有一些老師試過把網球切開，然後墊在椅子或桌子的腳下。這些做法都降低了搬動桌椅時，桌椅刮擦到地板的聲音（Grandin, 1998）。
- 如果可以的話，替換會讓學生聽了不舒服的聲音。比如如果學生聽到拍手聲會害怕的話，班上同學可以一起想另一種方法來表達對同學表演的欣賞，慶生會和集會時也可以用這個方法取代拍手。

- 在聲音發出前預告學生，讓他（她）先有心理準備。在鐘響前提醒學生戴上耳塞，或就只是口頭告訴學生，讓學生有所準備。
- 在嘈雜或混亂的環境，允許學生戴著耳機聽輕音樂，或直接在教室播放輕音樂（如古典音樂或大自然音樂）。

很多學生都有一些有效的方法來應付困擾他們的聲音，比如有人在被一些聲音干擾時，會專注在一件事情或一個東西上，或在紙上亂畫，老師可以留心學生用了什麼方法，如果情況允許的話，不要去打斷他（她）們。雖然學生的處理機制可能很不明顯，但老師應該開放地接受學生拍手或彈指等類似的行為，都可能對學生處理噪音有所幫助，阻止學生做這些動作可能會造成他（她）反彈。

另外還有一點很重要，我們要記得，自閉症學生可能發現了某些聲音對他們有幫助或聽了會很愉快，為了放鬆或應付噪音的干擾，他們可能真的需要或想要聽到這些聲音。有一位自閉症患者 Wendy Lawson，對她和聲音的關係做了如下的描述：

> 有一些旋律、音樂或輕柔低沉的噪音，可以暫時舒緩我的恐懼和焦慮，我常常藉著哼歌、唱歌、吹口哨、甚至是大聲說話，來消除因為情境改變所帶給我的混亂和不安，靠這些方法我才能平靜下來和重新思考。（1998, p. 4）

很多自閉症學生說出他（她）們從音樂中獲得安慰和喜悅，音樂
81 可以當作教學工具，也可以編進課程裡來幫助自閉症學生學習。音樂在很多幼稚園、小學和中學裡扮演了很重要的角色，有一些老師把音樂當作是課程的一部分。舉例來說，當高中老師教到美國南北戰爭時，可以播放"When Johnny Comes Marching Home"或"John Brown's Body"這兩首歌。而三年級的老師教到海洋這個單元時，可以播放一首關於駝背鯨魚的美妙歌曲給學生聽。有一些老師會在學生安靜自習

或寫作業時播放音樂。音樂可以用來幫助學生放鬆，在忙碌的一天結束前的繪畫課，老師可以播放Mozart的音樂。音樂也可以用來讓學生動起來，在上體育課或學校舉行運動會時，播放搖滾樂和嘻哈舞曲就可以帶動氣氛。

老師可以試試各種不同類型的音樂（如樂器演奏、聖歌、饒舌歌、古典樂、流行樂等），看看學生有什麼反應。某些調性或樂器可能對一般學生或大人沒什麼影響，但卻會讓自閉症學生覺得不舒服，如果您班上的自閉症學生排斥某些類型的音樂，那可能需要找其他類型的音樂。播放不同類型的音樂可以讓老師有機會擴展學生的學習經驗，改變教室的氣氛，還可以激發學生和引起學生的學習興趣。例如有一位自閉症學生Sally，經常唱著"The Yellow Rose of Texas"這首歌，後來Sally老師和同學都知道Sally的祖母是從德州來的，這首是他們家最愛聽的歌，當班上所有同學都學會唱「她的」歌時，Sally非常興奮，老師後來請每位學生都準備一首對他們家庭有特殊意義的歌來跟大家分享。

■ 氣味

有一些人（也可能是全部的人）可能會把學校和一些氣味聯想在一起，例如粉筆、花生醬和蠟筆的味道，但對自閉症患者來說，一想到學校可能會聯想到好幾十個甚至好幾百種味道。嗅覺非常敏銳的學生，可能在短短幾分鐘內就聞到數十種味道，比如同學鞋子潮濕的味道、朋友帶來學校的糕餅的糖衣味道、教室裡老舊櫥櫃所發出的霉味、養小倉鼠的籠子裡的髒木屑、老師頭上搽的髮膠味，還有從教室另一頭傳來的強力膠味道等等。

Echo Fling（2000）曾說過她的自閉症兒子 Jimmy 的嗅覺非常敏銳，敏銳到可以用聞味道來認出他的東西！她記得在Jimmy七歲時，和鄰居的小朋友一起玩星際大戰的遊戲，他們每一個人都有一套相同的玩偶，就在他們玩的時候，他們發現有兩個 Luke Skywalker 的玩偶混在一起了。Fling 描述當時的情形說：

> 小朋友停了下來，搞不清楚哪一個 Luke 是誰的，後來是靠 Jimmy 的敏銳嗅覺才打破僵局，他拿起來聞了聞就立刻告訴其中一個小朋友說：「這個是你的。」（p. 146）

雖然這個例子讓我們看到嗅覺敏銳可能有的好處，但嗅覺敏感（smell sensitivity）也可能帶來許多困擾。有一個自閉症患者就曾說過，味道對他來說太濃烈了，常常讓他覺得非常不舒服：

> 我到現在還是無法靠近動物……狗啦、貓啦，還有味道聞起來像除臭劑和刮完鬍子塗的潤膚液等的東西，對我來說味道
> 82 都很重，我真的無法忍受，還有香水味簡直會讓我抓狂，我連隔壁房間裡護手霜的味道都聞得到，我真的無法理解為什麼有人要搽香水。（Stehli, 1991, pp. 197-198）

校園裡還有一些東西可能會讓學生聞了覺得不舒服，像是顏料和其他畫圖工具、辦公用品（如有一股難聞氣味的標籤紙和麥克筆等）、粉筆、清潔劑，還有教室裡養的寵物、植物或花卉。

不過，老師可能連聞都沒聞到這些會讓學生覺得焦慮和不舒服的味道，這樣要怎麼幫助學生呢？我建議老師還是可以採取一些預防措施，盡可能地減少經常會讓自閉症學生感到難受的味道：

- 很多自閉症患者提到香水和其他保養品會讓他們聞了覺得不舒服。如果您的學生似乎一直躲著某個人，或者只願意偶爾和這個人互動的話，就要考慮可能是這個人身上的香水、乳液、髮膠、刮鬍後用的潤膚乳、古龍水，或洗髮精的味道讓學生覺得不舒服。如果學生對這類型的味道很敏感，那老師和其他專業人員在教室裡工作時，

應盡可能地避免使用味道很重的產品。

- 食物的味道會讓一些自閉症學生非常容易分心。我以前的一個學生，可以聞到比我們低兩層樓的教室裡的甜品味道。雖然他很喜歡巧克力和烘烤食品的味道，但他一聞到就沒辦法專心上課。為了幫助這個學生，所有我們這一層的老師同意在學期末結業那天舉辦慶生會，家長們同意把準備好的點心帶到辦公室來，學校幹事也答應在下午兩點四十五分以前，讓我們放巧克力蛋糕、餅乾和糕餅。
- 在味道較重的空間裡（如美術教室、學生餐廳、科學實驗室），可以安排學生坐在靠近門窗的位置，或者讓學生使用小型的個人風扇，盡量吹散味道以降低負面的影響。
- 如果學生好像需要依賴他的嗅覺來幫助學習和探索環境，當情況允許且學生的行為並無傷害或干擾到他人時，就讓他這麼做吧。有一天，當 Echo Fling（2000）的兒子 Jimmy 在聞她的頭髮時，她問他：「你在做什麼？」她的兒子回答說：「我在記住你啊。」知道 Jimmy 有這個需要之後，她不再禁止或阻撓這個有趣的行為，她只是規定 Jimmy 在學校沒有經過別人同意不可以嗅別人（p. 147）。
- 如果可以的話，要求負責人或行政人員購買或使用沒有添加香料的清潔原料與用品。

然而，自閉症學生不一定對所有很重的味道都有不好的反應，事實上，有很多學校的味道是讓學生聞起來覺得愉悅甚至舒爽的。如果能認出這些令人愉快且有幫助學習的味道，也可以用這些味道來幫助自閉症學生學習。比如說我就認識一個自閉症的年輕人，他聞到薄荷的味道會覺得很平靜，於是他的老師就在桌上放了薄荷口味的口香糖和糖果，好讓這個學生需要放鬆時可以用。

Liane Holliday Willey（1999）不管到哪裡都隨身帶著她自製的「香水」，她建議在棉花球上或手臂內側滴幾滴自己最喜歡的味道（如果可以找到有這個味道的液狀或粉狀的東西）。這個方法可以讓自閉症患者在聞到某些味道而受不了時，藉著嗅棉花球或自己的手臂，吸進讓他們覺得舒服的味道來減輕不舒服的感覺。

83 **溫度**

有一些學生在覺得太冷或太熱時，很難專心或放鬆地學習。請看看下面這段自閉症患者 Dave Hamrick（2001）的心聲：

> 夏天時，當我到一些室溫超過華氏七十五度（約攝氏二十四度）的房子或商店時，我常常會不舒服。到了夏天，很多人都會把房子裡的空調溫度調到七十五度到八十度之間（約攝氏二十四度到二十六・六度之間），但我要在七十度（約攝氏二十一度）的地方才會覺得舒服。所以你可以想像當秋天氣溫開始下降時，我是多麼地興奮。冷氣機或暖爐吹送出來的氣流，有些人覺得很舒服，但有一些人卻感到很痛苦。

教室的氣溫很難為個別學生的需求做調整，所以老師需要教導學生讓自己保持舒服的觀念。如果有一個學生經常覺得冷，可以請他（她）在教室裡穿著毛衣或長袖運動衫，或者如果有學生總是覺得熱，可以給他（她）機會坐在比較涼的角落（比如靠近門窗的地方），或是在他（她）的桌上放一瓶冷水。

提供適當的座椅安排

在教室裡或校園中提供適當的座椅是教室規劃的另一個重點。在為學生規劃座椅時，先想想你自己的需求。想想看當你坐在高椅凳上，腳碰不到地板和椅腳間的橫槓時是什麼感覺，或者當你在戲院裡，試著把自己塞進對你來說根本太小的椅子時是什麼感覺，還有當你在飛機座艙裡，把自己疊進沒有足夠空間來伸展腳的座位時又是什麼感覺。你可能會一直扭動身體來調整坐姿，你甚至會因為一直覺得不舒服，而根本不知道對話進行到哪裡了。

適當的座椅安排可能不是老師在為自閉症學生做規劃時首要的考量項目，但對一些自閉症的學生來說，舒適的桌椅對他們能否順利學習影響很大。我之前有一個學生，他坐在書桌前才幾分鐘就坐不住了，但卻可以一直坐在懶骨頭上四十分鐘，我們發現後就趕快買了幾個懶骨頭給學校（幾張放在圖書館，兩張放在音樂教室，走廊上也放了好幾張，還有辦公室裡也擺了一張），所以這個學生在校園各處都有地方可以放鬆，也因此所有學生都能偶爾換換不同的椅子。然而，並不是所有自閉症的學生都需要或喜歡懶骨頭的感覺，要找到適合的座椅大都需要反覆地嘗試。我以前的另一個學生Kelly，似乎沒有辦法好好坐在他的鋁桌前，拿我們準備的懶骨頭，或放在房間後面的搖椅，或是教室裡的「客廳」區的枕頭堆給他坐，都沒有幫助。在試過很多不同的椅子、材質和方式之後，我們終於發現只要在 Kelly 的椅背上，綁一塊木頭串珠做的靠墊（就是我們常常在計程車上看到的那種），他就可以一次坐一個小時以上。

教室裡提供幾種不同的座椅供學生選擇，可能會在不知不覺中改善學生的學習經驗。無論是自閉症學生或是其他學生，都可能會感興趣的座椅包括：

- 搖椅。
- 坐墊（只要幾十塊錢就可以在一些折扣商店買到一種可以綁在椅子橫槓上的墊子）。
- 抱枕（就是那種可以把人撐起來的大靠墊）。 84
- 巧拼或運動用的軟墊（在兩大張塑膠片中放入一疊報紙，把它縫合起來，就是便宜好用的手工自製軟墊），或是大張的地墊（到織品店買一些材料或是拿一小塊布，就可以自己簡易的做一個）。
- 細麻繩編製的椅子。
- 舊汽車坐墊。

- 坐臥兩用的長椅、兩人座的椅子、單座沙發，或是大張的板凳。
- 人的身體或體操用的大球。

有些老師喜歡在教室的一角鋪塊小地毯，或是在教室的特定地方放幾張小沙發，希望藉此來調整環境。我曾經和一位幼稚園老師合作，她把家裡以前的澡盆（底部有腳支撐的那種）帶來教室，並在裡面放滿色彩鮮豔的小枕頭。另外有一位高中老師，她把四張桌子併成一組，讓那間非常小的教室騰出了近一半的空間，讓團體活動有地方進行。在這個空間裡，有一張老舊的咖啡桌、兩張雙人座、一台老舊的唱機和一大堆民歌錄音帶。還有一張鋪上墊子的大板凳。如果你的學生還小，可以在教室裡留一個空間，在那裡用地毯鋪一個方格，放一些枕頭和填充玩具，其他如魚缸、音樂雜誌、錄音機或音響、相簿，和小型的遊戲器材（如跳棋、大富翁、撲克牌）等，也可以放在裡面讓學生使用。

有些學生（包括自閉症和其他一般學生）在一天當中，可能有些時間比較喜歡坐在地板上。老師可以設計一些課程安排學生坐在地板上上課，評估看看學生的反應如何，我即使在大學的課堂上，也偶爾會安排學生坐在地板上，團體討論時，我們就圍著圓圈坐，做個別研究時，就散開來坐。有一些課真的很適合讓學生坐在地上，例如當學生進行團體合作或需要分開整理資料時，就可以這樣安排。

在某些情況下，可以給學生選擇是要坐在地板上還是坐在書桌前。如果學生比較喜歡坐在地板上，或者坐在沒有桌子的椅子上，那就可以讓他們使用寫字板或膝上型小桌子，膝上型豆袋桌只要幾百塊就可以買到，我經常把豆袋切開，把裡面的豆子倒出來，把沙子或其他類似的東西放進去，很多學生都很喜歡裡面放這些比較重的東西，有些學生發現這樣讓他們重心比較穩，並且更能覺察到他們的身體與空間的聯結。

另外有一些學生可能在一些時段比較喜歡站著，我就曾建議一些患有自閉症的小學生或中學生做這樣的調整，最近我大學班上有懷孕的學生，或是有背痛毛病或關節炎的學生，我也讓他們站著上課。站著的學生可以使用講桌，或在教室後面放一張桌子，他們可以依照他們的需要交替著用。

老師可能也想知道教室桌椅的擺放會怎麼影響學生的學習和行為。有一個教學團隊發現他們班上的自閉症學生 Becky，本來沒有辦法坐在座位上，但後來他們安排她坐在不同的區域後，事情有了轉變，之前 Becky 是坐在教室後面靠近大型溫度調節器的位置，在這個位置上，Becky 沒有什麼機會和同儕互動，因為她坐在大部分人的後面，為了要讓 Becky 更有興趣學習和更有參與感，老師重新安排桌椅的位置，讓教室左右各有兩排桌椅，然後讓所有學生面向著教室中心 *85*
坐，所以坐在教室左邊的學生面向坐在右邊的同學，坐在右邊的面向坐在左邊的同學，這個安排對 Becky 特別有效，因為這樣她很容易就看到其他同學在做什麼，並且會跟著同學的動作或習慣一起學習（Heeden, Ayres, Meyer, & Waite, 1996）。

你可能也會遇到一些學生是一看到別人就會分心的，透過調整座位，也可以幫助這類型的學生。對那些很容易被周遭人事物影響而分心的學生，老師可以用硬紙板把他們的桌子隔起來，架設一個減少干擾的學習空間，把一大張硬紙板（約一點五呎高）摺成三面放在學生桌上，可以擋住其他學生、教室裡的物品，和其他周遭的視覺影像。這樣的隔板不貴又很容易製作，所以老師可以放幾個在教室裡，讓所有學生都可以用，另一個方法是放一兩個學習隔間在教室（大學圖書館常用的那種），當任何學生需要獨處不受干擾或集中精神讀書時，就可以到這個遮蔽的空間來。

設計學習空間

在過去，學生在教室裡大都一排一排地面向老師坐著，扮演著被動學習的角色。但是現在的教學比較鼓勵學生主動學習，也比較常讓學生有合作學習的機會，有時候，當老師變換教室裡的空間安排時，不需要再使用其他強制性的策略，就無形中增加學生的學習機會了。

有規劃彈性學習空間的教室，最適合有各種不同需求的學生。老師也許需要跳出原有的框框，設計一個新的學習空間。比如說，可以和隔壁班的老師合作，看是整天或是幾堂課在兩間教室做不同的規劃，一起教導全部的學生，這樣就可以在一間教室讓學生安靜的閱讀，另一間教室安排上動態的課程。特教老師和普通教師也可以合作重新規劃教室空間，原來的資源教室可以變成安靜閱讀區，讓所有學生在需要時可以隨時使用。我以前在教二年級特教班時，曾經和一個同事重新布置資源教室，讓這間教室有了新功能，並給它取了一個新名字叫作「學習實驗室」，當有學生需要一個讀書的地方，或當學生需要獨立學習時，都可以到這間教室來，還有當我們共同教學時，我們把這間教室拿來做課業指導。下面還有一些建議供您在規劃最佳學習空間時參考：

■設計一個安靜的閱讀區讓全部學生都可以使用

自閉症的學生常常需要時間從嘈雜聲和混亂的教室抽離，大部分的教室都沒有老師需要或想要的空間，幾乎都太過擁擠了，尤其是都市裡的學校。大部分的學校都沒有空教室，如果有的話，行政人員也許可以把一些空間改裝成一個全天候的安靜閱讀區，讓全部的學生都可以使用。至於在那些擁擠的學校，老師也許可以和學校的圖書館員合作，一起創造一個只屬於學生的閱讀或學習空間。或者，也可以在
86 走廊上布置一個安靜的閱讀區，只要放幾張椅子或甚至一張小桌子（配合學校預防火災的法規），就可以讓所有需要從混亂教室抽離片刻的學生有地方可以待。

■提供可以活動的空間

雖然很多學生需要安靜的空間，但有一些學生是需要運動、活動

和與人互動的。如果學生無法好好坐在座位上或無法保持輕聲細語，可以讓他在教室的另一區學習課程資料，或跟幾個同學到另一間教室一起學習，或是一群學生組成一個小團體一起學習相關的課程。曾經有一個高中學生在上英國文學課時，無法整堂課安坐在位子上閱讀《羅密歐與茱麗葉》和專心聽老師講課，老師並沒有任著他一直坐立不安，而是請他為班上同學演出的戲劇製造效果，所以當全班背誦台詞和討論故事劇情時，有兩位學生（其中一名是自閉症學生）可以在教室後面安靜的做事。

有一個專業輔導員告訴我關於一個自閉症學生的事情，這個學生上自然課時沒辦法安坐在座位上，雖然他想聽老師講課，但就是連一會兒都坐不住，老師同意讓他在上課時起來走動，但是他常常會在老師和黑板前面走來走去，有一些同學被他影響而分心。後來老師想出了一個辦法，就是把教室後面的空間變成走動和思考區，她用作畫時用來蓋不需要著色部分的遮蔽膠帶來標示兩個區域，一區標示為「靜坐學習區」，另一區為「走動學習區」，並告訴這名自閉症學生可以在「走動學習區」內隨意走動，有了文字的清楚標示後，這名學生馬上就能遵守這個簡單的規則，更成功的是，他在別間教室也主動要求老師清楚標示「走動學習區」。

■為不同的活動設計不同的空間

很多自閉症學生在高度結構化的環境裡能有最佳的學習表現，如果想讓學生很清楚地知道如何使用教室空間，有一個很簡單的方法，就是為不同的活動設立不同的區域。比如說，高中老師可以設立置物區和教材存放區、一小間圖書室，和一張活動用桌子，而小學老師可以設計一間木偶劇院或角色扮演區、一個閱讀角落，和一塊全班聚會的地方。如果可以的話，老師可以把不同的區域分隔開來（用家具或遮蔽膠帶，或在不同區塊的地板上塗不同的顏色），或用標籤標示清楚，來幫助所有的學生了解如何使用教室裡的空間。

不要讓學習空間過於擁擠

如果經常有同學在座位旁走動或是擋住黑板的話，自閉症的學生會覺得很挫折。如果情況允許，把削鉛筆機、圖書室和置物櫃的空間獨立出來，盡可能不要干擾到課程和活動的進行，或至少讓最容易分心的學生遠離這些區域。

管理教具教材

在一間典型的教室裡，你會看到二十到三十五張桌椅（其中幾張的椅背上掛著長袖毛衣或背包）、幾個地球儀、一張下拉式地圖、一些裝滿學生資料夾的箱子、幾台電腦、幾十本或幾百本書、兩個貼滿學生作品的布告欄、幾片錄音帶、一台電視和一台錄放影機，也許還有幾株植物或一隻倉鼠。這些東西在教學時都很常使用，所以妥善規劃讓這些東西方便使用和容易管理是很重要的。

87 幼稚園老師經常「在一個地方放所有的東西，並讓每一個東西都放在固定的位置」，所以學生很容易就能找到教具教材，並且可以學習和參與簡易的教室管理。但是，高年級的老師常常假定學生不再需要這種對空間位置的掌控感，而不太使用這種教室規劃，這是很可惜的，因為在一個有組織的環境，以及讓學生知道教具教材的擺放規則與位置，對大部分學生的學習都會有幫助。

幫助自閉症學生的其中一個方法，就是要避免視覺上的凌亂（visual clutter）。教導全班學生特別留意保持教室整潔，把自己的物品妥善放在抽屜或置物櫃裡。年幼的學生可能需要一張抽屜地圖，來幫助他們自己獨立找到東西和把東西放回原處（Goodman, 1995），老師可以把抽屜裡的所有東西畫在一小張小卡或白紙上，或讓學生自己畫，然後把這張地圖貼在學生桌上或放在桌面下的桌墊裡。整間教室或學生置物櫃裡的物品擺放，也可以用類似的方法畫一張地圖。

有很多學生不太會整理東西，老師可以提供一些明確的建議，教導全班學生如何有條理的放置物品。比如說，與其叫學生把桌子收拾乾淨並於事後做檢查，不如叫他們把筆記本放進書包，或把螢光筆收進文具盒裡，像這種直接且具體的指令，能提醒學生注意他們的文具都有「家」，並且在經過一段時間的訓練後，能幫助學生學會組織的技巧（organization skills）。你可以提供一些意見教導學生規劃桌面、置物櫃、座位四周和書包裡的物品擺放（例如跟學生說「把你的量角器放在鉛筆盒裡，並且每次用完都放回鉛筆盒裡，這樣你隨時要用時就知道到哪裡找」）。我知道有一位老師，曾經教導一個七年級的亞斯勃格症學生把物品用顏色分類編排（如把數學測驗卷放在紅色文件夾裡，家庭作業放在黃色夾子裡），這個學生現在就讀於社區大學，並且仍繼續成功地使用這套組織系統。

想讓教室保持整潔，最簡單的方法就是分派學生教室工作（classroom jobs），比如說，分派幾個學生負責整理書櫃。像這樣的教室整理工作可以融入學習經驗與課程結合，低年級的學生可以用英文字母為書籍編碼，高年級的學生則可以用杜威十進位分類法編碼。另外還可以讓學生負責照顧花草、補充公用鉛筆、清潔黑板、規劃布置布告欄，和把座位排整齊和地板擦乾淨等。

最後還有一點是，要讓教室有效率的運轉就要把重要訊息清楚地張貼出來。你可以在教室的一角放置日曆、時鐘和功課表（這些東西對自閉症學生尤其重要，因為他們需要能隨時掌握這些資訊），任何年級的學生都可以讓他們負責每天早上寫上日期、撕換日曆、甚至寫出每天的課程時刻表和其他訊息（例如天氣等）。

總　結

這一章一開始，我先詳細描述了我自己對工作環境的需求，雖然現在我很清楚在工作前做這些調整對我的生產力有多麼重要，但這是我好幾年來不斷努力的嘗試所獲得的結果。當我在研究所學習寫作時，我以為做學術研究應該正經八百的坐在像辦公室的環境中進行，88

我知道圖書館是公認適合讀書和寫作的環境，但我怎麼也無法在一張長木桌上安靜地做事。直到我接到大學的第一份工作後，我開始看到許多同事用各種不同的方法來處理他們的工作，有一些人只在家裡寫作，另一些人則一定要在辦公室裡把門開著，並且放著國家公共電台的廣播節目嘰嘰喳喳的。直到那個時候，我才允許自己創造適合我自己的工作環境，結果我很快就變得比較放鬆，並且寫得更好了。

你們可能也會發現調整學習環境，讓老師有機會以嶄新、不同而有影響力的方式跟學生相處。就拿我自己的例子來說，在我學院的課堂上，我發現當我和學生圍著圓圈坐在地板上時，我比較能個別地了解學生。同樣地，當老師坐在沙發上講課時，比較能以輕鬆而不拘謹的態度和學生相處。

很明顯地，把學習環境做些調整，能幫助我們每一個人感覺比較放鬆，工作也比較有效率。這些調整同時也具有教育意義，我們每一個人都有必要了解自己和知道自己的學習需求，甚至可以說從一、二年級就應該開始學習。讓學生選擇他們的學習環境，並鼓勵他們說出特別喜歡什麼樣的燈光、聲音、噪音，和喜歡怎麼樣擺放物品和排列桌椅等，這樣會讓學生更加了解自己的學習狀況，他們也可能因此比較能夠在學校環境中，找到他們所需要的支持，也許更因此能夠在家裡創造一個適合自己的學習空間。

雖然老師可能無法每天都照顧到每一個學生的需求，但那些試過各種方法來營造班級氣氛和規劃教室空間的老師，比較能夠營造出盡可能滿足最多學生的學習空間。但是老師不能自己一個人做這些工作，而是應該讓所有的學生參與，透過溝通，一起布置一間有助學習的教室。只要是覺得有必要的支持，不管是什麼，都要開誠布公地提供，而不應該「私下」提供。事實上，學生通常是在看到別人的做法和需求時，才意識到自己的學習風格和需求。曾經有一個五年級的學生（沒有鑑定出任何障礙），在看到他的同學需要靠著戴耳機來過濾噪音後，告訴老師說他覺得他也需要一副耳機。他戴耳機之後，學習的時間確實可以比較長，也比較不會分心。

有一些環境的調整需要跟全班同學溝通，並且尋求折衷的辦法，比如說，老師可能需要讓學生舉手表決，看看是否全班都能接受在自習時間播放音樂，或是天氣暖和時，是喜歡把窗戶打開還是關起來。另一些調整則是比較針對個別學生的，比較容易操作且不會干擾到其他學生的學習，比如說有一個學生對整天坐在位置上學習覺得不舒服，那他（她）就可以時而坐在座位上，時而站或坐在鋪有地毯的地板上學習。

另外有一種情況是自閉症學生需要同學的協助，才能在教室裡順利的學習。例如有一個亞斯勃格症的學生George，因為聞到同學身上味道很濃的香水而很難整堂坐在教室裡上課，他對廣藿香水的味道特別敏感，而這種香水又好像頗受他讀的那間中學的女學生歡迎，光是他班上的同學，就有四個女生習慣搽這種香水，當老師和George把這 89
個問題反應給全班同學時，這四個女同學同意不要搽太多香水，或者當她們搽太多時，就坐在教室另一邊離George較遠的位置，老師也同意座位可以彈性調整，好讓這幾個女學生在需要時可以換位置。有趣的是，George說雖然在班會中，他並沒有提出要求要這四個女同學不要用這一牌子的香水，但在後來的一整個學期，她們都沒有再搽這個牌子的香水了。

有一個患有廣泛性發展障礙的學生Alice，她一年級時因為不能忍受老師吹哨子的聲音而沒辦法上體育課。為了解決這個問題，老師請全班學生想想有什麼其他辦法可以引起他們的注意，學生給了老師許多建議，包括揮揮手、唱首歌、搖鈴、打鼓、像猴子一樣跳來跳去、揮動黃色的旗子，或是捏一隻會嘎嘎叫的橡膠玩具雞。老師的反應是每一種建議都試試看，然後讓學生選一個最有效的方法（最後當然是那隻雞勝出）。每一個學生都在這個創意的腦力激盪過程中受益良多，並且從這樣一個營造團體的歸屬感與認同感的活動中，營造了一個讓全班都覺得舒服的環境。

策劃這些適應性調整勢必要花很多時間和心思，但是老師往往會發覺，營造一個良好的學習環境可以讓其他限制性較高的支持減到最少。比如說，有一個學生對教室裡的照明感到痛苦，如果沒有為燈光做些適應性調整的話，這個學生可能要離開教室好長一段時間再回來，這樣一來就會浪費寶貴的學習時間。

也許最重要的是，教育者在為學生的學習環境提供不同形式的支持時，會同時更加了解學生。藉著評估學生需求，並且在必要時改變學校的氣氛與學習空間以更符合學生的需求，老師會知道如何誘導學生的學習動機與學習風格，因此也會給學生更多的成功機會。有的學生在換了一個班級後，障礙程度變得更嚴重或較不嚴重，也有學生在換班後變聰慧或反而變平庸的，像這樣的例子並不少見。環境在教育中扮演著很重要的角色，老師若用心營造環境，你會驚訝的發現學生的表現變好了。當教室環境開始為學生的學習需求而設計時，學生優秀的潛能將會被激發出來。

更多的答案與資料請參考：

Feldman, J.R. (1997). *Wonderful rooms where children can bloom.* Peterborough, NH: Crystal Springs Books.

Gillingham, G. (1995). *Autism: Handle with care.* Edmonton, Alberta, Canada: Tacit Publishing.

Kaufeldt, M. (1999). *Begin with the brain: Orchestrating the learner-centered classroom.* Tucson, AZ: Zephyr Press.

Williams, D. (1998). *Autism and sensing: The unlost instinct.* London: Jessica Kingsley Publishers.

Chapter 6

友誼、社交關係與歸屬感

若能脫離複雜的人際關係，世界該是多麼平靜啊！
不過，我真的很享受身邊有個願意全然接納我的朋友，
能跟一個這樣的朋友在一起，我就心滿意足了。
我的一些朋友都願意以我的本來面貌接受我，
我真的很慶幸自己能有這個機會，
在真實的世界中，探索生命。
（Lawson, 1998, p. 100）

對大多數的學生來說，去學校上學最棒的一件事，就是能看見朋友和跟朋友在一起；但對那些不太容易與人建立社會聯結（social connections）的學生來說，上學可能會變成一種孤單而挫折的經驗。很多跟沒有身心障礙的同儕在同一班一起學習的自閉症學生，都表示他們需要的不只是一間融合班級，有越來越多的自閉症學生要求老師幫助他們與同學發展友誼，和提供他們一些社交的機會與管道（Burke, 2002; Kluth, 1998）。在這一個章節裡，我扼要地列舉了一些做法，讓老師可以用來建立一個鼓勵關係與互動的班級團體；另外，我提供了一些建議，幫助學生異質性高的班級老師促進學生的社會互動（facilitating social interaction）。最後，我還提供了幫助自閉症學生個別發展其社交生活的一些方法。

營造班級的團體歸屬感

雖然老師無法建立學生之間的友誼（friendships），但卻可以創造出一個讓學生有機會增進社交關係、認識彼此、相互學習、互相幫助的班級氣氛。當然，最後還是希望這些情境能促成學生之間的友誼滋長。

要發展與維持學生對學校的歸屬感，需要教育工作者運用一些策略與方法，堅定地鼓勵與教導學生與他人分享、互相學習、互相依賴，還有彼此尊重。例如，老師可以讓學生透過合作學習與解決衝突
92 的經驗，還有透過遊戲、班級會議、服務學習、社會正義教育、跨年齡或同年級的小老師與小顧問制度，以及學校與班級的慶祝活動等方式，來提升學生對學校的歸屬感（Sapon-Shevin, 1999）。老師也可以透過一些全校性的轉變來培養學生的歸屬感，比如說，藉著遊說學校減少班級人數，質疑具競爭性的校園活動（如校友代表選拔、拼字比賽、球隊刪減或剔除學生等），以及設計一些讓學生與跨班級、跨年級的同儕互動的方式（如校內網友等），老師不但可以增進班級的歸屬感，還可以讓整個學校更能回應更多不同的學生需求。另外，老師也可以透過課程活動，發展與維持學生的歸屬感。

透過課程建立歸屬感

營造班級歸屬感的其中一個最有效的方法，就是提供積極回應與尊重學生的課程與教學。已經有很多老師透過訂定跟民主與社會正義有關的課程主題，成功地營造出班級的歸屬感。比如說，有一位住在混亂都會區的高中英文老師Erin Gruwell，當她查到有一位學生帶一幅種族主義的圖畫來學校時，她決定重新規劃課程以回應這個事件：

當我查到這張畫時，我幾乎失去理智。我叫喊著：「這是納

> 粹在屠殺猶太人時所用的宣傳畫。」當我聽到學生膽怯的問：「什麼是納粹屠殺猶太人？」時，我非常地震驚。
>
> 我問學生：「你們有多少人聽過納粹屠殺猶太人？」沒有一個學生舉手的，於是我又問：「那有多少人曾經被槍射擊過？」結果幾乎每一個人都舉手。
>
> 我馬上決定捨棄我精心規劃的課程，而把寬容變成是課程的核心主題。（Freedom Writers & Gruwell, 1999, pp. 2-3）

Gruwell 的課程設計，圍繞著學生、學生的經驗、學生關心的事情，還有學生的想法。她支持學生對他們社區的民間與政府組織提出質問與批評。Gruwell 班上的學生，在她用心教導的社會正義論述上不斷地進步，因為 Gruwell 幫學生把他們的親身經驗與歷史聯結了起來，她班上的學生因而開始投入社區服務的活動與政治行動。他們募款帶猶太集中營殉難者 Anne Frank 的朋友 Miep Gies 去參觀他們的學校；舉辦和平集會遊行；一起教一班大專生有關多元文化主題的課；參觀在華盛頓州的納粹屠殺猶太人博物館；為紀念他們因暴力而失去的朋友與家人舉辦燭光祈禱晚會；教導當地的國小學生；還一起把他們的經驗寫成書。

另外還有一個自閉症學生 Yolanda，很害怕學校體育館牆上掛的壁畫，那幅畫是一群小朋友在森林裡行走，畫裡的地上有一條捲曲的蛇；Yolanda 之所以嚇到，是因為她很懼怕爬行類動物。這幅壁畫是好幾年前畫的，校長以前就常想把它換掉，因為過去幾年來還有其他學生也很害怕這幅圖畫，而且校長和老師以前也都曾在不同的時間點

譯註：Anne Frank 是猶太集中營的殉難者。生於美因河畔法蘭克福，1943 年從納粹政權下逃往荷蘭，德軍佔領荷蘭後，她全家和另外四名猶太人躲藏在一家密封的倉庫裡。1944 年因有人告密被關進集中營，最後在貝爾森集中營遇害。她躲在密室中寫的日記生動真實，1947 年出版後，被改編為劇本和拍成電影，Frank 遂成為納粹暴行下人們悲慘遭遇的象徵。

93 表示過對這幅畫的不滿，因為畫裡的孩子都是白種人。學校裡的學生是由很多不同的種族與文化組成的，他們覺得畫裡的孩子並不能代表全部的學生。

當 Yolanda 進到學校就讀之後，校長自願用塗料把壁畫遮蓋起來以減輕 Yolanda 強烈的恐懼。不過，Yolanda 的老師有更好的主意，就是讓班上的學生負責設計和創作一幅新的壁畫，這樣既能引起學生的興趣，又能在畫裡表現出學校多元學生族群的特色。於是，學生就跟著美術老師學習壁畫的藝術，他們研究了壁畫的色彩、圖樣與形式。Yolanda 是負責選出新設計的學生委員之一，雖然她不會說話，但她的同學陪她一起一頁一頁地翻看故事書，跟她一起找到她喜歡的圖案。然後學生花了六週的時間，畫了一幅海邊景致的圖畫，畫中有各種不同種族與文化的孩子。壁畫裡還有一條美人魚，因為小美人魚是 Yolanda 在一本書中最喜歡的人物。

為體育館畫壁畫激發了學生更深入研究壁畫的興趣，學生探索了各種關於壁畫的學習內容，從在美國 Roosevelt 總統實施新政時期所繪製的壁畫，到壁畫與墨西哥境內的社會改革的關聯性；不僅如此，壁畫還把學生更緊密地聯繫在一起。這個藝術創作的過程，給了學生表達自己的管道與園地，每一個學生都參與其中，並且每一個人的意見都融入了最後的成品。美術老師在過程中發現，繪製壁畫不只讓學生更進一步了解 Yolanda，還把全班變成了一個親密的團體。有一個以前常被譏笑為「書呆子」的學生 Armando，在這次的活動中，班上的同學發現了他的藝術天分，他因而第一次成為班上的領導者，學生在整個繪製過程中，經常去請教他一些新的繪畫技法。

營造歸屬感活動

不管是什麼年齡層的學生，只要讓他們有機會與其他學生建立關係，和從班級學習團體的意義，他們都能從這些經驗中獲益。要把營造歸屬感與建立團隊的活動融入一天或一學年的課程，是相當容易的。不只是自閉症的學生需要這樣沒有壓力學習的機會，和增進他們的社交技巧，新加入班級的學生也都希望能有這樣的機會來認識班上的同學。而已經互相認識的學生，也會因為有機會以這種比較有意義的方式與同學建立關係而受益。

有各種不同營造歸屬感的活動可以用來增強班上學生的關係，促進友誼的發展，和增加學生彼此互相學習的機會，就像下面列舉的一些活動。這些活動可以在學期初幫助學生熟悉彼此，不過之後還是應該要繼續實施。光是讓學生玩一些遊戲，或是做一些相見歡的活動，並不能營造出歸屬感與建立起團隊，真正的團隊是需要花時間建立的，而且需要在一整個學年期間，持續地讓學生進行有意義的互動（最好是整個求學期間）。

■ 團體履歷表

履歷表是用來描述個人成就的，而團體履歷表，或說集體檔案，強調的是整個團隊的成就（Silberman, 1996）。進行團體履歷表活動 94
的時候，老師要先跟學生解釋班上有各種才藝、經驗、天分與興趣的學生，然後把班上學生分成幾個小組，每一組都發給一張圖表紙或白報紙，和幾支有色的麥克筆。接著，請各組設計一份團體履歷表，跟大家宣傳他們的成就，就像圖 6-1 那樣。完成之後，老師再請各小組跟全班介紹他們的集體履歷。最後，老師可以把這些履歷表貼在牆上作為活動的結束，展示這些作品可以提醒學生班上同學的集體才藝。

請學生設計集體檔案是一個很有趣、效果又很好的方法，可以促使學生自我省察與評量，還可以又快又容易地幫助學生建立團隊。活動的過程中，學生不僅能夠發掘彼此的優點，而且還能更加了解自己，即使最年幼的學生，評估和了解自己的能力對他們也很重要。團體履歷表活動不僅幫助學生學會行銷自己與評估能力的技能，還引導學生把班級看作是一個互相教導與學習的團體，幫助全部的學生了解班上同學所具備的能力資源。團體履歷表可以採用一般的格式，也可以專為學生設計特定的內容（如有創意的電腦顧問、四大閱讀與寫作小博士等）。在學期初時，可以用來幫助學生熟悉彼此；在單元結束時，則可以幫助學生統整學習的內容。

讓人「印象深刻」的女士

Krisi、Nancy、Jen、Kana、Kim 和 Katia

資歷

- 通曉印象派
- 能夠比較各個印象派畫家的風格（尤其是Renoir、Monet、Manet和Degas）
- 讀過 Mary Cassatt 和 Cezanne 的自傳
- 已順利完成六個中學美術課程
- 認識
  - 水彩畫
  - 雕刻
  - 家具製圖
  - 拼貼畫
  - 日本摺紙
  - 版畫

其他技能

- 手語
- 文書處理
- 會唱電影「窈窕淑女」裡的全部歌曲

嗜好與興趣

閱讀、看老電影、聽音樂（尤其是電影原聲帶）和空手道

圖 6-1　團體履歷表範例：藉由強調團隊成就來建立學生的友誼與社會互動

為了確保每一個學生都有參與，老師應該要教學生如何從同學口 95
中探得一些資訊，可以向學生示範如何進行非正式的訪談，和問一些能讓全部同學都能有所貢獻的問題。比如說，如果學生沒有辦法表達得很清楚，或是說他（她）自己想不到可以加些什麼，可以讓其他的團隊成員先分享，給這個學生一些時間在教室裡轉轉，讓他從其他的團隊得到一些靈感，或是讓這位學生以畫圖或素描的方式代替說話。

下面還有一些團體履歷活動的其他玩法：

- 在一學年中，持續地修訂與更新原來的團體履歷表。
- 以錄影帶或錄音帶的方式製作團體履歷表。
- 在大家一起填寫團體履歷表之前先想好問題，並以傳閱信件的方式進行相互訪談。

傳遞讚美的話

即使是在畢業後的十年、二十年、甚至是五十年，大部分的人都還會記得，在他們小的時候或十幾歲的時候，被人嘲笑、諷刺或侮辱的經驗。對很多人來說，嘲弄或侮辱是童年的一部分，自閉症學生遭受這類口頭欺負的機會可能更多，因為他們的社交、溝通與行為與一般孩子不太一樣。不過，老師能夠藉由鼓勵班上學生多說另一種「批評」來改變這樣的文化。

「傳遞讚美的話」就跟很多人小時候參加夜派對時，所玩的打電話遊戲一樣（Loomans & Kohlberg, 1993）。老師先請學生想好一句讚美坐在自己正後方（或旁邊、或前面）的同學的話，然後由坐在每一排最前面的學生開始，轉過頭在同一排第二個同學的耳邊，說出讚美他（她）的一句話（「我覺得你很有創意」）；接著，第二個學生再轉向同一排第三個同學，重複第一個同學讚美他（她）的話之後，再加上一個新的讚美詞（「我覺得你很有創意，又很有趣」）；然後第三個學生再轉向同一排第四個同學，分享三個讚美詞，其餘的往下類推。當坐在最後一排的學生聽到讚美的話時，老師就請他們把一整排所說的讚美話語說出來（「我覺得你很有創意、很有趣、很獨立、漫畫畫得很好，並且充滿勇氣與決心」）；最後再由同一排的同學跟大家說最後一個同學所接收到的訊息正不正確，還是中間有一些讚美被遺漏了。

下面還有一些傳遞讚美活動的其他玩法：

- 在班上設立讚美信箱，然後每一週選一些讀給全班聽。
- 在一天或一週的開始／結束的時候，選出一兩個學生，讓班上五個同學來讚美這些學生。讚美可以是一般性的，也可以特定針對某件事。例如，中學老師可以先讀某一個學生的故事給大家聽，然後請學生提供跟這個故事有關的五個讚美（如「故事的名稱很有創意」、「結局令人感到驚奇」、「關於樓梯的那部分，真的讓人很緊張」等）。
- 請學生讚美他們自己小組作為一天或一堂課的開始或結束（如「我們這個星期創作了很棒的詩」）。

■真真假假

「真真假假」這個活動很有趣又很活潑，可以跟班上的其他活動
96 結合，像是「認識你」活動、每週一次的創意與合作活動、課程的預習或複習等活動；也可以用來幫助學生上課專心（Bennett, Rolheiser, & Stevahn, 1991）。這對一些需要練習理解抽象概念的自閉症學生，效果可能特別好。對年紀比較小的學生來說，這個活動會幫助他們分辨「真」與「假」的概念，還有讓他們有機會上台說故事，和練習口語表達。

學生只要在一張紙上寫出三句話，其中兩件是真的，一件是假的。然後把學生兩個或幾個編成一組，讓他們大聲的唸出紙條上的句子，並請班上的同學猜猜看，哪一個句子是假的，哪些句子是真的。

之後老師常會留一些時間給學生，讓他們簡短地與大家分享他們所寫的真假故事。下面還有幾個真真假假活動的其他玩法：

- 請學生針對特定主題寫出真的和假的事情。例如，可以請學生分享有關中東、沙魚、木管樂器或三角形的兩件真事與一件假事。
- 請學生分享一件真的事、一件假的事和一個願望。
- 讓學生用表演的方式，表達三個概念，代替寫兩件真事和一件假事。

■紙袋訪談

紙袋訪談是一種很棒的活動，它可以促進學生之間的互動，和讓學生有機會提出問題與回答問題，它同時也是一種可以讓全部學生都參與的有趣方式。透過這個活動，所有的學生都有機會跟大家分享自己的想法，而不再只是一兩個同學有發言的機會。這個活動可以用來教導年紀比較小的學生輪流的概念，或讓他們練習朗讀一些簡單的句子；至於大一點的學生則可以學習實際的傾聽技巧，或是學習如何就他人所提出的問題做澄清，或如何問一些後續的問題等。

在進行紙袋訪談活動的時候（Gibbs, 1995），老師先寫下一些跟班上有關的問題，把寫好的問題放進便當袋或紙盒裡，然後把三到五個學生分成一小組，每一組給一個袋子或盒子。接下來，學生輪流從容器裡抽出問題，並回答所抽出的問題。任何時候學生都可以決定跳過某一個問題，而再抽一個新的問題。

老師可以一整個學年定期地使用紙袋訪談活動，看是要讓學生有機會互相了解彼此，或是就班上所學的不同主題提出評論，或者是兩種目標同時進行。比如「你最像瘋馬哪一點？」這個問題就可以讓學

譯註：瘋馬生於 1842 至 1877 年，是奧格拉拉蘇族酋長，被認為是第一流的蘇族軍事領袖。1876 年在小巨角戰役中，率領蘇族和夏延聯軍擊敗 Custer 將軍，他和部下於次年投降，卒於內布拉斯加州羅賓遜堡的監禁中。

生在思考他們所知道有關瘋馬這個歷史人物的資訊的同時，透露一些跟他們本身有關的事情。

下面還有一些紙袋訪談活動的其他玩法：

- 讓學生提供問題。
- 請學生用不同的表達方式輪流回答問題。包括手語和手勢、繪畫和圖示創作，以及面部表情等方式。
- 在袋子裡放一些跟學生興趣有關的問題。比如某一組有學生剛剛升級當叔叔，就可以把這件大事加進問題中。或者有學生真的很喜歡披頭四，就可以問有關 1960 年代搖滾樂的問題。
- 97 如果班上有學生在接受說話暨語言的治療服務，這個活動就非常適合請語言治療師加入，讓他（她）幫助全班學生增進有關輪流、問問題和回答問題的技巧。

促進異質化高的班級學生間的社會互動與關係

老師一營造出班級的歸屬感後，接下來就可以把焦點集中在設計與運用一些特定的策略，來鼓勵學生間的社會互動與建立關係。具體地說，就是要創造讓學生跟彼此分享的空間、尊重各種不同的社交方式、讓學生互相幫助、透過活動來幫助學生建立關係，以及提供學生在教室以外社交互動的機會。

創造分享的空間

老師可以蒐集一些有關學生的經驗、夢想、興趣與需求的資訊，利用這些資訊來更適切地教導學生，和促進學生之間的關係發展。我們太常看到（尤其是在國中）有學生日復一日地在同一個班級上課，彼此卻沒有發展出個別的關係（personal relationships）。我以前在觀察一個中學的班級時，曾請一位學生告訴我他班上一個同學的名字，結果這個學生回答我說：「我不知道他的名字，我沒跟他說過話。」後來我問出這兩個學生已經同班兩個月了，但他們卻從來沒有交談過。

老師一定要重視學生的心聲，並且一定要花時間，努力為學生間的溝通與意見分享建立管道。老師若想傾聽學生的聲音，可以從增加一些讓學生參與和領導的場合做起；比如老師可以每週召開班會，並由學生主持。

在Kim Rombach一年級的班上，老師給學生很多分享的時間和空間，甚至讓他們負責管理自己與同學間的衝突。Rombach是藉著提供兩張「談話椅」來促進學生間的溝通，任何意見不合的兩個學生，都可以使用這兩張談話椅。當這個班上的學生，在下課期間發生扭打時，不需要去找老師評理，而是有老師的允許來使用談話椅。學生們坐在談話椅上討論他們的爭端，並試著找出解決爭端的方法，或試著解釋他們的感受。有一個男學生是這麼解釋使用談話椅的意義的：「有時候我們要花好長的時間討論，但是我們試著再度建立起彼此的友誼。」（Sapon-Shevin, 1999, p. 139）

另一個可以用來鼓勵學生跟彼此分享的具體策略是磋商教學（dialogue teaching）。進行磋商教學時，教師與學生要針對解決問題的關鍵做討論，磋商時，要以學生的意見為主，指導者則在旁主動地傾聽（active listening）和促使過程順利進行。老師採用磋商教學會增進學生的批判性思考能力，還有以開放的心胸傾聽他人的態度。很多老師會覺得磋商教學很難，因為它看起來和感覺上都和傳統的課堂討論不一樣：「……磋商不可以變成是某一個人在『灌輸』另一個人想法，也不可以變成只是商討者要對方『買帳』的意見交換。」（Freire, 1970, p. 77）

要成為一個有技巧的磋商教學教師，有一部分的挑戰是要仔細地 98
研究學生的說話風格及語言習慣，這點對教導融合班級的老師來說特別重要，因為班上可能有一些學生的說話能力很有限，還有學生可能有各種不同的溝通方式。此外，在學生異質性高的融合班級中，學生最有可能有各種不同的背景，比方說，英語可能是一些學生的母語，卻是另一些學生的第二或第三外語。為了要盡量地激發出學生之間最豐富和最有深度的對談，有興趣實施磋商教學的老師就要注意到這些差異。確切地說，老師要：

- 考量磋商進行的步調：是不是所有的學生都有機會參與會談？是不是有一些學生好像需要在做出回應前，有多一點的思考時間？需不需要為一些學生插入「思考時間」或策略性的暫停？
- 考量學生參與談論的方式：是不是有一些學生主導了談話的進行？團隊有沒有掌控好時間？是不是每一個學生都有機會參與？是不是各種不同的參與都受到重視，包括笑、比手勢、在溝通板上打字、口語表達等等？
- 考量會談的主題：是不是全部的學生都能接受插話？會談的主題跟學生是不是相關？對學生來說是否重要？
- 考量由誰參與：磋商過程看起來和聽起來如何？種族、性別、能力與階級的議題，對發言的人或是有發言機會的人有何影響？

不管學生是要解決班上的社會性問題，或是比較偏學術性的問題，老師在使用磋商教學時，一定要注意不要因為過度指導，或用一些學生無法理解的語言，而減少了學生的樂趣。同時，學生也一定要注意每一個參與者的需求，小心地等候溝通的開啟，並且讓每一個發言的人都能充分地、不受干擾地表達。另外，老師可能需要教導學生一些主動傾聽與同理傾聽的技巧，還有為了幫助學生準備好參與磋商教學，老師可以提供學生一些機會，讓他們練習主動傾聽、參與社區建立活動，和查詢有關團隊建立與團隊合作的問題。老師和學生可以透過角色扮演的方式，示範良好的傾聽態度，或提供具有建設性的回饋。

對那些常成為研究對象的學生（如身心障礙的學生、有色人種的學生、被歸為「處境危險」的學生），或是那些幾乎一路以來都被老師稱讚是順從與安靜的學生來說，磋商教學是非常好的活動。學生在參與磋商教學時，會進入一種全新的、全然不熟悉的角色，不再有權威讓他們遵從，也不需要聽從指令。對可以從多元觀點中獲益的各種不同類型的學生來說，磋商教學是特別重要的教學策略。

尊重各種不同的社交方式

有一些自閉症患者不太會交朋友，也不會以其他人熟悉的傳統方式與人來往。比如說，有一些自閉症學生可能對碰觸感到不舒服，因 99
而無法跟別人握手，所以老師一定要營造一個班級環境，鼓勵各種不同形式的社會參與（social participation）。因為就像自閉症患者 Wendy Lawson 所說的，要叫一個患有自閉症的人去跟別人進行社會互動，並且舉止要跟「其他每一個人」一樣，會是很艱苦、很令人感到挫折的工作：

> 這些年來，我試著克制自己對生活中的一些事情感到興奮與喜悅，並且注意觀察其他人感到高興或難過的事，如果他們笑了或是面無表情，我就知道我也可以跟著笑或沒有感覺。這個過程我學得很辛苦，雖然我因此變得比較善於觀察別人，但卻也因此剝奪了我享受自己經驗的自主性。（1998, p. 116）

班上有自閉症學生的老師，會希望讓學生很清楚地知道，跟他人交談、遊戲、社會互動與參與課堂可以有很多不同的方式。有一個二年級的自閉症學生 Cindy，喜歡在旁觀看一些競賽活動和遊戲而不直接參與，班上的學生慢慢習慣了 Cindy 這種方式的參與；有時候，班上一個沒有障礙的學生 Greg 會加入 Cindy，跟她在旁靜靜地看著班上同學鬧烘烘地玩著。

另外有一位自閉症學生 Dan，他沒有口語能力，常常以他製作的照片集來跟別人介紹他自己。當其他同學在餐廳閒聊，等著第一堂上課鐘響時，Dan 就在餐廳裡走來走去，跟在餐廳裡的學生展示他相簿裡的新照片。Dan 的媽媽每個星期日都會和 Dan 一起更換照片，所以 Dan 每一星期都有新的「故事」可以跟大家分享。後來，Dan 學校裡的學生變得對這種社交模式很感興趣，也開始帶小本的相簿來跟 Dan 和其他同學一起分享。

借重同儕教導與同儕支持

我曾教過一個小男孩，他的名字叫作 Jason。長達兩年的時間，他的家人和老師希望他能學會在早上以揮手、握手，或以某種方式表達「你好」來跟同學打招呼，這個目標被列在他的 IEP 上，他的教育團隊花了好幾個月的時間，每天都努力地訓練他這個目標。後來，Jason 跟他的同儕一起升上二年級，Jason 每天不再只是幾個小時進到普通班級上課，而是整天都跟他二年級的同儕在一起，成為普通班級裡的一分子！同學們每天早上都圍繞著 Jason，拍他的背跟他說「早安」，結果只短短幾週的時間，Jason 就開始抬頭看他的朋友，並跟他們握手了。

同儕支持是融合教育中很重要的一環，有時候老師做不到的，學生卻能成功地支持他們的同學，或幫他們的同學學會一些技能。同儕往往都會很自然地學會怎麼幫助他們的自閉症朋友，他們不需要任何大人的指導或介入，就知道要怎麼幫助他們的同學平靜下來，和怎麼教導與鼓勵他們的同學。另外，同儕也是很珍貴的教學資源，因為他們是以權威專家或其他大人無法做到的方式來了解彼此，即使是最好
100 的老師，也無法跟學生親密到分享彼此，而學生們卻相互知道彼此的秘密與恐懼。他們常常以不同於老師的方式，看待彼此的需求與天

分。這樣的幫助與相互支持，對這兩個（或全部）學生以後長大進入社會，有很大的幫助。

在 *The Dreamkeepers*（1994）這本很重要很受到大家歡迎的書中，Ladson-Billings 寫了有關 Pauline Dupree 老師的故事，Dupree 老師一直都把經營班級歸屬感當作是教學工作的重點，她營造了和睦的班級，並且談到她期待她的班級，既是一個可以認真學習的地方，也是一個讓人感覺舒服與互相合作的地方。Dupree老師教導她班上的學生要團隊合作，並且要求學生成為彼此的資源：

> 從他們走進我教室的那一天起，他們就知道他們要選一個朋友，這個朋友是他們這一年的學習夥伴。有很多次當學生遇到困難時，我都會叫他們的學習夥伴來找我，然後確實地訓他（她）一頓：「你為什麼讓你的朋友遇到這樣的困難？你是哪門子的夥伴？你應該要幫他的啊。」結果不到兩個月，我就看到他們會留心彼此的狀況了，當一個學生要交作業前，會先遲疑一下去確認他的朋友是不是沒什麼問題。最後，他們會很仔細地互相檢查，並可能因此發現他們自己所犯的一些錯誤。（p. 72）

這個例子吸引人的地方就在於學生間是互助的夥伴關係，而不是幫助與被幫助的關係（Bishop, Jubala, Stainback, & Stainback, 1996; Strully & Strully, 1989; Van der Klift & Kunc, 1994）。老師要尋求這樣的機會，讓所有的學生既有幫助與支持別人的機會，也有接受別人幫助與支持的機會，這是很重要的。就像Bishop和他的同事所說的，有特殊需求和沒有特殊需求的學生，都會從互助的關係中獲益：

> 在現代的社會中，所謂全方位健全的人，指的是那些能夠同時給予與接受幫助的人，因為這兩者都是不斷成長與建立自

> 尊所必須的。在任何一段友誼關係中，雙方能夠同時把自己看作是幫助者與被幫助者，對一段關係的維持與成長是很重要的。我們太常看到患有身心障礙的人，被認定在一段關係中，只能扮演被幫助者的角色，這會對關係的深度與維持造成不良的影響。（pp. 163-164）

所以，老師一定要給自閉症的學生幫助同學的機會。某些人總是被幫助，而另一些人總是在幫助別人，這樣的關係既不自然，對營造班級的歸屬感也不怎麼有幫助。因此，老師要營造全班學生均能幫助他人與接受幫助的班級文化，就像自閉症患者 Eugene Marcus（2002）所說的，只有當同儕彼此互相協助，而沒有誰是「上司或楷模」時，最好的關係才能發展出來：

> 同儕指的是那些跟我們坐在同一艘船上的人，是不分上下的。這意味著他們跟我們一樣，同樣得遵守一些令人討厭的規矩，並且有我們需要知道的處理問題的方式。楷模是完美無缺的，而同儕就跟我們一樣，可以笨手笨腳，也可以犯錯。同儕完全是個平凡人，這讓我們也可以完全地接納我們
> 101 自己的人性。不要認為跟我們說你們所犯的錯誤與經歷的失敗，會讓我們很困惑，就是那些錯誤與失敗讓我們覺得跟你們很親近。
>
> 好的同儕支持，永遠都是來自那些很熱中於學習的人，也就是那些不在乎犯了很多次錯誤的人。（p. 1）

老師可以透過幾種方式，帶領一些班級活動來鼓勵學生互相幫助。比如，有一個教導七年級的老師，請班上所有沒有障礙的學生當亞斯勃格症學生 Julie Ann 的「小老師」，但是才實施這個計畫幾個星期，Julie Ann 便成了班上的畫地圖專家與地理學行家，幫助全班學生

寫社會研究的作業。當學生請老師讓 Julie Ann 當他們的「小老師」時，老師知道該是改變同儕互助系統的時候了。老師不再讓班上的學生加入幫助Julie Ann的行列，而是要求每一個學生都要設計一份廣告單和尋求協助的海報，然後貼在教室的布告欄上。每一個學生都要在廣告單上，列出他們所有的強項，並且特別強調他們願意教導別人的事情，而在「尋求協助」的海報上，則必須列出他們需要或想要學習的事情，或是他們需要別人幫忙的事情。實施了這個新的系統之後，所有學生都可以看到班上其他同學的天分與能力，還有需求與所遇到的困難。

透過活動幫助學生建立關係

有一些學生會覺得與人交談和「一般典型的」社交方式很困難，但當互動是基於活動或是其最喜歡的興趣而發生時，他們可能會有出乎意料的表現。Dane Waites 患有自閉症，一直都沒什麼同年齡的朋友，直到後來他開始練習舉重，情況才有了轉變。在參加舉重活動的過程中，他同時經歷了運動與社交的成功經驗，之後，他又因為好玩而去參加騎腳踏車與跑步活動，並且再次證明他能夠透過這些活動與他人建立關係（Waites & Swinbourne, 2001）。另外有一位自閉症患者Jasmine Lee O'Neill，建議大家使用共同的興趣（common interests）來促進關係的建立與發展：

> 任何事物都可以用來當作建立關係的踏腳石，美術和音樂就是非常好的媒介。用一些自閉症的人喜歡的事物，來激起她的興趣，如果她喜歡聽音樂並且常常低聲哼唱，那就以音樂作為開始，為她跟其他人建立聯結。說自閉症患者不與他人接觸是錯的，他們不是不與人接觸，而是他們有他們自己的方式。（1999, p. 83）

我以前有一個學生 Patrick，他幾乎沒什麼朋友，也很少開口跟別的學生說話；直到有一天，班上來了一個身穿星際大戰汗衫的新學生。Patrick 一看到那件汗衫，眼睛頓時亮了起來，他開始一直不斷地問這位新同學一些關於他最喜歡的電影的問題和細節。這位新學生也很想要交朋友，就開始帶一些科幻小說的紀念品到班上，最後，這兩個學生因為他們共同的興趣而擦出了友誼的火花，甚至還成立一個午餐俱樂部，聚集一些同學一起玩跟科幻影片有關的小型棋盤遊戲。

亞斯勃格症患者 Stephen Shore 指出，以興趣或活動為基礎所建立的關係，有時候可以減少要去認識別人的壓力：

> *102* 事實證明，以活動為媒介來跟別人建立關係是很有用的。這對大多數的人都是如此，對自閉症系列症患者就更是這樣了。以活動作為互動的焦點，學生比較不需要具備察覺、正確解讀，和適當回應非語言的社會性暗示的能力。（2001, p. 74）

提供學生在教室以外的社交互動機會

為了支持學生在班上與同學的關係發展，老師可能會需要幫助學生發掘教室以外的社交機會。雖然大部分的學校都有提供一些活動來滿足所有學生的需求，但仍然有一些學校需要發展更多樣化的活動，才能讓每一個學生都能找到他們感到自在的課外活動。比如有一些學校除了提供傳統的運動類和藝術類的課外活動之外，還提供了一些學術類（如讀書會、下棋社等）、政治議題類〔如保育團體、反酒駕學生團體（SADD）等〕，和社會支持類（如反吸毒團體等）的社團與活動。

每一所學校都一定要認真地想辦法，提供能引起校內各種學生的興趣並能吸引他們參加的活動給學生選擇。這意味著學校要檢視是否所有的學生都能參與某些社團或活動；活動的時間對放學後必須負擔一些責任的學生是否方便；還有學生是否能得到參與課後活動（after-school activities）所需的適當支持。有一個就讀中等學校的自閉症學生，他想要參加田徑隊，但需要一些個別化的支持才能夠參加練習與比賽，當這個學生的教育團隊在想辦法解決這個問題的時候，有兩名高中學生志願當他的小教練，並給予全部學生一些額外的支持，像這種具創意性的解決方案就是成功的關鍵。

一般典型的小學很少提供學校贊助的課外活動，老師和學校的行政人員可以跟學生家人與社區居民合作，一起提供幾個開放給全部學生參與的社團或活動。或者也可以由學校調查鄰近地區所提供的課後活動，然後協助學生的家人與辦理這些活動的單位聯絡。比如，如果當地的休閒活動中心有提供課後的美術課程，學校可以提供一些訓練，幫助中心的教職員能夠順利地支持各種不同學生的需求。

一些能夠幫助自閉症學生的特定策略

即使是最溫馨、最友好、最舒服與最開放接納的班級，當學生在摸索如何與人建立社交關係時，可能還是需要額外的支持與引導。具有強烈的班級歸屬感，並且使用各種不同方法來促進關係的發展，一直都是幫助學生與他人建立關係、維持關係與支持其社交生活的先決條件；然而，患有自閉症系列症異常的學生，常常都需要或希望有人幫助他了解和處理社會情境。確切地說，就是自閉症的學生需要有人教他如何與同儕接觸和互動，以及幫助他理解社會性的暗示。

社會故事 103

很多老師、學生的家人和自閉症的學生，都發現社會故事（Gray, 1994, 2000）是一種很有用的工具，可以幫助自閉症學生學習如何建立關係及與人互動、如何處理困難的情境（如聽到大聲的噪音），以及取得有關新情境的資訊（如第一次參觀博物館）。社會故事可以提供學生一些與情境相關的資訊，並提供一些意見或引導，讓學生對要發生的事情有心理準備，或者知道遇到這些情境時該怎麼回應。很多自閉症的學生都表示，社會故事或其他相關的書面資訊，能幫助他們學習、理解與處理讓他們感到困惑、陌生或複雜的情境。比如說，如果老師要寫一則關於觀賞學校話劇演出的故事，就會希望寫一些到時一定會發生的事情，像是中場休息與鼓掌等。另外，這則故事很有可能也包括了一些資訊，比如提示學生在聽到他人鼓掌時也要跟著拍手，或是如果學生對大聲的聲響會很敏感，教他（她）在布幕降下的時候，用耳塞塞住耳朵以作為保護。

社會故事的「寫法」有好幾種，可以正式請學生跟老師一起編構故事的內容，也可以透過各種可能的方法，請學生分享他（她）對特定情境所知道的資訊，讓學生主導故事的編寫。比如，如果學生需要寫一篇有關參加集會的社會故事，老師可以請學生以畫圖或表演的方式，把他們所知道的或他們認為他們知道的學校集會或運動會等表達出來。另外，社會故事也可以用照片、圖畫、雜誌、剪報或單純只是文字的方式來「寫」，還可以用錄音或錄影的方式，由老師或學生本身把故事朗讀出來。

社會故事的讀法也有很多種方式，可以由老師讀給學生聽，或是老師跟學生一起讀。可以讓學生把故事帶回家，跟家人一起複習，也可以放在桌上、置物櫃或學生個人的筆記本中，這樣學生就可以常常讀到這些故事，並且方便他們隨時可以快速地複習。有一些學生可能只需要回頭複習一兩次，就會對一些情境感到安心與舒服；另外一些學生則可能每一次都需要持續好幾個星期，每天不斷地閱讀和複習。當學生一展現出故事中的技能，或是遇到故事中所描述的情境能有適當的回應時，就可以進行下一則故事了。

很多自閉症患者都表示，社會故事或是事先提供其他相關的書面資訊，可以幫助他們學習、理解與處理令他們感到困惑、陌生或複雜的情境。自閉症患者Dane Waites（2001）不但用社會故事來認識他不熟悉的情境，還把社會故事當作幫助他減少壓力或焦慮的方法。Dane的媽媽跟大家說明了 Dane 編寫社會故事和使用這些故事的過程：

> 在我發現社會故事這個方法之前，我是試著用剪下報紙、雜誌上的資料，和一些照片，來跟Dane解釋一些觀念。不過，後來我發現我們可以自己設計符合 Dane 獨特需求的社會故事，必要的時候，還可以用電腦編輯真人的影像照片來輔助說明。

現在 Dane 有一本已製作好的社會故事集，裡頭包含各種情境，下面這段是從一則幫助 Dane 克服週末活動結束後，準備星期一早上要工作的故事中節錄出來的，這則故事同時也幫助他遵照工作項目表 104 工作。他把這篇故事叫作「工作的時間和娛樂的時間」：

> 並不是每一個人都過著有趣的生活，但我的生活很有趣。很多人沒有工作，他們就沒有像我一樣，每星期都有薪水可領。我不會感到無聊，因為我所要做的每一件事都是有薪水的，只要我完成我工作單上的事項，並且把工作做好，他們就會付我薪水。每天在我完成我的工作之後，我就可以做其他的事情，好比說運動。媽媽也有她的工作清單，如果媽媽沒有照著清單上的事項做，那誰來為我們家煮飯、洗衣，和把屋子整理得舒舒服服呢？當媽媽完成她的工作事項之後，她也可以做其他的事情，比如說閱讀。（Waites & Swinbourne, 2001, pp. 196-197）

對Dane來說，社會故事把他內心的話語變成了真實可見的文字，他創作社會故事並且擁有這些故事，當他再次閱讀這些故事時，他內心就有了一個幫助他運作的機制。有好幾個月的時間，Dane每個星期一早上都會讀這篇「工作的時間和娛樂的時間」，來提醒他自己之所以要工作和要照著工作項目做的原因；同時，這篇故事也提醒了他，在工作結束之後，他就可以去健身房、騎腳踏車，或是做其他有趣的事了。

角色扮演

角色扮演是另一種很多學生都覺得對他們學習社交技巧很有幫助的方法，他們可能只需要以口語簡短地排演一些角色，就可以安然度過一些情境（如口頭排練在自助餐廳裡點午餐的步驟），或者需要以戲劇表演的方式，由老師或其他學生扮演其他的角色，完整地演出一個情境。

有一個教高中商學的老師，讓學生以角色扮演的方式，練習應徵工作面試時的一些技巧，班上的亞斯勃格症學生 William 也一起參加了這個活動，回家還請他的爸爸跟他一起練習了好幾次。後來William的爸爸甚至還把他們練習的情形用攝影機錄了下來，這樣每當他兒子需要回想面試所用的語言與行為時，就可以觀看這捲錄影帶。當 William 最後真的參加面試時（他的老師在一旁協助），他很輕易地就通過面試的過程，最後並得到一家的店員工作。

William覺得角色扮演真的對他很有幫助，並且因而有了很成功的經驗，後來他的家人和其他老師，也開始在各種不同的環境與情境下，用角色扮演的方式來幫他。同時，這位教商學的老師對所有學生參加角色扮演的效果，感到印象深刻，也開始在他課堂的其他部分，使用角色扮演的教學策略，包括讓學生以角色扮演的方式學習處理憤怒的顧客、在商業會議上分享意見，以及與新接觸的商業夥伴進行簡短的會談等。

角色扮演可以用來練習一些特定的情境（如在音樂會上唱歌、第一天入中學就讀），或是用來改善某些技能（如跟人打招呼）。我以前有一個學生常常叫他的哥哥跟他一起演「青少年的對話」，他的哥哥會先起個話頭，然後這個亞斯勃格症的弟弟就練習加入對話和延續話題。

跟學生「分享」社交秘訣

對很多自閉症患者來說，參與社會互動就像在玩一場不知道規則或目標的遊戲，有一些自閉症患者表示，與人聊天或走進派對這類的 105
的社交需求，會帶給他們壓力，讓他們感到焦慮和恐慌。另外，他們還表示他們常常感覺到，其他每個人好像都知道表現合宜的社交秘訣，而他們卻不知道。基於這些原因，清楚地教導自閉症學生一些社會情境對他們會很有幫助。亞斯勃格症患者 Liane Holliday Willey（1999）的女兒，碰巧也患有亞斯勃格症，她提到了當她在為她女兒規劃派對，試著搞清楚派對所必須符合的一些社交禮儀時，她承受了極大的壓力：

> 聽起來很簡單的事情卻把我打敗了。比如說，到底規劃一個孩子的班級派對要怎麼做呢？一個詞彙如果沒有精確的指南或定義，我根本不知道該怎麼做，滿腦子裝了一堆的問題。是不是任何一種娛樂節目都可以呢？還是要安排雜耍表演？提供任何種類的點心都可以嗎？還是要準備富含各種營養的主菜餐點呢？我應該要跟家長做意見調查詢問他們的想法嗎？我應該邀請家長來參加嗎？如果我規劃讓孩子做手工藝品，有沒有規定小朋友能用哪一些材料呢？我真的不知道要從哪裡開始，甚至連要怎麼結束也不知道。這個經驗真的讓我覺得很可怕。（p. 101）

另外還有一個自閉症系列症異常的患者 Wendy Lawson 也有類似的感覺，她說她對社交規矩與準則真的感到很迷惘，即使是最基本、最平常的社交情境所必須遵守的規則，也讓她感到困惑而難以理解：

「我現在可以去買點心嗎？」我問道。我們當時在我最喜歡的速食店——麥當勞，而我點的主食已經吃完了。

「Wendy，你不需要徵求我的同意，」我的朋友跟我說，「你已經是大人了，你可以做你想做的事情。」

但問題是我不知道該怎麼做。長久以來，我都不確定到底什麼樣的行為是符合規則的，所以總是要問我的朋友接下來應該要做些什麼。有一些事情是有固定的規則可循，這些事情我就知道該怎麼做，但有一些事情卻一直在改變。（1998, p. 100）

分享秘訣（sharing secrets）就是要在情境發生時給學生一些資訊。例如，當學生參加學校的舞會，看起來好像不知道在舞會上該有什麼行為時，老師可以走向她，建議她去拿些點心來吃，或是去找一些朋友聊天，或是跟其他的學生一起跳舞。甚至有一些學生會希望老師用寫的方式，告訴他們這些可以做的事情。

另一個分享秘訣的方式，是定期地給學生一些有關各種社交情境的資訊。比如說，學生可能會希望老師教他怎麼跟別人聊天（如怎麼加入對話）。Liane Holliday Willey 就建構了一系列的規則，來幫助她的孩子學習與人溝通和交際：

- 當不確定該怎麼做時，在心裡想著就好，不要說出來。
- 如果你不知道可以跟某個人說什麼好聽的話，那就什麼也不要說。
- 當某件事真的讓你很煩時，把它寫在你的日記裡，而不要對別人大喊大叫，然後把你的日記帶回家，讓爸媽幫你想辦法解決這件事情。（2001, p. 41）

Stephen Shore 也有類似的情形，他發現如果人們敏銳而直接地給他一些他所需要的訊息，他會比較知道該怎麼做，特別是當他遇到充滿情緒的情境時：

> 當遇到其他人有一些情緒的情境時，我發覺如果其他人可以 106
> 確切地告訴我他們的情緒所代表的意思是什麼，會對我很有幫助，還會讓我對他們感到安心和信賴。當有人直截了當地告訴我時，我覺得我就不需要擔心必須想出該怎麼適當的回應了。在我的回應劇本中，我記了一些遇到這些情況時可以用的句子，包括「我該怎麼做會讓你覺得好過一點呢？」或是「喂，我覺得你對_____有很強烈的感覺，你可以跟我談談嗎？」雖然用一些公式或方法來處理這類型的情境有幫助，但這樣並沒有運用到其他沒有自閉症的人在處理這些充滿情緒的情境時所能提供的輔助。（2001, p. 110）

有一點很重要的是，我們要記得，要跟學生分享社交秘訣，即使對那些沒有口語能力，或無法跟人清楚溝通的學生也是如此。學生沒有辦法表達，並不表示他（她）就不會對社交情境感到困惑。我們寧可小心過度，所以老師應該要提供每一位學生有關社交情境的一些資訊。

鼓勵接納與適應

我們太常看到教育工作者要求自閉症患者調整他們的行為，要他們表現「一般正常的行為」，和學習「合宜的社交技巧」。其實老師和其他沒有障礙的學生可以重新思考他們對一些觀念的認知，像是「一般正常的」和「合宜的」等觀念，並且質疑遵從這些觀念是不是一定都是幫助自閉症學生最好的方法，而不要一味地要求自閉症學生調整所有的行為。例如，學校裡的所有學生和老師可以擴大他們對參與者合宜的行為表現的看法，而不是要求自閉症學生學習去看籃球賽所要遵守的社會規則（如坐在露天座位上，當他們學校的球隊得分時歡呼等）。我以前有一個學生 Tawanna 就曾遇過這個問題，當時她第一次參加大學的校際比賽，雖然老師已經告訴過她參加比賽時合宜的社會行為，Tawanna 好像還是無法做到或不願意遵守這些為她條列出來的社會規矩；相反地，她在觀看比賽的時候，在場上上上下下地快速走動（這或許是在模仿學校的教練），並且在他們學校拿到球的時候，揮舞著一支彩色的蒼蠅拍（她最喜歡的東西）。當特教老師試著阻止 Tawanna 在場上走動時，學生們叫住老師，要老師看其他學生正在露天看台上重重地踱來踱去，揮舞著絨球，並且對著球員大叫；有一些學生甚至還穿得好像一隻大黃蜂（學校的吉祥物），結果 Tawanna 的蒼蠅拍變成場上很自然的一部分！Tawanna 學校裡的老師開始以更批判性的角度思考，他們提供給 Tawanna 的社會支持是屬於哪一種。雖然 Tawanna 還是希望能夠得到一些有關社會情境的資訊，並且真的常常想要「融入」學校同學的生活，但應該有些時候是讓大家接納她所有的差異性與獨特性。

Jim Sinclair 也有類似的想法，他說，真正的友誼應該是建立在那些相信關係需要雙方相互「適應」與體諒的人之間：

> 我有一個朋友，他不像我爸媽一樣是基於愛和義務而想接近我，也不像專家一樣以研究我的情形而出人頭地，他只是一個認為我很有意思而想要更了解我的人而已。這個朋友沒有正式的心理學或特殊教育的背景，卻自己想出一些方法來理
> 107 解與同理我的感受。她告訴我她的方法就是：絕對不要只是因為她自己處在我的情境，或跟我有一樣的行為時，會有一些想法、感覺或認知，而沒有問過我就直接假定我的想法、感覺和認知是什麼；也絕對不要只因為我沒有一般人在有這些想法、感覺或認知時所會有的行為表現，而沒有問過我就直接假定我沒有任何想法、感覺或認知。也就是說，她學習

凡事要先問我，而不要自己試著揣測。（1992, p. 296）

總　結

在我任教的第一天，我的一個自閉症學生花了六小時的時間，在教室裡跑來跑去，大約每三十分鐘，他會累倒在我的腿上，短暫休息個十秒鐘。那天，有一個學校裡的輔助性專業人員走進教室，看到了這個景象後說：「他不可能有自閉症，自閉症的小孩不喜歡靠近人。」社會上對自閉症患者的社交生活有很多的迷思，這位輔助性專業人員說的只是其中的一種。

當然，有些自閉症的人是真的比其他人需要更多獨處的時間，有一些甚至覺得當他們獨處或是跟動物在一起時，比跟人們在一起更自在；但是，另外有一些自閉症的人，是很渴望參與社會互動和經歷社會情境的。自閉症患者當然也對社會互動有不同程度的偏好，這跟其他沒有障礙的人是一樣的，所以當我們談到「似自閉症的」社交偏好與社會性需求時，一定要很小心。

那麼，關於自閉症與社會行為的說法，究竟哪一個是真的呢？事實上，他們的需求與偏好就跟他們本身一樣，是很不一樣、很個別化的。基於這個原因，若老師能營造出班級的歸屬感，和給學生在班上建立關係與互動的機會，將對支持自閉症學生和其他所有的學生有很大的幫助。然後老師可以在這樣的環境中，提供學生個別化的支持與適應性調整，以滿足學生的個別需求。

有一個一年級的小朋友 Ian Drummond，就是在具有這種社會情境的融合班級中有了寫作的靈感，透過打字溝通法寫出了他生平的第一個故事。當老師在思考如何促進學生融合與社會互動，和如何透過傾聽學生的故事與心聲來決定我們的工作，和我們對自閉症的想法時，Ian Drummond 的這篇故事應該會有些幫助：

有一個有自閉症的ㄙ小男孩ㄏ，其他小朋友做的事，對他ㄈ都很困南，但是ㄓ他有朋 5 友，他喜歡伊地和脆絲丹，還有全部的ㄣ小朋友，他們在一其很快樂。（Martin, 1994, p. 241）

108 更多的答案與資料請參考：

Developmental Studies Center. (1997). *Blueprints for a collaborative classroom.* Oakland, CA: Developmental Studies Center.

Gibbs, J. (1995). *Tribes: A new way of learning and being together.* Sausalito, CA: Center Source Systems, LLC.

Gray, C. (1994). *Comic strip conversations.* Arlington, TX: Future Horizons Inc.

Gray, C. (2000). *The new social story book: Illustrated edition.* Arlington, TX: Future Horizons Inc.

Kagan, L., Kagan, M., & Kagan, S. (1997). *Cooperative learning structures for teambuilding.* San Clemente, CA: Kagan Cooperative Learning.

Lewis, B. (1998). *What do you stand for?: A kid's guide to building character.* Minneapolis, MN: Free Spirit.

Loomans, D., & Kolberg, K. (1993). *The laughing classroom: Everyone's guide to teaching with humor and play.* Tiburon, CA: H J Kramer.

Sapon-Shevin, M. (1999). *Because we can change the world: A practical guide to building cooperative, inclusive classroom communities.* Needham Heights, MA: Allyn & Bacon.

Schniedewind, N., & Davidson, E. (1998). *Open minds to equality.* Needham Heights, MA: Allyn & Bacon.

Snell, M., & Janney, R. (2000). *Teacher's guides to inclusion: Social relationships and peer support.* Baltimore: Paul H. Brookes Publishing Co.

Chapter 7

建立學生的溝通技能、能力及與他人的關係

我喜歡語言勝過任何其他東西，
它把人與人聯結了起來。
能使用語言讓我們有尊嚴和個體性，
而我並不是沒有語言的。
（Sellin, 1995. p. 154; 以促進溝通法寫成）

第一次準備要教自閉症學生的教師常會問：「我應該從哪裡開始？」我總是建議老師們從溝通開始。如果學生沒有具備有效的溝通方式，那教育團隊就需要試試各種溝通策略、系統、材料或輔具，看看哪一種能讓學生最有效地跟別人溝通。如果學生已經有有效溝通的方法了，那麼教育團隊就應該加強訓練學生的溝通技巧（communication skills）與溝通能力，給學生機會加入班級活動和參與課堂學習，並用這些新學的溝通技巧與能力跟大家互動。支持一個學生的日常溝通是非常重要的，如果擔任融合班級的老師，想為學生設計更好的課程與教學，或想找到支持學生行為更有效和更敏銳的方法，或想更了解學生的社交需求，那就需要先能夠跟學生溝通。

溝通的方法

每一個自閉症學生溝通的方式各不相同。老師有責任了解學生的溝通意圖，這樣才能給學生適當的回饋。就如同有一位擁護自閉症的教師 Gail Gillingham（2000）跟大家分享的，教師的角色不是去教學生如何溝通，而是去發覺和傾聽學生的溝通意圖，並為自閉症學生與其他人之間，建立一套能共同分享與相互了解的溝通模式：

> 我與自閉症兒童或成人在一起的每一個時候，都沒有做任何
> *110* 的努力去「教」他們如何溝通，這並不是說我沒有跟他們溝通，事實上我們一直都在溝通，但我並不覺得我在「教」他們溝通方面有什麼功勞，我相信他們跟世界上的其他人一樣想要溝通，並願意和他人溝通。他們用很多不同的方法跟那些一直出現在他們身邊的人溝通，他們可能不是用說話的方式，所用的手勢也可能跟我們的不完全一樣，他們的行為看起來可能「不適當」，但所有這些都表示他們在跟外界溝通。假如／當我們花些時間和盡些力去觀察和傾聽時，我們就會／能夠了解。（p. 111）

老師可以透過努力了解學生用來溝通的所有方式來支持學生，並且幫助他們建立和加強他們已經用得很成功的溝通策略與方法，下面我將探討兩種自閉症學生常用來溝通的方法：⑴口語溝通（speech）；⑵輔助與替代性溝通法（augmentative and alternative communication, AAC）。

口語溝通

有些自閉症的學生能以口語跟別人有良好的溝通，但有一些學生

的口語卻是奇怪和難以派上用場的。比方說，有一些學生可以把一整首歌，或一整捲錄音帶裡的每一個字背誦出來，但當他們需要喝水時卻不會說。另一個一些自閉症患者會遇到的問題是，他們也許還能說幾句具功能性溝通的話（如「你好」、「我叫Larry」等），但要用口語來進行對話就很困難。

■鸚鵡式語言的使用與溝通目的

有一些自閉症學生會一再地重複某些話或某些詞語，他們可能是重複剛剛聽到的語詞、短句或用語，比方說，如果聽到老師說「各位同學早」，學生可能也會跟著說「各位同學早」，這就是所謂的鸚鵡式語言。如果學生所重複的是剛剛聽到的詞語或短句，這種是叫作「立即模仿型」或「直接模仿型鸚鵡式語言」，如果學生所重複的是幾分鐘前、幾天前甚至幾週前所聽到的話語，這種叫作「延宕型鸚鵡式語言」，當學生一直重複仿說電影對白、歌詞或老師說的話（如「我們不相信八年級的學生還會有這種事！」），這就是延宕型鸚鵡式語言。

不同的自閉症患者所經歷的鸚鵡式語言似乎不盡相同，同一個人在不同的時期也有不同的表現。這指的是，對一些自閉症患者來說，鸚鵡式語言——當有溝通意圖時，溝通的目的可能會隨著一天的不同時段或不同情境而轉變。但也有一些自閉症患者表示，當他們在說鸚鵡式語言時，經常都不是用來溝通的，而「只不過是一直說而已」。也就是說，他們有時候會不由自主地發出一些聲音，或說一些他們並不想說的話（Burke, 2002; Donnellan & Leary, 1995; Kluth, 1998）。

但有一些例子或對一些自閉症患者來說，鸚鵡式語言是有幫助的。一些患有自閉症的人使用鸚鵡式語言，是因為這樣可以讓他們感覺愉快或放鬆（Gillingham, 2000; Grandin, 1995; Webb, 1995）。有一位自閉症患者 Jasmine Lee O'Neill 曾說過，鸚鵡式語言裡頭的一些聲音，會帶給他們「內心平靜的感覺」：

> 那些會說話的（自閉症），他們常常會跟自己說話，幾乎什
> 麼都說，並且會模仿一些讓他們聽起來覺得很愉快的曲調、
> 詞語或話語。某一些特定的字在腦袋裡轟轟的響會讓他們覺
> 得很舒服，並且提供他們一些聽覺的刺激。即使那些完全不
> 111 會使用語言的自閉症患者，也很少有人會一點聲音都不發
> 的。每一個自閉症的孩子都會選一些特定的聲音，並且發出
> 這些聲音來給自己聽。（1999, p. 25）

自閉症學生經常在使用鸚鵡式語言時，都具有功能性。也就是說，他們因為無法自由運用或學到在某種情境下所有他們需要的話語，於是就「借」一些他們聽到的，或能自由運用的詞語或句子。Grandin（1995）曾解釋過，有一些患有自閉症的人，常常會仿說一些跟他們真的想說的話有關的詞語或句子，她舉了一個自閉症患者Jessy的例子來說明這件事，當 Jessy 想表達「我不知道」時，她常常仿說「曾聽過一部分的歌」這句話。Grandin 推測在過去的某一個時點，Jessy曾經聽過「曾聽過一部分的歌」這句話，而這句話在那時是跟不知道有關。

自閉症患者也可能會使用鸚鵡式語言來延續對話、回答問題或處理訊息（Prizant & Duchan, 1981）。有一位自閉症的諮詢顧問 Susan Stokes 就分享了一個例子，描述一個自閉症學生使用鸚鵡式語言跟他的老師對話的情形：

> 有一位自閉症學生在做老師指定的作業時變得很不安，後來他大叫著說：「下地獄吧，陸軍中將！」他的爸媽說他最近很常看"A Few Good Men"這部電影，而電影裡頭有一句一模一樣的話，是演員在表演生氣時的對白。這個自閉症的孩子不會說「我很不安，我不想再寫這份作業了」來表達他的情緒，但當遇到讓他覺得生氣的時候，他會仿說電影的對白來

表達。（Stokes, www.cesa7.k12.wi.us/sped/autism/verbal/verbal11.html）

自閉症學生也有可能是用鸚鵡式語言來請求幫助。我認識一個媽媽，她告訴我說，她的自閉症兒子常常把錄音帶放在客廳的音響裡，然後會轉過來對著在客廳裡的任何人問說：「你要我離開讓你一個人獨處嗎？」（這是一句他常聽到他家人說的話）他的家人漸漸地都明白了他的意思是「請讓我自己一個人獨處」。

最後還有一點就是，自閉症的學生也可能藉由仿說經常聽到的話來開啟話題。我認識的一個自閉症年輕人 Eric（他是高加索人），他在學校和另外兩個很受歡迎的同學（他們是拉丁美洲人）共同使用一個置物櫃。每天當 Eric 走到他們共用的置物櫃時，他的這兩個同學就會用拉丁語"Qué pasa, man."跟他打招呼，過一段時間後，Eric 也開始用這句拉丁語跟他的家人、同學、老師，甚至是郵差打招呼。

■ 理解鸚鵡式語言

我們相信像鸚鵡般的仿說行為有時候是有意圖的，甚至是「意有所指」或具「挑戰意味」的。有些人有時候會怪語言障礙的學生盡說些不適當的話，或怪他們不夠努力「把話說對」，但是，自閉症的人多半都表示他們很難控制，甚至根本無法控制他們所說的話，即使是那些有時候會仿說一些有功能性的話的自閉症患者，也無法控制怎麼使用或何時使用這些仿說的句子。

有一個自閉症患者 Sue Rubin，平常是以口語溝通（speech communication）和促進溝通（facilitated communication）兩種方式來跟別人溝通，她說她所說的話是無法預測的：

> 當我只用口語溝通時，有時候我說的話的確是我要表達的意思，但有時候則不是。我那糟糕的鸚鵡式語言是……就像是

> 112 我思緒（問題）的流轉，我說了一個字或發出一個聲音，然後就一發不可收拾，停都停不住，也無法改發出其他聲音。（Rubin et al., 2001, p. 421）

她另外也注意到了，當她專注於某一件事情的時候，她的鸚鵡式語言就「不自覺地停止」了。

有另一位自閉症患者Therese Joliffe也表示，她無法掌控或輕易地使用語言：

> 雖然這幾年我說話的能力進步許多，但說話對我來說，還是很困難，有時候甚至還是無法控制自己。有時候我知道我腦袋裡裝的是什麼話，但並不總是說得出來；有時候我確實是說出來了，但說出的話卻又不是真的是我想說的，事實就是我只有偶爾意識到自己在說什麼，所以常常會引起別人的注意。（Joliffe, Lansdown, & Robinson, 節錄自 Donnellan & Leary, 1995, p. 52）

在我與個案互動的經驗中，我也觀察到了這個現象。很多自閉症患者告訴我，要控制說話是很困難的一件事，也因此跟別人互動對他們來說是很不容易的。我認識一位自閉症年輕人Cedrick，他常不斷問別人：「你今晚要做些什麼？」很多時候 Cedrick 想說的是別的事，但嘴巴卻冒出這句話。但是因為這句話聽起來很合理，又符合社交禮儀，所以跟他對話的夥伴常常就一再地重複回答他的問題。有一天，當我和 Cedrick 在會場上四處走動，他一整個早上說了十幾次「你今晚要做些什麼？」的問句，後來他在溝通板（communication board）上跟我說「請他們不要回答我」。之後我們繼續在會場上一起走動，每當我們遇到人時，我都告訴他們不需要回答 Cedrick 的問題，不過當他們聽到我這個不太尋常的建議時，似乎都覺得不太舒服。後來大家還是繼續回答 Cedrick 並回問他相同的問題，一整天下來，Cedrick 幾乎都在跟別人問答這個問題，最後 Cedrick 變得越來越不知道該怎麼辦才好（表 7-1 提供一些如何幫助鸚鵡式語言患者的建議）。

那些說話跟一般人不太一樣的人常常被認為是能力不好，甚至是智能不足。比如說，當一個老師聽到某一位學生不斷地說著：「天空要掉下來了，天空要掉下來了。」如果不是後來班上讀到一篇小雞的故事，老師很有可能會覺得這位學生不夠聰明，才不知道自己說的話「不恰當」或是很荒唐。在我們的社會中，大家常常都把那些說話方式不太一樣或沒有說話或口語溝通能力的人，當作是無知或是愚笨的人（Crossley, 1997; Donnellan & Leary, 1995; Rubin et al., 2001）。

事實上，在大家常用的美國精神醫學會製訂的《心理異常診斷統計手冊》（*Diagnostic and Statistical Manual of Mental Disorders-Text Revision*, DSM-IV-TR）中，就有提到「（患有重度心智障礙的兒童）在兒童期前幾年……溝通語言能力的發展很有限，甚至是停滯沒有進展……」，還有提到「在學齡時期，他們可能會學會說話」（American Psychiatric Association, 2000, p. 43）。Winner（1996）在研究「全球資賦優異兒童」時，也以突出的口語能力當作五項早期指標中的一項，她特別指出「這些孩子較早學會說話，常常從單語就直接跳到複雜句，他們有大量的字彙，並且能理解大量的語詞」（p.27）。換句話說，就是從醫藥界到教育界的專家們，都一致相信：越會說話的人
就越聰明。即使後來有一些相反的證據顯示事實不是這樣（Bauby, 113
1997; Crossley, 1997; Robillard, 1997; Rubin et al., 2001; Tavalario, 1997），這樣的迷思依舊存在。

輔助與替代性溝通法

當然，還有一些自閉症學生是根本沒有發展出說話能力的。有一個以打字（typed communication）為主要溝通方式的自閉症患者 Chammi Rajapatirana，分享了他因不會說話所經歷的挫折，以及因不會說話

表 7-1　幫助患有鸚鵡式語言的學生的方法

跟學生確認他所說的話	有時候只要讓他知道你聽到了，並且想要聽懂他在說什麼，就可以讓他覺得舒服。當我在跟常常會出現鸚鵡式語言的人說話時，我會用以下其中一句的話跟他們做確認： 「我想你試著要告訴我______，如果不是這樣的話，真對不起。」 「我試著弄清楚你想說什麼，希望你不會不耐煩。」 「我知道有時候你覺得／想要／需要______的時候，你會說______，這是你現在覺得／想要／需要的嗎？」 「我知道你想告訴我一些事，或希望我做一些事，讓我們一起試試，看我能不能弄明白你要的是什麼？」
去看影片	假如您的學生常常仿說他（她）最喜歡的影片或卡通裡的對白，那就讓每一個和學生有所接觸的教職員熟悉這部片子。尤其當學生仿說這些句子是具有功能性時，熟悉這部影片會更加有幫助。比如說，經常看「綠野仙蹤」這部片子的學生，可能會在感到害怕時說「獅子，老虎，熊」，因為這部影片的演員在遇到恐怖的場景時，反覆的叫喊著這句台詞。所以老師需要了解這部影片，才能猜想到學生可能對某件事或某種東西感到害怕。
製作一份「解答」	製作一份「解答」來幫助其他人聽懂學生所說的話。條列出所有學生常用的詞句與話語，然後跟學生的家人一起把這些話「翻譯」出來。比如說，我有一個認識的學生常常說：「搖滾音樂之王。」當他說這句話的時候，通常都是表示他想聽音樂的意思。所有他的老師都知道他說這句話的意思。 這份「解答」應包含學生所說的詞句或話語可能代表的所有意思，因為老師或家人常常都會需要猜測學生想要表達的意思。假如有時候學生所說的詞語或句子在不同的情境是表示不同的意思，那應該把這些意思都條列出來。
改以文字溝通	有時候，當我在跟經常使用鸚鵡式語言的人溝通時，我會停止用口語跟他們講話，而改用電腦或紙筆跟他們溝通。假如學生使用鸚鵡式語言，是因為他（她）搞不清楚或聽不懂別人在說什麼，那改用文字跟他（她）溝通會很有幫助。 另一個使用文字溝通的方法是請這位自閉症學生，用打字、寫字或比手畫腳的方式來表達他想說的意思，假如學生是因為他（她）說不出想要表達的意思而使用鸚鵡式語言，那用這個方法來溝通可能會有幫助。我就認識一個年輕女孩，當她的老師寫下問題並給她時間圈選出答案時（從三到四個選項中圈選出一個），和她溝通的效果是最好的。
低聲說話	Gail Gillingham（2000）注意到她的一些自閉症朋友或同事，在當他們聽不懂她在跟他們說什麼時會出現鸚鵡式語言，在這種情況下，她發現低聲把剛才她所說的話再說一次，有時會有幫助。

而受到他人不同的對待所承受的痛苦：

> 不能說話就好像把你的腦挖出來一般，自閉症／失用症奪走 114
> 了我的聲音，讓我完全陷入一個愚蠢的寂靜世界，除了寂靜還是寂靜。是的，這真的就好像是我的大腦被挖出來一樣，我真的痛苦到想要大叫。我想把我所有的痛苦都大叫出來，直到這尖銳的聲音充滿我的身體、我的靈魂和我的世界，把我們全部都撕裂，變成百萬片炙熱的、持續尖叫的碎塊。只要試著閉上嘴巴一整天都不說話，你就能體會我的感受。只要試試看在別人談論你，叫你媽媽把你送去養護機構的時候，緊緊的閉上你的嘴巴。你就會感受到你真的很想大聲叫喊：「不要！不要！不要！」但你卻不能說話！（1998, p. 2）

像 Rajapatirana 這樣的患者，必須要透過輔助與替代性溝通法（AAC）來幫助他。輔助與替代性溝通法提供了很多的方法與策略，來增強、提升或補充學生口語的表達，例如用一些縝密的電腦系統來發出電腦合成的聲音，或是用由老師設計的字母板等。其他還有一些輔助與替代性溝通法，包括透過書寫（writing）、畫圖、手勢、肢體語言、眼神注視、用手指出、臉部表情，和手語等方式來進行溝通。

其實我們每一個人在每一天的生活中，都用了各種不同的輔助與替代性溝通法。比如說，當老師在點名或數人數時，我們可能會以舉手的方式來回應；或者當安靜的禮拜儀式在進行時，我們會用遞紙條的方式跟朋友溝通。不過，對在溝通方面有特殊需求的人來說，輔助與替代性溝通法就不只是比較方便而已了。對那些有溝通障礙或溝通差異（communication differences）的人來說，輔助與替代性溝通系統（communication systems）、溝通輔具（communication devices）和技術，增加了他們表達和控制的機會與能力，因而擁有更多的自由與權力。事實上，對有些人來說，輔助與替代性溝通法的策略與技術，是他們能用來說笑話、點餐、唱歌或寫情書的唯一方法。Sharisa Kochmeister就是用輔助與替代性溝通法來跟人溝通和從事寫作工作，她現在是一名作家、詩人和社會運動者。她說輔助與替代性溝通法把她從寂靜的世界釋放出來，讓她有機會把她內心的感受與想法表達出來，輔助與替代性溝通法「粉碎」了那道在她的生活中擋住她與別人的牆：

> 「打字」幾乎讓我重新找回我因各種不同的「疾病」所失去的能力。它讓我可以跟別人溝通，讓我能在這個世界生存，若不是能打字，對這世界上的人來說，我將還會是個完全的外來人。它讓別人看見我（也可能因此看見其他跟我一樣「沒有口語能力的人」）活著，並且就跟可以說話的人一樣是聰明的、能了解事情、能思考、有感覺、有希望、有計畫、會做夢的。（1997, p. 1）

即使是那些會說話的自閉症患者，也有些人喜歡用輔助與替代性溝通法來補充口語的表達。如果他們有這樣的偏好或需求，我們應該予以尊重。因為患有自閉症的人，可能需要好幾種方式來表達他們自己，我們這些沒有障礙的人應該要特別小心，不要主觀認定某一種溝通方式優於另一種。

手語與手勢溝通系統

有一些自閉症學生在使用手語後，能成功地和他人溝通。最常見的手語溝通系統應該是聾人或聽障人士所使用的美式手語（American Sign Language, ASL），另外還有手語英語或是精確手語英語兩套系統可以使用。或者，也可以自創一些「家庭式」的手勢或動作，比如說，我認識一個自閉症學生，他若沒戴手錶就無法出門，所以當他找不到他的手錶時，就捏捏他的右手腕來告訴別人或請別人幫忙找。

雖然有一些自閉症學生是因為耳聾或有聽力障礙的關係而使用美 115
式手語，但大多數使用手語的自閉症學生都是因為不會說話。當然，使用手語有一個優點，就是不需要另外攜帶輔具或任何其他工具。不過，不管是用哪一套手語系統，主要的缺點在於有很多溝通夥伴不會用，尤其是當學生使用的是自創的一些手勢或動作時。

以手的動作或手勢為主要溝通工具的手語系統，對有些自閉症的學生來說也可能有些困難，因為有些學生有動作協調性不佳的問題。另外還有一些學生是因為不會主動開啟溝通，或缺乏意願，或不會做彈性調整，而因此無法正確或有規則地使用手語。比如說，有一些學生使用美式手語時，動作變換很快，或只是比出近似的動作。在這種情況下，如果周遭的人知道他們的動作代表的是他們有溝通意圖，並且努力去了解學生獨特的溝通系統的話，那這些學生有可能可以成功地使用手語與手勢系統來溝通。

當然，這些理由都不足以阻止老師在教室裡使用手語或手勢系統來和學生溝通。假若學生能透過模仿老師的手語，並因此學到新的語彙時，那老師就一定要試著使用手語。我舉我的一個朋友 Rick 的例子，Rick 是一個單親爸爸，有一個自閉症兒子 Wyatt。Rick 看到 Wyatt 在家裡可以學他用幾個不同的手勢，就覺得教 Wyatt 手語是值得的。於是，他花了好幾個月的時間請 Wyatt 的老師教他的兒子使用手語，但學校的教職員卻以 Wyatt 的動作控制能力有問題和「智商低」等理由，反對 Rick 的建議，認為 Wyatt 沒有能力學習複雜的符號溝通系統（symbol system），Rick 於是就不再要求學校教他兒子手語。直到有一天，Rick 請了一個新的保母，這位年輕的保母想知道 Wyatt 為什麼不會說話，Rick 跟她解釋了之後，她又問那為什麼不教 Wyatt 手語，Rick 就又跟她解釋當初學校的說法。這個年輕的保母不是老師，甚至也還不算是成人，但卻在聽完 Rick 的解釋後問 Rick 說：「嗯，你介意我試試看嗎？」Rick 鼓勵她盡量去試，她就用從書局買的一本教手語的工具書教 Wyatt，就這樣，這位年輕的保母很快就教會 Wyatt 用手語溝通超過三十個語詞。我記得我最後一次跟Rick聯絡時，他的兒子已經會用手語表達好幾百個詞了，他不只會用手語來請求別人幫他做事情，或用手語來表達他所指的物品，還可以用手語來跟他的爸爸和生活中的其他人進行對話。

班上若有學生使用非典型的手語，其他人可能看不懂，就算是像 Wyatt 那樣使用「真正」手語的，大家也可能沒看過。這時候，老師可能會希望整理出一本手勢字典，讓班級裡的所有教職員使用，同時也給班上其他同學用（請參考表 7-2）。手勢字典就好像是「把班上該名學生的手勢，連同手勢所表達的意義翻譯出來，並且列出適當回應的建議」（Mirenda, 1999, p. 120）。如果班上所有人都持續地使用這本手勢字典，那自閉症學生可能會因此經歷較少的挫折，並且能夠較舒服自在地主動跟老師和同儕開啟溝通話題。此外，教師還可以看到學生更多的面向、更了解學生，老師會因為透過手勢字典，見證學生能透過各種不同的方法來跟外界溝通訊息，以及滿足他（她）的需求。

實物與圖片

有些學生需要透過實物溝通。比如當想要老師在黑板上寫字時，
116 就拿粉筆給老師；或者當準備好要出門時，就把靴子拿給老師。用實物溝通雖然有其限制，無法表達複雜的想法和概念，但可以用來補充其他溝通系統，我們不應該忽視了它的重要性。在某些情況下，用實物本身來溝通就已足夠。比如說，如果有一名學生想要喝水時，會以把杯子拿給老師來表示，這個時候，如果老師要她以指出溝通板裡的杯子符號來表達，她可能反而會被搞糊塗。

另外，學生也可能會透過把圖片遞給溝通對象，或指向圖片來跟別人溝通。可以用來溝通的圖片有好幾種，從簡單的線條畫，到複雜而詳盡的照片都有。用圖片或照片溝通可以有好幾種用途，包括表達

表 7-2　手勢字典範例：是為一位自閉症學生 Marv 製作的

Marv 的動作或手勢	可能代表的意思	如何回應
發出「呃-呃」的聲音	「我需要協助。」	先引導他做請求協助的手語，然後提供他協助。
抓別人的手或臂膀	「我喜歡你。」	跟這名學生解釋 Marv 的意思，如果可以的話，幫助他們一起活動。
捶打或輕拍桌子	「我覺得很無聊，我搞不清楚大家在做什麼。」	小聲地跟他解釋現在在做什麼，必要時，用簡單句和圖片輔助說明。

摘錄自 Downing, J. (1999). *Teaching communication skills to students with severe disabilities*. Baltimore: Paul H. Brookes Publishing Co., p. 121. 本書引用是經作者授權同意（中文譯本《教導重度障礙學生溝通技能》由台北：心理出版社出版）。

簡易的請求、做選擇，或開啟對話。比如說，學生可以用溝通板指出其想要吃的點心。

實物與圖片常被用來當作溝通板上供學生做選擇或表達想法的工具。老師也可以用這些在學生溝通板上的圖片，為學生製作一個日常時刻表，或用這些圖片來說故事。這樣可以給學生更多機會，在不同的場合與環境，練習使用這些圖片來溝通，進而更加了解這些圖片。

圖片交換系統（Picture Exchange Communication System, PECS）（Bondy & Frost, 2002）是正式的圖片溝通系統之一。使用圖片交換系統時，學生透過把圖片遞給另一個人，或是在溝通板上用圖片組成一句話，來跟別人溝通。通常照片是放在手提式的筆記型電腦裡，所以學生不管在什麼情境，都可以帶著他們的「聲音」（比如說在不同的環境裡）。

圖片交換系統的訓練分為六個階段：第一階段是教導學生如何主動開啟溝通；第二階段是擴充圖片的使用方式；第三階段讓學生練習在提供的圖片間做出明確的選擇；到了第四個階段，學生則練習用圖片組成一些簡單的句子；第五階段是幫助學生用圖片回答「你想要什麼？」的問題；最後第六個階段，學生則學習用圖片來表示對物品或活動的意見。

雖然有很多學生都成功地學會用圖片交換系統的方式來溝通，但就跟其他所有系統一樣，圖片交換系統也應該只是學生整個溝通系統的一部分。使用像圖片交換系統這類的圖片溝通法時，最大的缺點就是只有當學生身旁能取得圖片時才能溝通。所以，教導學生用圖片溝通時，還需要研擬其他策略來補充。

117 溝通輔具

自閉症的學生可能會帶著各式各樣的溝通輔具去學校上課，用這些輔具來幫助他們進行日常對話，以及參與班上課程活動。很多自閉症的學生都很喜歡用溝通輔具（相對於照片和手勢而言），因為很多輔具都會「說話」。對那些不會說話的學生來說，溝通輔具可以充當他們的聲音，代他們發言。有一些輔具很簡單，只能裝載一種或數種訊息；有一些則包含很多「層次」的功能，可以裝載數千種措辭。有些輔具的設計只能用來裝載或傳遞訊息，有一些則包含各式各樣的功能和特色，包括計算、列印和儲存大量文字等功能。

雖然使用這些溝通輔具來溝通有很多的缺點（例如，這些輔具可能很笨重、可能會壞掉等等），但假使學生成功地使用了某一種特定的輔具，所帶來的好處就大過它的缺點了。使用溝通輔具不但能讓學生有發出聲音的管道，甚至有一些在熟練他們自己的輔具後，還可以因此進一步提升他們的學業表現和成就。我以前有一個學生，他會說話，但只能說些簡單句來表達他的需要與要求。後來在他用溝通輔具來補充他的口語表達之後，他能夠表達出較複雜而詳盡的想法。此外，他使用溝通輔具程式的能力也讓人難以置信，因而得到電腦老師的肯定，並因此有機會能夠跟電腦老師學習程式設計。

有一些學生甚至因為使用溝通輔具的關係，讀寫能力因而有某種程度的提升。有一位自閉症學生 Jamie Burke，就是藉由讀出溝通輔具上所顯示的文字而學會說話的：

> （Jamie 的溝通輔具是）設計成在打字的同時，輔具會大聲地發出每一個字母的聲音；在按壓空白鍵之後，大聲地發出之前所打的詞語的聲音；當按壓說話鍵時，溝通輔具就會大聲地讀出句子，並且在顯示器上出現螢光綠色的標記，隨著所讀到的句子，一個字一個字地標示出來。Jamie 一開始會斷斷續續地大聲複述溝通輔具所發出的每一個字，他藉由這樣學會說出他所打的字。之後，Jamie 很快地開始大聲複述短語，最後是能自己跟著翠綠色標記的移動，說出整個句子，而不需要依賴溝通輔具發出聲音才複述。Jamie 的媽媽形容 Jamie「在一拿到這台溝通輔具並且開始使用電腦時，就會大聲跟著讀……突然間，他開始會自己回頭讀他所打的文字，並且在這台機器說完之後跟著複述，這就好像這台機器賦予了他聲音，讓他說出了他想表達的話」。（Broderick & Kasa-Hendrickson, 2001, p. 17）

書寫

從 1960 年代開始，就有一位女士 Rosalind Oppenheim（摘錄自 Crossley, 1997）教導一群沒有口語能力的自閉症學生，以書寫的方式跟別人溝通。這一群原本被認定有心智障礙的學生，在 Oppenheim 教他們書寫溝通後，很快地就能夠在紙上「說話」了。Oppenheim 在教導的過程中注意到，按壓學生的手似乎是她的學生成功學會以書寫溝通的關鍵：

> 我們相信自閉症兒童的語言發展障礙，是因為語言失用症所造成的……他們似乎在運動性表達行為的某些方面有先天性

> 118 的缺陷，所以在教他們書寫時，我們發現真的有必要花滿長的一段時間，持續地引導孩子運用他們的手。不過，我們漸漸地就能褪除按壓提示，而改以手指輕輕碰一下孩子用來書寫的那隻手就可以了。雖然我們不太確定碰觸手指所代表的用途是什麼，但我們確實知道，儘管碰手指絕不是用來引導孩子寫字，但如果沒有碰觸他們的手指，他們書寫的品質將明顯地下降。我們有一個沒有口語能力的孩子告訴我們說：「若沒有你手指碰觸到我的皮膚，我沒有辦法想起來要怎麼寫出字來。」（p. 40）

雖然書寫並不是常見用來教導自閉症增進溝通的策略，但Oppenheim絕對不是唯一一個發現自閉症學生能成功地以書寫溝通的人。在Douglas Biklen（1993）的重要著作 *Communication Unbound* 一書中，敘述了一位在亞利桑那州土桑市的特教老師Mary Bacon教導自閉症的情形，Bacon老師描述她開始教導學生寫字（handwriting）時的情形：

> 當Garrett不照著我的指示指出我所唸的字母時，我感到有一點煩。我沮喪地垂下我的手，讓手啪的一聲放在我身體的兩側，然後跟他說：「Garrett，你跟我一樣認得這些字母的，現在請你指出W給我看。」他照著做了，之後他一一的指出我所唸的字母。我翻到下一頁，然後跟他說：「我們現在要來練習寫這些字母，我會教你怎麼寫。」接下來，我只不過是把我的手放在他的手上，然後，我的天啊，他就把所有的字母都寫出來了。（p. 96）

另外有一個自閉症青年 Tito Rajarshi Mukhopadhyay（2000），也是用書寫的方式作為他的輔助和替代性溝通系統，他從六歲就可以自己獨立寫字了。Tito 的故事很有趣，因為他沒有辦法以口語清楚的表達自己，他說：「我會說話，不過說得不清楚，很多人都聽不懂。有時候，我需要一些協助來幫助我開口說話，就像打開卡在我喉嚨裡的門一樣。我必須要靠我媽媽揮揮她的手來幫助我，我才能開口說話。」（p. 76）

Beyond the Silence 是 Tito 所寫的書，書中一位著名的精神科醫師 Lorna Wing 為他寫序時，描述了她對這個年輕人的第一印象：

> （當他來到我們醫院時）Tito 的行為看起來完全就像是個典型的、不會說話的自閉症兒童，忽視身旁的人，而自顧自地探索他注意到的物品。（他的媽媽）要他坐好，在一張紙上寫上英文字母給他，我們問他問題時，Tito 就指出紙上的字母拼出字來回答我們。他在回答時是完全獨立的，並不需要他媽媽的任何肢體提示或引導，並且是拼湊出完整句來回答，遇到較長的單字時，他也用得很適切。另外，他還主動用寫字的方式告訴我們說，他想要出版一本他已寫好的書，需要有人答應他一定會為他出版。（2000, p. 2）

另外還有一件很有趣的事，就是 Tito 在書中分享了他的想法和意見，若單看文字，會以為是出自一個成熟的、大約是 Tito 現在兩倍年齡的人所寫的，Tito 真的是一個有天分和才華的詩人和作家。在他的書中有很多段描寫了他的自閉症：

> 人們對我的所有行徑感到困惑
> 醫生則用了許多術語來描述我
> 我只是覺得莫名其妙
> 我的想法遠比我所能表達的多和複雜
> 但我的一舉一動卻讓我覺得自己深深被綁縛 119
> 事情一件接著一件發生因果環環相扣

一事件的果又變成另一事件的因製造出另一個果
我還是覺得莫名其妙
我幻想著自己改變了周遭的世界
只要用一點想像力
我就能置身在一個不存在的世界
那就像是夢境一般美麗的世界
但真實的世界卻充滿著太多不可能
一切人事物都只是朝著不確定的方向快速地移動
（Mukhopadhyay, 2000, p. 99）

促進溝通法

促進溝通法是一種專為言語表達和動作技能有困難的人所設計的溝通策略。確切地說，促進溝通法是「……一種口語之外的溝通方法，讓有重度溝通障礙的人，透過在鍵盤上打字，或用手指出的方式跟別人溝通。這種方式需要溝通夥伴提供肢體和情緒上的支持」（Biklen, 1990, p. 293）。促進溝通法有很多方式，有些方式可能需要有人在使用者的肩膀或手臂施加壓力，來幫助他在溝通輔具上打字，或指向溝通板、溝通卡與實物等。有些方式可能是需要有人在使用者的手腕、手掌，或手肘，提供反方向的作用力，幫助他打字或用手比畫。或者，也有可能只是需要有人出現在使用者身旁，觀察使用者和別人溝通的情形，甚至只是坐在使用者身旁，就可以幫助使用者順利的與人溝通。

有很多自閉症的學生，或其他有語言障礙甚至是從未使用過語言的學生，在使用促進溝通法之後，開始可以跟他們的家人、照顧者、治療師和老師，表達他們的想法、意見、想望、需要和感覺（Biklen, 1990; Crossley, 1997; Martin, 1994）。促進溝通法是一套很複雜的系統，它不只是需要溝通夥伴肢體上的協助而已，還需要溝通夥伴情緒上的支持，以及創造性的問題解決技巧。在實務上，使用促進溝通法時有很多考量，包括協助溝通的人必須確保學生在溝通過程中感覺舒服，細心觀察使用者，以及使用者在溝通板或溝通輔具上所表達的內容，然後在使用者打字的時候給予回饋（例如，逐字唸出使用者所打的字、提醒使用者看著溝通目標、針對使用者的姿勢給予意見等）。另外還包括提供一些有助使用者溝通訊息的提示或暗示（比如，提出像「我不太清楚你打的是什麼，可不可以請你再試一次？」這類的問題，幫助使用者更清楚的表達）（Biklen, 1990; Shevin & Chadwick, 2000）。

■ 關於使用促進溝通法的問題

雖然有動作困難與其他障礙的人，一直以來都借助各種以肢體協助的方式來與人溝通，但在促進溝通法一開始被提出的時候，仍引起了前所未有的注意。促進溝通法的特點在於必須在使用者操作溝通輔具、溝通板、溝通卡或實物時，提供支持其身體的協助。這在特教界與障礙者人權倡議團體間，立即引起了一些疑問與關切；另外，也有些人質疑透過促進溝通法溝通內容的正確性。就因為有這些擔憂的聲 120
音，所以過去這十年來，很多促進溝通法的研究發表都集中在探討促進溝通法的有效性，以及溝通內容的真實性（Biklen & Schubert, 1991; Calculator & Singer, 1992; Cardinal, Hanson, & Wakeham, 1996; Simon, Toll, & Whitehair, 1994; Szempruch & Jacobson, 1993; Weiss, Wagner, & Bauman, 1996）。

在探討溝通內容的真實性研究中，很多研究者都發現促進溝通法確實是一種有效的溝通法，溝通的內容確實是身心障礙者所想要表達的（Biklen, Saha, & Kliewer, 1995; Cardinal et al., 1996; Janzen-Wilde, Duchan, & Higginbotham, 1995; Simon et al., 1994; Vasquez, 1994; Weiss, Wagner, & Bauman, 1996）。但也有另一些研究指出，學生無法透過促進溝通法清楚地表達自己（Calculator & Singer, 1992; Green & Shane,

1994; Hirshorn & James, 1995; Jacobson, Mulick, & Schwartz, 1995; Myles & Simpson, 1994; Regal, Rooney, & Wandas, 1994）。這些研究被發表出來後，學者、教師與自閉症患者都一直在研究，自閉症患者之所以「無法」通過效用性測驗的各種可能原因，並且提供建議給繼續探討這個現象的研究人員，讓後來的研究能更嚴謹、更有效（參照Biklen & Cardinal, 1997）。

研究顯示，有一些人在評量的情境中會感到不舒服，或甚至覺得恐怖，這些人因而無法通過真實性與有效性的測驗。例如，有一些自閉症患者害怕他們的表現若不符合期待，將無法再使用他們的溝通工具。我之前提過使用促進溝通法需要他人情緒上的支持，像是尊重使用者，以及在使用者打字時，唸出其所打的字來跟使用者做確認。Biklen 談到了為什麼情緒上的支持那麼重要：

> 長久以來有動作計畫困難的人，在進行新的工作或任務時，會對他們自己的能力缺乏信心，這並不令人感到意外。只要想像我們自己從很小的時候，就開始對計畫我們身體的動作感到很困難，或者更確切的說，對任何隨意動作都感到困難，那就可以體會他們為什麼會這樣沒信心了。事實上，如果患有動作計畫困難，當你想要做某件事的時候，你永遠也無法嘗到順利運用身體的滋味，並且常常會因為無法控制你的身體，而做出令人尷尬的動作。然後再試著想像，如果被人以沒有反應或衝動反應來評量你的能力，你會有什麼感覺。所以，幫助身心障礙者建立他們的信心，讓他們相信自己有能力使用打字的方式，跟別人順利地溝通，是很重要的。（1993, p. 11）

有一個促進溝通法的使用者Sue Rubin，她現在不需要任何協助就可以自己獨立打字，在學習促進溝通法的過程中，她發覺別人對她的鼓勵和信心不只幫她學會用打字跟人溝通，更讓她現在變成能夠獨立透過打字跟人溝通：

> 是信心讓我變得能夠獨立。我現在可以自己獨立以打字的方式跟剛碰面的人溝通，因為我有信心我可以做得到，別人看我這樣能夠獨立的打字，也對能跟我溝通有信心。在每一階段褪除提示的過程中，我都很順利，漸漸地，我變得越來越有信心。不過，這是花了我五年的時間，才能獨立以打字跟別人溝通。（1999, pp. 5-6）

■真實性

有些人在討論有效性的議題時忽略了一個事實，就是有很多學生都在日常溝通中，便自然而然地確認了他們的溝通內容（Biklen, Saha, & Kliewer, 1995; Kluth, 1998; Martin, 1994; Olney, 1997; Sellin, 1995; 121
Weiss & Wagner, 1996）。有一個在 1996 年進行的研究，即針對教師如何跟學生確認他們打字內容的正確性做進一步的探討（Biklen et al., 1995）。受訪的老師提供了證據顯示他們用了幾種不同的方式，非正式地跟學生確認其打字的內容與所想表達的意思相符合。這些訊息是從學生第一次使用促進溝通法即開始蒐集，發表這篇研究的作者把這種確認有效性的方式，稱為作品集方式（portfolio approach）。透過這種方式，不同形式的證據是透過長時間蒐集整理而成，而不是用「測驗」的方式只以學生在一個情境下的表現評量他們，或強迫學生接受正式的評量測驗（請參考表 7-3）。

此外，有一些促進溝通法的使用者，後來學會了在沒有任何提示與協助的情形下獨立打字，這讓那些原本對促進溝通法持懷疑態度的反對者無話可說。也就是說，很多靠著促進溝通法說話的人，一開始需要他人肢體上的協助，要有人扶著他們的手掌或手腕才能「說話」，但後來卻可以在沒有任何肢體協助的情況下自己打字（Burke,

表 7-3　使用作品集方式確認促進溝通法的有效性

專注於打字	學生展現他們溝通能力的其中一個方法就是打字時很專心。有一些學生本來連在椅子上坐個幾分鐘都有困難，但在使用促進溝通法時，卻能一直坐著，並且眼睛專注地看著電腦、鍵盤或其他溝通輔具。從這些學生以前的行為看來，他們在使用促進溝通法時，所表現出來的專注力與控制某些動作的能力，就足以證明和說服我們，有些學生在使用促進溝通法與人溝通時，所創造出來的訊息是有效的（Biklen, Saha, & Kliewer, 1995）。
打字內容與口語表達之間的關聯性	在這份研究中，另一個被老師認為可以證明學生的溝通是有效的證據是，他們經由觀察發現學生口語表達和打字的內容間存在著關聯性。有些學生所打出來的字與詞語，跟他們言語所表達的內容是相符合的。另一些學生所打出來的字與詞組，則是跟他們的口語表達有關。例如，有一個學生打出「我可不可以去」，然後同時以口語說出「城堡遊戲室」，用打字加上口語來表明他想要去的地方（Biklen, Saha, & Kliewer, 1995, p. 63）。
溝通的形式、內容與風格	注意觀察學生的溝通形式、內容與風格，是老師蒐集證據證明學生溝通內容具真實性的另一個方法。有一些學生所使用的詞語或字的拼法很獨特，有其個人的習慣或不尋常的地方，在這份研究中，有一位學生就經常在遇到字母「y」的單字時，把「y」替換成字母「i」。這位學生不管在什麼情境下，以及跟誰溝通，都是用這套獨特的拼法打字，這位學生也曾跟不同的人，在不同的時間，打出相同的話題或內容（Biklen, Saha, & Kliewer, 1995）。
所傳遞的訊息	學生所傳遞的訊息或資訊，事後求證確認與事實相符，這個也是在這份研究中，老師用來舉證學生溝通具有效性的方式，這或許也是其他研究與個人的敘事報告中，最常拿來討論和引用的佐證（Biklen, Saha, & Kliewer, 1996; Biklen, Winston, Morton, Gold, Berrigan, & Swaminathan, 1992; Crossley & McDonald, 1980; Weiss & Wagner, 1997）。學生可能會把家裡的訊息，帶到學校來與人分享，或者把學校的訊息帶回家與家人分享。或者學生也可能跟不同的老師、同學或教職員分享同一個訊息。例如，有一個學生告訴他的老師說，他得到了一顆保齡球，在另一個場合，他打字說他的爸爸即將在某一天結婚，後來老師跟這位學生的媽媽求證後，確認這位學生確實有一顆新的保齡球，以及他的爸爸確實要在他所說的日期舉行婚禮（Biklen, Saha, & Kliewer, 1996）。

節錄自 Biklen, D., Saha, S., & Kliewer, C. (1995). How teachers confirm the authorship of facilitated communication: A portfolio approach. *Journal of The Association for Persons with Severe Handicaps*, *20*, 45-56. 本書引用經作者授權同意。

2002; Crossley, 1997; Gambel, 2002; Kochmeister, 1997; Rubin et al.,
2001）。有一位在澳洲開設一家溝通治療診所的醫生 Rosemary Cross-
ley（1997），在他的臨床研究報告中指出，在引介促進溝通法的幾年
內，他所服務的身心障礙人士中，就有三十個人學會獨立打字，雖然
其中有一些人還需要別人在他們的頭上或背上，輕輕的碰一下，但在 122
那些能獨立打字的個案中，有一些現在就讀於四年制的大專院校，有
一些能在會議上發言，甚至還有一些以他們親身的打字經驗參與相關
的研究（Broderick & Kasa-Hendrickson, 2002; Burke, 2002; Harrison,
2000; Kochmeister, 1997; Rubin et al., 2001）。就如同 Hitzing 所說的，
針對促進溝通法有效性的爭論，應該提出來大家一起討論：

> 請試著想像下面的情形：你和我在爭辯著患有自閉症的人到底能不能飛，我說能，至少其中一些自閉症能飛……你強烈地辯駁說他們不能飛。我們正在爭辯的時候，突然有一個自閉症的人從窗外飛過，我們剛剛爭辯的話題於是結束。現在，你很有可能會改變你剛剛的說辭，比如說，你可能會說剛剛那個從窗外飛過的人，是世界上唯一一個會飛的自閉症；或者，我們也有可能改為爭辯要怎樣才能教導自閉症飛等等。但不管怎樣，除非你想假定剛剛從窗外飛過的人不是真正的自閉症，或者剛剛所看到的飛行是某種特效所造成的，只是一時巧妙的幻覺，否則你就無法否認「自閉症」的人真的會飛的現象……有一些自閉症的人正在「飛」這個事實，就像有一些研究已經證實，有一些自閉症在別人肢體協助下能跟別人溝通一樣，是無庸置疑的，甚至也有研究證實，還有一些人已經不再需要他人肢體的協助，就可以獨立地跟別人溝通了。（1994, pp. 2-3）

創造一個溝通的環境

不管學生是一直說個不停，還是不會開口說任何話，老師都可以透過規劃教室與設計課程，讓教室裡的情境既能接納，又可以激發出不同的溝通方式。老師可以透過自身的行動來支持有溝通差異的學生，並且創造出一個鼓勵多種表達與互動方式的環境。

與學生溝通，並且相信他們會與您溝通

有些老師在和缺乏有效溝通系統的學生互動時會問我：「你怎麼知道學生究竟聽懂多少？」事實上，如果學生沒有辦法跟別人溝通他的了解程度，老師的確可能不知道學生究竟理解到什麼程度。當不確定學生是否了解時，有一個不變的原則就是，要假定學生是可以學習，並且想與人溝通的。因為我們沒有其他選擇。

在美國，過去有許多「專家」犯下了可悲的錯誤，低估了許多不同族群的人所具備的潛能和智力，包括女性同胞、貧窮人家、不同種族或民族的人、傷殘人士、心智障礙人士、聾人和有聽力障礙的人，還有很多其他種族群等（Gould, 1981; Sacks, 1973; Selden, 1999）。歷史是很重要的，因為如果我們不從過去的歷史記取教訓，假定我們的學生是有能力的、可以溝通的，並且想要與我們產生聯繫的，那我們一定會跟過去的人犯下同樣的錯誤。

有一些老師可能會對要怎麼樣跟不會說話的學生，或溝通方式跟一般人不太一樣的學生互動，感到不安或沒有把握。這是可以理解
123 的，但是覺得不安並不可以拿來當作沒有學習新方法與學生互動和溝通的藉口。讓學生覺得自己是班上一分子的最重要方法之一，就是只要去和他（她）溝通，並且相信他（她）會與您溝通。Gillingham 就強調了持有這種價值觀念的重要性：

> 每當我跟自閉症的人在一起時，我都會跟他們溝通，也百分百地相信他們會跟我溝通。當我跟他們溝通時，他們也許並不是用正確的方法來回應我，但這並不表示我就無法了解他們的回應是什麼。當我走進一間屋子，跟一個自閉症的人寒暄說「嗨」時，他們並不需要也跟我說「嗨」，我還是可以感受到他們的回應。不管他們的反應是靠近我，還是走到另一個房間，他們的反應都代表著某些意義。當我看到他們因為看到我很興奮而一直重複著某些行為時，我會跟他們說，看到他們那麼開心真好。當他們牽著我的手，要帶我去某個地方看某樣東西時，我就讓他們帶著走。當他們講話含糊不清時，我會肯定他們的努力，並且坦然跟他們承認，我並不是很懂他們剛剛所說的話。當我花時間跟他們相處之後，我不停地察覺到他們在做什麼，以及他們是如何回應我的。至於他們跟我溝通的方式正不正確，對我倒不是那麼重要。我比較在乎的是，我要怎樣才能以尊重的態度回應他們所發出的訊息，而不是一直想他們哪裡錯了，或是要怎樣修正他們。（2000, pp. 111-112）

這樣的信念與行為激發了人際關係中的信賴，並且讓老師與學生能夠進一步了解彼此，以及建立溝通的機會與技巧。就像 Gillingham 在上一段的後面繼續跟我們分享的：「把重點放在接納學生本來的樣子，而不是試著去修正表面上的錯，才能改善與學生之間的溝通」（2000, p. 112）。

在跟學生溝通與期待學生跟我們溝通時，反省我們對學生的能力與意願的假設可能會有幫助。Shevin（1999）注意到他自己在與溝通障礙的人溝通時，除非有具體的相反訊息，否則，他總是對與他們的互動抱持著一套「內定的價值」。他自己對溝通差異人士所抱持的假設如下，患有溝通差異的人：

- 很聰明。
- 很有興趣跟別人培養關係。
- 假使情境適合，他們想跟別人說一些故事。
- 在與人溝通時，想呈現出他們對自己正面的看法。
- 當別人在與他們互動時，他們會注意去聽。

雖然每一位老師都會想要建立一套自己的信念與假設，但上面這段 Shevin（1999）所分享的他的內定價值，應該值得老師們細細的思量，因為像他這樣對人抱持著特殊的見解，能夠激發起對這個人正面的行為。比如說，一位相信學生是聰明的老師，會有創意地把學生融入課堂，並且在學生似乎對某一特定主題或想法特別感興趣時，會給學生立即的回饋。

把注意力放在學生所「擁有」的溝通技能

專業人員太常把焦點集中在學生所缺乏的能力，而沒有注意到學生已經具備的技能。其實，每一個自閉症學生都會用一些方法來跟別
124 人溝通，就算不會說話，也都有一套自己的方法。我們可以透過觀察，找出學生所擁有的技能，看看學生是不是用手指向東西來告訴別人她要什麼？她的表情（facial expressions）是不是顯露出她的難過、痛苦，或快樂？她會用實物或圖片來請求幫助嗎（例如，當她準備好要吃午餐時，就以拿出她的便當盒表示）？她會不會正確地使用手勢來跟別人溝通她的需求、想望或感覺（例如，以拍手表示她想聽音樂）？

雖然老師、治療師與其他專業人員，會希望能幫助學生建立並增強他們的溝通策略，但在一開始的時候，應該以探索和尊重學生已擁有的技能的態度來幫助學生。老師在剛認識學生的前幾天或前幾週，可能無法正確知道學生跟別人溝通的方式，所以，一定要先跟學生的家人面談，諮詢他們關於他們孩子所使用的溝通策略。如果老師與其

他團隊成員在與學生家人會晤後，仍無法取得充分的實用資訊，那專業團隊的成員可以一起坐下來，看一些拍攝學生溝通情形的錄影帶（包括在家裡和在學校的）。一起看錄影帶的作用，是讓團隊中不同專業背景的成員可以提出問題，並分享彼此對學生如何在不同的情境下與人溝通的看法。比如說，當團隊成員在一起看學生準備上學的錄影片段時，學生的媽媽可能會跟大家分享，她的孩子會拍拍自己的頭問她帽子在哪裡，或是會發出「ㄕ」的聲音來詢問他最愛的書在哪裡。

教導全班學生使用輔助與替代性溝通

如果班上有一位學生使用圖片板來告訴大家他（她）的選擇，那老師可以在一天中的某個時段，讓全班同學都使用圖片板來做選擇，藉這樣的機會教導全班另一種表達與溝通的方法。同樣地，融合班級裡若有自閉症學生使用手語或筆記型電腦作為他（她）的溝通系統，老師也可以教班上其他同學學習手語或電腦輔助溝通。比如說，老師可以考慮給全班學生舉行一個用手語比出字母的拼音測驗，或例如有時候可以讓學生在紙上寫下答案，或指出答案「是」或「不是」的記號，而不是用平常的大聲說出答案的方式來回答問題。

在教導全班學生使用替代性溝通模式時，老師可以鼓勵學生自我表達，還可以讓學生接觸許多不同的方式來溝通、創作、寫作與表達。我曾和一個年輕人一起工作，他沒有任何障礙，但在他使用了另一個學生的「說話板」（talking board）（一種裝有電子音響合成器會發出人聲的輔助溝通輔具）之後，變成了一個活躍的詩人。還有另一個學生，只用了舞蹈、角色扮演和手勢等表演方式，就寫出了一人演出的劇本，並表演給大家看。

創造溝通機會

不管學生有沒有障礙，都應該讓他們在一天中有一些時間，可以跟老師以及同儕互動、分享與溝通。有一些班級裡的分組談話與全班性討論都由少數幾個學生主導，雖然讓這些很會說話和個性外向的學生在教室裡有機會發言是很重要，但在課堂上有機會跟大家分享想法、提出疑問、問問題、回答問題，以及交換意見想法等，對其他學生也是很重要的，包括那些害羞和安靜的學生、英語是第二外語的學
125 生，以及身心障礙的學生等。所以，為了確保每一個學生都有溝通的機會，老師需要設計一些適當的課程結構或活動，預留一些機會讓學生互動。

有一個班級的老師，每天早上都會以給學生「腦力激盪」當作一天的開始（Silberman, 1996），這位老師每天出一道題目，然後要班上學生一個一個依照她給的題目，說出一個三到五個字的英文片語。比如有一個早上，她要學生報告他們前一天到藝術博物館戶外教學所學到的東西和心得，學生的回答無所不包，包括「Picasso 是一位雕刻家」、「舞蹈是一種藝術」、「兒童也可以是藝術家」等。

還有一個鼓勵學生溝通的方法，就是在一天中幾個不同的時間點，請學生「起來走動並找同學說話」。有一所中學的歷史老師就是用這個策略，在一年中留幾堂課的時間，上課上到一半換成讓學生彼此教導上課的內容。在講述了大約十五到二十分鐘的課程之後，他要學生找一個夥伴，根據他剛才所教的課程內容回答一個特定的問題，或是重新詮釋剛才老師所講解的概念。比如說，這位歷史老師在講解了選任美國總統的相關議題之後，請學生討論關於「美國人理想中的總統，應該要具備什麼樣的特質？」以及「美國人希望總統所具備的特質如何隨著時代改變？」

另外，教師也可以在進行全班討論的課堂活動時，藉著給全班學生一段「喘息時間」的方式，給學生溝通的機會，其中一個方法就是讓全班同學根據一個特定的提示回答問題。例如，不對著全班學生問：「誰可以告訴我 H_2O 是什麼？」而改成說：「知道 H_2O 普通名詞是什麼的人站起來。」這樣一來，不僅可以讓全班學生都有機會回答

問題，也讓學生有機會可以在老師允許的範圍內移動身體，自閉症的學生往往都很喜歡這樣的機會。

還有另一個讓全班同學都能參與的方法，就是在正式上課前，先幫助自閉症的學生為參與課程活動做準備。老師可以在開始上課前，先給學生上課會討論的問題或會給的提示，讓自閉症的學生可以事先做好充分的準備，上課時能有自信的參與和回答。像這樣幫助學生事先做好準備，往往對所有自閉症的學生都有幫助，尤其對那些使用輔助與替代性溝通系統的學生幫助更大，因為預留一些額外的時間給學生，他們就有更多的機會準備答案，並且有時間把答案寫下來或用打字的方式打出來。

關於做一個支持性的溝通夥伴

打開任何一本關於自閉症或身心障礙的書，你都會看到書中有幾頁或幾章是在討論如何改善自閉症學生的溝通技巧或溝通能力，但是卻很少看到有書花了幾章或幾頁的篇幅，討論溝通夥伴應具備的溝通技巧、態度、信念與能力。溝通——無疑的是一種社會互動行為，把「改善溝通」的術語或見解局限在改善自閉症患者或身心障礙人士的技巧或能力上，實在是令人費解。因此，要幫助自閉症學生與人溝通，應該不只是努力評估他（她）的能力，或鼓勵這名學生參與分組討論而已。要幫助學生溝通，應該也要反省與檢視自己的溝通技巧、態度、信念與能力，並且與班上的每一個學生協力一起幫助他們的自閉症同學才是。

不要堅持學生一定要有視線接觸 126

當教師想喚起學生的注意力時，很多人都會期待學生的視線與之接觸。但是，很多教過自閉症學生的老師都了解，視線接觸對自閉症學生來說，可能會有不舒服或甚至是痛苦的感受。有一名亞斯勃格症候群的患者 Wendy Lawson（1998）就曾說過，跟說話的對象視線接觸，會造成她與別人的溝通中斷：

> 如果聽一個人說話時，看不到他（她）的臉，那就簡單多了。因為這樣話語就變得很單純，而不會被奇怪的表情或手勢影響。當我不受臉部表情所表現的非文字意義影響而感到困惑時，我可以把對方說話的腔調聽得更清楚。（p. 97）

對於視線接觸的影響，Jasmine Lee O'Neill（1999）與 Luke Jackson（2002）也提供了類似的建議與見解：

> 自閉症患者常常會避免與人視線接觸，所以，如果他們沒有直視著你，不要覺得他們忽略了你，或對你沒有禮貌。
>
> 自閉症的人常常都是用他們的眼角餘光掃視物品或其他的人。他們的周邊視覺很敏銳，一般人容易忽略的細節，他們看過就會記得。盯著人或動物看對自閉症的人來說，壓力是用周邊視覺的好幾倍。因為眼睛會顯示出一個人的感情，而且感覺是很強烈的，被別人一直盯著眼睛看時，他們會感到很不自在。有一些自閉症患者，甚至連電視上演員或新聞播報員的眼睛也不敢看，所以絕對不要強迫他們與你視線接觸。（p. 26）

> 當我直視別人的眼睛，尤其是那些跟我不熟的人的眼睛時，那感覺……我不知道該怎麼形容，真的很不舒服。最主要的感覺就是，我覺得他們的眼睛好像要把我燒掉似的，我真的覺得我好像是在看外星人的臉。我知道這麼說聽起來很不禮貌，但我說的是真的。當對方在講話時，如果我熬過了這個時期，眼睛直視對方不轉開，我發現自己會變成很用力地盯

> 著他們的臉看，然後就完全忘記去聽他們到底在說些什麼了。（Jackson, 2000, p. 71）

有一些學生是故意以迴避視線接觸來當作增強溝通的策略。有一個自閉症患者告訴過我：「只有當我不看著任何東西時，我才有辦法跟別人對話。」Stephen Shore 解釋了為什麼避免視線接觸對一些人的溝通有幫助：

> 對大多數的人來說，非口語溝通補充或增強了口語溝通的效果。同時處理聽覺和視覺兩種管道所蒐集到的資訊，會讓我們更深入的了解溝通的意涵。但是，對患有自閉症與亞斯勃格症的人來說，要理解非口語的溝通要素，可能是很困難的一件事。因為非口語的要素，干擾了他們從口語管道獲得資訊的處理過程。結果造成他們幾乎無法跟別人溝通。這可能是為什麼有這麼多的自閉症患者，在與人進行交談時，會迴避與人視線接觸的原因之一。他們花在讀取非語言訊息的精力，影響了從語言資料中獲取訊息的能力。（2001, p. 130）

考量音量與音調所造成的影響 127

任何一個老師都可以證明聲音所具備的力量。當我在教中學的學生時，常常發現要在一間吵鬧的教室裡讓學生注意聽我講話的最佳方法，就是小聲說話。用讓他們感到意外的微小聲音跟他們說話，似乎解除了他們的武裝。而當我以前在教幼稚園的小朋友時，我常常都以唱歌的口氣跟他們說話。當我這麼做時，也讓這些幼稚園的小朋友解除戒備，並且引發了他們的興趣。

改變音量、音色與聲調可以作為跟學生（包括自閉症學生）產生連結的方法。一位自閉症患者 Gunilla Gerland 就指出，低聲說話對她的溝通非常有幫助：

> （但是）我從很遠的地方就可以聽見低聲說話的聲音，而且是輕易地就穿透我的耳朵，直接飄進我的腦袋瓜裡，然後很快地滑進我的心裡，我不由得甦醒過來。聽到輕聲細語時，我不需要保持警惕，不需要等著聲音傳進我的心裡，輕聲細語本身就能開啟我的耳朵與心靈。所以當我在剪紙時，若有人低聲說話，我會抬頭看他，並且聽到他在說什麼。（1996, pp. 31-32）

Gail Gillingham 在一場國際自閉症研習會上，分享了她的「低聲策略」。研習會結束之後，有許多參與研習會的學員跟她回報了他們的成功經驗：

> 有一位父親用很輕柔的聲音跟他的兒子說：「該穿上你的睡衣準備睡覺嘍！」他的兒子馬上關掉電視，並往他的房間走。有一位媽媽跟她的孩子說，今天商店裡有很多人，並要他緊緊跟著她，她的孩子就一直黏在她身邊。另外有一位母親告訴她的孩子說：「公車來了。」她的孩子就關掉電視遊戲，把遊樂器放在一旁，然後就去找他的背包，這些事以前都是她幫他做的。（2000, p. 118）

留心「傾聽」輔助與替代性溝通系統的使用者

當使用輔助與替代性溝通系統時，使用者的溝通舉動是非常動態的。所以，如果溝通夥伴不夠敏銳，沒有注意到口語之外的溝通行為，使用輔助與替代性溝通系統的人可能會對插入、打斷或甚至是開啟談話，感到很困難。比如說，輔助與替代性溝通系統的使用者可能會指著溝通板上的一個字來開啟對話，如果溝通夥伴這時候沒有看著輔助與替代性溝通系統的使用者，以及看出使用者想要參與談話的示意動作（例如把手放在溝通板上、移動身體等），那輔助與替代性溝通系統使用者的這個舉動就會被忽略。

另外，溝通夥伴也應該意識到談話步調的改變，並且以開放的心胸接受它。有一個人就常常在輔助與替代性溝通系統使用者打字打到一半時打斷他，因為她覺得她知道使用者接下來要打什麼字或比什麼東西或手勢了。或者，她會對輔助與替代性溝通系統使用者的溝通嘗試越來越沒有耐性，然後就草草結束談話。經常都有輔助與替代性溝通系統的使用者談到這種因時間步調不一所產生的溝通不良（communication clashes）（Bauby, 1997; Brown, 1954; Crossley, 1997; Robillard, 1997; Tavalaro & Tayson, 1997）。有一位社會運動推動者與研究身心障礙與特殊教育的學者 Mayer Shevin，在他進行口腔癌切除手術後的住院期間，曾經親身體驗過這種溝通不良：

> 接受手術治療後的一星期，我靠著氣管切開術呼吸，我不能 128
> 說話，只能用緩慢而顫抖的手，在速記員的便條紙上用寫字跟別人溝通。手術後，我的嘴巴和喉嚨裡充滿著大量的黏液，我必須靠著牆壁上那台有著長長的軟管和硬硬的塑膠抽氣口的抽痰機維生。抽痰機的軟管和抽氣口常常阻塞，一開始，我會把抽氣口浸在一杯水裡面，把造成阻塞的東西清掉。當我這樣做抽痰機還是通不了的時候，就要請人把軟管或抽氣口換掉，這時候，我只有幾分鐘「歇口氣的時間」，之後我就會開始呼吸困難了。
>
> 有一個下午，軟管與抽氣口同時塞住了，我按了緊急呼叫鈴，等了對我來講似乎是永無止境的十五分鐘後，護士小姐終於來到我床邊。當她問我為什麼按鈴時，我想要寫：「我的抽痰機塞住了，請你幫我換軟管和抽氣口。」但我才寫了

> 「我的抽痰機……」，護士小姐就開始走出門外，邊走邊說：「喔，我知道了，你需要換一個抽氣口。我這就去幫你拿一個新的。」我知道只是更換抽氣口是沒有用的，但我已經快要窒息了。我把便條紙扔向她，正好打中了她的後腦勺。她嚇了一跳，然後很生氣的跑回來對我大吼大叫，我一直用我的鉛筆用力地敲著桌子，並且比手勢要她把便條紙拿給我，她才很不情願地把便條紙還給我。這時候，我已經快要不能呼吸了，我驚惶失措地趕快把我全部的話寫完，深怕她等不到我全部寫完就又離開。「喔，」她看完哼了一聲就出去拿東西，幾分鐘後帶著我珍貴的救命軟管不太友善地回來。我相信她一定在那天晚上回家後，跟某人訴苦說她今天遇到了一個很粗魯的病患，用便條紙攻擊她。（1999, p. 1）

雖然在Shevin的故事裡，我們不能全怪醫療專業人員，並且需要從人性的角度替他們設想，體諒他們。但這真的是一個很有力的例子，把溝通不良的情形活生生地呈現出來。當護士離開Shevin時，她不只是有失護士的職責，她還奪走了病患溝通的權利和發言權。Shevin的經驗讓社會大眾體悟到，我們需要知道有個別差異的存在，並且需要好好檢視我們對不同形式的溝通方式所抱持的想法與偏見。

想一想使用輔助與替代性溝通系統（例如打字）會遇到的問題。打出來的文字並不是總能夠把使用者的語氣、語調的抑揚變化與情緒表現出來，要在字裡行間察覺語氣中的嘲諷、反意、氣憤、愉悅和驚訝等情緒，可能很困難。還有，當使用者無法控制他的身體移動時，那就無法用臉部表情與肢體語言，來幫助溝通夥伴更加了解他所想傳達的訊息，這種情形常常發生在自閉症患者身上。所以，一個細心的溝通夥伴要有敏銳的觀察力，當使用者有溝通意圖而有所行動時，要能密切地注意到，並且能讓使用者完整而不受打擾地以他的輔助與替代性溝通系統表達。這些預防的方法是為了把溝通夥伴的主導性降到最低，並且讓輔助與替代性溝通系統使用者在溝通互動裡有最大的參與。雖然有一些輔助與替代性溝通系統的設備很縝密，可以發出聲音，能夠儲存訊息，並且有數位螢幕可以檢查拼字正確與否，但另外還有一些系統是比較簡易的，像是溝通紙板或詞組卡片等。基於這個原因，有一些輔助與替代性溝通系統的使用者，尤其是那些簡易系統的使用者，會需要溝通夥伴給他們一些回饋。比如說，使用打字溝通的學生可能會需要溝通夥伴問他（她）是有很多字拼錯呢，還是只是打出片斷的句子，以便讓他（她）有機會澄清。我之前有一個學生 Michael，常常都會一次先打一到兩個字，然後停下來看看我是否了解他的意思。

在 Jean-Dominique Bauby（1997）所寫的書 *The Diving Bell and the* 129
Butterfly，我們可以看到他為了維護打字訊息的完整性而費時費力的情形。Bauby 是流行雜誌 *Elle* 的法籍編輯人員，他曾嚴重地中風過，因而必須發明一套輔助與替代性溝通系統，讓他在平日的對話、正式的寫作，以及其他的工作上，能夠與人對話。書中，他以幽默的方式跟大家分享了他在努力傳達完整訊息時所遇到的困難：

> 這是一個很簡單的系統，你只要逐字讀著字母……等到我眨眼睛時再停下來。我會在我要你注意的字母上，眨眼睛示意你停下來。之後再照著這個方式從頭來一次，很快地，我們就能拼出一個單字，然後就可以拼出大致可以理解的句子片段，反正這就是這個系統的原理原則。但是實際上，我的一些訪視者並不是都進行得很順利。他們可能因為緊張、不耐煩或是反應較慢等因素，而在照我的指示拼字（我們稱這樣的方式是在謄寫我的思緒）時，各有不同的表現。一般來講，那些平常喜歡玩猜字遊戲與拼字遊戲的人，比較快就能學會，女孩子的表現也平均優於男孩子。我們後來像德爾斐（Delphi）神示所那樣，把我常用的字，按照字母順序列出

> 來，製作成一本筆記。有些人在多次使用後，靠著字母板上出現的一些凹痕，就能猜出我拼的字母所代表的意思，甚至不需要再參考那本特製的筆記了。
>
> 說真的，我很好奇3000年的人類學家如果碰巧看到我們這些亂七八糟、草草寫下的筆記內容，他們會怎麼想。比如說，我們有寫「物理治療師懷孕了」、「主要是在腿上」、「詩人 Arthur Rimbaud」以及「法國隊打得真粗野」等句子，而這些句子中間還夾雜了一些很難看得懂且模糊不清的字，還有一些錯拼、漏拼和遺漏音節的字。（p. 21）

為了盡可能的避免出現「難懂而模糊不清、錯拼、漏拼和遺漏音節的字」，以及防範溝通謬誤的情形發生，老師們要跟使用輔助與替代性溝通系統的學生密切合作，一起辨認學生所表達的溝通內容，並且跟他們做確認。老師可以讀學生所打或比的內容，或聽溝通輔具所發出的聲音，然後問學生他想傳遞的訊息所隱含的語氣（例如，「你這句話是開玩笑還是認真的？」），或針對文字所表達的意義發問（例如，「這個字是足球的縮寫嗎？」「你說你要一把剪刀，但是你已經有剪刀了，你是不是想要其他的東西呢？」等）。像這類辨認與確認溝通內容的技巧，是傾聽輔助與替代性溝通系統使用者很重要的一個環節。

試著使用間接式溝通

有一個晚上，當 Echo Fling 為她的兒子 Jimmy 蓋好被子時，她拿了一個木偶，用它來問她的小兒子一個問題。Jimmy 平常是不太說話的，但這次居然跟媽媽天南地北的聊了很久。Fling 說她那次真的是「很震驚」：

> 我用卡通裡那種尖銳的嗓音問 Jimmy：「你叫什麼名字

啊？」Jimmy 回答了我，沒有讓我的期望落空。Jimmy 最近要每一個人不要叫他 Jimmy 而改叫他"Jim"，並且開始對著新發現的寶貝木偶講話。我透過木偶問他一些關於他的家庭，以及他喜歡做什麼等很平常的問題，他都會回答；另外，他還跟我一來一往地討論「抓鬼敢死隊」（Ghostbusters）這部電影裡面的每一個人物。我好高興他能跟我維持這麼久的對話，也因此決定用這個方法，繼續試試 Jimmy 還能說什麼。
（有一次）我問他：「你班上的這些小朋友叫什麼名字？」 130
結果，Jimmy 竟然開始以卡通式尖銳的聲音，說出了一些小朋友的名字，這真的讓我大吃一驚。為什麼他可以跟木偶說話，卻無法跟我說話呢？（2000, p. 89）

Fling 繼續談到後續的發展，她說這樣的談話持續了好幾週，他們倆談了好多話題，從 Jimmy 害怕的事情，到學校發生的事情。後來 Jimmy 終於不用木偶，就可以進行這些對話了。

很多患有自閉症的人都對直接與人對話，或跟人直接互動感到不舒服。自閉症患者 Donna Williams 就曾說過，她比較喜歡以比較間接或超然的方式與人互動和交往：

如果有人要拿東西給我，對我來講，最好的方式是把東西放在我身邊，不期待我說謝謝或等著我反應。期待我說謝謝或希望我做出任何其他反應，會讓我把看到東西跟提示我要回應的規則聯結不起來。

而讓我能夠聽得最清楚的方法呢，就是說話的人對著他們自己說，大聲的說出跟我有關或跟像我這樣的人有關的事。這樣可以激發我表現出我能理解他們在說些什麼的樣子。用這這種方式就可以看著窗外談話，而像這種間接式的溝通對我是最好的方法。（1992, p. 216）

在一本很棒又很值得一讀的書 *The Boy Who Would Be a Helicopter* 中，作者Vivian Paley（1990）親眼看到了間接式溝通在她一個學生身上展現的驚人效果。她的學生 Jason 很喜歡直升機、直升機的機身和直升機的螺旋槳，Jason很少跟同儕說話，不太有興趣玩一般的遊戲，而一次又一次地重複說同一個故事。雖然 Jason 的學習方式很明顯跟一般小朋友不太一樣，但Paley從來沒有以身心障礙來形容他。不過，不管Paley用什麼方式或沒有用什麼方式來描述Jason，我們還是可以從她和學生的互動中，看到很多她跟學生溝通商量的情形。

書中有一段Paley敘述Jason不停地跑到講台上擾亂其他同學的戲劇表演，影響教室秩序。一開始 Paley 什麼事也沒做，饒有興味地看著 Jason，看他為什麼好像常常需要「突擊」講台。Jason 重複了幾次之後，Paley 決定跟幾個學生一起解決這個問題，包括 Jason 本人：

> 「Jason，有時候即使還沒輪到你，你怎麼還是跑到講台上來？」
>
> 「我的螺旋槳在快速轉動。」
>
> 「但你的螺旋槳似乎比較常在故事演出的講台上轉，而不是在教室的任何其他地方。」
>
> Samantha（另一個學生）說：「因為他把那裡當作是機場，所以在那裡降落。」
>
> 我不確定地問道：「是這個原因嗎？」
>
> Joseph（另一個學生）很確定地說：「對，就是這個原因。」
>
> 「你在這裡沒有機場登陸，你不會覺得難過嗎？你希望有一個地方可以讓你一直停著不飛對吧？」
>
> Jason 對這個問題感到很驚訝，但 Joseph 把 Jason 的沉默逕自解讀成他同意自己的說法。「看吧，我就說嘛，他很難過他沒有機場，他的直升機需要一個飛機場。」（Paley, 1990, pp. 57-58）

後來，學生們繼續討論並決定，Jason 應該要在講台附近建一個直 131
升機小機場，這樣他就有地方可以登陸，又不會在舞台的中間干擾到上課。就這樣，一群小朋友在沒有責備或隔離任何人的情況下，一起成功地找到方法，解決了這個需要慎重處理的問題。另外還有一點也很重要，就是他們能夠在沒有直接跟 Jason 互動，也沒有給 Jason 很大壓力的情況下，討論一件很嚴肅的問題。也就是說，這幾個學生都避免了責罵或勸告他們的同學 Jason。整個對話的過程，都圍繞著為直升機找一個停機坪，而不是針對 Jason 的行為。

老師們可以從 Paley 老師和她的學生身上學到很多。Donna Williams（1998）建議老師們可以運用穿戲服、裝奇怪的腔調、用唱歌的方式說話、講話押韻，還有操作木偶的方式，跟自閉症的學生互動，「用一種保持一些人身距離的方式，鼓勵自閉症的學生表達」。Williams 說，像這樣的支持方式與活動，能幫助自閉症學生「靠著自我控制與自我規範，發展他們的自我意識」（p. 306）。事實確實是如此，有一個自閉症患者的母親 Junee Waites 在她的書 *Smiling at Shadows* 中，跟大家分享說她一直無法讓她的兒子在日常生活中跟她有所互動，直到有一天她用唱歌的方式跟她的兒子說話，事情才開始有了轉變：

> 我唱著：「我們在掃地，在掃地！我們在整理床鋪，整理床鋪！你要不要……答滴答……喝一杯牛奶……啦啦啦……？」
>
> 這個伎倆成功了。我快樂地唱著歌，Dane 開始會回答我的問題，以手指出他要的東西——而且，他會看著我回答。（Waites & Swinbourne, 2002, p. 41）

如果學生好像無法回答直接的問題，老師可以試著用唱歌的方式把問題唱出來，或是用有韻律或有節奏的語調說出來。有一個音樂老師 Stephen Shore，他本身是亞斯勃格症患者，他就是用唱歌的方式來跟他的學生互動的。他說：「我跟我的一個亞斯勃格症學生溝通時，完全都是用唱歌的方式，要是哪一次我不小心用了平常講話的語調跟他說話，他就會無法集中注意力，一直沉浸在自我刺激的活動裡，並且開始起來走動。」（2001, p. 65）

另外還有很多種讓溝通比較不那麼直接的方法可以使用。比如說，如果學生不想對著一群人朗讀課文，或許可以給他一個玩具麥克風，或其他特別的東西，可以讓他有信心和勇氣，間接地對著同學讀出課文。如果有一個學生在同學跟他道早安時，不喜歡回答說早安，那可以請全班同學改以揮手或擊掌的方式，或是學習用其他的語言來打招呼。

幫助學生了解和破譯語言

有一些人對某些特定口語的理解有困難，比如說，有人可能對別人叫他（她）的名字沒有反應，或可能在聽到別人叫他（她）拿湯匙時卻拿出叉子。像這種情形大部分的人都不是因為聽力的問題，而是有資訊處理困難的問題。也就是說，他們聽到某些特定的聲音、話語或句子時很難聽得懂，或很難跟正確的意思聯結起來。有一些學生就是因為有資訊處理障礙，才有時候看起來好像漫不經心，或讓人感覺有些頑固。

自閉症的學生也有很難理解某些語言的問題，例如，有些學生會完全照字面解讀語言（interpret language）。有一次我帶著我的學生Tom 去游泳，從那次的經驗我才知道，有些學生真的是很依賴文字的
132 表面意思。那天，Tom 一換好泳衣就開始往深水池走去，當他走到游泳池旁時，我大聲地叫他轉身，想說他應該知道我是叫他轉身背向水池，再以背向水池的姿勢順著階梯走下深水池。結果Tom開始在原地轉圈圈，我一開始看他轉圈圈覺得很疑惑，後來我很快地就明白為什麼了，原來Tom是聽到我要他「轉身」而轉起圈圈來了。有一個自閉症患者 Gunilla Gerland 也描述了她常常以問題的表面意思回答別人，

讓她的溝通夥伴感到很困惑的情形：

> 我聽到問題的反應是很直接而明確的，當我聽到「你能不能……？」我就回答：「能」，表示：「是的，我能……」。但這樣開頭的句子，有時候是要我回答「好，我會……」或「對不起，我應該……」，這對我來說是完全陌生的問答結構。當我回答說：「我能」，那就只是表示我有能力做得到，沒有別的意思了。所以當有人問我：「你能不能把你的房間整理乾淨？」我回答說「能」而沒有行動的時候，就沒有實現對方對我的回答所期待的效果，但我真的一點都不明白他們為什麼對我那麼生氣。（1996, p. 85）

另外，Stephen Shore 談到了俚語有時候也讓她感到很混淆：

> 三年級的時候，我記得有一位同學告訴我說，他覺得他像是個披薩（feel like a pizza）。我無法理解他為什麼會有這樣的感覺，還有，他看起來一點都不像披薩。後來我才知道，他是說他想要吃披薩（feel like eating a pizza）。（2001, p. 53）

自閉症的學生需要人家幫忙才能聽懂譬喻性的語言，包括慣用語（例如，「騎牆」、「稍安勿躁」等）、笑話、謎語、隱喻（例如，「他在火上」）、有雙重涵義的片語或俚語，和嘲諷挖苦的話（例如，對一個剛打翻牛奶的人說「做得好」）等。班上有自閉症學生時，老師可以用下面的方法幫助他們：

- 仔細地確認全班學生了解您所發出的指令或提出的問題。
- 提供機會讓學生學習一些語言（例如，設置一個「每週一則隱喻」版）。

- 使用一些視覺圖像幫助學生記憶比喻性語言的意義（例如，畫一個人在生氣的圖，旁邊寫著「怒氣沖天」）。
- 鼓勵學生把「易混淆的字」記下來，做成一本個人字典或百科全書。每當學生遇到不懂的字或不會用的片語時，跟學生解釋字或片語的意義，然後讓學生把新學到的字或片語加進他們的字典裡。

總　結

雖然自閉症學生跟一般人的溝通方式不一樣，但其實每一個學生都有一些溝通方式和別人不一樣的。有一些學生會把溝通差異看作是問題，有些則覺得溝通差異反倒讓他們顯得獨特而有趣。Jasmine O' Neill 提醒大家不要把自閉症學生的溝通差異看作不正常：

> 很多人都認為自閉症患者的溝通方式「不正常」，不管大家怎麼描述自閉症的溝通能力，我反對使用「不正常」和「正
> 133 常」這樣的分類法。不正常這個形容詞是很傷人的，我感覺好像是把他們當作「失敗者」，自閉症並不表示就是失敗者。（1999, p. 47）

無法用一般的方法跟別人溝通，可能會讓自閉症的學生感到挫折，但是周遭那些沒有自閉症的人對待自閉症學生所抱持的態度與信念，對自閉症的學生來講，可能比沒有辦法有效跟別人溝通還要令人沮喪。很多人心中都對無法與人順利溝通的人有一些先入為主的假設。比如說，如果某個人不會說話，很多人就會覺得這個人不會思考，或無法了解別人在說些什麼。有些時候，要讓這些「局外人」了解這些差異，可能比面對差異本身還要困難。

或許這一章我想傳遞最重要的訊息是，為了幫助學生習得新技能，老師一定要尊重班上學生與眾不同的溝通方式。教師要不斷尋求

與學生建立關係與溝通的方法，包括學生有溝通意圖時，觀察和傾聽學生，並讓學生有機會傾聽老師說的故事、意見、想法與經驗等。

溝通會影響到我們生活的每一個層面，所以幫助學生讓他們能順利的與人溝通，也會讓他們在其他學習方面容易些。比如說，若學生能進行越複雜的溝通，課程調整就越有意義，他們也越不需要以挑戰性行為來表達需求與想望。不過，或許幫助學生溝通最重要的原因，還是在於幫助他們更能掌控自己的學習與生活吧。最後，我跟大家分享一個使用輔助與替代性溝通系統的自閉症患者 Richard Attfield 的一段話作為結語，他在寫給同事的一封信中，強調了因能溝通而獲得解脫的重要性：

> （我學習使用輔助與替代性溝通系統）大概有四個月了吧，我總算可以跟別人溝通和表達意見了。我感覺到自己在可以跟別人溝通之後，變得更能夠掌控自己的生活和決定自己的將來，也因此能讓別人聽見我的心聲。這些都是我等待已久的個人自由啊！（1993, p. 11）

更多的答案與資料請參考：

Beukelman, D.R., & Mirenda, P. (1998). *Augmentative and alternative communication: Management of severe communication disorders in children and adults.* (2nd ed.). Baltimore: Paul H. Brookes Publishing Co.

Biklen, D. (1993). *Communication unbound: How facilitated communication is challenging traditional views of autism and dis/ability.* New York: Teachers College Press.

(continued)

Biklen, D., & Cardinal, D. (1997). *Contested words, contested science.* New York: Teachers College Press.

Bondy, A., & Frost, L. (2002). *A picture's worth: PECS and other visual communication strategies in autism.* Bethesda, MD: Woodbine House.

134 Crossley, R. (1997). *Speechless: Facilitating communication for individuals without voices.* New York: Dutton.

Downing, J. (1999). *Teaching communication skills to students with severe disabilities.* Baltimore: Paul H. Brookes Publishing Co.

Flodin, M. (1991). *Signing for kids.* New York: Perigee.

Chapter 8
看見自閉症學生的讀寫能力
不只是看得見的文字

小男孩是如此的興致勃勃，
我知道他已準備好要學更多，
他已準備好迎接即將展開在他面前的全新世界。
但是小男孩等著再重學一次數字，
小男孩的媽媽則想用同樣的方法，
試著再教一次小男孩字母。
無論是數字還是字母，小男孩都跟平常學得一樣快。
小男孩最後知道他有了美好的回憶，
～有了令他感到自豪的回憶。
（Mukhopadhyay, 2000, p. 68）

在 1998 年進行的一份研究中，我訪談了三個患有自閉症並且有「似自閉症特徵」的高中學生，請他們談談他們求學路上所接受的課程與教學，結果三個學生都強調了他們想要也需要更多讀寫的機會。事實上，他們似乎真的很想要有更多看書的管道、閱讀的機會、對話與互動的機會，以及書寫與寫作的經驗。參與這份研究的其中一個學生 Michael，表示他將來想要當一名作家；但是，儘管他一再懇求老師讓他學習比較偏學術領域和比較有挑戰性的課程，還是無法說服老師相信與重視他的智力，幫助他改善他的寫作技巧（Kluth, 1998）。

Michael 的故事並不是少數的特例。根據過去的研究記載，很多心智障礙的學生都沒有機會學習讀寫的技能，尤其是那些重度障礙的學生。這些身心障礙學生所接受的課程，常常都著重在學習單詞

（Ault, Gast, & Wolery, 1988; Browder, Hines, McCarthy, & Fees, 1984; Lalli & Browder, 1993）。不過，最近開始有越來越多的學校或老師，注意到學生各種既有的能力與能力不足的地方，並依學生的能力提供學生學習發音與聽說讀寫的管道，以及接觸各種讀寫活動、策略與教材的機會（Colasent Griffith, 1998; Erickson, Koppenhaver, & Yoder, 1994; Kliewer, 1998; McMaster, Fuchs, & Fuchs, 2002）。

136

給自閉症學生機會：邀請他們參與讀寫課程

Colasent和Griffith兩位學者曾對三個自閉症學生進行研究，研究結果顯示，「自閉症學生對聽故事有非常正面的回應，而這樣的方式增強了他們的讀寫能力」（1998, p. 416）。在這份研究中，有一位老師讀了三篇有關兔子的故事給學生聽，並且讓學生有機會就兔子這個主題進行各種讀寫活動（例如，畫出跟故事有關的圖畫）。三篇中的每一則故事，都進行了超過三天的時間。

這三位學生以前只有上過功能性的居家生活課程與社區生活技能課程，當有機會聽故事和討論主題故事（thematic stories）時，他們的潛力就被誘發出來了。研究報告顯示，這三位學生能注意聽老師說故事，並且能在班上討論故事時，說出跟主題有關的意見。研究報告還指出，這三位學生在聽完三則故事後，都能「說出故事的名稱、他們最喜歡的角色，以及他們聽完故事後的感想」（p. 416）。此外，在聽完故事、進行了跟故事有關的書寫或畫圖活動，以及參與討論這三則故事之後，三位學生都能寫出較長的句子與段落，且能使用較艱深的字彙。

這份報告引起了廣泛的注意，其中包含了幾個原因。首先，從研究的過程我們可以很清楚的看到，三位學生原本就已經具備了許多跟讀寫相關的技能與能力，而他們的能力是因為參與了這個學習活動而有機會增強。其次，這幾個學生只是有機會參與普通班的讀寫課程而已，他們卻能在沒有「特殊」輔導策略的介入之下，讀寫能力就有大幅度的進步。不過，這份報告的第三個、同時也可能是最有趣的一個發現是，這些在短期內就有成功經驗的學生，在參與這份研究以前，「從未上過閱讀課，他們的個別化教育計畫（IEPs）也不曾列有閱讀目標，並且學生資料欄上記載的是他們『基本上沒有閱讀能力』」（p. 415）。

這份重要的研究報告忽略了一些問題，包括在研究進行之前，這三位學生的能力與技能是怎麼被忽略的？還有這幾位明顯有能力學習的學生，怎麼會被當作沒有辦法學習讀寫的人呢？從我自己的教學經驗中，我發覺有太多時候，自閉症學生都被摒除在讀寫的學習活動之外（Kliewer, 1998）。雖然有越來越多的自閉症學生在普通班級接受教育，但是，當班上在上一些豐富而有意義的讀寫課程時（例如閱讀與習寫故事、參加讀書俱樂部、演戲和其他表演、寫日記，和參與全班或分組討論等），他們還是常常被排除在外。常常可以看到在班上同學上讀寫課的時候，自閉症的學生被另外安排上不同的語言課，比如當同學在練習寫童詩或閱讀小說名著時，自閉症的學生則被安排另外做背出所看到文字的練習。

有一些老師沒有教導自閉症學生讀寫的技能，可能是因為他們不知道該怎麼教或要怎麼幫助學生學習。有一些老師則認為並不是每一位學生都有能力學習讀與寫（Koppenhaver, Evans, & Yoder, 1991），又或者是他們從來沒有接觸過為各種不同學生採行多元教學或適性教學的策略。Chandler-Olcott（in press）是一名英文教師，在她的中級英文課堂上有兩名身心障礙的學生，在她描述她自己的上課情形中，顯示出有很多老師可能會因為社會建構的障礙，而把身心障礙的學生
排除在學習讀寫的課程活動之外。也就是說，很多老師都低估了身心 137
障礙學生的能力，對學生沒有什麼信心，因為她們認為學生的障礙是天生既定的事實，而不知道有很多時候障礙是我們的社會與文化所造

成的，並且是持續累積而成的：

> 我的缺點有一部分是因為缺乏相關的知識與經驗所造成的。我只安排給學生上一堂寫作練習的課，其中完全沒有閱讀的課，這樣的安排讓我沒有能力看出學生的讀寫能力，或者提供一些課程來提升學生的能力，我對讀寫能力的發展與診斷的認識，比我所知道的讀寫技巧與文藝作品少太多了。不過，我相信那個時候我還缺少一樣更重要的東西，就是確切地知道在我的教導下，每一位學生的讀寫能力都能夠有所進步。我對身心障礙的刻板認知蒙蔽了我的眼睛，讓我看不到學生發展讀寫能力的潛力。（Chandler-Olcott, in press）

重視並建立學生多元讀寫能力：邀請全班學生一起增進讀寫能力

為了讓每一個學生都有學習讀寫的機會，Kliewer（1998）指出，老師也許需要「重新界定讀寫的意義」，摒棄社會以及自己本身對身心障礙的假設，重新看待每一個學生，相信每一個學生都有能力學習。在一個把所有學生都當成學習成員的班級裡，「每一個學生都被當作主動的參與者，在特定的情境中，共同建構讀寫技能的意義。而這個班上對讀寫技能所共同擬定的假設，即作為後來用以了解讀寫能力的核心指標」（Kliewer, 1998, p. 100）。像這種班級的老師，會質疑並挑戰學校歧視某些學生的做法（例如隔離或追蹤等），並且會創造一個鼓勵所有學生互相教導的學習環境；在這環境中，學生們可以展示他們的才能、勇於冒險嘗試不怕犯錯、互相合作學習，並且相信自己會閱讀、寫作與思考。

另外，為了給班上需求與能力各不相同的學生最好的幫助，老師必須要了解閱讀與寫作是一連串廣泛而複雜的行為。想想看下面這段

Edwards、Heron 與 Francis 為讀寫技能所下的定義：

> 從意識形態的角度來看，讀寫的定義從基本的閱讀與寫作，到使用社會上現存的符號建構出意義，包括使用視覺、聽覺與感官知覺的符號等（Eisner, 1991; Gee, 1996; Neilson, 1998）。所以，要具備廣義的讀寫能力，學生必須發展出對多元文句與表達的重要感知能力（Gee, 1996; Neilson, 1998），而這又牽涉到學生是否能理解社會與文化的本質，及個人對事物的領會，如何影響著意義的解釋與傳達（Brown, 1991; Gee, 1996; Eisner, 1991）。（2000, p. 1）

根據上面這段對讀寫定義的說法，當學生把最喜歡的電影搬上舞台表演時、標明一本書的頁數時、與人進行一段對話時、聆聽老師朗讀詩歌時、說明自己的想法時、講一個笑話時，或是學習使用溝通板或手語系統與人溝通時，都是展現了他們的讀寫能力。認清讀寫能力包含上述這些能力、技巧與行為是很重要的，尤其是當學生對一般閱讀與寫作活動感到很困難時。

有太多學校或老師，在遇到讀寫能力並沒有照著一般正常步調發 *138*
展的學生時，會認為教這類的學生閱讀、寫作、說話與傾聽等學術技能，對學生並沒有什麼好處。但是，其實如果老師擴展對讀寫能力的認知，就可以利用學生本來即具有的能力為基礎，促進學生許多方面的能力發展，並且針對學生獨特的需求與學習優勢，設計一些適合他們的學習活動。我教過一個二年級的學生 Jason，他很迷 Eric Carle（1969）一本很受歡迎的圖畫書，書名叫作 *The Very Hungry Caterpillar*。Jason 就讀於普通班，他不會說話，每天進到教室的第一件事，就是到班上的圖書室抓起這本書，把書丟在地板上做三百六十度的旋轉，然後翻看整本書（常常書都是上下顛倒著看），舔著書的封面或用臉頰壓在封面上，然後靜靜地盯著書的每一張插圖看。雖然有一些老師認為Jason這些行為很奇怪且不正常，但Jason的級任老師Knight卻覺得 Jason 的這些舉動有他的意義，並且跟讀寫活動有關，只是複雜難解罷了。Knight 老師因此透過 Jason 的這些行為，來努力增強Jason的讀寫技巧與知識。她請圖書館員把Eric Carle的其他著作拿到班上來，並且慢慢地從這些書裡，教Jason認識一些新的圖畫、字彙，還有故事的背景、劇情與人物。然後，她請Jason的媽媽觀察Jason在家裡與讀寫活動有關的行為，Jason 的媽媽告訴 Knight 老師說，當她的兒子想看故事書時，常常都會坐在他的一張紅色懶骨頭上。Knight老師聽了，就去買了一張紅色的懶骨頭放在教室，並把懶骨頭所代表的「故事信號」告訴其他老師與學生，這樣在 Jason 想看書而坐在懶骨頭上時，其他人都知道 Jason 想做什麼，並知道如何回應。另外，Knight 老師還帶領 Jason 接觸氈板，並用氈板說毛毛蟲的故事給Jason聽。因為Jason的學習優勢是動覺與觸覺學習，所以他立刻就被氈板吸引，並且開始用氈製的物品和字母，在氈板上創造他自己的故事。

要接受讀寫具有多種形式，顯然意味著老師要放棄讀寫技能發展階段這個模型所隱含的意思。也就是說，老師必須要摒除學生一定得依照同樣的方式發展，以及讀寫技能一定是按照階段一步步發展的觀念。有一位患有亞斯勃格症的年輕人 Luke Jackson，跟大家分享了他學習閱讀的經驗，他的故事證明了讀寫技能發展階段是多麼不充分的一個模型：

> 閱讀是我小時候沒有做過的事，後來等我長大些，在學校我確實在閱讀方面遇到了問題。學校給了我各種額外的協助來教我閱讀，但我就是連一個字母也記不起來。不管是誰教我和教我多少，我都沒有辦法理解。我七歲又八個月的時候，一位教育心理學家為我做了評量，但我的閱讀能力卻無法施測，因為我一個字也不會讀。評量後的隔一天，我媽媽接到

> 一通學校打來的電話，老師請她到學校走一趟，說他們有事要跟她談談。
>
> 我媽媽告訴我她很擔心，因為接到這種電話通常都表示我在學校闖了大禍，但等她到了學校，老師卻迫不及待地跟她說，老師用 *A Midsummer Night's Dream* 的劇本引導學生欣賞戲劇是怎麼寫的時候，我打開劇本，並且好像開始很順利地讀了起來，這實在是太奇怪了，不是嗎？（2002, p. 117）

Jackson不是很清楚他自己是怎麼學會閱讀的，他告訴他媽媽和學校的老師說，有一天好像有個人在他的腦袋瓜上「接上電源，打開了電燈」。他給那些教導或訓練自閉症學生的人的忠告是：「絕對不要 139
放棄那些似乎學不會閱讀的孩子」（p. 117）。

Luke Jackson 的故事真的很有意思，但是他並不是什麼特別不尋常的例子。Kliewer和Biklen（2001）透過觀察，發現很多學生似乎都是照著獨特且非常個別化的路徑學習讀寫技能。基於這個理由，這兩位研究者建議老師「重新思考讀寫能力發展的階段」，他們還用了一個隱喻來描述讀寫能力的多種發展路徑，來替代原本強調發展順序的模型：

> 我們建議以新的意象描繪個體在這社會上的象徵性存在，也就是個體之間藉以聯結而形成社區團體的關係網絡，書寫語言與其他象徵性工具應該都是構成這個網絡的一縷縷細絲。（p. 11）

如果老師摒除了讀寫能力發展階段的觀念，並且採行上述的「網絡模型」，那在讓學生參與普通班的課程與教學時，就沒有一定得先具備某些特定技能的先決條件。老師不會期待學生全部都以同樣的方式發展與學習，也不會期待學生有同樣的表現，而且老師會支持和體諒學生的個別學習差異。採納上述的網絡模型還意味著，老師會把每一位學生都當作有思考與學習能力的人來看待，相信每一個學生都具有上天所賦予的稟賦，並且能夠發覺班上學生的特殊才能，還會重視學生的個別差異，以各種不同的方法呈現教學、傳授知識和跟學生溝通，更會接納每一個學生的獨特性，以及學生所帶給班上的新技能。

融合班級的教學點子：擴展全班學生的學習經驗

下面是我自己在教導一些被貼上自閉症標籤的學生時，得到成功經驗的策略。我覺得這些策略也許是融合班級老師在為全班學生設計適切、有趣且具挑戰性課程的起始點。

把學生的興趣納入課程

我以前有一個很喜歡馬的學生，他的名字叫作Trey。Trey似乎對故事書、課本、練習簿、作業單、遊戲、電腦和美術用品都不感興趣，我很難讓他對班上的一般教材感興趣。後來我想到去買一些有關馬的雜誌來誘導Trey參與班上的活動，我希望他在下課時間或做完作業後可以看看雜誌。但是，當我買到雜誌並把雜誌拿給Trey看時，我的計畫破滅了。這個計畫不只是無法讓Trey參與課堂活動，還讓情況變得更糟糕。雖然看Trey拿到他的新「教科書」那麼興奮時，我們真的覺得很高興，但當教室裡有了這些關於馬的雜誌後，他似乎完全無法專心上課。他一進到教室裡，就會在他的抽屜翻找雜誌，並且一整天都會不斷地看那些雜誌。

Trey當時就讀國小二年級，後來我跟他的級任老師剪下雜誌上的照片，用這些雜誌的照片為他量身製作課本，這個問題才獲得解決。我們用馬的照片製作了一本社會課本（當時上課的主題是運輸，所以
140 我們剪下馬拖著車和人騎在馬上的照片）；數學課本則以跟馬有關的題目編成習題，讓Trey練習加法和減法（如兩隻馬加上三隻馬，一共是五隻馬）；英語課呢，我們就用每一課的單字，編成一篇跟馬有關

的短篇故事。Trey 很喜歡這些改編後的教材，開始可以坐在位子上跟班上同學一起學習，並且當他坐立不安時，能夠快速翻看他的課本。就這樣，透過一再地跟著老師與同學閱讀他的教科書，Trey 終於能夠參與課程，學習新的字彙與觀念。

自閉症的學生常常都會有長時間吸引他們注意力和令他們非常感興趣的事物，比如有些人喜歡火車，有些人喜歡看地圖，有些人則可能對電燈開關著迷。有一位自閉症患者 Stephen Shore（2001）跟大家分享他的經驗，說他以前有某一段時間，對一些事物特別感興趣，包括飛機、醫學、電子學、心理學、地理學、手錶、天文學、化學、電腦、音樂、頭髮、指壓按摩、腳踏車、機械、五金製品、石塊、貓、瑜伽、地震、電流、工具、地質學、恐龍，還有自閉症等。

像這些讓學生感興趣的事物，老師很容易就可以融入融合班級的課程。比如說，如果學生對飛機感興趣，那就可以請他（她）寫一篇關於運輸的故事、研究飛機的發展史，或是請他單獨寫一篇研究報告，探討飛行員 Bessie Coleman 或是 Charles Lindbergh 的故事。另外，老師也可以用學生原有的這些興趣，引導他（她）把興趣延伸到其他新的主題或事物，例如，我認識一個很喜歡談論天氣的學生，他的英文老師把他對天氣的興趣轉移到讀寫活動，這位老師告訴學生每天報紙上的某一個篇幅有當天的天氣報導，然後慢慢引導學生閱讀報紙的其他文章。過了一段時間之後，這位學生開始也對體育新聞感興趣，並且每天都很期待查看當地體育運動比賽的訊息，和各隊的比賽結果。最後，這位老師甚至引發了他對運動傳記文學的興趣。

把學生的興趣納入課程可以幫助老師跟學生建立更好的關係，而且依學生興趣所設計出來的課程與教學，會對學生比較有意義，還可以幫助老師欣賞和了解學生所創造出來的作品。就像 Stephen Shore 所說的，了解學生的興趣也可以讓老師想出一些點子，來提供學生更適切、更有效的協助：

> 二年級的時候，老師出了一份作業，我寫的是一篇關於一些小貓咪的故事，故事裡的貓咪一會兒是貓咪，但一會兒又變成小狗狗。在故事裡，這些小貓咪實際上非常受歡迎，每一隻要花四萬七千美元才買得到，這在那時相當於一幢房子的錢。這個故事的靈感是從我自己當時生活中所發生的事件得到的，我寫作的時候剛好對貓特別感興趣，因為我們家養的許多隻貓當中，有一隻最近剛生了五隻小貓咪，另外剛好又有一隻小狗狗加入我們家，然後，我們家的房子就是以跟這些虛擬的貓咪同樣的價格在市場上出售的。
>
> 我的老師並不把我寫的這篇故事當一回事，因為她覺得我寫得太幼稚了，可是，如果她能在下結論前，先問問我怎麼會想寫這樣的一篇故事，也許她就會比較能夠理解，並且能夠進一步幫助我把這篇寫作作業寫得更好。（2001, pp. 74-75）

■運用視覺輔助教材教具

雖然有些自閉症的學生可以聽從口語的指示學習，但還是有一些需要額外的資訊輸入管道來幫助他們學習。老師可以提供各種視覺教材，透過提供視覺的資訊來上課、帶領班上討論，以及講解課程內
141 容。如同自閉症患者 Donna Williams 所說的：「我可以毫無困難地讀一篇文章，只是我總是透過圖片理解文章的內容。」（1992, p. 25）Williams 還跟大家分享了她對學習心理學產生「好感」的原因，不只是因為心理學引發了她的興趣，而且跟她的個人經驗有關聯（曾有很多位心理醫師和精神科醫師評量過她的能力），還因為她的心理學教材上有很多的視覺圖示：

> 心理學有很多主題是跟探討事情是怎麼運作有關，尤其是心智這個主題，對我來說好像是在看一件物品是怎麼在系統中運作的。相對來講，系統是比較可以預測的，所以感覺上好

像比較有保障，我尊敬這一種學問。另外，心理學的教科書裡頭有很多的照片與圖表，這讓書裡的其他文字變得比較容易懂。（p. 119）

表 8-1 就提供了一些可以幫助學生透過視覺學習的方法。比如說，當學生在讀一篇小說時，老師可以把故事的劇情按照發生的順序，畫出一個故事大綱表，提供給自閉症的學生（甚至是全班學生）參考。在教學生比較與對照發生在歷史上兩個不同時期的事件時，可以畫文氏圖來幫助學生理解。照片或圖畫則可以用來解釋生字的意義（例如用一張一個人氣得面紅耳赤的圖片，來解釋憤怒這個生字的意思）。另外，可以讓學生一起製作這些視覺圖示，這樣可以讓全班學生都更加了解課文內容，並且讓有藝術天分和視覺學習優勢的學生，有機會展現自己的才能。

表 8-1　能幫助學生學習的視覺輔助教材教具

具體實物（如地球儀、木偶、立體模型等）
示意圖
圖表
圖解
照片或圖片
老師或學生在黑板上畫圖
架構表（如故事地圖）
課程講綱的幻燈片或投影片
手勢（如在給學生三分鐘的休息時間時，舉起三根手指表示）

Temple Grandin 是一名自閉症患者，她注意到有很多自閉症的人都跟她一樣很難用非圖像的思考方式學習：

譯註：文氏圖是數學中用來說明集合之間的關係圖，為英國邏輯學家 J. Venn（1834-1923）發明。例如圖中指出集合 A 是集合 B 的子集合，B 不包含 C 的任何元素，即 B 與 C 沒有相交。

> 對自閉症的孩子來說，名詞是最容易學的，因為名詞都跟具體的圖像有直接的關聯。
>
> 表示空間方位的詞語，像是「在……上方」和「在……下方」對我來講，實在沒什麼意義，直到有一天我用一個視覺影像把這些形容空間的詞固定在我的腦海裡之後，我才能理解空間的概念。即使是現在，當我聽到「在……下方」時，我的腦袋還是會自動浮現一幅空襲預演時，我躲在學校餐廳桌子底下的畫面，這是在1950年代前期美國東岸經常發生的事。（1995, p. 2）

對很多自閉症的學生來說，抽象的語言和觀念真的很難理解。不管上什麼課，老師都可以運用視覺訊息來幫助學生學習，尤其是在講解抽象的觀念或想法（如漂亮、共產主義等），或使用譬喻（如「鑽
142 石般美麗純淨的心」、「下起傾盆大雨」、「暴跳如雷」等）、俚語（如「搞什麼？」、「滾出去！」等），或是有多重含義的語詞（如你能不能……？、走路等）時。還有，很多自閉症學生也聽不懂笑話或其他形式的幽默語，需要有人解釋給他們聽（例如挖苦人的玩笑、雙關語和嘲諷語等）。

寫下來

圖表並不是幫助自閉症學生更清楚上課內容及更有效溝通的唯一方法，書寫文字也是一個很有效的視覺輔助工具。當老師在用口頭說明事情時，可以把說明的重點寫在黑板上，也可以在黑板上設計一家庭作業欄，讓學生輪流到黑板上記下當日的功課，另外，老師還可以跟學生一起張貼和更換每一天的作息時刻表（如果可以的話，用代表性的貼紙或磁鐵來代表每一種活動）。

事實上，有很多自閉症的學生對文字的理解比口語來得好，有一位自閉症患者 Wendy Lawson 對於為什麼會這樣，提出了她的見解：

> 我發現要理解書寫的文字比理解口語的話語容易多了。跟瀏覽書面的文字比起來，我必須花多很多的時間來處理對話中的訊息，想出話語背後所代表的意義。我想這是因為我同時還必須觀察說話者的臉部表情，還有他們的肢體語言的緣故。（1998, pp. 9-10）

我認識一位學生，他發覺他用書寫文字跟別人溝通比較順利，這對他來講很重要，所以他要我盡可能地在紙上跟他對話，即使是很短暫的交談，他也希望能在紙上進行。他是用打字的方式簡短地表達，而我則是用手寫的方式跟他交談。雖然並不是每一次他要求這麼做時，我們都能以這種方式交談，但只要時間許可，我都盡量試著用文字跟他對話。他覺得比起那些口語的對話，用這種在紙上交談的方式比較能夠讓他平靜而舒服的進行對話，也比較容易了解對話的內容。

這位學生的中學老師也發現，文字溝通方式（written conversations）提供了絕佳的管道，讓她幫助這位學生學習讀寫的課程。比如說，我和這位老師每一週都會在我們跟他書寫溝通的訊息中，加入一些新的字彙，也會利用這些自然的機會，教他書寫表達（written expression）的技巧。另外，因為打字和書寫文字並不一定都能把語氣、情緒與抑揚頓挫表現出來，也看不出語調升高和壓低等的改變，所以我們還需要教他怎麼傳送這類的訊息給他的溝通夥伴。雖然沒有口語的交流，我們還是教會他用一些標點符號來表達或強調他的語氣，比如說引號、驚嘆號、問號等，還有教他描寫事物的技巧。這位學生後來還教他的同學如何用書寫文字與人清楚的溝通，他的同學們都因而改善了每週跟網友互通電子郵件的寫作技巧。Keefe（1996）建議老師可以用這些「文字溝通」的方式，來幫助全班學生發展出個別化的訊息理解、組織與儲存策略；至於學生，她則建議用完整的書寫文字來跟別人進行對話。

大聲朗誦

幾乎每一位小學或國中老師，都會在上課時跟學生分享某本書或
143 某篇文章的段落。這個分享活動是增進學生學習語言最簡單的方法之一，包括自閉症的學生。接觸書寫文字教材（Koppenhaver, Coleman, Kalman, & Yoder, 1991）與用書寫材料與人互動（Koppenhaver, Evans, & Yoder, 1991），能夠增強身心障礙學生的讀寫技能。而讀出文字給學生聽則能讓他們的口語更加流利（Blau, 2001），讓他們有機會學習各種文字內容（Blackman, 1999; Mukhopadhyay, 2001），還可以讓他們接觸各種不同的題材，這對那些不會自己選擇題材的學生來說，幫助更大。

大聲讀出來除了可以增強自閉症學生的讀寫技能外，還可以幫助他們學習更多的語言與人際互動。有很多自閉症學生對解讀肢體語言與情緒感到困難（Blackman, 1999; Lawson, 1998; Shore, 2001），藉由傾聽老師語帶感情的朗誦，學生可以更加了解口語，或老師分享的文章內容所隱含的情緒、臉部表情，及音量、語氣和聲調的抑揚頓挫等。比如說，當老師讀到有一個小孩在跟他的哥哥打架時，學生就有機會複習跟生氣有關的語彙，如果老師帶著感情朗讀，那學生就可以看到一個生氣的人可能有的臉部表情和肢體動作。

朗讀文章給學生聽還可以幫助他們更加了解文字內容，並且可以讓他們學會自己朗讀。有一個自閉症患者 Tito Rajarshi Mukhopadhyay，跟大家分享了他媽媽朗讀故事給他聽的習慣所帶給他的影響，他不只因而得到一些訊息，還因此能夠自己獨立朗讀：

> 我學習的主要管道是靠媽媽朗讀文章給我聽。因為我沒有辦法長時間專注的看書，所以不管是課本還是故事書，都必須靠媽媽讀給我聽。儘管我能從媽媽讀故事中學到一些東西，我們還是需要再往前進一步，不能停在原地沒有進步。（有一位老師）教我學習怎麼閱讀……當她朗讀文章時，我必須

> 很自然地跟著她的速度讀她所唸到的文字。慢慢地，我的專注力改善了，我可以看完一整頁文章而不分心。媽媽在家裡也用這個方法幫我練習閱讀，結果不到一個月，我就讀完了一本兩百頁的書。我一天大概讀七頁，是跟我媽媽兩個人一起讀的。（2000, p. 75）

就像 Mukhopadhyay 所說的，跟學生一起讀也是一個很有用的教學方法。老師可以請學生跟著老師一句一句的複誦（echo reading），或請全班學生跟著老師一起齊聲朗誦（choral reading）。這些方法不僅提升了學生朗讀的流暢性（Blau, 2001），同時也促進了全班學生的參與，因為有一些學生在跟大家一起朗誦時，會對自己的表現比較不那麼在意或忸怩。雖然複誦和齊聲朗誦可能在小學比較常見（如朗讀有韻律的詩歌），有創意的中學老師還是可以找到一些方法，在班上實施這些做法。我就認識一位數學老師，他教學生玩一種「說相聲」的遊戲，以聖歌般有節奏的詩句，吟誦出數學的上課內容「什麼是角」：

老師和學生一起：什麼是角？
老師：角！
學生：角！
老師和學生一起：什麼是角？
老師：當兩條線有同一個終點時， 144
學生：當兩條線有同一個終點時，
老師：就構成一個角。
學生：就構成一個角。
老師：幾條線？
學生：兩條線。
老師：那，兩條線的終點叫作什麼？

學生：頂點。

老師和學生一起：兩條線的終點是頂點。

老師：頂點？

學生：頂點！

老師：構成角的兩條線叫作邊。

學生：邊。

老師和學生一起：這就是角！

這位數學老師還讓學生站起來邊走邊唸，甚至有時候是以唱「饒舌歌」的方式進行。後來，老師讓學生根據數學課的上課內容，寫出他們自己的韻文、詩歌或饒舌歌。

尋求教學的自然情境

9月1日那天，Bob加入Shey老師的班級，Shey老師在一開始接觸Bob時嚇了一大跳，因為Bob已經十二歲了，卻還只能讀和寫幾個字。Bob 在進到 Shey 老師的班級之前，從來沒有正式接受過閱讀訓練，他媽媽說在過去的五年裡，Bob所屬的班級總共只上過十二本書！Shey老師在了解了Bob的情況之後，就馬上開始設計課程與教學，來幫助Bob在各種情境之下，和上各門學科時，都能夠學到一些讀寫的技能。同時，她也開始在每一天的作息中，尋找一些自然的情境來增強Bob的讀寫能力。比如說，她要求Bob每天早上從班上圖書室的藏書中，找一則笑話或一首詩寫在黑板上，Bob 因此每天都提早幾分鐘到學校，完成老師交辦的這項任務，然後老師會額外花五分鐘的時間，用Bob所抄寫的笑話或詩詞教他使用標點符號、練習發音和一些文學技巧等（請參看表 8-2）。

另外還有一個生物老師，他要求班上的一位自閉症學生 Shu-li，每天跟班上同學宣布當天的「每日一字」，希望透過這個方式來幫助Shu-li 發展她的讀寫技能。在 Shu-li 唸當日的生字與生字的意義給全班同學聽時，班上的其他學生就輪流試著在圖表上畫出 Shu-li 唸的字的意義。這個與藝術結合的團隊合作活動，常常給班上帶來許多笑聲，因為有些字很難用畫圖的方式來解釋它的意義，比如說光合作用和減數分裂等。雖然一開始這個活動主要是為了加強 Shu-li 的讀寫技能而設計的，但最後全班學生的字彙能力都因此增強了，這位老師在上每一堂科學課時，都驗證了這項活動的成果。

在班級的日常作息與班務工作中，也可以找到讓學生練習讀寫技能的機會。有一位小學老師有時候會利用處理班務的時間，讓班上的自閉症學生 Maria 數出當天訂餐的人數。數出舉手的人數，還有把總數正確地記錄在對的地方，對增進 Maria 的讀寫技能與數數能力都很有幫助。為了幫助 Maria 能夠順利地完成這項很重要的班級工作，老師把午餐登記表的重要部分先用螢光筆標示出來，並且在她數訂餐人數之前，讓她有事先「預演」的機會，先練習讀出表單上的菜色（Kinney & Fischer, 2001）。 *145*

還有另一個可以自然而然地把練習讀寫技能融入班級活動的方

表 8-2　可用來提升學生讀寫技能的自然情境

撥出一些時間說些笑話，以及簡短地分享發生在生活中的小故事。
創辦班刊，可以用傳統的印刷方式，或在網上架設網頁。
請學生在黑板上寫一些訊息（例如日期、天氣狀況、謎語、每日重要新聞、每日小問題等）。
給學生一些時間，讓他們以書寫或打字的方式互傳紙條。
請學生（在黑板上或在各自的座位上）把課程內容或分組討論的結果畫下來，或以圖表標示出來。
讓學生交短短幾個字的心得報告，記下今天他們在課堂上印象最深刻的事。
請幾個學生到教室前面，介紹今天老師邀請來班上演講的講師或來參訪的客人。
把測驗卷與作業單上的作答說明大聲的唸給需要協助的學生聽。
請學生做一些跟讀寫有關的班務工作，比如登記午餐訂餐人數、寫日期、記錄班上同學出席狀況，和檢查餵養班級寵物的工作等。
設置一個班級意見箱，讓學生輪流負責讀出同學提出的意見。

法，就是跟學生一起檢討當天的作息時間（請參看圖 8-1）。透過檢討當天的課程表或是作息圖這樣的固定活動，能讓學生有機會表示和分享意見、傾聽老師與別人的意見，以及閱讀最後的結果，而且還會讓學生有參與感，並對當天的作息更加清楚。此外，了解當天的作息與知道接下來要做什麼，會讓很多自閉症的學生（還有很多沒有接受鑑定或沒有明顯障礙的學生）感到安心。就像自閉症患者 Wendy Lawson 所說的，有充分的資訊與固定的作息，對她處理事情與規劃安排作息是很重要的，她說：「有人告訴我『你不知道要做什麼並不會對你造成傷害』，但如果我知道什麼時候該做什麼和什麼時候該停，並且清楚規則、規定和明確的結構是什麼，會讓我更了解，並因此能夠有更適當的回應。」（1998, p. 110）

跟學生一起查看和檢討當天的作息時刻表，除了可以給那些需要額外協助的學生讀寫練習的機會，還可以讓班上的每一位學生每一天都有一個有條理、有組織的開始。有些學生甚至會把當天的時刻表記在筆記本上，好讓他們一整天都可以回頭查看作息，提醒他們當天所要做的事情。如果學生沒有辦法自己抄寫，老師可以影印一份給他。

四月十四日，星期一

8:30 - 9:00	導師時間和朝會
9:00 - 9:50	寫作練習
9:50 - 10:40	語文課
10:40 - 11:30	數學課
11:30 - 12:20	午餐和自修時間
12:20 - 1:10	社會課
1:10 - 2:00	自然課
2:00 - 2:50	音樂課

圖 8-1　一天作息時刻表的範例——可以作為幫助自閉症學生的重要工具

提供多樣性的閱讀教材

社會上對自閉症患者流傳著一個很普遍的迷思，就是以為他們沒有想像力，並且缺乏創造性思考的能力（Kanner, 1943）。就是因為這個迷思，有一些老師可能會認為自閉症或亞斯勃格症的學生對聽故事或看故事書不感興趣。有一個非常迷 Harry Potter 的亞斯勃格症患者 Kenneth Hall 表示，他跟其他許許多多的亞斯勃格症患者都很喜歡看故事書：

> 我花很多的時間看書，因為它是我最喜歡做的事情之一（原文如此）。到目前為止，我已經讀了好幾百本的書了，如果書是食物的話，我現在應該很胖很胖了。沒有人教過我要怎麼看書，我是在很小的時候自己發現要怎麼讀的，從那時候開始，我就一直很享受看書的樂趣。現在我有超過四百本的書，我把作者姓氏的第一個字母按照順序排列。
>
> 有一些人說亞斯勃格症患者比較喜歡看寫實的書，這絕對不 146
> 是事實。我估計大約有 97%的亞斯勃格症患者比較喜歡看故事書，我自己最喜歡看的是歷險故事，我真想變成其中一本書裡頭的角色，來一趟冒險之旅。有時候，我會一次又一次地讀同一本書，我最喜歡的書中，有一些我大約重複讀了五十到五十五次。（2001, pp. 35-36）

然而，確實有其他一些自閉症患者與亞斯勃格症患者表示，他們不知道為什麼，就是覺得看非故事性的讀物（nonfiction reading materials），跟看故事書或其他故事性的讀物比起來，比較舒服，也比較輕鬆。讓我們一起思考一下下面這段亞斯勃格症患者 Liane Holliday Willey 所說的話：

> 大概從我八歲以後，只要是陳述事實的文章，我都能完全理

> 解，而且看得懂裡面的每一個字。跟事實無關的故事我就比較難理解，因為讀這種故事時，我必須要去想字面以外的意義。我比較喜歡讀傳記，所以儘管那時候圖書館員一直要我借其他一些新的、不同類的書，我還是把圖書館裡全部的傳記都看完了。我喜歡讀真實人物的故事，看他們真實的人生經驗，不管是誰的傳記，Babe Ruth 也好，Harry Truman 或 Harriet Tubman 也好，只要是傳記我都喜歡。我對圖書館裡的其他館藏，如棒球、政治或其他社會議題等，就是沒辦法像我對真實的故事那麼感興趣。即使是現在，當我在圖書館的書架上看到我以前看過的那些傳記時，我的心裡都還會浮現當初看這些書時舒服的感覺，它們對我深具意義。（1999, p. 24）

老師若提供各種不同的閱讀教材供學生選擇，並且調查學生比較喜歡哪一類型的讀物，就能夠增加每一個學生在學校裡閱讀的機會。應該讓學生在學校隨時可以接觸到不同類型、不同程度甚至是不同格式（如報紙、小冊子等）的讀物。雖然這個建議可能對有些人來說很平常，但我就曾經遇到一個同事，她一直都不覺得有必要準備各類不同的讀物給學生看，直到有一年她遇到一個學生，這個學生喜歡看燕麥片包裝上的文字勝過任何其他她提供給他的「讀物」。後來為了滿足這個學生的需求，她蒐集了好幾十個燕麥片的包裝盒，並針對這些紙盒上的文字設計一些學習活動。在她的誘導下，這個學生最後學會了用課堂上所學到的文字，設計出他自己的包裝盒。他所設計的產品
147 包括「啵啵甜汽水」、「查理與巧克力工廠洋芋片」和「海鸚可可」等。另外還有一個類似的例子，就是那個喚起導演拍「雨人」的靈感的自閉症患者 Kim Peek，他既喜歡看故事書，也喜歡看非故事性的讀物，包括唱片的封套、光碟上的標籤、錄音帶盒子上的資訊、古典和當代音樂的目錄、年曆、電話號碼簿，還有百科全書等，他都喜歡看

（Peek, 1996）。

幫助學生理解

很多老師跟我說，他們班上的自閉症學生雖然可以看書，但是都看不懂。要回應這樣的說法不是那麼容易，其實有很多自閉症學生確實了解他們所讀的文字內容，只是無法把他們所知道的清楚地表達出來。也就是說，有一些自閉症學生只是看起來好像無法理解文字內容而已。因為自閉症患者患有動作差異與溝通差異，他們可能沒有辦法用一般的方式回答問題與表達他們的想法。有一些可能是因為找不到適切的字來回答關於閱讀理解的問題（或任何其他問題）；有一些則是知道答案是什麼，但當被直接問問題並被要求回答時，又表達不出來。有些學生可以毫無困難地讀完一篇文章，並且確實了解文章的內容，但卻無法針對文章的內容做討論，這對有一些老師來說可能很難理解。就算是知道有些學生的理解與表達連貫不起來的老師，也很難找出方法來幫助學生把他們知道的表達出來。

如果老師不太清楚學生的理解能力，可以透過很多方式讓學生把他們的理解程度展現出來。比如當問學生一些關於閱讀理解的問題時，老師可以試試下面的幾個方法：給學生充分的時間回答（一分鐘或甚至更長的時間）；除了把問題說出來之外，也把問題用文字的形式寫下來；讓學生以書寫或圈選的方式代替口語回答；用唱歌的方式，或用有趣的聲音與不同的腔調提出問題（Williams, 1996）。

當學生似乎完全無法回答閱讀理解的問題時，老師可以用其他的方法讓學生把他們知道的表現出來。比如可以叫學生以畫圖或指出圖片的方式回答（不過這對自閉症的學生來說可能也有些困難），也可以讓學生用符號、手勢，或以話劇的方式，把書中的一個場景「表演」出來，還可以讓學生把書中的關鍵片段，製作成一個透視畫，或就與文章內容相關的主題，創作一幅拼貼畫或水彩畫。

如果上面的方法都沒有辦法測出學生的理解能力，還是要繼續讓學生有機會接觸書本，有機會閱讀和學一些學術領域的知識，因為自閉症學生往往都是以他們自己獨特的方法來展現他們的理解。比如說，有一個高中老師，在因緣際會之下，讀了一本自閉症患者的傳記 *Thinking in Pictures*（Grandin, 1995），給一個重度障礙的學生聽之後，才發覺學生的理解能力的。在她開始讀這本書之前，她的學生每次上課只能在座位上坐不超過十五分鐘的時間（閱讀課或其他課程活動都是如此），但是自從她開始唸這本關於自閉症的書給學生聽之後，這個學生可以一直很專心地坐在座位上超過五十分鐘。這位老師說她從來沒看過她的學生這麼乖、這麼安靜地坐者，她覺得是因為學生對這本自閉症的傳記有興趣，並且能夠理解文章內容的緣故。後來她又選了其他本書繼續唸給這個學生聽，學生對其他本書的反應也都很正面，尤其是與自閉症或身心障礙有關的書。在她還沒有確定學生的理解能力而一直在找方法測出學生的理解能力時，她並沒有讓學生失去接觸書本的機會。

148 至於那些真的需要一些協助才能理解文字內容的學生，又該怎麼幫助他們呢？前面我們已經討論過，有些學生有理解優於表達的情形及幫助他們的方法，但我們仍必須承認，還是有很多自閉症學生（與一些不是自閉症的學生）需要一些方法來幫助他們理解課文內容（Rosinski, 2002）。自閉症的學生可能不太會預測事情接下來會怎麼發展，想像不出文字內容所描述的事件，和找不出文章的主旨。另外，還有一個自閉症孩子的母親發現，有一些自閉症的學生很難從文章細節中找出重點：

> 我兒子讀五年級的時候，要寫一份有關 Benedict Arnold 的報告，我看了一下他寫的草稿，發現他幾乎把 Arnold 一生所有的事蹟都寫進去了，只有一件事他沒寫到，就是 Arnold 為了

譯註：Benedict Arnold 是美國革命軍的將軍，生於十八世紀。

> 一萬英鎊與英國皇家海軍的職銜，背叛革命軍而投效英軍的事情，我問他是不是漏掉了什麼重要的事件，他回答我說：「可是每一件事都是重要的啊！」（Rosinski, 2002）

為了提升學生的閱讀理解能力，老師可以幫助學生在閱讀的時候檢視自己是不是真的了解。有一個老師在帶領全班閱讀時，常使用有聲思考法（think-aloud）（Harvey & Goudvis, 2000; Wilhelm, 2001）。這個方法就是老師把文章內容唸給全班學生聽，並且示範自己是怎麼理解文章的，例如針對文章內容問問題、推斷可能結果、判斷重點訊息，以及把文章內容跟作者背景資料連結起來等。所選的文章或段落文字，應該包含一些學生可能會覺得比較困難的訊息、觀念與字彙，並且要鼓勵學生在老師大聲朗誦時，靜靜地跟著老師朗讀與思考的內容閱讀。

老師可以參考下面這段話作為開始，「這本書的書名叫作 *Tales of a Fourth Grade Nothing*，所以我想它應該是一本有關四年級小朋友發生的故事，當我看到書封面上的圖片時，我猜想這本書的主角可能是一個小男孩和一個小女孩，封面上還有一間教室的圖片，所以我想這本書所描述的故事應該有很多是發生在學校。」有一些老師甚至會把他們的思路寫在紙上，以圖表標示出來，這樣學生就可以一邊聽老師說，一邊看到老師的思考過程。

老師在教學生這個有聲思考的方法之後，還可以再進一步把學生分組，讓學生跟著其他組員一起閱讀文章，並且讓他們互相討論他們的想法，和分享他們各自用來幫助理解文章內容的方法（請參看本章所附的參考書目，查看更多關於有聲思考法的訊息）。

以戲劇的方式講述一篇故事或一段文章，也可以增強學生的閱讀理解能力。比方說，老師可以在讀到某篇故事或某個段落時，讓學生把文章中的某些片段演出來，如果是低年級的學生，可以讓他們演出故事書裡的片段，若是高年級的學生，則可以鼓勵他們把在歷史課本上讀到的史實表演出來。

另外，也可以讓學生彼此幫忙理解課文內容，比如有些老師會讓學生進行「互助教學法」（reciprocal teaching）（Palinscar & Brown, 1984）。互助教學法基本上是以老師與學生互相交換意見的方式進行，討論的過程中使用了四種方法：摘要、提問、澄清與推測。在這個活動中，老師和學生輪流扮演「老師」的角色，引導其他學生交換意見。

等學生熟悉了互助教學法之後，邀請他們當「老師」，引導其他同學就新的題材進行意見交換。在這個階段，老師的角色從原來的直
149 接提供指導，變成在旁促進學生互動、監控討論的過程，與就學生的表現提供意見。等到學生對這個方法更熟悉之後，可以讓學生兩人一組，或把全班分成幾個小組，讓他們相互教導，並輪流發問、做摘要、推測、澄清，和大聲說出他們閱讀時的思緒。

讀寫能力與缺乏有效溝通能力的學生

在Biklen（1992）的代表性著作*Schooling Without Labels*一書中，敘述了一個小時候曾經在教養機構生活過的男孩Melvin的故事，Melvin 沒有辦法以說話的方式跟別人溝通，機構裡有很多人都把 Melvin 當作是「壞孩子」和「患有重度心智障礙的孩子」。八歲那年，他被一個婦人領養，他的新媽媽看到的Melvin卻不是像記錄上寫的那樣。根據他媽媽的說法，Melvin 在加入她家、學校與社區之後，搖身一變，成為一個「聰明的小朋友」（p. 24）。Melvin的故事引起大家的注意，其中尤其令人感興趣的是 Melvin 既然從小就有複雜的讀寫行為，怎麼會被看作是沒有能力學習的孩子呢？比如說，當Melvin還住在教養機構時，他（在那個時候只認得五個手語所代表的意思）就能夠從機構裡溜出去，自己到附近的餐館點一份午餐：

當他還只有五歲時，他從他在機構裡所屬的單位搭乘電梯到一樓，經過行政櫃台的接待處，然後走出大門。一個小時之後，櫃台的接待員接到一通從坐落在兩條街外的麥當勞打來的電話，從機構到那家麥當勞要穿過兩條繁忙的街道，打來的人說：「我們這裡有一個小男孩點了一個漢堡，我想他是跟你們的職員一起出來的其中一個小朋友。」當機構的職員趕去接他回來時，發現他製作了一個「吃」的牌子。很明顯地，他知道自己要去哪裡，並且知道他自己要做什麼。（1992, p. 21）

Melvin 從機構搬到他的新家之後，他的讀寫能力就一直有所進展，他的媽媽對他的能力感到相當訝異：

（他的媽媽）帶他一起去教堂，禮拜的儀式有加手語做註解，所以Melvin很注意聽，他搬去跟他的媽媽住還不到三個月，他就已經學會了兩百個手語，而之前他只認得五個。（1992, p. 22）

還有另外一個例子，就是有一次 Melvin 的媽媽看到 Melvin 在看一本書，她就一直盯著他看，她對 Melvin 的這個舉動感到很震驚。Melvin又一次的展現了讀寫的行為，並且更重要的是，這次他的媽媽確定他是有複雜思考能力、有覺知的聰明小孩：

他安靜地坐在沙發上看著一本書，邊看邊哭，我想不出究竟發生了什麼事，他從來沒有片刻這般安靜過，或者至少可以說很少有那麼安靜的時刻。我只是這樣看著他，什麼話也沒說，他正在看Burt Blatt的一本書，書名叫作*Christmas in Purgatory*（1966，是一篇報導心智障礙機構內的虐待事件的文

> 150 章）。他抬起頭說：「大房子。」他好像認出這是在寫關於他曾經待過的地方。我坐了下來，和他一起把這本書看完，他只是邊看邊哭。當時他還不太會說話，所以這件事真的讓我大吃一驚……他一次又一次的表現，讓我覺得他彷彿在告訴我：「不要低估我的能力，不要用你們外在的眼光判斷我。」（1992, p.28）

Melvin的故事有很多地方值得我們注意。就如同Biklen所說的，這是一則很重要的故事，從這個故事我們可以看到Melvin進入社區、家庭與學校的顯著改變，這也就是融合理念的具體實現，我們也看到了 Melvin 的媽媽看見 Melvin 的優點，並質疑大家原本所認定對他的了解，讓Melvin用他有限的方法，帶領她一步步看到他所知道的事情（Kliewer & Biklen, 2001）。這個故事讓我們看到了一件很重要的事情，就是不管過程有多緩慢、多艱辛或充滿著許多不確定，我們還是要幫助那些無法跟人清楚溝通的學生，發展他們的讀寫能力。

老師應當假定學生是有能力學習的個體（Biklen, 1990），並且要了解教導他們讀寫的技能，是一個幫助缺乏有效溝通能力的學生的方法，即使是對那些看不出能力的學生也是如此。為身心障礙的學生安排課程時，必須以「最小傷害的假設」為基礎（Donnellan, 1984），也就是為他們設計學習經驗時，要秉持著以下的信念：「身心障礙患者跟我們一樣都是『人』，我們應該要以對待健全人士的態度對待他們，給予他們相同的體貼與關心」（p. 98）。如果老師秉持著最小傷害的假設，就應該時時思考一些問題，包括：「如果我把這個學生當作是可以學習讀寫技能的孩子，那他的課程該怎麼安排呢？」還有，「因尚未確定而相信學生有學習能力，這代表著什麼意義呢？」我們一定要讓每一個學生都有讀寫的經驗，不管他們被貼上什麼標籤，所以我們的教學應該包含演戲、美術與動作等形式，讓學生透過這些方式與人溝通；我們還應該要讓他們嘗試各種不同的輔助溝通技術與方法，讓他們跟同儕有社交性的互動，讓他們參與課程，聽老師上課或聽大家討論，還有讓他們可以看到、聽到和仔細查閱各種不同的書和教材。

要幫助那些缺乏有效溝通能力的學生發展他們的讀寫能力，讓他們參與融合班級或許是最重要的環節。看一看下面這個例子，Rebecca是一個五年級的學生，患有自閉症，「基本上不會說話」，評估過她的一些專業人員都認為她「尚無讀寫能力」（Kliewer & Biklen, 2001）。她的老師決定要讓她融入班級參與班級活動，就請班上學生一起腦力激盪，想想看要怎麼讓 Rebecca 一整天都有參與感，結果班上的一些女生想到寫紙條的方式（學生常常都會在上課時互傳的那種），老師回憶起從那之後，同學就開始傳紙條給 Rebecca，然後幫她打開讀給她聽。經過一段時間之後，老師注意到當同學在把紙條的內容唸給 Rebecca 聽時，Rebecca 顯示出興味盎然的樣子。有時候紙條上會問 Rebecca 一些問題，像是「你喜不喜歡 James？喜歡？還是不喜歡？」這類的問題，然後同學就會要 Rebecca 回答。Rebecca 會以點頭的方式回答一些問題，後來這些小老師做了一個是／否的牌子，並且繼續用寫紙條的方式，設計其他各種不同的讀寫活動。

> 單只是一學年的時間，Rebecca 就已經從原本被認為不會使用象徵符號，變成會用象徵符號來跟班上的朋友互動。Foster（Rebecca 的老師）在跟 Rebecca 建立關係之前，沒有到處去查問 Rebecca 對抽象符號的理解與使用能力，而是直接讓她有機會接觸抽象符號，卻因此扭轉了傳統方法所評估的結果。Foster 讓 Rebecca 進到班級跟同學互動，因而讓她有機會展現她對抽象符號的讀寫能力，就這層意義來說，在學生展現出某個智力程度之前，就應該讓學生參與社交互動，並且應該以更抽象的概念來看Rebecca，比如說，把Rebecca看作是一個有思考能力、有參與感和有吸引力的人。（2001, p. 151

6）

表 8-3 列了一些幫助缺乏有效溝通能力的學生發展讀寫技能的方法。

表 8-3　幫助缺乏有效溝通能力的學生發展讀寫技能的方法

在以圖片標示的課程表與溝通系統上，加上一些文字／標記。
在播放錄影帶或電視教學節目時，播放緊扣劇情對白的字幕。
朗讀課文給學生聽，並且讓學生（如班上同學、高年級的小老師等）互相讀給對方聽。
鼓勵學生互相幫助，並且彼此交談與分享想法。
確保缺乏有效溝通能力的學生全面參與班級的生活圈（如同學之間分享秘密、說說笑話等）。

總　結

有一個自閉症的青少年 Jamie Burke 說，擁有豐富資源的融合環境讓他有機會接受學術教育與學習讀寫技能，他並且認為參與融合的經驗促進了他使用輔具與人溝通的能力，也讓他學會開口說話，他說：「印刷文字對我來說，就像荒漠裡的甘泉，只有透過看書，我才能學會怎麼發出聲音。」（Broderick & Kasa-Hendrickson, 2001, p. 22）Jamie 的媽媽也覺得，她的兒子之所以能夠在學業上有所成就，以及能夠突破障礙開口說話，融合教育是很關鍵的影響因素：

> 我在想，待在一間每個人都在讀書、說話的教室裡，對 Jamie 應該有很大的幫助，還有用投影片上課、看著印刷文字，以及其他很多的視覺訊息，而不是全用聽的方式學習，也對 Jamie 有很大的幫助……我還想說，也許這樣 Jamie 會想要跟其他同學一樣，這對他來說是很大的驅動力。（p. 22）

要讓學生有學習讀寫技能的機會，實施融合教育是很重要的。在融合班級裡，有許多激發學生學習的活動，有豐富的語言環境，還有很多的讀寫教材和其他資源。另外，融合班級裡的學生都自然而然地提供了溝通障礙學生一些幫助，他們示範了聽、說、讀、寫等技能，並且在遊戲中、在互動時，或團隊合作時，相互教導新技能。

老師對學生的態度與信心，是幫助自閉症學生學會讀寫技能的另一大關鍵影響因素。在很多自閉症患者的自傳與傳記中，都記錄了自閉症學生在得到機會參與讀寫活動之後，展現了「意料之外」的技巧與能力。有一個德國自閉症青年因為學會使用輔助溝通系統而成為一名詩人，並有作品發表（Sellin, 1995）；另一個現在是傑出的教授兼動物學家的自閉症患者 Temple Grandin（1995），當初之所以學會閱讀，是因為她的媽媽相信她有這個能力，並且花很多時間透過具體的
實物與字母模型教她；而Paul Robinson則是用有趣的腔調，唸各種不 152
同的文章給他的兒子聽，幫助他的兒子學會接受，最後並懂得欣賞各種不同的文章（Robinson, 1999）。

無疑地，該是我們相信自閉症學生能夠有成功的學習經驗和有學習能力的時候了。老師對學生有高度的信心，長久以來一直都被當作是影響學生成就的關鍵（Brophy & Evertson, 1981），當老師告訴學生說他們一定會成功，並且創造一個幫助他們成功的環境時，學生往往都會因此而成功。

本章建議採行的任何一個方法與活動，若要有成效，就必須先滿足兩個先決條件——實施融合教育與老師懷有高度的信心。不過，光只是讓學生參與融合並對學生懷有高度的信心還是不夠，要讓自閉症學生有機會學習讀寫技能，最後還有一個必備的要素，那就是行動。所謂的行動包括：讓那些目前還沒有參與融合的學生，進到融合班級裡跟同儕一起學習；修改課程與教學策略，以求符合更多不同學生的需求；或是質疑那些瀰漫在校園內的老舊思想與觀念。如果我們致力於推廣融合教育，我們就會想辦法讓所有的學生有機會參與聽、說、

讀、寫等活動與學習經驗。我以前的一個自閉症學生說得最貼切，他說：「身心障礙的人值得大家的幫助，大家必須以對待其他人一樣的態度對待他們，並且要讓他們有相同的機會讀書、上課，及與同儕一起學習。」（Kluth, 1999, p. 7）

更多的答案與資料請參考：

Harvey, S., & Goudvis, A. (2000). *Strategies that work: Teaching comprehension to enhance understanding.* York, ME: Stenhouse.

Keefe, C.H. (1996). *Label-free learning: Supporting learners with disabilities.* York, Maine: Stenhouse.

Kliewer, C. (1998). *Schooling children with Down syndrome.* New York: Teachers College Press.

Moline, S. (1995). *I see what you mean: Children at work with visual information.* York, Maine: Stenhouse.

Oelwein, P.L. (1995). *Teaching reading to children with down syndrome: A guide for parents and teachers.* Bethesda, MD: Woodbine House.

Parker, K. (1997). *Jamie: A literacy story.* York, ME: Stenhouse.

Taylor, D. (1991). *Learning denied.* Portsmouth, NH: Heinemann.

Chapter 9

重新思考行為的意義

正向教導與支持學生行為的方法

除非你們停止想把我們變成正常人的想法，
並且努力去接受我們，個別地了解我們，
否則，你們的努力都是沒有用的。
（Cutler, 1998）

「支持學生的行為」（supporting behaviors）是一個需要慎重闡釋的觀念，所以要寫這一章是很困難的。在特教的文獻中，和在教師的準備課程上，還有在我們日常的會話裡，教師常常在談到學生的行為時，會用一些話或一些詞語來形容，比如完全不顧其他人自顧自地尖叫、拍手、撞頭等，甚至是更糟的描述，這些話似乎意味著行為是存在學生本身的問題。事實上，行為不是獨立存在的，而是跟許多因素都有關聯，包括課程內容、教學方式、學習方法、教師與學生關係、校園文化、班級氣氛，還有其他許許多多的因素與事情等。行為是如此的複雜難解，所以我想試著把它當作一個主觀解讀的現象，也就是每一個行為在每一個人（包括當事人）的眼中，都有不同的解讀。同時，我也把行為當作是一個情境刺激之下的產物，所有的行為都是在某些情況下、某些場合裡，或跟某些人在一起時發生的。

Lucy Blackman（2001）的自傳 *Lucy's Story* 一書中，有一個例子可以幫助我們了解，把行為當作是主觀解讀與情境刺激的產物是很重要的一件事。Blackman 是一個自閉症患者，她在她的自傳中談到，如果人們不了解她的生活、她的解釋與當下的情境，那就會對她的行為感到莫名其妙，甚至會被嚇一大跳。下面這一段她描述到當有人試著把她當朋友時，她會表現得「好像一個小孩子」：

> 我真的很生氣自己會製造出尷尬的場面，或是社交能力會退化得很厲害。奇怪的是，我可以感覺到自己可笑的行徑和當下滑稽的場面，但就是無法改變自己的行為。當對方看我這樣而感到越來越尷尬時，我就又會變得越來越「自閉」。十八歲那年，有一次我從學校回家的路上，在行人穿越道等著過馬路時，有一個老婦人站在我旁邊，我想是她對我怪異的動作感到憂心吧，她開口問我還好吧，我不太清楚她說這句話是期待著聽到我的回答，結果我開始繞著圈圈轉。
>
> 154 這位本來好心要幫助我的老婆婆被我嚇到了，她的反應就像是一隻柔弱善良的小鳥看到一條剛孵出的蛇一樣，整個人都呆掉了。
>
> 所以我古怪的示好方式（也就是我轉圈圈的行為）造成了別人不當的反應，而他們的反應又讓我接下來更難有適當的回應。當有人跟我說話時，我還是不會轉身回答或跟他們比手勢。
>
> 我知道我應該在對方說完話之後大聲地跟他們說：「再見！」但我就是沒有辦法看著對方說話，我反而會斜著眼看人，然後就走掉，或者就杵在那兒等人告訴我現在應該跟別人說再見了。
>
> 不過當我覺得很放鬆，並且是在一個我感到很安心的地方，看到某個會讓我覺得開心的人的時候，我就不會這樣了，而是會有一個美好而充滿樂趣的時刻。（pp. 41-42）

行為是主觀解讀的現象

Blackman說得對，如果外人想了解她在一些社交互動中所展現的行為，那麼了解她這個當事人的觀點是很重要的。比方說，如果她沒有解釋那件在車站發生的事，我們可能會認為她對別人不感興趣，或是她不知道該怎麼跟剛認識的人互動，甚至那些在旁觀察她的人，可能會認定她是具危險性或有暴力傾向的。

Blackman的現身說法是非常重要的，她幫助我們更進一步了解她這個人、她的行為，還有她的個別需求。Blackman 也讓我們更加明白，有些人是怎麼顯現出自閉症症狀的。不過，我們還是要記住很重要的一點，就是她的行為與她對自己行為的解讀，可能跟其他自閉症學生的行為與解讀不一樣，即使行為表現一模一樣，解讀也不見得一樣。比如說，有一個學生每天跑到教室外面，可能是為了躲避轉動削鉛筆機所發出的聲音；另一個學生同樣是跑到教室外面，但卻可能是因為強烈需要換個空間動一動身體。因此，老師一定要一直不斷提醒自己：行為是主觀解讀的現象。當學生沒有解釋或沒有能力解釋自己的舉動時，或當老師沒有徵求學生的解釋而自己揣測時，常常都會錯誤解讀學生的行為。比如說，當學生沒有遵照老師的口頭指示（例如「請大家到門口排隊」）時，老師可能會認為這個學生不服從、頑固或執拗；另一個也看到這個行為的老師可能相信這個學生是因為聽不懂老師的指令；學生的家長若也剛好在教室裡看到了這個行為，可能會覺得他（她）的孩子之所以聽到指令沒有反應，是因為害怕轉換情境的緣故。除非這個學生能夠與人清楚地溝通，並能向別人解釋自己的行為，否則，老師的觀察、討論與試著支持學生行為的做法，都只能算是對行為本質的假設。

行為是情境刺激下的產物

就像 Blackman 說的，有時候當她很放鬆，並且在她覺得安心的地方看到某個會讓她覺得開心的人時，就會有一種很奇妙的感覺產生。從她的描述我們可以看到情境是多麼地重要，當情境對的時候，她的行為就自然而然地改善了。這是很自然的，我們每一個人不也都有類似的經驗，在不同的環境中有著截然不同的表現。我們的行為也
155 可能被其他情境因素影響，比如某個特定人士的出現或消失、在什麼時間、別人對我們的反應與跟我們的互動模式，還有其他上百個原因，都會影響我們的行為表現。

把情境因素考量進去是很重要的。當我們覺得學生該為他（她）自己「不當的行為」負責時，他（她）可能其實是想要用他（她）唯一會表達的方法來跟大家溝通，可能是哪裡覺得痛，或是為了增強自信心，可能是為了逃避令他（她）感到不愉快或無法忍受的事情，或是因為別人對待他（她）的態度讓他（她）產生抗拒。也有可能是因為他（她）覺得累了、受挫了，或是覺得尷尬、很餓、很生氣、很冷、很興奮或很難過。顯然這些因素全部都有可能，所以老師在解讀學生的行為時，都應該要考慮進去。

先確定學生的行為是否真的有問題

當自閉症的學生有不尋常或意料之外的行為表現，或當學生的行為會威脅到他身邊的同學或其他人時，老師至少要先回答兩個很重要的問題，才能提供適當的支持性策略：⑴學生的行為有問題嗎？與⑵如果真的有問題，問題出在哪裡呢？接下來，我們分別檢視這兩個問題。

學生的行為有問題嗎？

長久以來在特教界中一直有一個傳統，就是專業人員認為是有問題的行為，就予以去除或改變。現在有很多自閉症患者，都對這個行為主義學派的說法加以駁斥，並且建議相關專業人員用新的方法，來

處理這些跟一般人不一樣的行為與行為者。

當學生展現了不尋常的行為時（如拍手、大聲唱歌、晃動身體等），專業人員往往都會想辦法消滅這些行為。雖然幫助學生盡量減少一些行為（尤其是會傷害到學生本身或其他學生的行為）可能有其正當性，但接受學生的行為，或努力去更進一步了解學生的行為，也許會更恰當。

Marcus是一名高中學生，他在學校的樂隊擔任鼓手。他看不懂樂譜，但在聽幾次其他鼓手演奏之後，就能夠學會演奏這首歌。Marcus的鼓打得很好，而且當老師在指揮樂隊時，他很快地就能跟上老師的指令，但是他常常會很大聲地複述指揮的口令。比如說，當老師說：「好，現在把你們的樂器準備好。」Marcus聽到，就會把這句話重複說一次，並且他的聲音大到每一個樂隊成員都聽得到。Marcus這樣的行為並沒有干擾到其他成員，但卻令老師感到非常苦惱，後來老師就請 Marcus 退出樂隊。

在這個情況中，是誰有問題呢？雖然Marcus對他自己這樣大聲嚷嚷覺得很丟臉，但是他發現他真的很難控制自己。樂隊的其他學生並沒有被 Marcus 另外發出的指令干擾，但是指揮無法忍受 Marcus 以及 Marcus 跟大家不一樣的行徑。有什麼其他方法可以幫助 Marcus 留在樂隊呢？

- 樂隊老師不要去理會 Marcus 學他說的話。
- 樂隊老師請 Marcus 介紹一些歌曲。
- 樂隊老師請全部學生大聲說出歌曲的名稱。
- 樂隊老師詢問 Marcus 與 Marcus 的家人有關他仿說指揮口令的事。 156
- 學生試著給 Marcus 一些暗示，提醒 Marcus 說小聲一點（如拍 Marcus 的肩膀）。

還有其他很多可行的方法可以處理這類被認為是問題的行為，只要負責處理的人有創意、思想開通、沒有偏見，就一定可以找到方法。

下面的幾個問題老師應該要時時地思忖考量：學生的行為真的是有問題嗎？我們是依據什麼相信學生的行為是個問題行為（problem behavior）呢？對那些與學生行為有關聯的人來說是個問題嗎？如果老師沒有從這些角度來解讀學生的行為，那所提供給學生的「支持」會對學生沒有幫助。此外，老師們可能會試圖改變某些對老師而言是問題的行為，但是這些行為卻對自閉症的學生很重要或是有幫助。比如說，當學生擺動他的手指時，可能是藉由這個方法來降低外在噪音對他造成的干擾；而學生不停地轉筆或把筆扔出去，可能是遇到了困難或挫折，而透過這些動作來讓他們自己放鬆或靜下來；當學生「不願意」看著老師時，可能是為了要把老師的話聽得更清楚（Jackson, 2002）；而當學生前後晃動身體時，可能是因為長時間坐在座位上讓他不舒服，而晃動身體會讓他覺得舒服些；如果學生一整天都嘰哩咕嚕地跟自己說話，可能是因為自言自語是他處理新訊息的方式。

另外，老師還要想一想自己是不是對身心障礙學生所表現的行為，比對其他學生的行為還要來得注意。Reid和Maag（1998）發現，有一些老師會對身心障礙的學生，比其他沒有被歸類或被看作是有問題行為的學生，要求得更高。比如說，老師希望有注意力缺陷及過動症（attention-deficit/hyperactivity disorder, ADHD）的學生，上課要安靜坐好，並要求他們比沒有注意力缺陷的學生維持更長時間的專心。

我以前就有一個學生 Amir 有類似這樣被差別對待的經驗。Amir 的學校裡，有幾位老師請他不要像其他同學一樣搭乘校園公車上下學。這些老師是出自好意，她們覺得 Amir 需要有人在旁看顧著，而司機要開車沒有辦法顧到他。但是我們了解 Amir 的人都覺得，Amir 在公車上不會有什麼問題，並且很能夠處理公車上的噪音與混亂，因為他每次坐車都很放鬆，所以我們覺得或許 Amir 只需要額外有人在車上看顧著他。於是，我們想派一位輔助性的專業人員到車上幫他，不過若要提供這個額外的協助，Amir 的家人與級任老師都覺得 Amir 就要搭乘固定的校園公車。為了平息所有人的緊張，一個校內的行政人員提議由他陪同 Amir 一起搭乘公車，並且觀察 Amir 在車上的表現，好讓 Amir 的老師與家人放心。這位行政人員的觀察結果十分有趣，他回報說公車上真的是一片混亂，只有少數幾個學生安靜坐好並聽從司機的指示，而 Amir 是其中之一。

我跟大家分享這個故事，不是要暗示大家 Amir 可能不需要除了司機以外的看顧，也不是要暗示大家 Amir 有時候並沒有會威脅到自己或他人的行為，我是想讓大家看到，我們對問題行為的想法，常常都會受到學生所背負的標記和別人對學生的傳聞影響。

如果學生的行為真的有問題，那問題出在哪裡？

曾經有一個學區請我去看看學區裡的一個自閉症學生 Phinney，
我去了 Phinney 的高中看他，發現他幾乎一整天都有兩個輔助性專業 157
人員在旁協助，因為他有「嚴重的行為問題」。

在觀察 Phinney 幾個小時之後，我確實很清楚地看到 Phinney 一整天下來一直在打人。他有時候是打學校的職員，但更常拍打他自己，還有他這個月已經不只一次把另一個學生推進置物櫃裡了。不過，我另外還看到了 Phinney 在學業上也有著類似的掙扎，他並不覺得學校提供給他的支持對他有幫助，並且學校的環境與每天的作息對他而言都是一種挑戰。比方說，當老師允許 Phinney 跟其他同學互動時，Phinney 就會有所進步，但是大部分的時間 Phinney 都是跟他的同儕分開的。有很多老師與學校行政人員都把 Phinney 看作是有問題行為的學生，不過另外還有一些老師覺得，Phinney 是一個很努力要克服困難與挫折而苦苦掙扎的學生。

當我告訴學校的校長我對 Phinney 在學習上的擔憂時，校長回答我說：「我請你到學校來，是請你幫助我們，還有處理 Phinney 的問題。所以你需要先告訴我們該怎麼處理 Phinney 的問題，之後我們可以再慢慢研究他的課程內容。」我不知道該怎麼回應他，因為他把Phinney 看作是唯一討論的議題或問題，所以對他來說，解決這個問題的方法，必須是針對 Phinney 行為做出某種形式的反應或治療。

我對他的說法感到很震驚，並且覺得我所能提供給他們的協助與建議很有限。依我來看，根本不可能有什麼策略或治療會讓 Phinney 或這個教育團隊覺得有用的。因為很明顯地還有很多其他的情境因素需要考量，問題不在於 Phinney，也不是 Phinney 的問題。

就我的看法，為 Phinney 設計一份行為計畫並不能夠因此就減少他的行為。以 Phinney 的情形來看，顯然有必要改變 Phinney 的學習環境、課程與教育計畫。這個團隊可以透過腦力激盪，想想問題究竟出在哪裡，然後一起想辦法解決他們所遇到的問題。教職員是不是感到很挫折？他們有安全感嗎？準備好教特殊學生了嗎？他們有沒有受過訓練，並具備一定的專業知識呢？學校準備好實施融合教育了嗎？教學團隊的成員間能互相合作，並且工作有成效嗎？Phinney 的一些需求是不是沒有被滿足呢？只要教育團隊的成員把 Phinney 看作是有問題的學生，他們就沒辦法做出一些能幫助 Phinney 的改變，也沒辦法讓他們與 Phinney 的教學互動更有成效、更成功和更愉快了。

十種正向支持學生與學生行為的方法

如果自閉症的學生跟他（她）的教學團隊都同意他（她）的某一特定行為是有問題的，那麼有幾種不同的方法可以支持學生與幫助整個團隊。我在這裡提供十種可以幫助大家認識、了解與處理學生行為的方法。老師可以藉由其中的一些方法，以全新的角度看待學生的行為或幫助學生改變。我所提供的這些方法並不是什麼竅門，也不是用來解決問題的線性規劃模型，而是老師或教育團隊在擬定行為計畫或個別化教育計畫（IEP）的行為目標之前，可能會需要提醒自己或慎重考慮的一些項目。這些事項可以幫助教育團隊的成員重新檢討他們自己對學生行為的態度與價值信念，而且可以幫助自閉症學生更順利、更自在地在學校與在教室中學習。

1. 如果情況允許，直接詢問學生有關他（她）的行為 158

Ryan 是一個高中學生，他很喜歡在 YMCA 游泳和做健身運動。雖然他很喜歡游泳和使用健身器材，但老師們卻沒有辦法讓他在更衣室裡沖澡，就像 Ryan 的級任老師 Steib 所描述的，游泳對 Ryan 與老師們來說，都變成是一件很困難的事：

> 我們試著讓他到 YMCA 裡的大泳池游泳，但他就是不喜歡，我真的搞不清楚為什麼他會這樣，所以我就去找他的前一任老師談，還有很多以前教過他的老師，結果他們也都遇到相同的困難。他從來沒有真的下過水游泳，如果他好像準備要游泳了，也只不過是站在那兒，但他喜歡那個溫水按摩池。泡在按摩池裡對他來說像是空中的閣樓，是他一直夢寐以求的事，但是要泡按摩澡缸或按摩池之前必須要先沖澡，這是 YMCA 的規定，而且他們事前就知會我們 Ryan 也要遵守這些規定。但是 Ryan 抗拒沖澡，我們要怎麼樣才能讓 Ryan 完成沖澡的規定呢？我已經把水溫調到我覺得是適合而舒服的溫度了，也解決了其他任何他可能抗拒的因素，但他就是連淋浴室也不肯進去。前幾次上游泳課還真的是非常艱辛。（Kluth, 1998, p. 108）

當 Ryan 能夠使用輔助溝通系統來跟人溝通之後，他就能夠跟他的老師解釋為什麼他那麼抗拒淋浴了。Ryan所提供的「實用的提示」不僅立刻解決了這個問題，也讓 Steib 和其他老師後來有足夠的資訊預防再發生同樣的問題。Steib 老師說明了當時奇蹟似的轉變：

> 不久之後，Ryan真的「接通了」，並且能夠跟別人溝通，我終於能夠問他為什麼他不喜歡沖澡，結果他用打字的方式回答我說，天氣太冷了，淋浴室的水太冷了，他還說他喜歡洗很熱很熱的水，所以當水熱到不至於燙傷的程度之後，我甚至不再提起讓他進淋浴室沖澡的問題……因為我們把水調熱了。現在他肯進淋浴室了，而且當他在沖澡時會一直咧著嘴大笑。（Kluth, 1998, p. 108）

在這個例子中，Ryan一開始是用他所會用的最佳方法來表達他的不舒服，也就是用抗拒的行為來跟老師溝通。Ryan的故事很重要，老師可以用這個故事來提醒自己，如果情況允許，直接從學生的角度來檢視他們的行為。學生怎麼解釋自己的行為？他（她）可以很輕易地控制自己的行為還是很難呢？他（她）是故意的嗎？這個行為會讓學生覺得痛嗎？對學生有幫助嗎？在學生的生活中，他（她）需要或想要有這個行為嗎？還是學生想停止再有這樣的行為出現呢？學生自己覺得他（她）的行為有問題嗎？他（她）是不是用這個行為來處理某些問題呢？還是想藉由這樣的行為來讓自己靜下來呢？自閉症的人常常都會有一些別人看起來覺得很奇怪的行為，但是行為本身卻對他們有重要的意義。下面是一些自閉症患者對他們自己行為的解釋，值得我們好好的想一想：

> 我有時候必須敲打或拍打我的頭，我才能感覺它。（Mukhopadhyay, 2000, p. 73）

> 我無法控制自己的音量或適當的表達情緒，而這樣讓我看起
> 來像低能兒。當有人來看我，我覺得很高興時，我有時候會
> 159 在屋子裡跑來跑去，或者會跑到我的房間裡，我是因為很高
> 興，但是亢奮的情緒讓我失去控制了。

> 外表也會讓人覺得我們是智障。我們自閉症的人當中，有很多外表看起來都很正常，但有一些看起來傻傻的。我們動作不太協調，所以看起來很笨拙，我們試著想要控制我們的身體，希望身體能照著我們的意思擺動，可是我們的身體就是不聽話，他們有他們自己的意志。（Rubin, 1998）

Sean Barron是一位自閉症患者，他會忍不住一直問身邊的每一個人有沒有「去過」美國其他州，Sean會問來家裡拜訪的客人說：「你有沒有去過亞利桑那州？那奧勒崗州呢？猶他州呢？」Sean 的媽媽說，每當 Sean 開始問這些問題的時候，「要進行其他話題就不可能了」。Sean 對他自己的行為解釋如下：

> 這些問題對我來說，也算是另一種形式的逃避。比如說，當我問有關蒙大拿州的事情時，我就會想像自己在蒙大拿而不是在我真正所處的地方。也許，我腦海裡所想像的蒙大拿州並不是很準確，但我確實知道蒙大拿州離俄亥俄州很遠，所以也離我很遠。就這樣，我至少在某種程度上可以暫時忘卻我現實生活中所感受到的痛苦。（Barron & Barron, 1992, p. 106）

> 我會連續好幾個小時不停地在我眼前揮動著手，那感覺好像是樹葉飄打在白色的藤架上。後來這個動作變成我表達自己的一個方式，所以即使現在我已經是個大人了，每當我覺得很愉快的時候，我的手指就會抽動，然後我的手就又開始在眼前揮動。但是，這個動作在一開始時，我是用來研究距離遠近的，並且這個動作讓我更能感覺到光影，很像是在十九世紀一間美麗的小房間裡，快速旋轉西洋鏡的感覺。（Blackman, 2001, p. 11）

（前後晃動身體、握手與輕敲下巴）讓我有安全感並覺得放鬆，也因此降低了在我內心逐漸累積的焦慮與緊張，更因此減少了我的恐懼。（Williams, 1992, p. 213）

尖叫是告訴我媽媽我不想戴帽子最好的方法，因為戴帽子很痛，並且會把我的頭髮悶死，我討厭戴帽子。（Grandin, 1996, p. 17）

Ronny 會把女生的裙子掀起來，然後蓋在她們的頭頂上，他說他這麼做是為了不要讓人太靠近他。他說，親密的接觸讓他感覺好像快要窒息一樣，他知道只要他先攻擊別人，大家就會避開他。這樣做確實讓人們不敢靠近他，但他也因此很傷心，因為他很孤單。（Reed, 1996, p. 94）

上面這些敘述都是極富洞察力，並且在某種程度上很令人感到驚奇。例如我們這些局外人，可能不會想到有人會藉由掀別人的裙子來溝通他不要別人靠近的需求，也不會知道原來晃動身體與拍手可以讓一些人有安全感。這些自閉症患者的描述，讓我們更加了解能力／障礙的真正意義，幫助我們澄清一些迷思與誤解，明白他們為什麼這麼做，也因此能設計出讓自閉症患者覺得對他們有幫助的支持性策略。

160 2. 跟學生的家人談談

我總是對大家這麼忽略家庭資源（family resources）感到驚訝，學生的家長可以提供免費且是最了解學生的建議，老師應該好好加以利用才是。在教幼稚園時，我真的不知道該怎麼幫助一個有口語能力但卻不會或不能在學校開口說話的小男生，而當我們在指導他或問他問題時，他好像也聽不太懂。後來我打電話給他媽媽，跟他媽媽要求說：「您可以找一天或一個下午到學校來一趟嗎，或幾個小時也可以？我想跟您談一談。」她答應了，並且這次的親師合作讓我們找到了解決問題非常有效的方法。這位家長一開始好像不太願意提供建議，但在我請她觀察我並做筆記之後，她提出了幾個意見，讓我可以在接下來的一年內運用。其中最重要的一個意見就是，她建議我跟她的孩子講話時可以大聲一點。她跟我說：「我跟他說話沒有那麼小聲，也沒有刻意壓低嗓門，所以我想當你給他指示時，他期待聽到的是大一點的聲音。」她還建議我說，如果我想讓她的孩子多說一些話，我應該要「問他有關他的狗的事，因為他很愛他的狗」。這位家長給我的訊息非常有幫助，就像給了我一把開啟鎖頭的鑰匙，雖說她所提的意見並不是什麼驚天動地的策略，但這就是我所需要的訊息，並且比任何專家學者所提供的建議對我更有幫助。

另外還有一個例子是我請一位家長就他孩子吐口水的問題給我一些意見。我有一個學生 Mike，他每天在吃午餐的時候會喝一大口牛奶，然後又把它吐出來，有時候是吐在桌上，有時候則是吐在同學身上。我感到很困惑，因為在學期一開始從他家長身上所獲得的訊息是 Mike 常常喝牛奶，並且他對牛奶並沒有過敏的現象。

一開始的時候，Mike的同學都很能夠體諒，並且試著好好地跟他說。但是過了一段時間之後，學生們開始躲開他不想坐在他身邊了。那時 Mike 是新學生，我很想趕快找到方法來解決這個問題，因為我感覺到我再不趕快找到方法幫他解決這個問題，會讓他在班上的社交機會受到影響。Mike的口語能力並不是很好，所以很難從他那兒知道他為什麼吐口水，但是那個時候我才剛教一年，所以我不是很想請教他的家人，因為我怕他們覺得我是一個不稱職的老師。

我試著跟 Mike 溝通，我的想法是如果我能讓他明白他的行為讓同學們感到苦惱，或許他就會停止把牛奶吐出來的行為，但我跟他談完之後，好像還是沒什麼效果。後來我猜想：是不是因為在餐廳用餐對他來說太吵了，所以我就讓他每天中午都離開餐廳而在教室裡用餐，並請了幾個同學跟他一起在教室吃。Mike好像並不介意改在教室裡吃午餐，但是還是繼續有吐牛奶的行為。最後，我在 Mike 吃午餐時，放了一個桶子在他身邊，想看看吐牛奶的行為，有沒有可能已經是他每天習慣要做的事，已經停不下來了。我並不認為桶子會讓他停止吐牛奶的行為，但我想或許可以藉此對他這個吐牛奶的行為有更多的了解。

最後當這些方法都沒有用時，我決定對自己寬容些，打了電話給 Mike 的媽媽。大體上，我是請她到學校來談談 Mike 的教育計畫，並做些檢討。Mike的媽媽同意來學校看看，但我還是對直接請教她關於Mike吐牛奶的事感到不安。所以我沒有直接問她這個問題，而是請她坐在教室裡看看 Mike 上課的情形，並且就她的整體感覺給我一些意
161 見。Mike以前從來沒有進到融合班級參與過，所以我想他媽媽若有機會看看她的兒子一整天在學校的狀況和參與課程活動的情形，她應該會很高興（同時我也希望她可以主動幫我解決 Mike 吐牛奶的問題，而不需要我來承認自己的無知）。Mike的媽媽那天早上很高興，並且同意跟我到餐廳看 Mike 的用餐情形。當我們走進餐廳時，Mike 剛好正要打開牛奶，就在這個時候，我若無其事地跟她媽媽提到 Mike 吐牛奶的事：「喔，我差點忘了問你，Mike在家也會把牛奶吐出來嗎？因為他在學校裡有一兩次這樣的舉動。」我在說這件事時，我跟她同時轉向Mike，剛好看到他把一大口的巧克力牛奶吐在他旁邊的一位年輕女士身上，他媽媽看到後，轉向我說：「喔，這很簡單。他討厭巧克力牛奶。」

我很喜歡這個故事，因為裡頭有很多難能可貴的學習經驗。從故事中，可以看到我學習成為一個稱職老師的過程，還有我試著從不同的角度著手處理問題的經過。從這個故事也可以看到我如何找出問題所在，因為我們可能會假設是學生有問題，但事實上卻是情境因素刺激造成的。最後也是最重要的一點是，從這個故事我學到了要傾聽學生家人的意見。家人擁有學者 Kliewer 和 Landis（1999）所說的局內

人的了解（local understanding），Kliewer和Biklen對局內人的了解定義如下：「是對一個人徹底、深入而詳盡地了解」（2001, p. 4）。家人可以提供我們很多有關自閉症的資訊，但更重要的是，他們可以讓我們更了解他們的孩子。在上面這個巧克力牛奶的例子中，Mike的媽媽知道當有人在她兒子面前放置飲料時，即使是他不喜歡的味道，他也會自動把飲料喝掉。她也知道當他兒子喝到巧克力牛奶時，會把牛奶吐出來，並且在他當眾嘔吐之後，他會覺得尷尬與不安。只有Mike的媽媽可以幫助我們了解Mike的行為，並且幫助我們看到Mike的內心一定在喝巧克力牛奶的可怕過程中，持續地忍受著痛苦與挫折。

3. 充分利用整個學校社群

我曾經教過一個一年級的學生Gino，他一聽到哭聲就會感到很難受。當有家長把在哭的小寶寶帶進學校，或是有同儕在啜泣或大聲叫喊時，Gino就會心煩意亂。他會跟著大聲哭、尖叫，還會痛苦地跌坐在地上。雖然這樣的情況慢慢減少，但Gino還是很難克服這痛苦，也讓老師感到很難過。當Gino跟著哭時，好像沒有什麼方法可以讓他平靜下來，即使是Gino的爸媽也不知道該怎麼辦才好。

有一次Gino跟他班上的同學在穿過走廊時，有一個學前班的小朋友，嘴唇流著血從操場那邊邊哭邊跑過來。Gino一聽到很快也跟著哭了起來。我和另一位老師看到了，趕快跑過來幫助他靜下來，但不管怎麼做，好像都沒辦法讓Gino緩和下來。就在這個時候，學校的警衛Jerry剛好經過，他停下來幫忙，我們三個人就圍著一個六歲的小男孩，想從Gino的反應判斷該怎麼做，結果，沒有一個能安慰Gino幫助他靜下來的。突然，Jerry用義大利語唱歌給Gino聽，我們還來不及跟Jerry說唱歌是沒有用的，Gino就已經停止尖叫了，並且用他棕色的大眼睛盯著Jerry看。Jerry唱完一首歌之後，一邊扶Gino站起來，陪他走回教室，一邊走一邊唱著另一首歌。看到Gino那麼神奇的 162
轉變，我和我的同事驚愕地看著彼此。

如果說Jerry教了我什麼，那就是學校社群裡的每一個成員都可以也都應該給予自閉症學生支持。教育自閉症學生（和沒有自閉症的學生）理所當然是整個社群的責任，並且學校社群內的每一個成員都應該被當作潛在的合作夥伴，學校裡的行政秘書、午餐衛生監管人、下課安全維護員、學校圖書館員、愛心義工、家長委員會委員、社工員、學校護士，或維護校園安全的警衛，都是可以合作提供自閉症學生幫助的夥伴。

另外，學生也可以給彼此很大的幫助。我知道有很多富有洞察力的老師會鼓勵同儕互相幫助，並且讓全部的學生了解他們對彼此負有責任。雖然老師並不是常常把學生當作合作夥伴，但學生常常起了很大的作用，有時候學生反倒可以看到和了解到大人所沒有看到或無法理解的事情。

我曾教過一個叫Yee的小女孩，她很喜歡上體育課，可是上完後卻很討厭離開體育館。每當上完課學生在教室外面排隊準備離開時，Yee 會大聲哭喊並跑進體育用品室。她跟我們說她「喜歡體育館」，並且想一整天都待在體育館裡。為了讓Yee離開體育館時不那麼難過，我們請體育老師到Yee以前就讀的幼稚園請教她以前的老師，她以前的老師建議讓Yee在一整天的課程活動中，有多一些機會在教室間移動。另外，體育老師也請Yee在上完體育課後做一些打掃工作，這樣可以讓Yee有明確的移動方向，幫助她從一間教室移動到另一間。這兩種做法似乎都對 Yee 有幫助，但最有幫助的方法卻是來自一名叫Jillian的小女孩。Jillian注意到Yee在上完體育課後好像很難過，就陪伴 Yee 從體育館離開走到下一個上課地點。Jillian 在下課後主動走向Yee，並沒有任何人請 Jillian 這麼做，她就在 Yee 的耳邊輕聲地說：「嗯，Yee……我們很快就要離開這裡嘍，Yee，走嘍？走嘍？」我們沒有料到在離開前事先預告Yee居然管用，就這麼簡單的一個動作卻有令人感到驚奇的效果。之後 Jillian 就跟 Yee 兩個人一組，一起在離開體育館後去做打掃工作，後來變成 Jillian 帶著班上一群同學一起離開體育館。

這個小女孩是怎麼提供大人所無法提供的幫助呢？也許是 Jillian 說的那些安慰人的話或她溫柔而充滿關懷的聲音，讓 Yee 平靜下來；也許是 Yee 搞不清楚每天的課堂作息，而 Jillian 剛好用了「正確的方法」幫了她這個忙——告訴她接下來要做什麼，並等她準備好後，再慢慢帶她離開體育館；也許是 Jillian 提供了別人沒有提供或無法提供的體貼與同情；也許是 Jillian 自己也不喜歡離開體育館，Yee 感受到了，並為了要在情感上支持她的朋友而平靜下來。

顯然，要確切解釋為什麼同儕支持這麼有效很不容易，但只要有教過融合班級的老師都曾見識過同儕支持的效果，有些老師甚至因效果之好感到有一點震驚。學生之間常常會互相說一些話、有一些舉動或行為，或會做一些手勢，而這是老師與其他大人做不到的。有時候，學生能夠互相迎合或幫忙是因為他們分享著相同的經驗，並且「說同一種語言」。雖然有很多老師都努力在服裝、用詞、音樂和其他方面，配合學生的步調與風格，但即使是觀察敏銳的專家學者，或其他對自閉症非常感興趣的人，也很難像同儕之間這樣，對他們的文化有「局內人」的理解。即使是最有心和最用心的教育者，還是只是從旁觀察學生生活的人類學家，而不是直接參與學生生活的局內人。

4. 把注意力集中在努力與學生建立聯結與關係 163

要更了解學生的行為，最好的方法或許是想辦法與學生產生聯結，並努力跟他們建立關係，這對那些沒有辦法跟別人清楚溝通的學生來說更是重要。這樣的學生並不是輕易地就能把他們的想法與感覺表達出來，所以老師一定要跟他們還有他們的家人建立關係，這樣才能提供他們有意義的支持。

Lovett（1996）指出，老師所提供與行為支持相關的教學工作重點，在於跟他所負責的學生先建立關係。他還強調教育者要讓學生分享他們的感覺，並以真正的人道精神對待學生的重要性：

（行為）正向支持法鼓勵大家跟學生建立起我們大部分人都擁有並且珍惜的人際關係：一種持續不間斷、互相喜愛與尊重的關係。在這樣的關係裡，我們每一個人都會犯錯，每一個人都在某方面有些缺點，但這並不會影響到我們與他人建立起令人滿意的關係，這是一種對關係的永續承諾。在這樣的關係裡，我們工作的成敗會變得比較難去評斷，因為決定成功與否的關鍵要素不再只是量的增加或減少，而是比較複雜的質的改變。我們這些專家學者要多加留心，因為我們已經習慣性地忽略關係的重要性了（p. 137）。

老師們可以透過很多方法來跟學生建立聯結。有些老師是透過清楚地表達自己的關心（caring）給學生知道，並且把表達關心養成一種習慣。對那些在課業學習方面或社交方面有困難的學生，或那些因為跟大家「不一樣」而被嘲弄或取笑的學生，讓他們知道老師的關心更是重要。Gallagher（1997）就寫過一篇老師用心與學生建立聯結的故事，這位老師非常重視讓學生感受到她的關心，她在班上實施一套有系統的表達關心計畫，例如在學生走進教室時，她會很誠摯的跟學生打招呼，此外，她還列了一些她覺得最能讓學生感受到關心的形容詞，包括：「很負責、很傑出、很寶貴、很大膽、很有勇氣、很棒、很特別、很體貼、簡直是了不起等」（p. 7）。

另外還有一個與學生建立關係很重要的方法——傾聽。對於那些會說話的學生，傾聽可以透過給他們一些時間讓他們跟大家分享意見或感受，引導他們說些故事，鼓勵他們透過演戲、美術或寫作的方式來表達自己，還有在不同的情境中去深入地了解他們（例如在學校和在家裡等）。至於那些無法跟人清楚溝通的學生，仍然可以採行上述的一些做法，但老師還需要特別注意學生的肢體語言與行為表現。比如說，當學生哭或尖叫時，老師可以透過一些方法來傾聽學生，比如給學生一些注意力讓學生感受到老師的關心，或試著去找出讓學生難過的原因，或者就只是讓學生知道老師有聽到他（她）在哭或尖叫了。

5. 以溫和的態度面對學生的突發狀況

最近，我去一個朋友任教的幼稚園拜訪她，當我一走進幼稚園大門時，馬上就聽到一位小朋友尖銳的哭聲。我還沒看到這個孩子，但任何一位老師或家長聽到這尖銳的哭喊聲，都會從哭聲中聽出「真的 *164*
有事情發生」了。也就是說，這樣的尖叫聲並不只是小朋友覺得累了，或只是鬧鬧脾氣，而可能是小朋友覺得痛苦、害怕或生氣，不然就是受傷了。我試著去聽老師的聲音，想看看是不是學生被處罰了？是不是有人罵他？他是不是在報復老師？我加緊步伐循著哭聲前進，想看看究竟發生了什麼事。

當我繞過轉角時，我看到一個小朋友坐在地板上，有一位老師抱著他，我頓時放鬆下來。看到這個情景，我馬上就明白為什麼剛剛都沒有在小朋友的尖叫聲中聽到老師的聲音了，因為這位老師雖然正在跟小朋友說話，但是她是在他耳邊輕聲地說。我站在遠方看著他們，深深地被這位老師的穩健與優雅感動。老師一邊拍著小男孩的背，一邊繼續在他耳邊輕聲跟他說話，小男孩的啜泣就這樣漸漸平息了下來。從這位老師的臉部表情可以看出她的同情與憐憫，而她的身體則透露著接納的訊息。

大約過了三或四分鐘，小朋友平靜下來了，師生兩人從地板上站起來，一起走回教室去。後來那天我一直想起這位老師在遇到學生哭鬧的突發狀況時，是多麼的溫柔啊。

雖說擁抱在某些時候是很恰當的處理方式，但並不是說要溫柔對待有突發狀況的學生就一定要擁抱或摟著學生，老師也可以拍拍學生的手、手臂或背部，幫助學生消除心中的恐懼或疑慮，問學生想要老師怎麼幫他（她），唱首歌或重複說些會讓人感到平靜的話，或就只是讓自己的身體保持放鬆的姿態。

回想看看上次你發脾氣的時候，你有沒有大聲嚷嚷？有沒有尖聲叫喊？有沒有哭泣？有沒有說些自己事後會後悔的話？當你喊叫、哭泣或說氣話時，你感覺如何呢？會不會覺得尷尬？是不是很憤怒？會不會覺得寂寞？大部分的人在情緒失控的時候，都需要有人以溫柔的態度幫助我們平靜下來。有些人或許需要去走一走，有些人可能會蜷曲著身體看他（她）最喜歡的書，有些人需要找個沒有人打擾的地方獨處，或是找個會傾聽他（她）訴苦的朋友訴說。對正面對著精神或肉體上痛苦的人來說，下面的情形是不太可能有什麼幫助的：

- 大聲說話。
- 嚴厲的話語（如「我已經給過你機會了」、「你還是不停下來，那現在請你離開教室」等）。
- 沒收學生喜歡的物品或是會讓他（她）感到安心的物品，或不讓學生參加活動。
- 粗暴的改變學生的姿勢。
- 生氣的語調或肢體語言。

雖說有挑戰性行為的學生可能需要知道別人是怎麼看待他的行為；或者，如果有人告訴他或教他關於他的行為的意義與影響，可能會對他（她）有所幫助。但是，當學生的行為正在進行時，這樣的輔導方式就算有幫助，也很少能夠適合當下的情境或派得上用場的。在事發的當時，其中一個最重要的處理技巧即是在有突發狀況時，保持鎮靜與慈愛。當學生踢人、咬人（或自己）、猛撞自己的頭或尖叫時，很有可能是因為他很難受、很害怕。在這個時候，最有效與最人性化的做法是提供學生支持的力量，讓學生感受到你慈愛的態度，並且幫助學生放鬆，讓他感覺安全。

6.想一想看待學生行為的角度與描述學生行為時所使用的語言

當我在小學教書時，學校裡的全部老師都要輪流在三點放學後看管全校學生，直到他們坐上車回家為止，這過程大約十五分鐘。老師 165 們經常會抱怨這項工作，因為學生在一天結束準備放學的時候，都會因為放鬆而鬧哄哄的，根本靜不下來。為了能夠順利地一次看顧九十個學生而不讓場面失控，有一些老師會讓學生玩一些安靜的遊戲，另一些老師則是讓學生坐下來，靜靜的看書。有時候我也會用這些方法，雖然我比較傾向讓學生在那短短的十五分鐘互相聯絡感情。有一次輪到我執行這項任務時，學生問我他們可不可以「談天就好了」，我同意了，但過了幾分鐘，有一位資深的老師經過，聽到了學生大聲說話的聲音（其中有些真的很大聲）就笑了出來，然後擅自做決定要幫我控制這混亂的場面，她跟學生說：「各位小朋友，你們要聽Kluth老師的話。」學生馬上就安靜下來，並且注意聽老師在說什麼，我這位同事小聲地跟我說：「不要怕對學生嚴。」然後就走掉了。

她的舉動讓我很意外，也有一點尷尬，我不明白學生的行為對我有什麼不尊敬的地方，或有其他什麼負面的意思。事實上，我從學生的對話中學到很多事情，並且很享受可以跟一些在上課期間我不常看到的學生有個別交談的機會。那位同事並不清楚當時的情境，也不知道我的用意，只看到一團混亂就假設學生不守規矩，她的假設完全是建立在她自己值班時的做法與經驗，或者還有她認為監督學生應該要怎麼做的看法上。

我舉這個例子是要強調，不同的價值判斷，不同的偏見與看法，和對情況與對學生的行為、選擇與舉動不同的解讀方式，以及對情況不同的描述與說法，會創造出完全不同的行為。當我的同事經過學生整隊等公車的地方，看到學生鬧哄哄而精力充沛的景象時，在她的眼中，這是不好的行為表現。而當她跟學生講話與給我忠告時，她把她對學生行為的看法表達了出來，並且讓大家覺得事實好像就是她所想的那樣。我一開始的反應是覺得丟臉，也覺得她所說的是事實，有好一陣子，我都覺得是自己做錯了，甚至突然覺得自己是一個無能的老師。學生被她這麼一說，也好像覺得自己太吵了，立刻安靜了下來並回應她的指令。沒有學生質疑她對當時情境的解讀，至少有那麼一會兒的時間，不好的行為就只因為我這位同事的看法與解讀而被創造了出來。

我舉這個老師輪流值班看管學生秩序的例子，就某些方面來說，似乎是太過簡單了些。當然，我不是刻意在暗示老師從來沒有真正的面對具挑戰性的情況，我真正的用意是要提醒大家，所有的行為在不同人的眼裡，會有不同的看法與解讀。雖說認清這個事實並不能幫助老師們解決難題，但是，老師與學生會因此更了解他們所面臨的情境，並且有時候當真的有問題產生時，會比較能夠想出有效的解決方式。比如說，我曾經跟一所中學的老師會晤過，這些老師是負責教導一個叫作 Jim 的學生，Jim 沒有鑑定出任何特定的障礙，但從這幾位老師的談話中，可以很明顯地感覺到其中幾位老師在教導 Jim 時，遇到了一些難題。有兩位 Jim 班上的老師抱怨 Jim 上課一直動來動去，其中一個老師嘆著氣說：「他從來沒好好地坐好，我覺得他好像是電鑽機一樣，不停地動來動去。」另一個則說：「他會在我上課上到一半時站起來去削鉛筆，而當他坐在座位上時，他又會在椅子上扭來扭去，讓其他學生都因此而分心。」在場的大部分老師都點頭同意這兩位老師對 Jim 的說法；不過，其中有兩位老師好像對這樣的說法感到
166 困惑不解。體育老師說 Jim 在上體育課時從來沒有「任何問題」，事實上，Jim 還是在她課堂上表現最好的學生之一，她把 Jim 看作是一個主動而活躍的學生，有領導才能，並且是她班上的一個寶，Jim 在上體育課時，積極主動參與每一個活動，並且很努力的學習新技能。自然科老師也說 Jim 是一個主動積極的學生，還說他「配合度高又好發問」。總之，就是有些老師把 Jim 的精力與活力當作是優點，有些老師則看作是問題。

像這種情形有一個方法可以幫助 Jim，就是讓這些老師中的幾位老師幫助所有其他老師看見和激發 Jim 的優點。有成功經驗的老師可以跟其他感到困難的老師分享一些有用的策略。比如說，體育老師可以分享她讓 Jim 有最佳學習狀況的方法，自然科老師則可以告訴大家 Jim 在課堂上的貢獻，或展示幾份 Jim 做得最好的作業給大家看。甚至如果老師們同意，還可以選定幾堂課由幾個老師共同上課，或互相觀摩彼此上課的情形。

Jim 的故事讓我們看到，老師看待學生的角度會影響其教導學生的做法與態度。在這個例子中，老師們只要跟大家分享彼此對 Jim 的看法，聽聽別的老師怎麼說，學習其他同事看待 Jim 的角度，以及了解 Jim 各種不同的能力與需求，就可以重新界定問題與解決問題了。透過這樣的方式，老師們也可以檢視自己對 Jim 的看法如何影響著他們對 Jim 的描述，而他們對 Jim 的描述又如何地影響著他們對待 Jim 的方式，老師們會從這樣的檢視中看到自己的偏見而獲益良多。

語言是一種很有力的工具，可以幫助學生，卻也可能會傷害到學生。身心障礙者人權運動的推動者 Mayer Shevin 曾寫過一首很有力又很重要的詩——「語言中的我們與他們」，詩中強調了社會一直用語言來醜化、排擠身心障礙者，甚至有時候還不把他們當人類看待：

語言中的我們與他們

我們喜歡事
他們卻是盯著物看
我們試著與人交朋友
他們卻做一些引人注目的事
我們工作到一個段落才休息
他們卻從頭到尾都不曾好好工作過
我們會維護我們自己的權益
他們卻從來不懂得抱怨

我們有個人的嗜好

他們卻從事自我刺激

我們會明智的選擇朋友

他們卻連跟同儕互動交往都不會

我們會堅持到底不斷努力

他們卻固執地一直做重複的事情

我們喜歡人群

他們依賴人群

我們慢慢走

他們會突然跑開

我們有所堅持

他們堅持時就大發脾氣

我們的決定或意見會隨狀況而改變

他們卻是注意力極為短暫　連方向都搞不清

167 我們有天賦的才能

他們的技能卻幾乎找不到

我們是人類

他們是？？？

（Personal communication, March 20, 2002）

為什麼我們要這樣使用語言，讓一些人享有優越，卻讓另一些人背負標記或受到傷害呢？為什麼有特殊天分的自閉症學生，就被說是有「學者症候群」，而當沒有特定障礙的學生有特殊天分時，就說他們是「聰穎」、「有天分」或是「天才」呢？又為什麼像具有威脅性這樣的標籤，多半是用來形容出生貧窮家庭的學生（尤其是有色人種的貧窮學生），而家境較富裕的學生若在學習上有困難時，則被認為是有學習障礙或是有特殊學習需求呢（Coles, 1987; Sleeter, 1986）？這跟我們會把在社會上居於弱勢的年輕婦女稱作「未婚媽媽」，卻絕不會以未婚媽媽來標記單身卻育有子女或決定領養孩子的好萊塢明星，是一樣的道理。

檢視這些標記的重要性，在於幫助我們了解語言確實會對我們造成影響。語言會影響我們怎麼看待學生，可能因此幫助我們提供學生有意義的幫助，卻也可能因此造成阻礙。有一個方法可以幫助我們審視我們對學生的看法，就是套用 Armstrong（1987）所構想出來的黃金定律架構，這個架構鼓勵大家思考我們在形容某一個學生時所使用的負面語言，想一想這些負面語言可以用其他什麼語彙替代，並進而改變我們對這位學生的看法。比方說，當有人以「懶惰」來描述學生時，從另一個角度來看，我們也可以說這位學生是「放鬆的」；而當我們把害怕時會大叫的學生形容是「常尖叫的學生」時，我們也可以用另一種方式來描述，比如說這位學生「害怕時，有時候會以尖叫的方式來表達」。對一個有責任感的老師來說，審視校園中對學生的說法（Ayers, 2001; Henderson, 1992; Udvari-Solner, 1995）是很重要的一項工作，就像下面 Henderson 所觀察的：

> 語言是文化的產物。無論是在社會階層、經濟或政治上，我們的社會都充滿了公開卻難以察覺的不平等，而這些不平等又反應在我們所使用的語言上，語言就被這些不平等的現象給污染了。比方說，假設你是一名在中學教數學的男老師，大家都知道你一直認為女性對邏輯嚴謹的數學來說，「太過情緒化了」，當你班上有女學生時，若對性別存有這樣偏頗的想法，你怎麼能肯定班上的女學生呢？如果你真的很堅持這樣的想法，那是不是表示，身為一個數學老師，在你心中你只能肯定男學生，卻無法肯定女學生呢？如果你不質疑自己存有性別偏見的語言，你不就很有可能是一個只選擇性關照學生、有性別歧視的數學老師？（p. 37）

質疑我們所使用的語言的重點，不是要隱藏重要資訊，而是要嚴密地檢視會影響教師教學時對學生的看法。語言的影響還有一些其他的例子，包括：

- 被以「過動」形容的學生，從另一個角度來看，也可以說他們是積極主動且參與度高。
- 被歸作是對某些事物過度沉迷的學生，也可以說他們是對某些事物極感興趣。
- 被說是沉浸在自己世界裡的學生，也可以把他們看作是自我的、內省的，或是喜歡沉思的。
- 被形容是固執的學生，也可以說他們是獨立而堅毅的。
- 168 被描述成無法安靜十分鐘以完成一項指定作業的學生，也可以把他們看作是可以連續七到八分鐘專心從事一項活動的學生。

當我請我大學部的學生，把這個思考架構套在一位他們所認識的小朋友身上時，他們常會覺得我是要他們「修飾」對學生的描述，或認為我忽視了「真正的問題」。我跟他們解釋說，我並不是刻意要暗示他們在課堂上所遇到的問題並不是真正的問題，也不是在暗示他們只要有正確的思考架構，教學就會是很容易的一件事。不過，我是真的覺得這個思考架構對老師很有幫助，因為學生的行為或特點往往可以從不同的角度來看待，並且有很多時候，修正後的標記比原本的描述對解決問題有更大的幫助。我常常會請我的學生把他們原本對學生的描述與修正後的說法拿來做比較，然後我會問他們：「修正後的版本，是不是跟原來的版本一樣都是事實？或者，就某方面而言，是不是比原先的版本更接近事實呢？」下面是我一個大學部學生的例子，她使用黃金定律架構來思考學生的行為，因而轉變了對學生的看法。當我請我大學部班上的學生敘述一名讓他們感到深具挑戰性的孩子時，我的這位學生把她中學班上的一名亞斯勃格症學生 Ron，做了如下的描述：

- 缺乏學習學術領域知識的動機，討厭數學。
- 一直問問題，干擾到其他學生上課，攪亂上課秩序。
- 對籃球明星 Michael Jordan 非常著迷。
- 抗拒情境轉換，比如鐘聲響時仍不願離開教室。

當我請我的這位學生評論她自己在描述她的學生Ron時所使用的語言時，她察覺到她自己用了很多負面的形容詞，我們也討論了她對Ron 的感覺，她說她不知道要怎麼幫助 Ron，因而覺得很挫折，而這挫折感已漸漸滲入她的心理，影響到她對 Ron 的看法。

當她重新描述Ron時，我請她想一想有沒有其他方法可以用來描述Ron，我請她特別留意Ron會做的事以及Ron的優點，但不用掩藏Ron 的困難與需求，結果她對 Ron 的描述修改成如下的版本：

- 跟同儕一起合作時，有很強的學習動機；還有對籃球、賽車，和有關魔術、巫術、法術與穿越時空旅行的書很感興趣。
- 很合群，很喜歡跟別人一起做事，分組學習時能有明顯的進步。
- 獨立作業時，可能需要有人幫他集中注意力。
- 好發問，會開啟話題。
- 是籃球專家——尤其對籃球明星 Michael Jordan 更是瞭若指掌，對運動方面的課程很感興趣（比如數學課計算射擊命中率），並且很願意教導別人運動。
- 當情境從一個活動轉變到另一個活動時需要一些幫助，在下課五分鐘前，請一個同學提醒他等一下就要離開教室了，這樣好像會減低他因情境轉換而感受到的壓力。

這兩個版本都是在描述 Ron，也都把 Ron 的一些特點呈現出來，但在後來的修正版本中，Ron 的天分與能力被凸顯了出來，而同樣也是很重要的學習需求，還是有被提出來，但不再用那麼負面的描述方
169 式了。從實務的角度來看，修正後的版本變得更有幫助，因為當老師看到第一個版本時，不僅會馬上對教導有這麼多問題的學生失去信心，還會完全不知道該怎麼教導這名學生。但是，如果老師看到的是第二個版本，則很有可能會覺得很興奮能教到這麼一位有趣的學生，並且腦中會浮現各式各樣引起 Ron 學習興趣，和支持他、幫助他、教導他的方法。

若要提供身心障礙學生有效的支持，留心自己看待他們的角度與描述他們時所使用的語言，是很重要的，因為我們對學生的信念會影響我們的教學方式。Brophy 與 Evertson（1987）發現，老師對學生的期待與學生的學習表現，確實有很密切的關係，尤其是老師預期學生可以成功學習時，學生的表現跟老師的期待是呈現正相關的。因此，老師們一定要經常思考與審視自己對學生的看法，以及所使用的語言，這樣才能夠對學生有更完整、更詳盡的了解。

7. 教導學生新的技能

我有一個學生 Jeff，他在課間休息時間總是會遇到一些困難。他很喜歡溜滑梯，每天午餐結束後的三十分鐘遊戲時間，如果有機會，他會整整三十分鐘都一直玩溜滑梯。看 Jeff 在課間休息時間玩得這麼開心是很棒，但是我擔心他會因此沒有機會嘗試其他的遊戲或活動。另外，因為我們學校的操場上只有一個溜滑梯，Jeff 常會被同學告狀，說他「霸佔」了操場上最受歡迎的遊樂設施之一，Jeff 的同學也因此感到很不滿。而當同學們想要大家輪流玩溜滑梯時，Jeff 就會無法控制地尖叫起來，他常常會突然倒在地上，然後把他自己的臉埋在攀爬區下面的木屑堆裡。

一開始，我試著跟其他學生溝通，盡量滿足 Jeff 的需要，讓他可以盡情地玩。有好幾個月的時間，我們讓 Jeff 想玩多久就玩多久，藉

這個方法來避免他尖叫，這意味著其他學生經常沒有機會玩溜滑梯。雖然學生們都能體諒並且很有耐心，但我不確定這樣的安排是不是對 Jeff 最有幫助，畢竟，我還是想要他學一點輪流的技巧，另外，也許還可以教他一些在排隊等候時可以使用的策略。

所以接下來我們試著讓 Jeff 玩溜滑梯時一次只玩十分鐘，然後要求他休息五分鐘，五分鐘之後再讓他玩十分鐘。在這五分鐘的等待時間，我教他怎麼看電子錶上的時間，並鼓勵他到操場的其他地方走走，一直等到輪到他的時候再回來。這個策略頗為成功，可是 Jeff 看起來還是很不安，心裡頭一直掛念著溜滑梯，雖然我想要 Jeff 學習跟大家輪流玩溜滑梯，但我並不想帶給他過度的壓力。

這個故事的高潮發生在一天夜裡颳了場暴風雨之後，學校裡的溜滑梯與攀爬區都淹水了。看管學校的警衛用繩索把這個區域圍了起來，接下來的四天，學生都不可以進去這個區域使用遊樂設施。當 Jeff 走到遊樂區看到有繩索圍起來時，難過得不得了，我先試著安慰他，然後試著跟他邊走邊談。

最後是我的學生們解決了這個問題。班上有一個很害羞的女孩 Kristi，她平常坐在 Jeff 旁邊，當她看到 Jeff 在操場上走來走去時，她走向 Jeff，並邀請 Jeff 跟她一起玩跳方格遊戲。Jeff 一開始很抗拒，但 170
Kristi 還是繼續找他一起玩，兩天之後，Jeff 終於接受了 Kristi 的邀請，願意跟她一起玩遊戲。Kristi 教 Jeff 怎麼玩，當 Kristi 發現 Jeff 搞不懂遊戲規則時，她跟她的朋友就稍微修改了遊戲規則，好讓 Jeff 能理解並參與。二年級的學生也教 Jeff 甩跳繩，還教他玩一種他們叫作「牧場國王」的捉人遊戲。雖然 Jeff 還是念念不忘溜滑梯，並且當積水乾掉之後又回頭玩溜滑梯，但這段期間因為 Kristi 和班上其他同學的關係，他已學會了很多其他的遊戲技能，並且在課間休息時間能夠享受很多種遊戲活動的樂趣。

我從 Jeff 和班上跟 Jeff 一起玩的學生身上學到很多。我處理 Jeff 的行為時，採取的是反應性策略，只是試著避免 Jeff「發生問題行為」

（思考如何能減少 Jeff 玩溜滑梯的時間），但他的同學卻是採取積極的預防性策略，集中在擴展 Jeff 的遊戲經驗與建立新的遊戲技能，這真的是很重要的一課。因為有時候老師會把注意力集中在學生的行為，但其實把焦點放在學生的需求與建立學生的能力，會對學生更有幫助。學生可能需要學習新的技能或者需要得到某方面的資訊，他們才能夠比較有自信和覺得比較舒服。表 9-1 列舉了一些滿足學生各種不同需求的正向支持做法。

表 9-1　正向支持學生行為的一些方法：教導新技能

學生的需求／引起焦慮的原因	可以教導學生的技能
學生害怕走樓梯或坐電梯	教導學生在跨出第一步前，可以讓自己快速放鬆的方法
學生對書寫作業感到挫折	教導學生用電腦或打字機打字
當別人不了解學生的意思時，學生會哭泣	教導學生使用手語或促進溝通法
學生在嘈雜的環境中會慌亂	教導學生操作 CD 隨身聽，並讓他戴耳機聽音樂
學生在新的社交情境中會感到不舒服與焦慮	教導學生幾句開啟話題的句子，並提供學生資訊，讓學生了解不同的話題適用於不同的情境（如「在派對的場合中，很適合說一些笑話或有趣的故事」）

8. 保持願意調整的態度

有一次，我受邀訪問一所中學，觀察學校裡一名叫 Micky 的學生。這所學校的校長告訴我，Micky 常常咬他自己的課本而干擾到其他學生，事實上，他是一點一點的把書吃掉。我問校長有沒有教職員曾經試著問 Micky 這個「問題」，校長說他們有問過 Micky，Micky 說當他覺得需要動動嘴巴時，他需要嚼口香糖或糖果。我聽起來覺得很合理，也把我的想法告訴了校長。結果校長跟我說，需要嚼口香糖或糖果來動動嘴巴好像是很適當的反應，但是卻無法在學校裡執行，因為學校規定學生不可以帶糖果到學校來。

另外還有一個例子是一個叫作Guy的年輕人的故事。Guy的功課很好，但需要在學校的作息上做一些簡單的調整（adaptation）才能順利的學習。Guy 上課經常遲到，而遲到後進到教室又很難找到座位 171
坐，再加上他又常常沒有帶上課必須帶的教材，因而干擾到上課秩序，雖然負責指導他的教學團隊裡頭，有一些成員提了幾個簡單的調整策略，但要執行這些策略卻不是那麼簡單的事：

> 在特教組組長與Guy的媽媽討論過後，建議每一堂課都應該保留一個固定的座位給Guy——最好是在教室後面的座位，這樣他比較不會造成其他同學分心。另外也建議每一門課的老師，在 Guy 的座位上放置一些上課需要用到的基本工具（紙、筆、尺等）。有一些老師很樂意採行這些建議，在這些老師的課堂上，Guy的行為表現很快就有了改善；另外有一些老師拒絕改變他們行之多年的做法，Guy在這些課堂上的行為表現則還是很不穩定，還是常會干擾到上課秩序。（Howlin, 1998, p. 244）

從這兩個故事我們都可以看到，若沒有提供學生彈性調整的空間，和沒有提供學生所需要的支持，會助長學生的行為，甚至是造成行為的發生。在這一章的一開始，我請大家注意「把行為看作是主觀解讀與情境刺激的產物」的重要性，Guy的情形就是最好的例子，證明了行為並不是固定不變的事實。當老師努力去了解學生與學生的需求時，不好的行為可以被減到最少，甚至是完全去除。在Guy的例子中，老師是否願意提供Guy需要的固定座位，決定了Guy的「行為」是被削弱，還是被助長。

我曾經在一個與學生家長及相關行政人員的會議中深刻地了解

到，做一些適度的調整與努力尋求解決方案而不去鑽研問題本身，這樣的態度與做法具有很大的潛在力量。這個會議是在討論一位叫作Matt的學生的行為，Matt上課常常會跑出教室，然後跑到運動場去。他一跑到運動場就會跳上鞦韆架，若這時跑出來追他的人不幫他推鞦韆的話，他就會開始哭了起來。這樣的情形，每天大約會發生五次左右。而當我們試著把靠近Matt教室的門鎖起來的時候（怕他會哪天突然跑到街上去），他卻藉機跑到圖書館，然後跳上掛在圖書館某個角落的吊床。

我們每一個人都覺得Matt一定需要鞦韆所提供的刺激，但沒有一個人想讓他一再地錯過班上正在進行的課程活動、與同學互動的機會，以及其他的學習機會。我的上司，也就是負責這個學區的行政長官，突然在會議中說：「不應該是Matt跑去玩盪鞦韆，而應該是我們提供鞦韆給Matt。」然後就開始擬定計畫在一年級教室的後面設置一個懸掛式的搖籃鞦韆。我們每一個人（包括一年級的老師、Matt的媽媽、我的上司，還有學校的校長）都對這個意見感到興奮，並且開始規劃可以讓這個設施自然而然融入教室的方法。最後，我們決定讓這個鞦韆成為閱讀角落的一部分，並且當Matt不需要使用時，班上的每一個學生都有機會可以使用它。

那天我帶著愉快的心情離開會場，並且對彈性調整與融合教育有了全新的了解。這是我第一次看到有專業團隊把「融合教育」看作是行動（而不是只是討論某個學生適不適合參與融合教育）。也就是
172 說，教育Matt的相關人員（尤其是行政人員）挑戰他們自己的觀念，讓 Matt 能夠參與融合，他們一直努力讓 Matt 成為班上的一分子，直到 Matt 真的融合在他所屬的班級裡，而不會因為需要為 Matt 做太多的調整，就說是 Matt 不適合參與融合教育。

9. 做點別的事

支持學生的行為常常是很磨人的工作，我曾經不只一次在下班回

家途中哭泣，對自己不了解學生的行為而感到沮喪，害怕自己無法適當地回應學生的需求，並因此而傷害到學生，也害怕周遭的人會覺得我根本不知道自己在做什麼。在我教學生涯的一些低潮期中，有一次，我的朋友跟我說了一個關於改變態度的故事（attitude-altering story）：

> 我靜靜聽著幾呎外掙扎於生死邊緣的絕望聲響，有一隻小蒼蠅想試著穿越玻璃窗飛出去，卻都徒勞無功，就這樣慢慢地耗盡牠短暫生命最後殘存的氣力，牠的翅膀發出吱吱吱的聲響，好像在訴說著令人鼻酸的心聲：再用力一點。
>
> 但是無論牠再怎麼用力，都沒有用。
>
> 即使牠拚了命地飛，還是看不到一絲存活的希望。諷刺的是，小蒼蠅的掙扎也是造成牠步向死亡的一個陷阱，因為不管牠再怎麼努力，永遠都不可能穿越玻璃；儘管這樣，這隻小昆蟲還是想透過毫無經驗的努力與不屈不撓的決心，甚至賭上牠的性命來達成牠的目標。
>
> 這隻蒼蠅註定難逃厄運，最後終將死在窗台上。
>
> 就在十步外的另一邊，門是開著的。這隻小動物只要往門的方向飛十秒鐘，就可以到達牠一直想去的外面，只要用牠現在徒勞浪費的精力的一點點，就可以脫離牠自己所設下的陷阱飛越而去。穿越屏障的可能性就在那兒，只要轉個念，就可以輕而易舉地飛出去。（Pritchett, 1993, p. 222）

這則簡單而有趣的故事讓我了解到，處理問題時，需要不斷地從不同的角度著手，退後一步，從另一個角度思考所遇到的困難，並且在遇到困難的當下，克制自己「一定要做某件事」的衝動。有時候跳到框框外面來思考，可以幫助我們找到解決的方案，而這卻不是多做一點或再努力一點就可以發現的。做些別的事包括：

- 什麼事都不做。想一想：有需要採取行動嗎？沒有採取任何行動可以嗎？
- 跟尚未接觸過的人談談。（比如學生的祖母、患有自閉症的成人、站路口的警衛、學生最好的朋友等）
- 運用幽默的智慧。
- 試著從另一個角度與另一個完全不同的觀點來理解學生的行為。（比如說試著想像藝術家、運動員、牧師、行政總裁會怎麼看待這個行為）
- 先不要介入輔導，靜靜地觀察實際的狀況幾天。
- 相信學生，告訴學生你的想法。
- 記錄或寫下事情發生的經過，或讓學生自己記錄，看看是否有答案自然浮現。
- 安排固定的午餐會議或輕鬆的飲料時間，跟學生兩人，或是再找一個朋友，大家一起聊聊，好讓彼此能有更進一步的了解。

173 10. 好好照顧自己

當我在一所高中實習的時候，我跟班上的一位學生Patrick建立了很緊密的關係。Patrick是一個精力充沛而引人注意的學生，平常總是充滿旺盛的精力，並且風度翩翩。不過有一次，他跟朋友吵架之後，皺著眉頭，忿忿不平地走進教室，在我跟他說他需要冷靜之後，他舉起一張椅子朝我砸了過來，當時的場面真的讓人心驚肉跳，那天，我渾身打顫，沮喪地回家。

當我回家後，我的指導老師打來問我上課的情形，就這樣我們談了一個小時，她跟我分享她在教學生涯中所遇過最糟的狀況，並且告訴我她自己在實習時發生的一些趣事。後來我們每個星期四下午會固定找時間談一談，看是一起用晚餐，還是在附近的書店裡喝杯咖啡，有時候系上的其他老師或相關的專業人員會加入我們。雖然大部分我們都是談各自教室外的生活，但在聚會中，我們也會把這一週發生的事情拿出來討論。

這每星期四的聚會變成是我從經驗比較豐富的同事身上學到一些新的教學策略的方式，我同時也從他們身上學到了處理壓力、保持活力與集中精力的方式。教學可以是很令人振奮的工作，但也可以讓人精疲力竭，尤其是在處理學生行為問題的時候，會讓人更加疲累與挫折。

Noddings曾說過：「關懷是一種很難達到的道德標準，在關懷別人的過程中，自我跟他人並沒有分離開來……若要持續關懷他人，很明顯地，就要同時持續地關懷自己與他人。」（1984, pp. 99-100）從事像教學這種與人的關係既緊密又動態的專業的人，需要格外注意自己的需求，並且需要磨練處理事情的技巧。有些人是藉由同事彼此支持的力量來釋放壓力，有些人則是靠著聽靜心的音樂或做運動來獲得紓解；有時候，老師們也可以練習靜心的一些方法，讓自己平靜下來。在紛亂忙碌的一天之後，讓自己完全放下心裡的煩憂，試著讓心靈靜默片刻，有時候對老師也會有幫助。

老師在照顧自己（self-care）時，也要注意傾聽自己內在的聲音。教育者應該問問自己，心裡的聲音正在對自己傳遞什麼樣的訊息？是不是只有看到問題？還是也有注意到事情的進展與沒有問題的部分？有沒有針對未來可以改進的地方訂定具體的計畫呢？（*The Don't Sweat the Small Stuff Workbook*）一書的作者 Richard Carlson（1998），提供大家一個很有效的方法來反省自己，就是把問題當作是潛在的老師，他說：「當我們接受問題，把問題當作是生活中無可避免的一部分，和把問題當作是潛在的老師時，我們就會感覺到肩上的重量減輕了。」（p. 160）比如說，可能會有家長打電話給老師，跟老師說她對老師處理她孩子行為的方式不滿意，老師聽到可能會覺得很生氣，或會極力為自己辯解，但老師還可以想想家長感到憂慮的原因，看看是不是有其他的方法可以解讀家長的評論：這位家長是不是為她的孩子感到害怕？學校的職員有沒有跟這位媽媽解釋過學校對這件事的看法？另外，老師也可以想想自己處理問題的方式是不是最好的？是不是應該請校長或輔導老師參與？在處理問題的過程中，老師也可以學到溝通與傾聽的技巧，還有更了解學生家人的需求，及身為教師的職責。

174

支持學生行為的注意事項

一般在考量支持學生的行為時，最有用的方法是思考所擬定的策略是否對學生有幫助，還是有潛在的問題；不過，在談到有關支持學生行為時，另外還有幾點一定要提出來才算充分。在我從事教師訓練與擔任學校諮詢顧問時，我都是用我在本章所列的十個支持學生的方法，來幫助老師研擬解決問題的方案；不過在談到解決問題的部分時，我都會列出三個注意事項作為開始：認清行為學派的限制（limitations of behaviorism）、避免把學生從教室中抽離（removing students from the classroom），還有不要把注意力集中在訓練學生順從。雖然除了這三點，我還有很多其他的注意事項可以跟大家分享，但是每一次我還是會選擇跟大家分享這三點，因為美國各地的學校都很常使用行為學派、抽離與順從訓練這三種方法，而當老師使用這三種方法卻沒有留心我所提的注意事項時，想要提供正向的、以學生為中心的，與盡可能符合人性化的行為支持，就會變得很困難。

認清行為學派的限制

行為主義是一種哲學的觀點，認為心理學作為一門科學，一定要把焦點放在可觀察的外顯行為，所以行為主義是一種著重在客觀可觀察的行為的學習理論（Skinner, 1976）。很多教育者都質疑過行為改變技術的效用，但是學者Herb Lovett主張，並不是行為主義本身有問題，真正應該受到批評的是那些行為主義的應用：

> 我們沒有理由不能兼顧理論與現實，例如，在訓練或教導發展遲緩的人時，我們可以用工作分析法讓複雜的事變得比較簡單。不過我的經驗是，很多人都用行為介入輔導法，把複雜的社會情境變得太過簡單了。（1985. p. 64）

當然，一些敏感度高的治療師或教師也都有使用行為改變技術的元素，來支持學生的行為和增進學生的生活品質（Donnellan & Leary, 1995; Lovett, 1985）。在這些例子中，治療師或教師在設計行為改變計畫時，都會與案主或學生討論，採取溫和與自然的方式，並且會先打下良好的關係基礎。

使用行為改變技術之所以要小心，有一個原因是跟人性有關，行為是一複雜的現象，行為學派一定要考慮到這點。即使是在設計自己的行為改變計畫，行為改變技術還是有可能造成出乎意料的結果。有一位自閉症患者 Sue Rubin 解釋了行為學派並不總是對她有幫助的原因：

> （攻擊性與自傷的行為）常常會被特定事件引發出來，但有時候就是沒來由的發生，也許是因為體內某種化學物質失調的緣故吧。所以，如果你在找刺激行為發生的前置事件，並準備在行為發生之後給予一個後果，可能對行為者不公平。負面的結果確實是會改變行為，但會有另一個可怕的行為取而代之。實際上，我是想要有人提供一些方法來幫助我控制我的行為，但後來總是覺得這些方法不過像條橡皮膏，只是短時間內看到效果而已。（Rubin, 1998）

另一個原因則是跟行為主義的發展歷史和被人誤用的情形有關。 175
行為學派的技術太常被用來傷害、羞辱與操控學生，比如有些誤用的人可能會用行為學派的方法，來訓練一些讓學生的身體覺得不舒服的技能（如要求學生「把手放在身體的兩側」、「看著說話者的眼睛」等），或者會剝奪學生需要藉以保持平靜的東西或活動，想藉此改變學生的行為（如要學生累積獎賞才能玩電腦等）。另外，很多人在解讀與操作行為學派的技術時，常會跟學生所屬的文化有所衝突，比如McIntyre（2002）就曾指出，有很多文化重視自決甚於服從與循規蹈矩，包括美洲印第安人和西班牙裔人，McIntyre 說這些族群中，有一些反對「行為學派賴以為基礎的權力導向與控制的想法」，這些族群比較傾向「接受行為是沒有一套固定標準的觀念，比較少會介入輔導，或是試著去控制行為」。事實上，偏差行為（假如不是暴力行為）在這些文化中是受到尊重的，自我決定也是很受重視的（Brendtro & Brokenleg, 1993; Good Tracks, 1973; Kallam, Hoernicke, & Coser, 1994; McIntyre, 2002; Slaughter, 1976）。行為學派常使用的兩個方法是獎賞（增強）與處罰，接下來我會分別檢視這兩個方法，並且扼要地說明這兩種方法可能會被誤用的情形。

■ 使用獎賞與增強

我們有很多人都在自己的生活中，使用獎賞與增強的方法來改變我們自己的行為。比如說，我們可能會以買體育競賽的門票，來犒賞自己連續兩個月的開銷都沒有超過預算，或者如果一星期都能保持健康的飲食，就會在週末的晚上請自己去吃一頓很豐盛的消夜。像這類的獎賞可能會很有效，因為是我們自己計畫的，而且是由我們來監控自己的進度，自己決定必須完成什麼事，和在什麼時候、以什麼方式獎賞自己。

當有別人介入來增強與獎賞我們的時候，我們改變的動機可能會比較弱，因此也比較沒有辦法達成目標。比如說，如果是我的姊姊決定我要吃多少餐的健康飲食才能享受一頓美味的點心，或者如果是我媽媽決定我要怎麼控制我的開銷，或我能花多少錢在看體育競賽上，我很有可能會失去「好好表現」的動機。就像Herb Lovett所說的，當我們在幫助身心障礙患者時，需要先想想我們自己的行為與生活：

> 想一想一些你在家裡不是很喜歡做的家務雜活兒，假設你能處理大部分的工作，除了一些很瑣碎但卻無可避免的雜務之外，比如整理床鋪、洗衣服或添購雜貨等，你覺得你會因為別人在你身邊像是一種習慣地說：「Karen，你的床鋪整理得很好喔！」就更常去整理床鋪嗎？（1985, p. 65）

一般來講，老師若使用獎賞與增強來改變學生的行為，最後會讓老師覺得很挫折，學生很「失敗」，還有浪費了大家許多的時間與精力；就算是學生很成功，問題可能還是沒有解決。比如只要學生十分鐘沒有捏人就給予獎賞，可能會讓學生停止捏人，但如果學生捏人的原因是為了要跟別人說話，那他（她）就有可能會開始踢人或打人。

人類的行為遠比大多數的獎賞與增強計畫所設想的複雜，請看一看下面這個 Joan 的例子：

> Joan很喜歡聽音樂，每天放學回家後，她總會靜靜地坐著聽 176
> 她最喜歡的錄音帶一會兒。有一次，Joan的父母跟一位心理治療師一起為Joan破壞東西的行為擬定一套改變計畫，這位心理治療師先請Joan的父母列出一些可以增強Joan的事物，Joan的父母把聽音樂列在第一個，後來他們決定由父母來保管Joan的錄音帶，當Joan一天下來都沒有破壞任何東西時，就可以讓她在睡前選一卷錄音帶聽半小時。後來這個行為改變計畫備受批評，這位心理治療師感到很震驚，因為他堅持說：「這計畫完全是建立在正向增強的基礎上！」（Weiss, 1999, p. 22）

在Joan的例子中，這套計畫絕對不是正向的增強。那位心理治療師使用行為改變技術時，並沒有讓 Joan 和 Joan 的家人了解，為什麼 Joan會破壞物品，當然也沒有教導Joan任何新技能或解決問題的新方法，而且還可能因而剝奪了Joan一天中讓她覺得平靜、祥和與放鬆的時刻。這個計畫對 Joan 並沒有幫助，反而是一個不尊重 Joan 而會有反效果的計畫。

Dan Reed（1996）也分享了一個不當使用增強可能會變成懲罰的故事：

> 在每年為 Ted 召開的定期會議中，Ted 居住的群體之家的職員，討論去年 Ted 的情形，並為 Ted 規劃來年的教育計畫。
> 討論的主題是關於週末的活動安排，什麼活動該繼續，什麼活動該停止並換成別的活動。Ted 每星期五晚上都會得到一份披薩，但群體之家的職員覺得 Ted 好像對披薩不感興趣，既然這樣，他們提出或許應以另一個活動代替。
> 結果 Ted 在他的字母板上拼出「不要拿走我的披薩，我喜歡吃披薩」，希望有人可以因此聽到他的要求。
> 群體之家的職員感到很驚訝，回應 Ted 說：「你以前好像都沒有很喜歡吃披薩，所以我們想說你可能不喜歡披薩。」
> 「如果你們知道我喜歡吃披薩的話，你們就會要我集籌碼才能得到披薩。」（Reed, 1996, p. 96）

Ted 對職員們所規劃的計畫的評論，讓我們看到了專家看到增強的好處，跟身心障礙患者覺得的有很大的出入。在這個故事中，行為改變計畫根本沒有用，Ted 本來就應該可以得到的東西，卻變成必須自己另外設計一套改變行為計畫的策略，才不至於變成增強的工具。

使用懲罰

行為學派的術語中，懲罰的定義是在一不良的行為之後，立即給予不愉快或令行為者感到嫌惡的後果。常使用的懲罰方式包括放學後把學生留下來，或是指派學生額外的工作等。懲罰是在一行為發生之後給予，用意是在減少行為再次發生的可能性；所以，如果學生因為在課堂上講話而被送到校長辦公室，但並沒有因此減少學生在課堂上講話和因此被送到校長室的情形，那到校長辦公室的後果就不是用來懲罰學生的。

很多常見的對行為學派的批評都是跟在課堂上使用懲罰有關。其
中一個反對的理由是，懲罰只有教學生不要做什麼事，並沒有教導學
生要做什麼事。比如說，用打屁股來阻止剛學會走路的小孩子跟姊姊
吵架可能會很有效，但並沒有教他其他有關分享玩具，或以說話的方
式來跟他的姊姊溝通。另外，打屁股可能會造成小孩子害怕懲罰他的
父母，並且會因此學到有時候用打人的方式來解決問題是可以的。同
樣地，懲罰學生上課一直離開座位，可能也可以讓學生在懲罰之後留 177
在座位上，但如果學生離開座位是因為他真的很需要動一動，那強迫
他留在座位上，可能會讓他在接下來的課堂上，感到焦慮、煩躁不
安，並且無法集中精神上課。

懲罰會造成學生不信任或害怕大人，也是另一個常被批評的原因。老師懲罰學生可能會造成學生不信任老師，因而傷害了師生關係，而這對過去曾遭受體罰的自閉症學生更是如此。

儘管懲罰遭受到許多的批評，仍然有很多老師懲罰學生，因為這是老師們熟悉的策略。有時候行為改變計畫之所以實施，是因為老師相信學生「必須學習」守規矩。我以前有一個學生，常常踢和咬學校教職員，過了一段時日之後，這樣的行為並沒有多大的改變，教導他的老師與幫助他的輔助性專業人員，因為無法改變學生行為所感受到的挫折與生氣，也跟學生的行為一樣仍在繼續。甚至其他沒有直接教導學生的老師也感到生氣，而來跟我建議一些他們覺得適當的方法來管教這名學生。有一位老師告訴我說，我不應該「放縱」學生這樣的行為。

過了一段時間之後，我明顯地感受到學校裡的成員希望我懲罰這名學生，懲罰學生對他們來說未必是為學生好，但卻是「有處理」學生的行為。或許他們需要藉由懲罰來處理他們自己的壓力，因為被學生打或踢所受到的傷害，讓教職員有意識或沒意識的想要該名學生被懲罰，好讓他們在被學生傷害時，有辦法回應學生。雖然被傷害的老師一定覺得很沮喪、很難過，但從長遠來看，懲罰學生通常並不會讓老師覺得比較好，也沒有讓學生學習新的技能，更因此而沒有辦法建立起讓所有學生感到安全與舒適的班級。

避免把學生從教室中抽離

有一次我去參訪一所國小，當經過一條走廊時，我從一個坐在地板上邊哭邊吸吮著手腕的學生身旁經過。當我問一名老師這位小朋友的情形時，她跟我說：「喔！他是Peter，他在走廊上的時間比他在教室裡的還多，他沒有辦法控制自己。」

我很擔心還有很多像 Peter 這樣的學生，在教室外等機會進去融合班級裡。因為有很多學生只有在一天中的某個時段，可以進到普通的教育環境中學習；還有一些則是在符合某些條件之後才得以參與，例如要守規矩的時候，才能待在普通班級裡。

在我開始教書的第一個星期，我是在一個五年級的班上，跟一位資深的老師Goldman女士共同教學。雖然Goldman老師從未正式教過「融合」班級，但她已有二十五年的教學經驗，並且帶過各種不同能力、需求、技能與稟賦的學生。我和Goldman老師共同教學的班上，有一個自閉症學生George在每天一開始的前十分鐘，都會表現出一些焦慮的行為，如把他的課本丟在地上，然後站起來把垃圾筒裡的垃圾倒出來。我很擔心Goldman老師與其他人在觀察融合教育的效果，而George的行為讓我感到很羞愧，我走向George，並且引導他離開教室「休息」一下。而在這種時候，Goldman 老師會開始喋喋不休地說：「好，東西都被丟在地上了，George，請你現在坐下來好嗎？我們要

開始上課嘍。」就這樣，她讓學生們開始進行課堂活動，然後走向
George，幫助 George 把垃圾放進垃圾筒裡。在 Goldman 老師帶著 178
George 把垃圾放回垃圾筒的時候，她會跟 George 說一些今天早上會進行的課堂活動，George 沒有半點遲疑，就跟著 Goldman 老師把教室清理乾淨，然後回到他自己的座位。

我對 George 的反應感到很驚訝，但是比較有經驗的 Goldman 老師卻一點都不意外。她多年的教學經驗讓她了解到，學生在開學的第一週常常會感到害怕。另外，藉著在教室裡處理問題的時候，Goldman 老師也讓 George 感受到她重視他，並且想讓他融入班級，成為班上的一分子。她還鼓勵 George 參與班上的團體，幫助他在新環境裡感覺比較舒服。經過一段時間之後，Goldman 老師已能夠教導 George 在有壓力的情境下，讓自己平靜下來的方法，並且找出 George 開始感到心煩意亂或是受不了噪音或活動時的徵兆，幫助他透過深呼吸或在教室後面來回地走來管理自己的情緒。

一整天下來，每一個學生都可能因為各種原因需要暫時離開教室。在學生覺得難過、不舒服或生氣時，讓學生可以選擇離開教室對他們來說很重要。另外，有時候學生可能需要離開教室才能維護他們的自尊，如果學生需要隱私或想要休息一下時，就應該允許學生暫時離開教室。讓學生有個地方可以放鬆、靜下來或獨處一會兒，絕對沒有錯，事實上，應該提供所有的學生這樣的選擇，當學生在教室裡越來越緊繃時，提醒學生有這麼個地方可以利用。

但是，不應該在每次學生難過或讓老師感到難過時，就把學生送到教室外面。太常看到老師沒有經過學生的同意，就請自閉症的學生離開教室，或把自閉症學生送離學習環境。Faber 和 Mazlish（1995）請大家試著體會學生被孤立時的感受，「身為大人，你可以想像如果有人因為你說了某些話或做了某些事，而強迫把你與人群隔離開來，你會覺得多麼的憤恨與羞辱」（p. 115）。而對一個年幼的學生來說，這種被拒絕所帶來的感受可能會更嚴重，因為他們可能會因為這樣而

相信「他（她）犯了很嚴重的錯誤，所以才會從人群中被抽離」（pp. 115-116）。Vivian Paley（1992）提醒我們，當老師把學生隔離的時候，傳遞了一個很強烈的訊息，就是排斥與拒絕，而這訊息會反過來影響學生與整個班級：

> 一想到殘忍，我總是會想到隔離（time-out）。把孩子從團體中抽離開來，會讓孩子覺得傷心與孤單，而孩子的傷心與孤單又會讓我覺得自己苛刻與力不從心；而且，我相信大家也都會覺得猶疑與沒有安全感。在老師和小朋友身上，都會出現有害身心健康的情緒，只是形式不同而已。（p. 95）

這種把學生抽離團體的做法所造成的問題是非常嚴重的。只要情況允許，最好是在學生行為發生的環境中，直接幫助學生和處理問題。把學生從他們所屬的地方抽離開來，對營造班級氣氛會產生不良的影響，並且也常常會干擾到教導與學習的過程。

另外，不應該把學生隔離開來的其中一個主要原因，是與融合的定義有關。學生應該毫無疑問地相信他們是班上的一分子，並且這樣
179 的感覺不應該一直受到威脅。另外，請學生離開或強迫學生離開他（她）的學習環境，甚至還有可能會同時造成老師和學生一些新的問題，因為學生從班上同學中隔離開來會覺得被拒絕、受到傷害或很迷惘，並且可能因此在學業、人際互動或情緒上遇到一些困難。還有，當學生被隔離時，也會因此錯過了寶貴的上課內容，可能因此錯過老師的教學，或失去一些學習的時間，以及與同儕互動學習的機會。

另外，學生需要在盡可能是最自然的情境下，學習超越自己的行為。沒有交朋友的機會，學生就無法學習社交技巧；沒有與同學互動與一起學習的機會，就無法學習溝通技能；同樣地，沒有在自然與真實的情境中與別人一起解決問題和克服困難的機會，就無法學習跟行為有關的能力。

最後還有一點，就是把學生從融合班級中隔離開，會讓學生的行為變成好像是學生的問題，因而讓老師與學生錯過機會來了解行為是複雜的，並且與當下的情境有關。如果把學生從班級中抽離，老師和學生就無法看到班級氣氛、環境因素、他人的行為、課程內容與教學方式，可能會對學生的行為、感受、活動與情緒造成什麼樣的影響。

不要把順從當作主要訓練目標

「順從」這兩個字，常常可以在身心障礙學生的學校記錄裡看到，可是在沒有身心障礙的學生的記錄或報告裡，卻不是那麼常看到。雖說普通教育老師可能會評估無身心障礙學生的參與度、少數服從多數的民主風度，或傾聽的技巧等，但是在談論或報告學生的學習情形時，通常不會提到他們有多順從。「順從」這個詞和觀念，在過去的某個時間點，變成了人群服務與特殊教育領域的論述與價值系統的一部分；這些年來，順從就變成了很多行為計畫與教育計畫的訓練目標。Weiss（1999）曾透過詳細敘述一個學生 Laura 的故事，跟大家提到了順從訓練的問題：

> Laura 是一個四年級普通班的學生，不過，班上的級任老師常常因為 Laura 的障礙，而沒有讓 Laura 參與班上其他同學進行的許多學習活動。這位老師替 Laura 選定了幾項她覺得比較適合 Laura 能力的活動，包括依顏色把短樁做分類、把一份披薩拼湊起來，還有找出與方格上的圖片相對應的物品等。但是 Laura 對其他同學在進行的活動感到很好奇，因為其他同學的活動大致上都比較生動，也比較有參與感。所以 Laura 常常在教室裡晃來晃去，因而干擾到其他學生上課，當老師叫 Laura 回座位進行她自己的活動時，她常常會變得很難過，然後就會把她的學習材料丟到地上，有時候甚至會推打老師。

> Laura 的老師找來學校裡的行為治療師幫助她發展一套行為計畫，鼓勵 Laura 待在自己的座位上，專心做她的作業，還有減少攻擊行為，她告訴行為治療師說 Laura 很不順從。於是行為治療師就很樂意地設計了一套很詳盡的增強系統，來幫助 Laura 達到這些行為目標。治療師這麼做在道德上所犯下的問題是很顯而易見的，單單只是因為有這樣的技術，可
> 180 以訓練 Laura 在一個不適當的環境中表現順從，在道德上是站不住腳的。一位機敏的老師或行為治療師，會只是因為知道別人很有可能會把 Laura 的行為當作是評價他們服務品質的最客觀標準之一，而把改變行為當作是計畫目標。（Weiss, 1999, p. 27）

Laura 的故事讓我們看到了把訓練目標集中在順從，會把老師的注意力從真正重要的事情上移轉開來，因而無法設計出有創意、有意義，以及有助教導與學習的解決方法。

順從的另一個問題是它教導了學生錯誤的事情。訓練學生順從，會把學生教導成從不質疑他人的命令，還有不管大人說什麼都言聽計從。被教導要順從的學生不僅可能會對為什麼他們要做別人要求他們做的事情感到困惑，甚至還有一些學生會因此變成連不適當、或甚至是危險的要求都聽從。比如說，當有同儕叫一個被教導要順從的學生按火警的警鈴，或做其他更糟的事情時，這個學生可能不會有任何懷疑，而一個被教導成盲目遵守大人指令的學生，也很有可能會像順從老師一樣，聽從陌生人的話。

老師應該要教導學生自我決定（self-determination）的能力，而不是順從。被教導自我決定的學生，才能夠保護自己和擁護自己的權利；還有，學習自己做選擇、做決定、解決問題與設定目標等技能的學生，比較能夠在遇到行為問題時幫助他們自己，而且還能幫助輔導他的人提供最適當的支持。

總 結

我以前有一個學生名叫Todd，他在升上三年級的第一天，一會兒在教室大樓裡跑來跑去，一會兒在桌子底下爬行，一會兒又用他的頭去撞衣物間的水泥地，而且每次聽到火警警鈴響時就尖叫，在這幢大樓裡的老師都很擔心他。Todd之前幾年都是在隔離式的特殊教育學校上課，現在進到新的融合學校，他好像很害怕，很困惑不解。那天，至少有兩個同事跑來問我，我們學校真的適合 Todd 嗎？

教到Todd確實讓我很緊張，我真的很希望他能順利適應新環境，雖然不確定該如何著手幫助他，但我確信我們學校對他是最好的學習環境。當我的同事質疑 Todd 的教育安置時，暗示我 Todd 需要一個有比較多限制的環境，我則跟他們說明，很多 Todd 的行為極有可能是因為在之前那個有比較多限制的環境中學習而造成的，我堅持Todd需要一個機會成為學校社區裡的一員。

事實上，在過去幾年間，Todd都是跟幾個沒有口語能力的學生一起學習，所以不太習慣普通教室裡的行為規矩；他以前的同學中，有兩個會撞他和撞他們自己的頭，所以他就耳濡目染地學會了撞頭行為；上課時，從來沒有人分發給他需要自己保管的教材，所以他對新老師的期待沒有概念；他一整天都是在同一間教室上課，所以必須換教室上課和在偌大的校園裡「旅行」，對他而言，在一開始的時候是很難理解的。

Todd持續有著緩慢的轉變。不過，老師們都還是抱持著樂觀與開 181
通的想法，對 Todd 充滿希望。他們靜靜地觀察著，等待著 Todd 能順利參與融合，而這一天也終於到來。

在花了很多時間觀察其他同學與參與典型的學校作息之後，Todd終於能夠說一些話和比一些手勢，來表達他想喝水或上廁所的需求。班上的其他同學也學會了 Todd 的溝通系統，並且開始跟 Todd 交往。

漸漸地，他撞頭的行為也消失了。

Todd還知道他的東西和教材應該放在教室的哪裡，並且開始用圖畫製成的課表認識每一天的課程活動。幾週後，他知道哪一堂課要到哪裡上課，從此不在大樓裡跑來跑去。後來他的老師在教室裡放了幾張小型的搖椅和地墊，Todd就不在桌子底下爬來爬去了，而變成是靜靜地坐在他的座位或是搖椅上，或是靠著枕頭坐在地上。

另外，老師和其他學生還幫助Todd對討人厭的防火演習的聲音，預先做心理準備。當警報器響起時，由兩個學生把 Todd 夾在中間，然後教 Todd 在走出大樓的時候可以用手摀住耳朵。雖然後來 Todd 還是無法適應噪音，但他不再尖叫了，並且能夠忍受偶爾舉行一次的演習。

Todd花了好幾個月的時間才漸漸適應新學校，但就在短短的幾個星期之後，學校的教職員就對 Todd 的外表和舉止變得跟剛開始時如此不同，而大感吃驚。後來 Todd 一直都有令人印象深刻的進步，在升上五年級之前，Todd已經能參與班上全部的作息，還有普通教育的課程，並且能夠跟同儕互助合作一起學習。他還成為田徑隊的隊員，並且在學校籌辦的音樂劇中表演。雖然曾經有一個輔助性專業人員全天候坐在 Todd 旁邊協助他，但是現在 Todd 已經能夠自己獨立，只需輔助性專業人員或特教老師偶爾「突襲檢查」一下就可以了。

直到某一天，學校從別的學區請來一群訪客，學校的老師才知道他們對融合教育的奉獻有多重要。這些訪客想要更進一步了解融合教育，於是就從教室外觀察 Todd 的班級，觀察 Todd 早上表現較好的時段。但訪客稍後在校長辦公室開會的時候，卻感嘆「我們的融合模式」根本「不適合」他們學校與他們學校的老師。當我們學校的校長要他們再說清楚一點時，他們解釋說：「嗯，你們學校做得真的很好，但你們必須承認要讓像Todd這樣的孩子參與融合，比較簡單。」校長覺得他們這麼說很有意思，就繼續追問道：「像 Todd 這樣的孩子？」其中一個訪客就進一步澄清說：「就是這麼有能力的學生……

多容易啊。」

行為常常被拿來當作自閉症學生不能參與普通班級的理由；但是，看到Todd參與融合的經驗，老師應該會質疑這個說法。如果Todd在一開始時被當作是「問題」，那老師就不會為他設計一些適應的策略，也不會給他時間讓他慢慢認識周遭的環境，更不會為 Todd 調整他們自己對學生的看法或做法。不過，Todd的老師可沒有把他看作是「問題」；相反的，他們把 Todd 的情形看作是需要克服的挑戰，並且跟 Todd 一起把學校變成一個熟悉的、接納的學習環境。

我在這章試著傳遞的訊息是，除非我們開始把行為看作是主觀解 182
讀與情境刺激下的產物，否則我們無法有效地幫助學生。有太多的學生被隔離，都是因為大家認為他們的行為是他們「自己造成的」，並且認為這些行為是有問題而無法改變的。老師們需要嚴正地質疑這些觀念與傳統隔離式的做法，雖說行為對自閉症的學生和他們的同儕與老師來說，絕對是一項挑戰，但不應該變成是他們參與融合教育的阻礙。事實上，融合教育可能正是像 Todd 這樣的學生最需要的教育安置。Todd的故事讓我們學到，我們需要面對意識形態所帶來的挑戰，並且要依照我們在我們的融合班級或融合學校裡所想要鼓勵的信念與價值觀念，來設計支持學生的方法。

更多的答案與資料請參考：

Johnson, L. (1999). *Two parts textbook, one part love.* New York: Hyperion.

Kohn, A. (1996). *Beyond discipline: From compliance to community.* Alexandria, VA: Association for Supervision and Curriculum Development.

Lehr, D., & Brown, F. (1996). *People with disabilities who challenge the system.* Baltimore: Paul H. Brookes Publishing Co.

Lovett, H. (1985). *Cognitive counseling and persons with special needs.* Westport, CN: Praeger.

Lovett, H. (1995). *Learning to listen: Positive approaches and people with difficult behavior.* Baltimore: Paul H. Brookes Publishing Co.

McGee, J. *Feeling at home is where the heart must be: Home making for children and adults with broken hearts.* (Retrieved 11/17/02 from (http://www.gentleteaching.com/sitenew _book/default.asp).

Nelson, J., Lott, L., & Glenn, H.S. (1993). *Positive discipline in the classroom.* Rocklin, CA: Prima.

Smith Myles, B., & Southwick, J. (1999). *Asperger syndrome and difficult moments.* Shawnee Mission, KS: Autism Asperger Publishing Co.

Chapter 10

融合教學法

學生異質性高的班級課程設計

在我進入融合學校之前，從來沒有上過學術領域的課程，
但是我已經準備好要學了，這讓我覺得很難過，也很生氣。
（F. Wilson, personal communication, May 2, 2000）

以前曾有一個同事請我觀察她的班級，她當時教的是二年級，有一個自閉症學生 Jalen 剛加入她的班級，我的同事很希望能提供適合這名學生的課程。我觀察了一堂五十分鐘的課，那堂課她上的主題是光與稜鏡，她先扼要地說明活動該如何進行作為開始，然後讓學生們利用整個下午的時間創作萬花筒，還有觀察光線與色彩的變化。在學生開始操作前，老師做了很清楚的講解，在她說明的時候，她巡視了整個班級，一邊做口頭說明，一邊給予視覺提示（畫了幾個簡單的示意圖）。她把紙、麥克筆和其他文具放在桌子上，然後讓學生兩個兩個一組去拿教學材料，Jalen 跟他的同伴 Ty 是第一組去拿的。在活動進行的時候，老師一個一個指導學生，回答他們的問題，並在需要的時候給予協助。Jalen跟班上的其他兩位學生，似乎需要大量的協助，才能把萬花筒的各個部分拼裝起來，所以老師請全班同學跟夥伴一起做。每一組都要回答關於這個活動的問題，並寫在一張作業單上，Jalen 在填寫作業單方面有困難，所以就由他的同伴 Ty 填寫，Jalen 則（跟老師一起）以口語問各種不同的問題，讓他有機會展現他對教材的了解。

我的同事在上完課之後問我有什麼看法，她覺得我一定能夠給她一些意見，幫助她改善她的課程，她也同時相信她一定有什麼地方做得不好。然而，就這堂課和這名學生來說，我實在想不出有什麼方法可以讓這堂課變得更好。雖然不管是什麼課，每一個老師都可以找到一些方法來改善，但這堂製作萬花筒的課程活動，對 Jalen、Ty 和班
184 上的其他學生來說，真的安排得非常適當，而且讓學生很有參與感。這位老師設計了一個把所有學生的需求都考量進去的活動和有趣的課程，並且在 Jalen 有需要時，提供他一些個別化的指導，這位老師運用的就是我所謂的融合教學法（inclusive pedagogy）。

融合教學法

自從開始推行融合教育之後，許多學者和臨床工作者都用了很多不一樣的術語，來描述滿足異質學生的需求的課程、教學與評量。Udvari-Solner（1996）為老師在設計課程調整與回應全班學生的需求方面，提出了一個決策思考模型；Tomlinson 構想了「多元層次教學」（differentiating instruction）的模型，提供老師「均勻混合」課程內容的方法，讓學生可以「選擇如何吸收與理解資訊，和把學到的知識表達出來」（1995, p. 3）；Oyler（2001）則用「機會教學」來描述老師透過運用民主的做法和發展學生的學習經驗，來激勵與支持全部的學生。在這本書中，我以涵蓋上述每一個模型信念的術語——融合教學法，來描述在一個學生異質性高的班級中，滿足所有學生需求的教學方法。

當普通教育老師第一次發現學生名單上有被鑑定為身心障礙的學生時，可能會覺得自己還沒有準備好幫助有這麼個標記的學生。我常常聽到老師說他們「沒有受過特殊教育訓練」，所以無法把身心障礙的學生教得很好。雖說在教導自閉症學生之前，對自閉症有一些認識確實會有幫助，但只要老師接納學生，看見學生的優點，在學生需要

時，提供學生個別化的幫助，並且在學生著手處理老師交付的任務與作業時，允許學生用不同的方法，往往就能有效地教導學生。也就是說，當老師只是在努力把學生教好的時候，常常就已經在實施融合教學法了。

- 當老師允許學生用不同的方式，表達他們對課文的了解時（例如紙筆測驗、設計與課文內容有關的美術作品、就課文與其他篇作品的比較發表意見等），老師就在運用融合教學法了。
- 當老師採用合作學習法（cooperative learning），並分派能讓學生在合作小組裡有所發揮的角色給學生時，老師就在運用融合教學法了。
- 當老師提供各種教材（真的植物、塑膠植物模型、百科全書、互動式軟體等）來教導學生光合作用時，老師就在運用融合教學法了。
- 當老師在設計分組教學時，先了解學生的情況再做安排，老師就在運用融合教學法了。
- 當一個老師允許一些學生以站或坐在地板上的方式進行在整個群組教育課程時，它採用了完整式教學法。
- 當老師給學生機會，讓學生彼此互相幫助與教導時，老師就在運用融合教學法了。
- 當老師實際示範如何完成指定作業，並提供文字提示時，老師就在運用融合教學法了。
- 當老師按照學生的興趣與經驗設計課程時，老師就在運用融合教學 185
法了。

表 10-1 提供了一些融合教學法適當與不適當的敘述。

運用融合教學法規劃課程

在這一小節，我會一步驟一步驟地概述融合班級的課程規劃（les-

表 10-1　融合教學法的定義與誤解

融合教學法是	融合教學法不是
一種全部學生皆受益的方法，包括各種不同種族、文化與語言的學生，也包括擁有各種不同技能、天賦、優勢、需求、能力與障礙的學生	一種專為符合身心障礙學生需求而設計的方法
開誠布公地把每一個學生的需求納入考量的課程、教學與評量	就原有的課程「添加」點適應性變化
一項與現今許多其他的革新觀念和教學方法同時並進，並在意識形態上相符合的改革。這些其他的革新觀念與教學方法包括合作學習、真實評量、協同教學、建構式教學、活動本位教學、主動學習、文化相關主題教學、社區本位教學與多元文化教育等	另一種與老師現在的教學工作和學校課程毫無關聯的模式／方法
在教學方法上多元創新，並且不斷地為學生改變與設計課程形式、教學材料、分組方式、教學策略與個別化支持的方式等	為一兩個學生改變部分的課程
大部分老師都已經在做的事，只是可能老師自己不知道而已。當老師提供各種評量方式，分派各種不同的角色給學生，讓他們在合作學習小組裡發揮，或提供需要更高難度挑戰的學生一些加強的教學，就是在運用融合教學法了。對大多數的老師來說，融合教學法只不過是擴展他們原本在班級實施的策略或方法而已	一個全新而陌生的教學方法

son planning）流程。老師採用這個架構來規劃課程可以支持全部學生的需求，不管學生是不是自閉症，或有沒有其他障礙，或是學生具備各種不同天賦、才能與興趣，或屬於不同種族、語言與文化。

步驟一：選擇對學生有意義的課程

有一位老師在黑板上寫下一個問題「古埃及人是黑人嗎？」讓學生討論，學生們努力地研討相關的問題，並且談論歷史是怎麼看待、掩蓋或強調種族的。後來老師把學生分組，讓學生針對這個問題分組進行為期一個月的調查研究，並讓每一組負責不同的部分。學生提出了一些關於埃及的問題，並且學到了古埃及之所以會被認為是偉大文明古國的原因。在研究的過程中，學生讀到了一些相互矛盾的資訊，並因此學到了即使是專家，有時候也會對科學與歷史的相關主題，有意見相左的時候（Ladson-Billings, 1994）。 186

有一群住在波士頓的學生，搭乘市區裡的地鐵，沿途製作了模型與繪製行程圖，然後討論並寫下這趟旅行的經驗（這個部分主要是讓學生寫下自己的故事）。然後老師在旅途中教導學生數學觀念，問學生有關定向與距離的問題（比如公園大道站在中央廣場站的哪個方向？中間隔了幾站？）（Moses & Cobb, 2001）。

有兩名學生發現學校附近有一塊地被泥漿淹沒，於是他們就在自己的後院，針對危害健康的物質進行密集的調查研究。學生把有毒的地區用錄影機拍攝下來，並蒐集了一些土壤作為樣本，然後跑去和穆爾（Moore）石油公司討論（造成污染的公司組織）。最後，學生激勵了這家石油公司，把受到污染的地區清理乾淨（Miller & Opland-Dobs, 2001）。

這些課程有什麼共通的地方呢？

- 它們都讓學生解決在真實世界所遇到的問題，或是讓它們跟真實的世界產生聯結。
- 它們都要求學生主動參與他們自己的學習。
- 它們都讓學生自己找出答案、理解問題和用很多不同的方法來參與。

- 它們都充滿了趣味與挑戰性，並且對學生的生活有意義和息息相關。
- 它們都是多面向的。
- 它們都提供學生訂定個別化學習目標的機會。

當為一個學生異質性高的融合班級規劃課程時，第一個（可能也是最重要的）考慮面向是，要選擇能讓全部學生有學習動機，並且可以取得資料的教學內容。好的學習內容是保持學生參與的最佳工具，規劃跟學生有關的課程，常常都能把其他形式的課程調整或特殊協助的需求降到最少，甚至完全不需要。

當我在當實習老師的時候，我負責協助一所中學普通班學生的數學「補救」課程。當我走進教室時，幾乎每一個學生都懶懶地坐在椅子上，一個在睡覺，兩個根本沒在寫作業，另外兩個則一直在說「噓」。老師則坐在她的辦公桌上，鼓勵學生如果有問題就直接去問她。雖然老師好像很關心學生，也好像對學生有很高的期待，但是上課的內容並沒有讓學生感覺到老師相信他們是有能力的。學生們當時正在寫一份關於運用金錢的作業單，作業單上的問題像是：「如果你買一頂棒球帽，和一雙牛仔皮靴，總共要花多少錢？如果你不買牛仔皮靴而改買網球鞋，你可以省下多少錢？」

我忍不住想著，如果讓學生負責為學校的商店採購商品，或調查地方企業付給不同背景的青少年員工的薪資（如比較不同性別、人種
187 或種族所得到的薪資等），或幫當地的非營利組織分析去年所收到的捐贈類型，學生對同一種數學題型的反應，該會有多大的不同。這種形式的上課內容，可以讓學生感覺受到尊重，老師可以在學生接受挑戰的過程中，展現對學生的關心，並且讓學生感受到老師期待並相信他們會努力用功以展現他們的能力，還可以讓他們知道，老師想從他們身上學到東西，並想聽聽他們的想法。

要考慮到真實性

有關政府三個部門的學習內容，可能會讓一些學生睡著；但讓學生以向州政府請求通過一條新法案的方式學習，則能引起學生的注意力，即使是最沒有意願學習的學生也都會感興趣。測量一條線的長度或一個區域的大小可能有點無聊；但測量布料的長短和用輪胎、木板與金屬條組裝一個新的遊戲場，則會讓學生感到很興奮。同樣地，每週寫一篇文章交給老師有時候可能會比較不那麼令學生感興趣，但創作一齣電影劇本並讓學生拍攝，將會十分有趣。

學生從很小的時候就明白真實作業與虛構課題間的差別。真實作業比較有參與感，比較有趣，也比較值得學習，因為當學生是跟真實世界的人們接觸時，得到的也是真實的回饋。比方說，有一位老師需要把一些書錄成錄音帶給他在中學任教的班級聽，於是他請了班上幾個女孩子以戲劇性的方式，朗讀一本 Sandra Cisneros 於 1991 年寫的關於一個在芝加哥長大的墨西哥裔美國年輕女孩的小說——*The House on Mango Street*，並把它錄成錄音帶。學生們對這項作業非常入迷，並且在朗讀故事的經驗中，學到了關於文化與身分的議題。這位具有創造性思考能力的老師，對學生朗誦的成果印象非常深刻，他後來帶學生去一間專業的錄音室做最後版本的錄製。學生們對她們的作品非常熱中，還寫了一封信給 Cisneros，邀請她到學校裡來發表一場特別的演說（Michie, 1999）。

其實老師並不需要編造作業，一定有足夠的真實議題、真實問題與真實作業，可以讓學生在整個求學階段中，去探討、解決與完成的。想一想下面這則 Hunter Scott 的故事，看看他如何因為注意到一個現實世界中存在的問題，而喚起數千名二次大戰退伍軍人的意識，以及帶給他們之中的許多人心靈的平靜。1996 年那年，Scott 看了一

譯註：政府三個部門是指行政、立法、司法；在台灣則是五個部門——行政、立法、司法、考試、監察。

鯊電影*Jaws*，聽到劇中的一個角色談論他怎麼從被擊沉的美軍船印第安納波里號中存活下來。印第安納波里號是在1945年那年，朝日本廣島發射一枚原子彈後不久在南太平洋被擊沉的。

Scott對這個事件感到很好奇，當時年僅十一歲的他，訪談了近一百五十名印第安納波里號的生還者，並且回顧了數百篇這個事件的相關文獻。Soctt的研究中，有一部分是調查所有生還者對負責印第安納波里號的上校遭受軍法審判的看法，從訪談中，他很快得知生還者們並不認為他們的上校 Charles B. McVay 應該受到軍法審判。在做完初步的調查研究之後，Hunter 轉而努力為 McVay 洗刷冤情。

這個事件一開始只是 Hunter Scott 的歷史作業，後來卻變成全國的運動。自從 Hunter Scott 開始深入研究之後，他參加了在印第安納波里召開的生還者聚會，加入一個在夏威夷的生還者團體，在美軍船
188 印第安納波里號核子潛水艇上展開短暫的旅程，還不只一次到華盛頓去拜會一些政府官員，並在參議院開審時出庭作證。受到Hunter Scott的作業直接或間接的影響，美國國會最後決定 McVay 上校的審判記錄，應該改為無須為失去印第安納波里號負責，這代表了中央政府最後承認McVay上校之前因印第安納波里號沉船的悲劇而被定的罪，應改判無罪。

雖然大部分的老師都沒有辦法促成像 Hunter Scott 所做的那麼大的作業，但他的冒險故事可以給老師一些靈感，激發老師訂定跟學生生活相關的學習主題，或跟需要學生幫忙的人產生聯結，真實問題常常都會引起學生的興趣，而這是一般典型課堂作業所無法做到的，即使是最「沒有學習動機」的學生，也常常會在過程中「展現」有能力的一面，解決真實的問題、創造真實的成品，或給真實世界的人們上一課。

跟學生一起規劃

為了確保課程能引起學生的共鳴，可以讓學生正式或非正式地加

入規劃的過程。即使是學前或幼稚園的學生，也可以藉由讓他們選擇他們想上的課程，和把想討論的問題在課堂上提出來的方式，讓他們參與設計課程。學生可能會想更進一步發展他們的天賦與長處（如釣魚、做墨西哥菜、剪報、跳舞、寫詩、打鼓等），也可能想要上一些可以解開他們的疑惑，或讓他們覺得實用的課程（如研究鄰近地區的流浪漢問題、學校午餐的營養價值、城市裡有品質的兒童托育中心等）。

學生可能想要學習一些跟他們的生活密切相關的主題。住在郊區的學生可能會想要研究新的農業技術，原住民學生可能會想學地方部落的說故事傳統，班上的女學生可能會想探討性別對她們的求學經驗所造成的影響，而自閉症的學生可能會想更進一步認識他們的障礙，或想研究跟身心障礙有關的人權或公民權議題。

很多自閉症患者建議老師把學生的興趣或嗜好當作教學的工具（Grandin, 1996; O'Neill, 1999; Shore, 2001）。自閉症的學生可能會對各種事物感到著迷，從美國五十州（Barron & Barron, 1992）、雙層的車庫門（Hundley, 1971）到音樂盒（Robinson, 1999）等，都有人著迷。很懂得使用各種工具的學生，可能會希望老師上一些建造或創作物品的課程；而對某一特定電影很感興趣的學生，可能會要求老師設計一些跟電影有關的課程。

我曾經教過一個學生，他一直沒有辦法好好上英文課，直到有一天，英文老師鼓勵他利用英文課，進一步了解其中一個他很感興趣的主題：亞斯勃格症。這個學生受到很大的鼓舞，架構了他自己的網站，討論他在醫學上的標記與診斷，他為他的網站寫了幾篇文章，而當英文課上到詩的單元時，他寫了一首十四行詩，敘述他身為一個亞斯勃格症患者的經驗。

不管是教小學還是教中學，老師都可以在課程與教學中，納入學生感興趣與關心的主題，藉由這種非正式的方式跟學生一起規劃課程。另外，老師也可以透過比較正式的方式跟學生一起規劃課程，跟學生一起開誠布公地設計學習單元。老師也可以透過請學生就課程內容發表意見，或讓學生選擇學習的方式，來跟學生一起規劃課程。

189 ## 設計課程的中心議題或問題

要讓課程多樣化以滿足全班學生需求的最簡單方法，或許是以待答覆或待解決的問題擬定課程與學習單元（Bigelow, 1994; Onosko & Jorgensen, 1998; Simon, 2002）。以討論問題的方式所呈現的課程，可以依照很多學生的需求與技能做調整，並且通常都比以主題為架構的課程更具挑戰性和更有趣。想一想五年級一般典型的學習單元，有一個班級向學生介紹了「詩」的主題，另一個班級的老師則是要學生思考詩對美國政治所產生的影響，哪一班級的學生會比較有動機學習呢？還有，哪一個班級比較有可能進行比較高層次的思考呢？Onosko和Jorgensen指出，以待解決、待答覆的問題或批判性的議題，作為課程或學習單元的基礎，可以幫助老師縮小上課的主題，並減少讓「上課主題流於破碎或淺薄」的可能性（1998, p. 76）。

Simon（2002）主張一個好的問題可以讓學生學到某個主題最重要的部分，可以引起學生的學習動機，能夠歷經一段時間的研究與討論，並且當學生延伸學習時，可以一再地深入探討這個問題。所以，「尚未解開的海洋秘密是什麼？」這樣的問題，比「海洋中可以發現哪一種生物？」好；「民主政治是不是總是很民主呢？」比「民主政治的構成元素是什麼？」好。兩個前面的問題很明顯的比較有趣，也比較開放而沒有設限。另外，學生所具備的技能、能力與需求各不相同，較開放式的問題可以讓學生用各種不同的方式來回答。

有一個在教中學的老師，跟大家分享她是怎麼在她的班級運用提出中心問題的方式，來實施多樣化教學的：

一開始我對班上有各種不同的學生感到很緊張，有多重障礙的學生，其他學生也都各不相同，我要怎麼選擇教材才能讓

> 他們都能了解呢？並且跟他們的生活都能產生聯結呢？我後來發現設計一個全部學生都能回答的問題是成功的關鍵。當我在教奴隸制度與美國南北戰爭時，我以「如果沒有受到公平的待遇，你能享有自由嗎？」當作這個單元的中心問題。班上有一些學生可以從他們讀到的有關南北戰爭的資訊，還有從美國公民權的演進過程來思考與回答這個問題；有一兩個學生則必須先從他們自己的觀點來處理這個問題。其中一個學生Amro，他知道因為他的身心障礙讓他受到完全不同於他哥哥和弟弟的待遇，並且他對這件事有他自己強烈的看法。如果我們從他個人的經驗出發，對他來說，要跟南北戰爭產生關聯會比較容易些。（Onosko & Jorgensen, 1998, pp. 77-78）

步驟二：使用彈性編組的方式

在一個單元的教學過程中，應該使用各種不同的編組方式。在一天中和一學年裡，老師應該更換編組的方式，好讓學生有機會接觸班上所有的同學，並且每隔一段時間向不同的同儕學習（Ferguson et al., 2001; Kasa-Hendrickson, 2002; Oyler, 2001）。彈性編組指的是在不同的時段、不同的課程，依照學習目標與學生的興趣、需求或技能，把 190
學生兩個或兩個以上分成一組。老師可以在上一些課時，把有相似學習目標、興趣、需求或技能的學生編成一組，然後上另一些課時，把學習目標、興趣、需求與技能各不相同的學生編成一組，這樣可以讓學生有機會互相分享與學習。

讓所有學生都有機會跟每一位同儕學習，是需要重新編組的最重要的原因之一。在 Kasa-Hendrickson 針對融合班級中的自閉症學生所做的調查研究中，發現老師混合編組部分是為了「去除學生在被以外在能力分組時，經常被貼上的固定標籤」（2002, p. 121）。看看下面這一位老師的看法，他不相信能力標籤能幫助學生學習：

> 我們會一直更換學生的組別，所以沒有孩子會被認為是屬於較差的組別而被恥笑。我不相信孩子的能力有低、中、高之分，孩子不是那麼簡單就可以區分的，他們每一個都有他們很傑出的地方，也有他們會做的事，我們只是把他們分組，讓他們像是在學習俱樂部裡學習某些技能一樣，他們的差異非常大，沒有辦法做「你比我聰明」這種的比較，學生之間沒有產生這樣的比較對學生是有助益的。（p. 121）

分組時，可以讓學生兩個兩個一組，或三四個形成一小組，或是五六個人組成一個比較大的組。自閉症的學生將因跟許多不同的同儕一起學習而受益，不過，當在遇到新的課題或學習經驗時，有一些自閉症學生會覺得跟他們信任的朋友或同學一起學習是最舒服的。

有些老師會讓學生選擇自己的夥伴或團隊成員，雖然這樣做可以給學生機會跟自己熟悉的同儕一起學習，但也會造成班上的一些學生因為沒有人要跟他一組，而有被孤立或沮喪的感覺。此外，讓學生選擇自己的夥伴或團隊成員，也可能會變成學生每一次都選擇一樣的人，在這種情況下，學生就不能跟全班的同學熟稔，也沒有機會向其他同學學習了，並且想建立起班級的團隊精神就很難了。

有一個方法可以在分組時，既尊重學生的意願，又讓全班學生都受益，那就是請學生一起參與分組。老師可以跟學生做簡短的訪談，詢問學生的意見，或讓學生在紙上列出一些名單，非正式地請學生提供資訊。或者可以請學生填寫一些更詳盡的資訊，提供適合的分組名單給老師，當然，這張名單要讓學生有機會更了解他們的學習狀況，所以不要讓學生寫他們想要同一組的同學名單，而是請學生列出「幾個你覺得最適合跟你一起合作的同學」。即使老師在分組時沒有請全班每一位學生都參與提供意見，也應該給自閉症學生這樣的機會，因為沒有預料到的改變或不熟悉的情境，會帶給自閉症學生過度的（有時候甚至是極大的）壓力與挫折。

最後，當老師在更換組別時，應該都要讓自閉症的學生事先知道。如果一天中，不同的課有不同的分組方式，可以在自閉症學生的功課表上加上這項資訊。我以前有一個學生，她不只需要在功課表上看到哪一堂課她屬於哪一組，並且需要同一組組員的照片，這樣她才能看到同一組的同學，並事先做好心理準備跟不同的團隊成員一起學習。

步驟三：廣泛使用各種教學材料 191

我有一個同事，她用橘子來教學生經緯度的概念（用橘子的纖維來幫助學生了解經線和緯線）；有一位在中學教自然科學的老師，他在上課時，把一隻橡膠玩具雞丟來丟去來引起學生的興趣和讓學生保持警醒；還有一所中學的老師在上數學課時，讓學生藉由讀報紙來學習證券交易。

使用各種教材來上課，有時候可以讓學生不只是出席課堂而已，而是真正的參與學習（Onosko & Jorgensen, 1998; Udvari-Solner, 1996）。比如在上美國地理與文化時，可以用地圖、地球儀、各州標誌物的簡介、旅遊書籍和旅行文學來上課。廣泛的使用各種教學材料很重要，因為可以讓每一位學生有成功的學習經驗，並且可以用最適合他們的方式學習。用地圖集或地球儀教學時，有些學生可能沒有辦法學得很好，但如果以創作美國食鹽和麵粉的分布圖這樣的方式來學習，可能可以很快地學會一些觀念。

有一些自閉症的學生發覺傳統的上課教材並不吸引他們，或不容易使用。比如說，很多自閉症的學生都有用鉛筆或原子筆寫字的困難，而比較喜歡用打字或打電腦的方式來寫。我認識一個學生也有類似的情形，他在使用課本方面有困難（如翻頁等），所以他的老師為他的閱讀教材做了些調整，她把課本內容影印下來，然後把每一頁都貼在一個小型的層積海報看板上，她還買了幾幅印有詩歌的海報貼在教室裡，好讓班上的學生可以欣賞貼在牆上的文章（參看表 10-2）。

表 10-2　一些教導自閉症學生時可用的教材與策略

除了使用	可以試試
書	調整課本（把學生最喜歡的幾頁裝訂在一起，讓學生容易拿取；重新編改課文內容，加深或降低字彙的難度；把圖示換成學生的照片等）、使用其他閱讀教材（雜誌、小冊子、技術手冊、漫畫書籍、廣告、活動書等）、電子書／電腦、有聲書、海報、電影、幻燈片等
鉛筆／原子筆	電腦（文書處理程式軟體）、溝通輔具、打字機、橡皮圖章（圖形、字母或詞語的）、字母磁鐵或詞語磁鐵、握筆器、字母索引等
計算機	特製的計算機（大按鈕、大螢幕）、計算機程式、鍵盤／電腦、具體操作物（數量方塊、種子、小棒子、數字板）、數線／尺、算盤、乘法表、錢、骨牌、數字方塊、數學電腦遊戲、教學卡片等
顏料／蠟筆	色鉛筆、漆筆、繪畫／著色程式軟體、「感官」美術工具（刹鬍膏、布丁）、麥克筆、圖文標籤、炭筆、版畫工具（馬鈴薯、木板）
試卷／作業單	經調整過的作業單（把重點資訊以顏色或粗體字標記出來）、電木板和油性筆、小黑板或小白板、投影機、（覆蓋於文字上的）彩色透明片

步驟四：綜合運用各種課程形式

我有時候會聽到老師說，他們沒有時間在課堂上「玩新花樣」；有一些老師跟我說，他們沒有足夠的時間讓學生在上課的時候，以模
192 擬操作、角色扮演、表演短劇、分組合作、辯論、合作學習、主題式教學、玩遊戲、戲劇演出、研究討論、設教學站、學習中心或做實驗

等方式學習。實際上，不同的主題，若沒有用各種不同的形式來上課，老師所必須花的時間會更多。不管有障礙或沒有障礙的學生，當老師用各種不同的方式來上課時，他們會更投入、更有持續力，也可以學得更深入、做更高層次的思考（Patterson, 1997; Silberman, 1996）。根據 Holt（1967b）的說法，當學生能夠用他們自己的說法來描述所學到的訊息，能夠多方面運用所學得的知識，並且能夠在不同的地方、不同的情境認出所學過的知識時，學習效果會被增強。另外，用不同的形式上課，就像用不同的教學材料一樣，可以讓班上的每一個學生以最適合他們的方式學習。

當老師綜合運用各種課程形式，並且減少全班討論與講課的方式時，會對很多學生有幫助，對自閉症的學生可能更有幫助。很多自閉症的學生表示，他們需要透過「實際操作」的經驗來學習，Temple Grandin（1995）是一位獲得動物學博士學位的自閉症患者，她回想求學時期，當老師讓她主動參與她自己的學習時，她學到最多：

> 我記得很清楚，我們在公布欄上畫太陽系的圖，還有到科學博物館戶外教學，認識太陽系的概念。在我三四年級的時候，到科學博物館參觀，和做實驗，讓科學對我變得有意義。當我們以牛奶瓶、橡膠布和吸管做成氣壓計時，大氣壓力的觀念就變得很容易了解。（p. 97）

Udvari-Solner（1996）把課程形式定義作「像是建築設計的基礎結構，學習經驗則建立在這基礎結構上」。她解釋說：「課程的組織架構、傳授資訊給學生的方法，以及學生與資訊間的互動方式，都是課程形式的重要元素。」（p. 248）在這個章節，我列出幾個可以運用在融合班級的課程形式，以滿足學生的需求與激發學生的潛能。

合作學習

合作學習是讓學生透過跟彼此互動一起學習以達最佳的學習效果。一般來說，合作學習都是透過小組的方式進行，讓學生在小組裡分享資訊，一起完成共同目標，並且在小組裡以個別的角色參與，為整個團隊、成品或學習成果而努力（Kagan, 1992; Putnam, 1997）。

合作學習很受致力推廣融合教育者的支持，因為合作學習需要建立在合作的基礎上，這包括分享、認識差異、共同合作和完成共同目標等。合作學習也讓學生有機會接受「排排坐」和傳統的聽講與抄筆記以外的上課方式；所以，合作學習可以符合較多種學習風格的需求，以及適合較多種學生個別的學習特質。合作學習還賦予學生權力
193 去組織和運作自己的團隊，讓組員間互相給予回饋，並且由小組一起合作解決問題（Dyson & Grineski, 2001; Putnam, 1997）。

合作學習是一種很好用的教學策略與學習方式（Johnson & Johnson, 1989; Sapon-Shevin, 1999; Slavin, 1990），對自閉症的學生更是特別好用，因為合作學習會激勵學生學習和改善社交技巧與溝通技巧。很多自閉症的學生（還有害羞的學生、英語為其第二外語的學生，以及有說話困難和語言障礙的學生）需要有機會練習，才能增強這類的技能。讓學生以合作學習方式進行的課程，既可以激勵自閉症學生練習社交與溝通技巧，還可以讓他們在自然的情境中，學習新語言、開啟話題、回應他人的口頭指示與請求、練習輪流，以及有機會跟同儕發展友誼等。另外，在合作學習的過程中，甚至可以訂定特定的目標；比如說，學生若正在練習使用新的輔助與替代性溝通系統（AAC）裝置，就可以在合作學習時，練習表達「輪到我了」或是「好主意」等句子。

合作學習似乎也對自閉症學生在課業學習上有幫助。有一個針對四年級學生進行的研究顯示，當以分組合作方式學習時，自閉症的學生跟其他沒有障礙的同學都在學業上有所進步（Dugan et al., 1995）。

另外，還有一些研究報告證實，學生以相互合作的方式學習，學得比老師主導的、全班一起進行的傳統上課方式多。

很多老師光憑直覺都知道這種以學生為中心（student-centered）、讓學生主動學習的教學方式，可以促進學生的學習與理解；但很少有老師知道這種讓學生互動的學習方式，對自閉症學生有多麼大的幫助，因為自閉症學生在學習時，會很需要移動、操作教具，還有跟其他人互動。我發覺有三種合作學習的模式特別適合融合班級，我簡單地說明如下。

■ 圓桌記錄模式

圓桌記錄是一種讓學生腦力激盪（brainstorming technique）或一起做檢討報告的學習方式。每一組學生各圍著一張桌子坐著，每一組準備一份紙筆，老師引出問題讓學生討論，然後組員間輪流拿準備好的紙筆把討論的結果記錄下來。老師在選擇問題時要很小心，應該選擇有多重答案的問題，並且確保班上的每一個學生都能從某個層面回答這個問題。

當討論時間結束的時候，讓每一組學生把他們寫在紙上的答案整理出來，然後跟全班一起分享。全班分享有很多不同的方式，包括請每一組讀出討論的結果並做評論，選出他們覺得最有創意或最「準確」的答案；或可以請各組就他們討論的內容做一個簡短的摘要報告。圓桌會議記錄的技巧也可以用在讓學生觀賞電影或聽演講的時候，例如當學生在看有關瀕臨絕種動物的文獻時，可以讓學生輪流在一張標題為「我所知道瀕臨絕種的動物」的記錄紙上，寫下自己讀到的資訊；而當他們在聽一場關於人類身體的演講時，可以給學生提示性的問題，如：「關於循環系統，我還有一個疑問，就是——。」並讓學生輪流記錄問答的結果。

如果班上有一個或一個以上的學生，在聽課、看電影或全班共同討論時，注意力會常常「飄走」，圓桌記錄模式就特別有用。有一個自閉症患者 Gunilla Gerland 表示，她在精神無法集中時，常常需要亂畫或胡寫一些東西，才能夠保持專心上課：

> （我）國中的時候，老師讓我在上課時在一張紙上亂畫，這
> 樣讓我不會陷入自己的世界。有紙筆可以亂寫亂畫，會讓我
> 194 的神經系統保持清醒，我本來不知道有這個好處，直到有一
> 天我們換了個新老師，我突然不能再亂寫亂畫了才知道……
> 所有以前老師對我特別的處理方式都停止了，變成我必須了
> 解在上課時亂寫亂畫是不可以的。
> 但是這樣當老師在說話時，乏味單調的上課內容就像海水般
> 灌進我的耳朵，然後像洶湧的海浪打在岸上一般，在我腦海
> 裡沙沙喀喀地響著，這會讓我慢慢地陷入自己的世界，並且
> 就這麼沉浸在自己的世界中而出不來。（1996, p. 122）

圓桌記錄模式能讓學生即使是在最傳統的上課情境（如聽老師講課、觀賞影片等），也有機會在老師准許的情況下，於上課期間移動和跟同儕互動。

圓桌記錄模式還可以做一些調整，包括：

- 讓無法寫字或說話的學生，指出他（她）同意的答案，然後在那個答案上加記一票。
- 提供學生上面寫著兩個或三個可能答案的貼紙，當輪到他們做記錄時，讓他們負責選其中一張貼紙貼到記錄紙上來回答問題。
- 讓學生選擇以繪圖或寫短語的方式回答。
- 讓學生兩個兩個合作，一起想出一個回答。

頭碰頭模式

在編號分組模式中（Kagan, 1992），學生三個或四個被編成一

組，每一個組員會分到一個編號（如Dave是一號，Greg是二號，Ashanti是三號，Allison是四號），然後讓每一組回答一個問題，或一起腦力激盪想出一個主意，或共同完成一項工作。比如說，老師可以請學生說出任何他們所知道關於墨西哥政府的事情，或是請他們列出他們知道的簡單機械等。每一個人都要參與並有所貢獻，每一組要在指定的時間內作答，並且要確認小組裡的每一個成員都能上台回答問題，因為每一個成員等一下都有可能會被隨機抽到號碼代表小組回答問題，這麼一來，Dave 不只要負責提供答案，還要想辦法讓 Greg、Ashanti 和 Allison 都能回答。分組合作的時間視指派的任務而定，可能是幾分鐘，也有可能是一整堂課。

然後老師隨機抽取一個號碼，讓每一組裡那個號碼的學生代表小組回答問題（如「告訴我你們已經知道的關於墨西哥政府的事。我想請每一組的四號同學來回答」）。被抽到號碼的學生就要負責向全班同學和老師報告。

當老師以像這種編號分組的模式上課時，每一位學生都會有機會參與，並且可以從好幾個同學身上學到別人的答案或想法，而不只是跟一兩個同學討論而已。相較之下，全班一起上課的傳統模式一次只有一個學生可以發言，學生都要「等輪到他們的時候」才能分享他們的意見。在等待的時候，很多學生會覺得無聊或不耐煩，這時候，學生的心思往往都已經「飄到」九霄雲外去了。

這種學習模式還讓學生有互相幫助的機會。比如說，當有學生不
太了解某一個觀念時，傾聽小組裡其他同學各種不同方式的解釋，可 195
以增進他們的了解。而當學生投入這種模式時，還可以獲得社會性的支持，學生可以彼此就課程內容或結構提出問題和回答問題。有一個亞斯勃格症患者 Luke Jackson 就表示，當他在自己的座位上個別學習時，他常常搞不清楚狀況：

在學校的每一件事都好匆忙，每一個人好像都知道自己要做

> 些什麼，全部的老師和小朋友都知道，但是我一直都搞不清楚到底要做些什麼。我知道我們去學校是為了學習，但是他們在做的事情好像比學習多太多太多了，我覺得我好像不知道規則或口令是什麼就開始比賽了。（2002, p. 114）

讓學生以像這種編號分組的方式一起學習，可以幫助像 Luke Jackson 這樣的學生知道每一堂課的「規則與口令」。

編號分組模式可以做的調整包括：

- 請編號被叫到的學生全部都用非口頭的方式報告，可以用手語或手勢，或是以表演的方式回答問題。
- 請兩個學生一起報告（「我想請每一組的二號和四號一起報告」）。
- 讓學生把整組的答案統整成一個或一個以上寫在紙上，然後讓被叫到編號的學生代表報告或交給老師。

拼圖模式

拼圖模式中（Aronson & Patnoe, 1997; Hertz-Lazarowitz, Kagan, Sharan, Slavin, & Webb, 1985），每一個學生都被編入一個基本小組，每組分派到一些學習材料或是一個廣泛性的問題，然後每一個組員自由選擇或被分派到幾樣教材，或負責回答指定問題的幾個面向。所以如果有一個班級正在上二十世紀的美國，由五個學生構成的小組就可以以下面的方式分擔責任：Tom 負責研究二十世紀美國運輸的發展，Mike 想要探討戰爭與衝突，Evie 選擇研究人權與公民權的議題，Scott 選擇蒐集政治與領袖的資料，Lisa 負責調查二十世紀美國人的休閒娛樂（Barb Saxon-Schaffer, personal communication, June 2, 1995）。班上所有其他的基本小組也都以類似的方式分工合作，也就是說，每一組裡都有一個學生負責運輸、一個負責戰爭與衝突、一個負責人權與公民權、一個負責政治與領袖，還有一個負責休閒娛樂。

在這個模式下，每一個學生都要負責學好自己的部分，並要能夠教導同一基本小組裡的其他成員由其所負責的內容。不過，學生並不需要獨自學習，而是跟專家小組的成員一起研究。專家小組的成員是由每一組負責相同部分的學生組成，比如說，每一組負責運輸發展的學生聚在一起，一起研究、蒐集資訊，一起變成這個主題的專家，並且一起排練上台要做的報告。專家小組特別適合自己蒐集資料或整理資訊有困難的學生。

當專家小組的學生覺得他們已經完全學會他們負責的部分時，他 196
們可以一起規劃一些教學策略，或甚至是設計一些教學材料，來教導他們基本小組裡的其他成員。之後，每一個學生重新回到原本所屬的基本小組，然後各自把專家小組的學習成果，教給基本小組的其他成員。這麼一來，全班的學生就都有學到每一個主題的教材了。

拼圖模式可以調整的策略包括：

- 讓學生跟同伴一起加入專家小組，記得要視情況調整專家小組的人數。
- 提供全部學生或其中幾個學生必不可少的教學材料，讓他們可以用這些內容跟基本小組的其他組員報告，而不是讓他們設計自己的教學材料。
- 鼓勵學生以各種不同的方法來呈現他們的學習結果，並不是只能用口語的方式來教學，也可以鼓勵他們用角色扮演、畫圖或比手勢的方式來教他們負責的部分。

玩遊戲

玩遊戲是另一種可以讓全部學生都參與的方式，透過遊戲可以教導學生新的技能，還可以讓學生有機會以各種不同的方式參與。遊戲比較有趣，也比較沒有壓力，當老師用玩遊戲的方式上課時，學生就

「有機會以比較友好、比較討喜的方式相處」，學習友善地碰觸彼此，互相說些親切的話，或積極主動地把彼此融進團體裡（Sapon-Shevin, 1999, p. 27）。

小學老師常常都用遊戲來引起學生的學習興趣，但中學的老師卻常常捨棄這種上課形式，而以比較傳統偏重老師教導的方式替代。中學老師可能會擔心讓學生玩遊戲的學習效果，因為他們相信這種活動的形式會浪費寶貴的上課時間，和減少課程的學習內容與教學時間。其實相較之下，有創意、有效果的遊戲可以提升學生的參與感與學習興趣，幫助老師設計出與學生生活更相關、學生更能理解的課程，還可以讓抽象的概念變得比較具體。下面我所列的每一個遊戲都適用於各個年齡層的學生。

■邊走邊學

對視覺學習與動覺學習的學生來說，邊走邊學是一種很有用的方式，能增進他們對觀念的理解。老師或學生在準備這個遊戲的時候，要先設計一張流程圖，然後把每一格內容轉畫到獨立的海報看板或屠戶紙上，再把方格全部攤開放在教室的地板上，然後每一個學生都按照流程走過每一個方格。老師可以讓學生在經過方格時，解釋每一方格所呈現的內容的意義，或只是讓他們大聲唸出看板上或紙上的資訊。在一週或一個月的時間內，學生可能會跨過或走過一些圖表一次或數次，老師可以用製作圖表的方式來教導數個觀念，包括科學的方法、解二元方程式的步驟或實業計畫的各個部分等。也可以讓學生沿著時間序列或連鎖事件的發生順序邊走邊學（參看圖 10-1 的例子）。

學生都很喜歡邊走邊學的遊戲，因為他們可以在遊戲中離開座位隨意走動。有些學生若一整天上課都沒有起來走動走動，可能會很沒有精神或焦慮不安，也可能會影響到學習。Patterson（1997）指出，

譯註：屠戶紙是一種厚而不透水的紙。

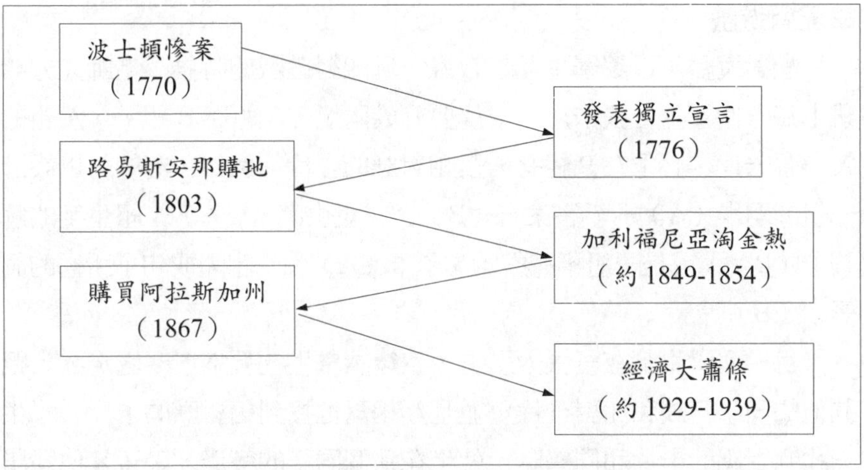

圖 10-1　邊走邊學：美國歷史上的一些重大事件

很多運用動覺學習的活動，都可以讓學生比較完整的看到主題的重 197
點，並且比較不會抑制他們的學習。還有，透過這些活動學習，常常也會讓學生記憶貯存比較持久，而不只是短暫的記憶而已（Patterson, 1997）。自閉症的學生需要很多走動的機會，尤其是那些偶爾需要「走動休息時間」的學生，可能特別會被這類的遊戲吸引。

在我自己任教的大專班級，我也用這個遊戲來教學生特殊教育的轉介程序，學生的學習效果常常是出乎意料的好。在學生「走過」這些程序之後，他們多半可以記得好幾個星期，甚至好幾個月。

邊走邊學可以做的調整包括：

- 請學生在踏上每一個方格的時候，背誦方格上的內容，這樣能幫助一些學生更有效地記住方格上的資訊。
- 讓學生以單腳或雙腳輪流跳的方式通過整個流程，加上這一點額外的小動作，可以讓一些學生有機會以建設性的方式釋放過多的精力。

■配對遊戲

配對遊戲可以讓學生互相教導。玩配對遊戲的時候，老師先分給班上每一個學生一張卡片，卡片要分成兩組（A組與B組），A組的每一張卡片，必須在B組有一張相對應的卡片。例如，老師可以設計一組問題卡（A）一組答案卡（B）、一組生字卡（A）一組生字的解釋卡（B），或是一組不完整的句子卡（A）和一組完成句子所需的詞語卡（B）等。

每一個學生都有一張索引卡，然後請學生在教室裡四處走動，跟其他的同學交談和比對卡片，並且互相幫忙找到相對應的卡片。學生
198 一找到對應的卡片和同學時，就坐在那個同學的旁邊，等著其他同學也找到相對應的卡片與同伴。當所有學生都找到時，由每一對持有相對應卡片的同學跟大家分享他們的卡片內容。分享時，可以只是讓每一對讀出卡片上的內容，也可以讓他們提供「配對資訊」給班上的其他同學猜猜看。

有一位老師曾用配對遊戲的方式，讓班上一位對火車很感興趣的自閉症學生 Marn 展現她的才能。在上到運輸與科技的單元時，Marn 設計了一組與火車有關的卡片，包括跟火車有關的一些概念、詞彙和片語等；另一組卡片則是相對應的定義。例如，在一張卡片寫著片語「直達車」，另一張卡片則寫著直達車的定義——「平時沒有安排在途中增加或減少（卸下）車廂的火車」。學生必須找到相對應的詞語和片語，對他們來說，這些詞語和片語大部分都是從來沒學過的。學生學這些專門術語學得很開心，並且對 Marn 在這領域的專業知識留下深刻的印象。根據老師的說法，這次的配對遊戲第一次讓 Marn 的同學必須去請教 Marn 和尋求 Marn 的幫助，這次的經驗也改變了其他學生對 Marn 的看法，也給了 Marn 勇氣跟別人分享更多關於她所擅長的領域的知識；除此之外，全班的學生都變得對配對遊戲很感興趣，迫不及待地想輪到為班上同學設計他們自己的卡片。

配對遊戲可以做的調整包括：

- 讓一些學生參與設計卡片，這對那些對某一個主題特別有研究的學生會格外地有幫助。
- 鼓勵學生在配對時互相幫忙，提醒他們可以幫助同學找到相對應的卡片。
- 如果有學生看到圖片或圖形會比較了解，那就在卡片上加上圖片或圖形。

找夥伴遊戲

找夥伴遊戲是Mel Silberman（1996）發明的一種很緊湊、很好玩的遊戲，很適合老師在介紹新的學習材料或做複習時作為暖身活動。準備這個遊戲的時候，老師要先準備一張包含不同題材類別的單子，來幫助學生學習或複習一些特定的內容。每一個類別至少要包含兩個「立場」、兩個意見或是兩個項目，這樣學生在選擇他們自己認同的意見或觀點時，可以讓有相同選擇的學生形成一小組。題材的領域與類別可以包括：

- 社會方面的研究課題：如贊同或不贊同死刑。
- 數學：如知道或不知道怎麼測量角度。
- 英國文學：如Alice Walker在1982年寫的小說*The Color Purple*中，你最喜歡的人物角色。
- 地理：你最想去的西班牙語系國家。
- 科學：你學到最多的化學實驗。

遊戲時，老師把教室空出一個空間來，或讓學生移到走廊上，然後老師或班長一一召集各類別的學生，學生則繞著教室尋找其他跟他們選同一類別的同學。所以，在上面的第一個例子中，贊同死刑的學生聚在一起，不贊同死刑的學生也聚在一起。如果遇到包含多重選項的題目，老師應該請學生在找夥伴時，要確認跟別組的選擇沒有重疊，這樣才不會跟其他組別混淆不清。

199 當組別形成時，教學生跟他們的「夥伴」握手，然後全班一起進行討論。可以請學生互相教導他們所選的類別，或為他們所選的類別辯護，或解釋他們為什麼做這樣的選擇。例如，當請學生從一本書上選擇他們最喜歡的角色時，請他們為他們的選擇辯護，並請其他組的學生詢問他們的選擇，請他們回答問題並做澄清。如果老師是透過這個遊戲來上課，討論的過程可以長達三十分鐘，也可以在下課前五分鐘當作扼要重述上課重點的方式。

找夥伴的活動最適合運用在學生異質性高的班級，因為有需要離開座位的學生可以在活動的時候動一動，也可以讓文靜的學生在活動的安排下有機會跟同學互動交談。新的社交技能也可以在這個活動中訓練，自閉症的學生可以藉這個機會練習與人握手和打招呼，或是練習以口語提出問題或回答問題。

找夥伴遊戲可以做的調整包括：

- 在活動進行中，賦予學生不同的角色，當大部分學生在教室裡走動以形成小組時，可以讓一些學生在前面帶領活動的進行。
- 在黑板上或用投影片寫下題目，這樣學生可以同時聽到和看到選項。
- 請學生一形成夥伴小組就坐在一起或挽起手臂，這樣其他學生就可以清楚地看到各個組別的位置。也可以請各組舉起一個牌子，用以標示他們小組的名稱。

■這是什麼？

這個遊戲很能夠在課堂上帶給學生一些歡笑，並且可以鼓勵學生在同儕團體面前，做些小小的冒險嘗試。遊戲開始時，由老師在教室前面放置一件物品，問全班學生：「這是什麼？」然後鼓勵學生到前面來把展示的物品轉化成與課程內容有關的事物。一次由一個學生到前面來做簡短的表演，告訴其他同學他們在表演什麼，以及他們如何使用這個物品，然後讓台下的學生大聲猜答案。例如，中學老師就可以帶一捲紙巾到班上來，一個學生可能會表演打開紙巾假裝在讀憲法；另一個則把紙巾放在頭上，把紙巾變成是 Lincoln 總統頭上戴的高高的黑色大禮帽。遊戲的唯一規則是一定要等到上一個同學表演完放下道具後，才可以輪到下一個站起來表演。老師可以讓學生自己決定要不要參與表演，讓他們以舉手的方式輪流上台表演；或是讓學生隨機地相互傳遞物件，如果被傳到物件的學生沒有想到任何相關的課程內容，可以繼續將物件傳給下一個人。

在學生表演完之後，老師可以順著表演的內容補充一些額外的資訊，或者可以請班上同學找出表演的問題出在哪裡。老師也可以利用這個機會提出課文內容的其他重點；比如說，歷史老師可以在學生幽默地表演 Lincoln 總統之後，把這位已故總統的一些政治信念，做個摘要整理。

有戲劇表演天分的學生會非常喜歡這個遊戲，很多自閉症的學生都很喜歡表演（Fling, 2000），尤其是當他們最喜歡的電影或書籍可 200
以融入短劇表演的時候。這個活動也對需要學習理解各種不同類型的幽默的自閉症學生很有幫助，如果老師或同儕在每一個表演結束之後，花些時間解釋「哪裡好笑」，會更能幫助自閉症學生理解幽默。

「這是什麼？」遊戲可以做的調整包括：

- 讓一些學生事先彩排他們的「轉化表演」。
- 邀請學生找同伴或找一小組同學一起上台表演。
- 展示物件給學生看，並且請學生跟同伴一起腦力激盪，想一想物件可以轉化成什麼跟課文內容有關的事物。

獵人頭

很多營隊的輔導員、女童軍團長和教會團體的組織者，都會在開會或社團聚會時，以獵人頭遊戲作為開場的暖身活動。獵人頭遊戲可以幫助老師經營班級氣氛，並讓全部的學生都參與教學活動。

玩獵人頭遊戲時，每一個學生都要透過跟班上其他同學交談與互動來蒐集資訊。每一個學生手上都會先拿到一張上面列了一些提示的作業單〔如「找一個會做乘法二項式的同學，請他（她）示範解題的技巧」〕。遊戲的目標是要讓學生一一找到符合單子上提示的人選（圖 10-2 為獵人頭遊戲的作業單範例）。先找到全部人頭的學生要繼續在教室裡走動，幫助其他還在尋找的同學；或是回到自己的座位上，設計新的找人提示。

獵人頭遊戲只有兩個規則：⑴每一個同學／參加遊戲的人只能出現在名單上一次；⑵如果從別的同學口中得知人頭，那就要提供一個答案給這個人頭。另外，老師也可以規定每一個問題每一個學生只能回答固定的次數。

獵人頭遊戲的提示可以很簡單（如請學生歸類、列出清單），也可以很複雜（如請學生做比較／對照），可以是一般性的問題，也可以是跟私人有關、跟課文內容有關，或是跟私人跟課文內容都有關的問題〔如找一個會以日本俳句詩描寫有關他（她）的家庭的人〕。獵人頭遊戲可以很輕易地就讓學生一邊在討論課程的時候，一邊分享他們自己的故事。

Sapon-Shevin（1999）建議老師在出提示時，可以列一些很多學生都覺得切身相關且有能力作答的題目。這個活動提供了老師絕佳的機會，來凸顯個別學生的專長、特殊天分或優點。比如，有一個學生剛從沙烏地阿拉伯搬來美國，老師就可以列一道跟中東地理有關的提示；如果班上有自閉症學生對 *Alice in Wonderland* 特別感興趣（Carroll, 1865），獵人頭的作業單上就可以列一條題目，請學生表演或畫出瘋狂的茶會景象。

獵人頭遊戲可以做的調整包括：

- 讓幾個學生擔任「獵人頭助理」，他們的工作就是在教室四處走動，幫助寫作業單有困難的同學。
- 讓學生在教室裡走動時設計他們自己的題目。如果有學生無法以口語的方式回答問題，則可以請同學設計一些用肢體語言回答的問題。

201

獵人頭

這個活動的目的是要盡可能地讓你跟班上學有專精的同學學習，每一個同學只能出現在你的名單上一次，而你名單上的同學也只能列舉你一次。

1. 找一個會畫「穿透距離的作用力」的同學〔請他（她）把作品畫在下面的方格裡〕。

請這位畫家簽名＿＿＿＿＿＿＿＿

2. 找一個能說出一種放射性原理的應用的同學。＿＿＿＿＿＿＿＿＿＿

請這位科學專家簽名＿＿＿＿＿＿＿＿

3. 找一個能夠解釋你日常生活中經常使用的滑輪裝置。

＿＿＿＿＿＿＿＿＿＿＿＿＿＿＿＿＿＿＿＿＿＿＿＿

圖 10-2　獵人頭：物理課的例子

（續）

請這位觀察力敏銳的同學簽名＿＿＿＿＿＿＿＿＿＿

4. 找一個會表演、解釋或畫出都卜勒效應的同學。

請這位富有創造力的同學簽名＿＿＿＿＿＿＿＿＿＿

（譯註：都卜勒效應是以奧地利物理學家 Doppler 的姓氏命名，是觀察者相對於波源的距離變化所觀察到的波長發生變化的效應。）

5. 找一個能說出光反射的主要顏色的同學。

＿＿＿＿＿＿＿＿＿＿＿＿＿＿＿＿＿＿＿＿＿＿＿＿＿＿＿＿

請這位學識豐富的同學簽名＿＿＿＿＿＿＿＿＿＿

202

6. 找一個能夠設計一張以「物質」作為開頭的概念圖的同學。

請這位設計者簽名＿＿＿＿＿＿＿＿＿＿

（續）

7. 找一個能舉出三個例子說明他（她）是具有能源環保意識的同學。

-
-
-

請這位具有環保意識的同學簽名＿＿＿＿＿＿＿＿＿＿＿＿＿

8. 找一個能從密度的角度解釋鐵達尼號沉船的原因的同學。

在聽完簡短的演說之後，請你的指導者簽名＿＿＿＿＿＿＿＿＿＿

完成之後，在教室裡四處走動，幫助其他同學找到他們的人頭。

服務學習

服務學習是把一些教育目標，融入有意義的、經縝密規劃的服務或志願服務工作之中。讓學生在校園裡撿垃圾並不是服務學習，只是讓學生去做些好事。但如果學生在學到環境問題與污染的議題時，到鄰近地區跟當地的民眾談論有關垃圾與環境美化的問題，藉以檢視當地的環境與污染情況，然後擬定計畫，想辦法保持校園及周遭地區的環境清潔而沒有垃圾，動手打掃校園與周遭地區，最後回顧整個過程，並且討論民眾的力量是如何影響著社區，這才是服務學習。服務學習是很寶貴的學習經驗，因為學生可以藉此參與有具體成果的計畫，就真實的情況做討論，發表自己的意見與傾聽他人的意見，還能透過服務對別人的生活造成影響，並且得到大家對服務成果的讚譽（Schine & Halsted, 1997）。

Martin 曾說，學生並不了解社會，因為「……太常有學校教導學生有關社會的事情，而沒有教導他們在生活中扮演積極主動的角色，有建設性的參與社會，更不用說教導他們如何為他們自己和將來的子孫把世界變得更美好了」（1995, p. 358）。後來有很多教育者響應了這個說法，在1990年代，美國底特律校園體系通過一項規定，所有中學畢業生必須完成二百小時的社區服務，而在馬里蘭州，學生必須在八到十二年級期間，完成七十五小時的志願服務才能取得畢業證書（Markus, Howard, & King, 1993）。

Yoder、Retish 和 Wade（1996）發現，參與服務學習的身心障礙
203 學生，會對自己有更進一步的了解，也會因此改善他們的溝通、社會技能和解決問題的能力。患有身心障礙的學生、各種非英語語言背景的學生，還有被貼上「居於危險處境」的學生，經常在校園或社區裡接受他人的服務（Morris, 1992），所以有一些老師特別想要讓這些族群的學生接觸服務學習。有一些老師相信，讓這些學生有機會服務別人會幫助他們不斷地進步，因為過去有很多被歸為特殊類別而被凸顯出來的學生都有低自尊的問題，並在同儕間處於比較低的地位（La Greca & Stone, 1990）。讓這些學生扮演幫助人或為人服務的角色，等於是提供了他們回饋社區以及與社區產生聯結的寶貴機會。表10-3提供了一些服務學習的課程概念。

服務學習方案也可以激勵學生學習一些新的技能，並且促使學生變得更能為他們自己的學習負責。Krystal（1998/1999）在她的研究報告中指出，她看到學生在與社區漸漸發展出較深厚的關係之後，提升了自我的價值感，並且為了要幫助別人而激勵自己要學得更多、做得更好：

> 當我陪著十四歲的Justin……和一群他的同班同學，到鄰近的一所公立小學協助教導五年級的小學生閱讀時，我看到服務學習在學生的精神層面上所造成的影響。Justin 是一名特殊教育的孩子，他的肢體動作笨拙而無法自如的運用，他參加了閱讀小老師活動，即由高年級的學生朗讀文章給低年級的學生聽的一個方案，Justin 跟他的同學都為了這個星期要

表 10-3　服務學習的一些課程概念

發起與執行一個公共服務運動。
種植樹木。
設計一個公共服務的宣傳通告，並請廣播電台播放。
建造遊樂場。
改善你的校園（如在牆上畫壁畫、修理遊樂設施、在大門四周種植鬱金香、在入口通道處設計一件雕塑品、種植植物放置在校園四周）。
寫一篇故事，並把故事朗讀給其他人聽。
舉辦一場閱讀博覽會。
打掃公園。
教導其他同學一些事情（如安全、環境、照顧動物、讀書技巧）。
設計一個小老師教學方案。
參與一個有趣的社區組織和節目（如料理湯的烹飪課、圖書館、博物館）。
為機場、圖書館、市中心廣場、法院或庇護之家設計一些藝術作品。
舉辦一場自行車安全示範講習與自行車健檢活動。
創辦一個幫助其他學生的社團（如同性戀／異性戀聯盟、防範自殺社團）。
製作一部跟重要的社會議題有關的電影或戲劇（如有關種族偏見、性騷擾、暴力、藥物濫用與酗酒等議題）。
發起資源回收計畫。
在你的學校與當地的退休老人間，建立起互助合作的關係。
申請通過一項法規。

教導的課程很努力地準備，他的老師解釋說，因為「他們不想要有五年級學生認識的字他們卻不認得」的情形發生。Justin跟一群吵吵鬧鬧的年輕人帶著他們的閱讀指導手冊和練習題，進到這所公立小學的餐廳，一下子突然變成了一群成熟穩重的小大人，變得體貼又有責任感，對著跑進餐廳的五年級小學生溫柔地微笑。

小Colin跳進Justin的懷裡，大聲說：「我等不及想見你呢！」另一個小老師 Shawanna 則有不一樣的經驗，她兩手插腰地說：「Lucinda 不在這兒，我今天來學校就只是為了她呢。」她為她的小學生今天沒有來而感到難過。（p. 60）

Krystal（1998/1999）指出，這些學生從「不易管教的青少年」，變成認真、負責而體貼的小大人，這一切的改變只是因為他們有了被需要的感覺，並且所做的是有意義的活動，也在活動中發掘了他們自己本來都不知道的才能。

當我在國小二年級任教時，我跟我的同事一起規劃了幾個服務學習的單元。這些單元很成功地滿足了我們每一個學生的需求，包括兩名自閉症的學生，Luis和Katie。我們在規劃這類的單元時，內心都很清楚地知道每一個學生的需求，我們知道 Luis 和 Katie 需要一些有機會移動或活動的課程，另外，我們也希望他們兩個可以有很多機會跟其他的同學互動，因為他們兩個似乎都在社交情境中有最佳的學習狀況。我們在規劃這個單元時，也清楚地知道學生的個別化學習目標，Luis 和 Katie 那時都正在學習使用新的溝通系統，需要很多機會練習使用這些系統。

我們結合了兩個二年級的傳統單元（動物與社區），設計出一個新的單元叫作「我們能如何幫助在我們社區中的野生動物？」我們跟學生談論了這個單元的主題，請他們想一想我們怎麼做才能對我們社
204 區中的野生動物更有幫助。最後，全班一起決定我們要建造鳥窩，然後把鳥窩捐給鄰近地區的一些地方。建造鳥窩是這個單元的重頭戲與最終成果，在準備建造鳥窩前的這幾週，學生還有其他的一些學習機會：

- 用一種新的軟體程式設計一份「關於鳥」的小冊子。這些小冊子也是服務計畫的一部分，完成之後，分送給區域內的圖書館或動物用品店。
- 寫信給當地的企業，請求他們提供建造鳥窩所需要的資金或材料。
- 做一些跟建造鳥窩有關的真實數學習題（如我們需要多少根釘子、製作一個鳥窩進料器需要花多少錢）。
- 聆聽收錄鳥鳴聲的音樂，並在音樂中激發繪圖創作的靈感。

另外，當地一家專賣店的鳥類專家也來我們班上發表客座演講，她播放了幻燈片給我們的學生看，並介紹我們的學生認識一些住在他們後院的野生動物。

建造鳥窩的那一天，我們邀請了家長、老師（如用規劃課程的時間跟我們一起工作的美術老師）和其他的社區成員（如當地的大專生、社區老人服務中心的婦女），一起來共襄盛舉，為製作鳥窩進料器的計畫努力。那天參與者的回響很熱烈，有很多人來支持與協助，所以我們的學生能兩個兩個一組，且每一組都有一位大人協助。學生需要有人在使用工具上協助他們，不過其他還有很多是他們能獨立做 205
的工作；對很多學生來說，這是他們第一次使用榔頭或螺絲起子，這次的經驗讓他們學到了新的技能，同時也更加有信心。

在進料器做好並上漆之後，學生們有一堂課是進行投票表決，決定要把我們的禮物送到哪些地方。學生就如何幫助社區及區域內的企業與服務形態討論了很久之後，決定把進料器捐給班上一位同學的爸爸。他幫我們跟很多家材料供應商、一家區域性醫院、一間老人服務中心、來發表客座演講的專賣店專家、一間當地的圖書館、鎮上的家暴防治中心、YMCA以及社區活動中心取得聯繫。然後我跟同事輪流帶一小組學生，到社區的這些地方分送我們製作的鳥類進料器。在分送的過程中，學生要看社區的地圖才能找到這些地點，並且在把進料器送給各機構時，學生要發表簡短的獻詞。

班上的兩個自閉症學生，在我們做了如下的幾個適應性調整之後，都能夠完全參與這個單元：

- 班上的每一位學生都拿著一張經授權同意參訪的公文，去拜訪至少一家社區機構，Luis 和 Katie 則要參加好幾次，因為戶外教學課程讓他們兩個有機會練習溝通與社會技能，並且有機會學習一些跟社區生活有關的新技能（如使用地圖、搭乘公車等）。
- 在製作進料器的時候，Luis 和 Katie 都跟他們熟悉和信任的同儕編成一組。

- 當班上同學要個別完成畫鳥的美術作業時，Katie以跟同學合作畫的方式完成，並且 Katie 不是藉由聽鳥鳴的音樂想像作畫，而是（在同學的協助之下）畫一隻小鳥，然後在教室裡走動，把她的作品遞給其他同學，讓他們在她的集體畫上加上一些創作。
- Luis的職能治療師在學生製作鳥類進料器時，跟Luis的那一小組一起合作，教導很多學生使用螺絲起子的最佳（也是最舒服的）方式。
- 當班上的同學在寫信給當地的地方企業時，Katie跟她的一個朋友，用電腦打字的方式一起寫這封信；Luis 則負責把學校的地址印在每一個信封的左上角。

主題計畫式教學

主題計畫式教學特別適用於學生異質性高的班級，因為可以顧及很多學生的需求與學習風格，還可以增加同儕支持和發展友誼的機會；另外，學生可以在各種環境中學習，包括在社區情境、校園圖書館和戶外；主題計畫式教學還可以讓學生按照他們自己的步調學習，而且，任何一個主題都可以融入許多的技能與訓練（Wheelock, 1992; Winebrenner, 1996; Wisconsin School Inclusion Project, 1997）。

自閉症的學生常需要一些個別獨立學習的時間，還有一些學生是如果有機會鑽研一個主題就會有很大的進步，對這類的學生來說，主題計畫是一種很理想的學習活動。有一個自閉症患者 Donna Willaims
206 （1992）發現，當有老師相信她的能力，並讓她深入研究一個她特別感興趣的主題時，她就能獲得學業上的成功。

> 當其他的老師都覺得我是一個惡魔時，這位老師覺得我很聰明、很可愛，並且很樂意教我。在學期末的時候，我交了一篇我中學時期最重要的家庭作業給她。

> 老師給了全班同學一個指定的作業繳交日期，並且指定作業的主題，但那時我對美國1960年代對待黑人的方式非常感興趣。
>
> 我就跟老師說我想做一個秘密的作業，她同意了，並且當我很熱情地跟她說我的作業報告需要延長時間時，她也同意了。我看遍了所有我找得到的與這個主題相關的書，剪了一些圖片，並且跟往常一樣地在我的報告上，畫了一些示意圖來捕捉我想表達的感覺。其他同學交給老師的是平均三頁的報告，我很驕傲我交給了這位老師一份二十六頁的特別報告，包括圖示和繪圖。這位老師最後給我的作業打了A的分數。（p. 81）

教班級異質性高的老師，為了提供班上全部學生有趣又適當的課程，還有為了確保每一位學生都有機會練習個別化的學習目標，常常會選擇以主題計畫的方式教學。任何一個個別的學生，都可以在學習具挑戰性的內容的同時，練習閱讀與寫作，並且可以提升電腦、攝影或訪談的技能。自閉症的學生在做主題計畫研究報告時，可以練習使用新的溝通輔具或發展新的社交技能（如請求幫助、清楚地說明事情等）。表10-4列了一些可以讓個別學生、小組或全班學生做研究報告的主題。一個具有創造性思考能力的老師，會讓學生以正在使用的溝通輔具作為研究報告的主題，並從學生對輔具各種不同使用方法的了解，還有學生使用他的溝通系統的技能與情形，給學生打分數。

在管理學生的主題計畫報告時，老師應該要把時間表清楚地列出來，並教導學生如何規劃控制他們自己的進度，教他們寫進度報告，
並指導他們完成一個或多個最後成品。Harmin（1995）建議老師引導 207
學生找一些能夠啟發他們較高層次思考和比較有意義的主題，而不要讓學生只停留在被動的學習和模仿別人的作品。為了避免學生做過多的紙上作業，老師應該要求他們設計一個模型，或比較不同的觀點，

表 10-4　適合個別學生、小組或全班學生研究報告的主題

寫一齣電影的劇本並拍攝出來——適合全班或個別學生。
蒐集口述歷史。
設計一份商務計畫與／或開創一個小型的企業。
設計一本小冊子、製作一份報紙或雜誌、寫一本書。
提出並發起一個新的學校社團。
為學校設計與創作一個長期展示的壁畫或雕塑作品。
研究社區或學校的問題，並就可能的解決方案寫一份建議書。
設計並執行一項學校或社區的調查報告。
為學校或鄰近的圖書館設計一間迷你博物館。
為學校設計校園指南（如「每一個新生都應該知道的事」）。
設計一個電腦程式。
製作你自己的CD，裡面的歌曲全部是由班上同學填詞譜曲。
設計跟課文內容有關的棋盤遊戲，並畫出圖示與標明遊戲規則（如「分數／小數猜猜樂」）。

或請他們製作壁畫（Harmin, 1995）。例如，不要讓學生針對學校的處分政策做研究報告，而是請學生摘要整理兩個專家的意見，訪談四個當地的學校行政人員，並且研擬一套政策範本提交給學校董事會。

有一個中學的老師讓學生透過獨立做主題計畫報告研究污染的議題。老師先讓全班一起看一些相關的文章，並針對文章內容展開幾場討論，然後把學生分成幾個小組，每組選擇一個特定的研究主題（如污染與政治、氣喘與空氣，和「清潔我們的湖泊：是共同的責任嗎？」）。這些主題計畫報告是以小組的方式進行，每天都有安排進度，共為期兩週。學生們訪談了社區專家，進行了實地的調查，研讀與研究主題相關的書籍與文章，並且上網搜尋資料，其中還有一些學生，到社區中與他們主題相關的地點視察（如到當地的湖泊視察，並把水污染對動物所造成的影響記錄下來）。最後在這個單元結束的時候，學生把他們的研究發現在班級研討會上跟大家做報告。

桌上教學

桌上教學是另一種讓學生主動學習的策略，教學設計的重點是讓學生有機會同時扮演老師和學生的角色（Draper, 1997; Parker, 1990）。採用桌上教學的方式時，首先要先給學生個別化的主題，然後讓他們就這些主題準備一場小型的課程活動。學生就他們所選擇的或被分配到的主題或目標，準備五到十分鐘的課程。

學生像是在博覽會的氣氛中互相教導，一次大約十個學生在他們的座位上放置教材進行桌上教學，其他學生則聽完一個「老師」上課之後，再移到下一個「老師」的座位。全部的學生都輪流當老師與學生，以便都能有機會參與其他同學準備的課程。就這樣一直輪流，直到班上的每一個成員都參與了其他所有成員準備的課程。

學生可以運用直觀教具（visual aids）和操作型教材來教學，或帶同學做一些簡單的活動，或準備一些樣本範例來上課。有一個學生曾以「海底世界」的主題來教同學座標方格與線條的概念。她製作了一個大型的藍色座標方格代表海洋，然後讓同學在座標方格上畫點來代表魚，畫線來代表海草；另一個同一組的學生則用繩子和M&Ms巧克力，來教同學畫不等式和區間的圖形（Draper, 1997）。

如果有學生有特殊才能，可以讓這些學生在呈現教學時，把他們的才藝展現出來。例如，有一位自閉症學生Richard，在數學方面有極高的天分，尤其是能夠用他自己的算法算出答案，當輪到 Richard 教學時，他不是採用一般的上課內容，而是請學生提出數學問題，然後他會示範至少兩種不同的方法來處理和解決每一道數學問題。

社區研究小組 208

還有另一種適用於融合班級並且能激勵所有學生學習的教學策略，那就是讓學生組成異質性團體研究小組（Brown et al., 2000; Kluth, 2000; Sharan & Sharan, 1992; Tomlinson, 1999）。校內圖書館不是社區研究小組的主要資料來源，而是讓學生透過訪談、觀察與蒐集社區古物等方式，「直接去找原始資料」以解開他們的疑問。

團體研究讓「每一個人都有發揮的空間」，因為學生可以選擇他們想探討的主題，以及他們想在團隊中扮演的角色。另外，社區研究小組的學習架構也提升了學生之間的合作與學習，Sharan 和 Sharan（1992）發現，團體的調查與研究能促使特質各不相同的學生共同合作與互相幫忙；他們還發現參與小組研究的學生比接受傳統全班一起上課的同儕，有更好的學業表現。

圖書館研究需要有相當成熟的閱讀與寫作等先備技能，有一些學生（包括那些身心障礙的學生）可能無法參與。所以，在這種研究模式中，很多學生極有可能幾乎沒學到什麼；相反地，在社區中進行調查研究，可以讓學生運用視覺、動覺、聽覺等多重感官吸收資訊，或是透過親身經驗學習。把整個社區當作是資料的來源基礎，可以讓各種不同特質的學生，有機會針對他們最感興趣的主題與環境去研究和探索，而主題的範圍就跟學生的特質一樣，可以非常廣泛。

這種研究方式對各種能力和興趣的學生都非常適合，每一個學生都可以很輕易地找到適合他（她）的工作。單單一個研究計畫，就牽涉到很多種技巧與能力，包括想出具爭議性的問題、設計研究計畫、得到社區中重要的環境與活動的訊息、與相關人士取得聯繫（如造訪潛在的研究地點）、練習訪談技巧，還有學習使用攝影機（如傳統相機、數位相機）、電腦（如文字處理軟體、簡報軟體）和投影機等。

像這樣跟社區互動的機會，也讓每一個學生都有機會練習溝通與社會技能。事實上，Miller、Shambaugh、Robinson 和 Wimberly（1995）發現，在順利訪談專家與回答別人發問的問題之後，學生會對他們的溝通技能很有信心。而這些機會對需要練習溝通與社會技能的自閉症學生來說，或許更重要（關於增強溝通技能方面，請參閱第七章）。雖說跟同儕互動對練習輪流和進行簡短會話很有幫助，但是，有機會訪談當地的政治人物或大專院校的運動明星，會讓學生特別有動機去學習跟人打招呼或試著說個新笑話。

有一個很有意義的社區研究計畫的例子，在美國威斯康辛州芬德爾（Ferndale）的一所小學，學生整合了他們所有研究技巧來研究飛機。他們找了很多社區裡的專家，包括當地的一家飛行俱樂部、一個飛行員和一家販賣建造材料的商店，他們與社區接觸的一些經驗，讓他們獲得了波音公司批發店價值五百美元的禮券。學生憑著他們的研究經驗，自己製作了一架飛機模型，並且把他們所學得的知識，展現 209
在華盛頓州艾佛瑞特市（Everett）的潘恩（Paine）野外航空展；他們還以展出者的身分參加展覽，把他們對飛機、航空以及其他相關主題的知識，與現場觀眾分享（Morehouse, 1995）。結果，不但學生做研究的技能變得更純熟，而且還能夠透過真實的參展經驗來跟大家分享他們的成果。

教學中心／教學站

運用教學中心或教學站的模式上課時（Cook & Friend, 1995），老師需要在教室內設立不同的點，學生們則在同個時間、不同的點，進行不同的學習活動。學生在跑這些教學站時，適合彈性編組的方式，因為不是每一次每一個學生都需要跑完所有的教學站。教學中心或教學站的上課形式適合任何班級與任何年級，並且非常適合協同教學的模式（一位老師協助各小組學生，一位老師評量各組學生的能力或教導個別學生）。

根據 Cook 和 Friend 的說法，「在教學站的上課模式中，老師把教學內容分成二到三個部分，三個部分以上也可以，然後在教室裡的不同地方呈現課程內容」（1995, p. 6）。藉著運用這種模式上課，老師可以一面提供讓全部學生都能參與的活動，讓他們學習具有挑戰性的內容，一面讓學生自己在不同的教學站停留，聆聽與思考課程內容；並且能夠因此提供更多與主題有關的訊息，引出更複雜的討論內容，讓學生有更多機會提問，或從聽講或閱讀中吸收更多資訊。

設立教學站或教學中心時，應該要把焦點放在重要的學習目標上，然後提供可以促進每一個學生朝著這些目標進步的教材。老師可以運用一些教材與活動來符合學生各種不同的閱讀能力、學習特質和興趣，還提供學生清楚的指示（如果有一些學生不會閱讀，那就要提供聽覺的指導，或以圖片、照片來教學），並且要告訴學生，當他們在教學站完成學習目標時應該要做些什麼，還有要有系統地記錄學生在各個教學站的表現。

教學站或教學中心可以是學生中心制，也可以是老師中心制。學生在教學中心的上課模式中，可以參與許多不同的活動（如做報告、練習技能、跟老師一起上一堂小型的教學活動）。比如說，三年級的班級可以把寫作的過程設成四個教學中心，讓學生按照順序輪流在每一個中心學習；而國中的班級，則可以讓學生在上數學課時，輪流在下面的五個教學站中學習：

- 跟老師一起學習機率。
- 練習解決課本中的機率問題。
- 想一想真實世界中有哪些事情是機率觀念的應用。
- 分組操作新的教學電腦軟體。
- 寫一份複習前一單元的作業單。

老師也可以不硬性規定順序，而讓學生在教學站間自由移動，在這樣的模式中，學生能夠在下面的任何一個教學活動站學習，並且自由決定每一站停留的時間：

- 聆聽課文朗讀帶。
- 書寫個人日誌。
- 分組合作一起寫一齣小劇本。
- 跟老師一起做文法練習題。

教學中心或教學站非常適合融合班級使用，因為透過這個模式，老師可以在同一個班級裡教導個別學生或一小組學生，而不需要使用限制比較多的「抽離」模式。當特殊教育老師（或普通教育老師）在教自閉症學生認識新的字彙時，另一個普通教育老師可以在教室裡走動，確保其他每一個學生都有參與。或者當普通教育老師在教導自閉症和另一個沒有特殊需求的同學合作一起寫一篇報告時，特殊教育老師可以在另一個角落教導一小組的學生使用電腦程式編輯他們的作業。兩種情境之下的老師和學生，都以具有意義的方式參與，並且全部的學生都得到他們需要的資源。 210

步驟五：採用多元評量

評量調整

評量學生學習情形的傳統方式是一連串的考試與測驗。雖然有時候考試確實是了解學生學習成果的適當方式，但有很多方法可以幫助老師了解學生的需求、學習情形，與學業表現，考試只不過是眾多方法中的一個而已。

有一名自閉症系列症異常患者 Wendy Lawson（1998）說過，當沒有提供適當的協助時，考試會變成一種讓人感到迷惑而有壓力的經驗。下面這段敘述了當她在參加中學入學分發考試時，所感受到的挫折：

> 我在陪同下進入一間離修女辦公室不遠的房間，裡面只有一張桌子和一張椅子，再加上一個滴答滴答響得很大聲的時鐘，就掛在我座位正對面的牆上。監考人員發給了我一支鉛筆和幾張紙，告訴我說這對我以後的求學很重要，要我專心並盡全力作答。「對我的求學很重要」，這到底是什麼意思？我並不覺得跟一疊紙張在那間辦公室裡有什麼重要的。

> 我在紙上亂畫，玩著井字遊戲，心裡則是焦慮不安，因為我之前已經告訴其中一個護士阿姨，我要幫她把繃帶捲起來，這對我來說真的很重要。（p. 42）

Lawson 並沒有通過考試，這一點也不令人意外。在反省那次不好的經驗時，Lawson 提供了在這種情形下可以對學生更有幫助的建議：

> 如果有人事先跟我解釋考試的意義，並且有人告訴我在答案紙外還有一張作答說明要先讀，我可能會試著作答。另外，如果試題卷能夠把一大題一大題分開對我會有很大的幫助，因為這樣我就不會被一次那麼多字擠在一起給嚇壞了。這些支持那時都沒有提供，就連後來「十一歲少年中學入學試」的考試也沒有！（pp. 42-43）

就像 Lawson 所說的，考試對有特殊學習需求的學生來說，可能真的會形成障礙；但是，考試在現今的學校教育卻是無法避免的事實，幾乎每一位老師都會在一學年中的某個時點，以考試的方式測驗
211 學生的能力。所以，每一個老師都應該知道一些評量調整的策略，並且要為全部的學生創造一個舒服的考試情境（請參看表 10-5）。

有一班國小五年級的學生正在學習美國地理，在上完三週的課程之後，老師舉行了一個單元評量，班上有三名學生不及格，其中包括一名自閉症的學生。老師很強烈地感覺到，這三位學生對課文內容的了解比他們在試卷上所展現的多；於是，她請這三名學生組成一個測驗小組一起設計一份試卷，並訂下重考的日期，要他們為考試做準備。結果這三個小男生對老師交付他們這麼重要的任務非常積極與投入，一整個星期都在放學後繼續留下來準備考試。後來，三個人都通過了新的考試，而他們在設計試卷的過程中，也間接給了老師一些關於他們需要做些什麼準備，和哪一種題型他們可以答得最好的訊息。

表 10-5　一些評量調整的做法

讓學生有重考的機會。
提供學生考試準備指南。
在一些學生的試卷上刪掉一些題目或讓學生自己刪減，以減少試卷的分量。
讀題目給學生聽。
幫學生準備考試，告訴他（她）考試的內容、情境與時間。
讓學生做兩份相似的試卷，取其平均分數或以比較高分的那一份做代表。
模擬電視上「誰想當億萬富翁？」節目的遊戲規則，讓一些學生可以使用 50/50 減少選項的提示方式，或選擇「問同學」的方式作答。
在設計試卷時用大號字體印刷，或以影印的方式放大原版的試卷。
讓學生開卷作答，並且允許學生在重要的段落以螢光筆標示或貼上便利貼。
大聲唸出考試說明，並確認每一位學生都了解，讓學生跟同學複述考試說明。
每一種題型都提供作答範例。
讓學生出題。
讓學生可以選擇帶「小抄」來考試。
詢問學生希望的考試方式為何。
讓學生攜帶可以幫助他們考試的東西（如筆記、幸運物等）。
讓學生可以選擇跳過一些題目。
在考試期間，讓學生有喘口氣休息的時間。
讓學生有機會在考試時發問問題。
讓學生有機會以口頭的方式回答題目。
允許學生以各種不同的方式作答（如畫出圖表、簡答等）。
設計一份滿分七十五分的試卷，學生只需要完成五十分的題目即可。
讓學生跟同學一起考試。

新試卷的題型做了一些改變，其中包括刪掉多重選擇題而改為簡答題（三個學生都說多重選擇題太複雜了，讓他們很混淆），並設計一大題請他們列出任何有關美國西部的十件事情（取代原來同一主題但有特定答案的填空題）；另外，試卷上還加了一個附有圖片的字彙庫，幫助他們看懂困難的字彙。

讓學生幫忙設計試卷，只是讓異質性高的班級學生覺得考試不那 212
麼難、壓力不那麼大的其中一個方法。老師還可以就每一種調整的效果和學生的反應，不斷地嘗試其他各種調整評量的方法。

評量調整並不是只能提供給自閉症學生或有其他身心障礙的學生，讓學生以不同的方法展現自己所學得的知識與技能，每一個學生均能因此受益。例如，有一個每次考試總是很緊張的好學生，若以小組的方式進行合作測驗，可能會發現他不會那麼緊張，並且在測驗的過程中，讓他有機會把他所知道的展現出來，而且還可以讓他一邊接受評量的同時，一邊幫助他學習。

真實評量

即使老師做了好幾個很適當的調整，還是有些自閉症學生就是無法以紙筆測驗的方式，展現他的學習成果。若要知道學生的學習狀況與能力，最有效的方法就是廣泛地使用各種真實評量的方法。

Darling-Hammond 建議老師依照學生「在真實情境中有意義的表現」評量，並且這些行為表現，應該要跟課程本身「相互為用、密不可分」（1997, p. 115）。

Darling-Hammond 的這項建議，跟現今校園經常使用的教學—測驗—教學—測驗模式相去甚遠；但是，儘管測驗的風氣還是盛行，很多老師已漸漸開始採用這些比較有意義的評量方式了。有一位想要用比較真實的評量方法評量學生能力的中學老師，刪除了一個很重要的單元測驗：藥物與酒精，而改以讓學生用 PowerPoint 軟體做報告，還有設計一份跟所學的課程內容有關的小冊子，然後讓學生分組合作，透過與社區裡的一些專家（如護士、醫生、警察等）談話，來編輯報告的材料和加強報告的內容。在這個單元結束的時候，老師讓學生們在其他同年級的同學面前報告，並且請同學就他們的報告內容和報告技巧，給予意見或提出問題。表 10-6 列了一些教室裡的真實評量的例子。

真實評量讓老師對學生的學習狀況有更完整的了解，因為真實評量與學生正在學習的內容直接相關，是連續而累積的，是在真實的學

表 10-6　適用融合班級的評量工具

作品集	寫短文
展覽	回顧報告
筆試	辯論
口頭報告	成績單
學生設計的測驗／小考／考試	謎題與遊戲
正式的報告	調查
自我評量	模型
學習日誌	用照片寫文章
軼事報告	剪貼作品
觀察	藝術作品
合作考試	問卷
讓學生把試卷帶回家做	訪談
實驗	焦點團體
日記	每天的工作／選擇性工作表現
誤讀分析／記錄	戲劇／表演

習經驗發生時評量，是合作式的評量方式，並且可以讓評量者很容易地跟其他相關人員溝通（Pike, Compain, & Mumper, 1994; Pike & Salend, 1995; Valencia, 1990）。或許最重要的是，真實評量是以學生為中心，也就是說，學生在接受真實評量時，常常也會評估他們自己的能力，並且可以選擇用什麼方式評量，還能參與設計評量的標準。一個可信賴、有意義而設計嚴謹的評量系統，可以提供每一個學生學習學術知識或技能的機會。

當在教導自閉症的學生時，真實評量可能更為重要，因為有一些自閉症學生在閱讀、書寫或溝通方面有困難，這些困難可能會讓他們無法順利地完成傳統的評量（如作業單、測驗等），結果可能會讓老師低估了這些學生的能力與學習表現。比如說，我以前有一個很討厭寫字的學生 Gail，當時她就讀一年級，當老師叫學生交出他們的筆記 213
簿或作業簿時，Gail 會出現很明顯的退縮行為，或是直接哭出來。尤其是上數學課的時候，她的退縮更是明顯，她連最簡單的數學作業都不要寫或不會寫，而當老師叫她練習寫很簡單的數學習題（如 2 + 2 等於多少？）時，她好像很困惑的樣子。當我第一次跟她的老師在年度教育會議上碰面時，她的老師說她很高興Gail在她的班上，但是她的這個小朋友「缺乏所有的數學技巧與能力」。

兩個星期之後，我到Gail的家去做家庭訪視，結果卻看到一個不一樣的情景。當我到達她家的時候，Gail 的媽媽請她到櫥櫃裡拿出三個咖啡杯，還有從抽屜裡拿出兩支湯匙，然後就叫 Gail 到地下室去玩，並且囑咐說：「半個小時後要上樓來。」結果，Gail 很輕易地就完成了這些媽媽交代她做的事情，我回到學校之後，把這個消息告訴Gail的級任老師，我覺得我們需要在真實情境中評量Gail的能力，並且多注意觀察她在班上的行為和真實的能力表現。

總　結

以前，當我開始在一所大規模的中學教書時，我覺得身為一個特殊教育工作者，我的工作是依普通教師的課程規劃（lesson plans）設計一些調整策略，以確保該班的身心障礙學生能夠參與課程。當然，這個方式有很多缺點，因為我和老師之間並沒有很密切的合作，我對課程的了解程度也不足以讓我規劃出有意義的調整；而且，一旦課程已經規劃好了，很難再做什麼改變，或是再加編些有創意的作業或策略，來促進具特殊學習特質的學生參與了。

現在老師們多傾向採用合作教學的模式，還有設計一些可以讓每一個學生參與、並且能夠幫助與回應每一個學生需求的教學法，所以即興式的課程規劃與調整已不再符合需要，現在的學生比較有機會參
214 與的是縝密規劃與執行的課程活動、教學與評量。另外，現在的學生比較會把彼此都看作是學習者，而老師也比較會把教導與學習看作是一件每一個學生都需要並且會經歷的事情。

有一個口號在異質性高的班級教師間廣為流傳，就是「如果學生

無法在我們教導的方式下學習，那就用他們學習的方式教導他們」。這個觀念對現今的融合班級尤其重要，藉著選擇對學生重要的學習內容、使用彈性編組的策略、提供各種不同的教學材料、綜合運用各種課程形式，以及設計各式各樣的評量方式，老師邀請了所有的學生參與學習，並且給了自閉症的學生和不是自閉症的學生能夠順利參與融合班級的機會。

更多的答案與資料請參考：

Christensen, L. (2001). *Reading, writing, and rising up: Teaching about social justice and the power of the written word.* Milwaukee, WI: Rethinking Schools.

Ferguson, D., Ralph, G., Meyer, G., Lester, J., Droege, C., Guoôjônsdôttir, H., Sampson, N., & Williams, J. (2001). *Designing personalized learning for every student.* Alexandria, VA: Association for Supervision and Curriculum Development.

Lewis, B. (1995). *The kid's guide to service projects.* Minneapolis, MN: Free Spirit Publishing.

Oakes, J., & Lipton, M. (1998). *Teaching to change the world.* New York: McGraw-Hill.

Putnam, J. (1998). *Cooperative learning and strategies for inclusion: Celebrating diversity in the classroom* (2nd ed.). Baltimore: Paul H. Brookes Publishing Co.

Rethinking Schools. (1994). *Rethinking our classrooms: Teaching for equity and justice* (Vol. 1). Milwaukee, WI: Author.

Rethinking Schools. (2001). *Rethinking our classrooms: Teaching for equity and justice* (Vol. 2). Milwaukee, WI: Author.

Silberman, M. (1996). *Active learning: 101 strategies to teach any subject.* Needham Heights, MA: Allyn & Bacon.

Tomlinson, C. (1999). *The differentiated classroom: Responding to the needs of all learners.* Alexandria, VA: Association for Supervision and Curriculum Development.

Weber, E. (1997). *Roundtable learning: Building understanding through enhanced MI strategies.* Tucson, AZ: Zephyr Press.

Chapter 11

教學策略

激勵學生、幫助學生與讓全部學生參與的教學方法

與 Christi Kasa-Hendrickson 合著

對一些人來說，
「學校」就像是一個把方形木栓塞進圓形孔洞的地方。
現在對我來說，
這個洞（學校）已經稍稍改變了它的形狀來容納我，
而（我）這個木栓也已經試著收斂我的稜角。
所以現在我的情況應該改成說，
一個磨圓的正方形，
試著把自己塞進一個口徑撐大變形的圓孔裡！
（Jackson, 2002, p. 134）

這一章的另一個作者是一位老師Lisa Tyler，她曾在一份研究中分享她思考如何確保全班學生都參與課程的經過：

當我在思考怎麼樣能夠讓所有的學生都參與時，我會問我自己下面幾個問題：這個學生能夠跟大家分享他對這個活動的意見與想法嗎？當學生需要幫助時，他們能夠提出問題嗎？學生周遭有沒有同學可以一起討論這個主題？學生之間的關係平等嗎？他們會互相找彼此嗎？學生的座位附近與周遭環境可以幫助學生專心嗎？我想這些只是其中的一些問題，應該還有很多其他的問題，但這就是我所做的，我必須回答自

己這些問題，因為我不願意看到學生只是人坐在教室裡而已。我希望學生都能參與，都能掌控他們自己的學習。（Kasa-Hendrickson, 2002, p. 57）

這是一份針對自閉症學生在融合班級中的參與情形所做的研究，Lisa 和另外一些參與這份研究的老師用了很多種策略，來滿足所有學生的需求，包括有障礙的學生和沒有障礙的學生。Tyler 指出，他們時時檢討他們的做法，並且不斷地思考如何能讓學生使用教室的空間，讓學生能彼此溝通和互動，並且有管道參與課程與教學，還有能與同學互助合作。

參與這份研究的老師還分享了他們的感受，他們覺得為不同的學
216 生嘗試各種不同的策略，讓他們感覺很好，而當某一特定的教學模式或方法效果不好時，冒險嘗試一些新的策略也讓他們覺得很好。就像有一位參與這份研究的老師說：「如果你遇到了問題，總是會有方法可以解決的，沒有事情是解決不了的……但這就是我喜歡的地方，也就是教學工作中的一部分——解決問題」（p. 117）。

這個章節一共分成三個部分。第一個部分我們提供了準備迎接自閉症學生加入班級的一些策略；第二個部分詳細介紹了在普通班級中對全部學生都有幫助的一些策略；第三個部分則包含了可能會對自閉症個別學生有所幫助的一些策略。

教學是一個動態的過程，對某一個學生有效的策略，對另一個學生可能沒什麼效果。但我之前也說過，確實有一些策略對一些自閉症的學生，和其他很多沒有明顯障礙的學生有幫助；事實上，這些策略中，有很多只是建議老師可以幫助融合班級中各種不同需要、長處與能力的學生的一些好方法。

為融合教育做好準備
一些幫助學生和老師的策略

這個部分提供了幾個幫助老師和學生為融合教育做準備的建議。這些策略是設計來幫助自閉症學生為進入新學校或新的學習環境（如融合班級）做準備，可以在學生進到融合學校或融合班級前的幾天或幾個月使用，或用上一整個學年也可以。雖然老師只能為一兩個學生採用這些方法，但下面的每一個方法，對融合班級裡的任何一個學生或全部學生都很適當。

調查學生與學生的家庭

想一想老師在讀完下面這段摘錄自一篇報告的文字之後會有什麼感覺：

> 今年 Michael 的行為持續惡化，現在他攻擊的目標已經幾乎是身邊的每一個人了……他的整個教育計畫都受到了影響，他的攻擊行為越來越多，正向支持的策略就越來越難執行，並且還有一個很令人挫折的問題，那就是同儕都因此避開他。

把上面這段報告跟下面這段 Michael 自己對同一行為的說明做個比較：

> 我從來沒有在教一些學術知識的班級中學習，但我早就準備好要學了。我所在的班級被叫作「有獨立設施的班級」，那是因為他們不讓我們離開這間教室，這叫我既難過，又生氣，所以我就踢很多人。

這個學生本身的說法對釐清事情非常有幫助，可以給老師一個起點，讓老師從這個點出發去教導這名學生。當老師在設計教案時，若只參考學生的考試成績與臨床報告，可能會不太清楚要怎麼把這些資
217 訊轉化成實際的做法。如果老師讀了 Michael 的學校記錄，可能會對班上有這麼一個學生感到憂心，但是在讀了 Michael 自己的解釋之後，老師可能會對 Michael 的行為有比較有意義的了解，並且可能因此想出一些如何幫助 Michael 的方法。例如，老師可以為 Michael 製造一些機會，讓他能接受更具挑戰性的課程，還有跟 Michael 談談讓他感到挫折與難過的事情。個別地調查學生的情形，可以彌補正式學校報告的不足。

在開學之前，或是在剛開學的前兩週，有一些老師會請學生和學生的家人填寫一份問卷調查表，這個方法可以幫助老師跟個別學生與學生的家人更加熟悉。有一些老師可能會選擇給學生和家長不同的意見調查表，有一些老師則是設計一份問卷調查表，讓學生和學生的家人一起填寫。無疑地，問卷調查能幫助老師更進一步了解自閉症學生，不過，很多老師後來都讓班上的每一個學生填寫問卷調查表。

若想在學期一開始的時候了解自閉症的學生，問卷調查是一種很好的方式。尤其是因為很多被判定患有自閉症的學生，在他們求學的生涯中，早已被許多的專家診斷、評量或是評論過。很多學校都是提供初次教導自閉症學生的老師這些記錄，讓老師透過這些記錄來了解他（她）的學生。有時候這些報告會包含一些負面的敘述或資料，指稱學生不會做什麼事情。問卷調查則可以給學生和學生的家人一個機會，讓老師知道學生會做什麼事情，問卷調查可以得到一些正面而個別化的資訊，並且可以讓老師得到一些有關學生生活難得的第一手訊息。

老師在設計問卷時，應該把焦點集中在問一些有關學生的學習方式、興趣、需求和長處等問題，甚至還可以問學生對教室的意見。雖然不同年齡層的學生，適合問的問題不一樣，但是下面是一些可以通

用的問題：

- 你用什麼方式學習的效果最好？
- 想一想你最喜歡的老師，你喜歡這位老師什麼樣的教學方式呢？
- 在我們的教室裡，你需要些什麼會讓你感覺比較舒服？
- 你的興趣有哪些？
- 這一年中，你想學些什麼？
- 在一整天的學校作息中，你最喜歡哪一部分？
- 我們班可以怎麼做會讓你覺得待在班上更開心呢？
- 在學校你最喜歡做的事情是什麼？
- 在學校一整天要怎麼過對你才可說是完美的一天呢？
- 你喜歡讀些什麼？
- 用什麼話來描述你最貼切？
- 告訴我你的專長，你對哪一個領域的知識有特別的了解（如滑板運動、空手道、育嬰、蒐集小昆蟲、與人結識、畫畫）？
- 有沒有其他一些你希望我知道的事？

如果有一個或一個以上的學生不會寫字，老師、家長或輔助人員可以請這些學生以圖片或其他視覺圖像回答問題。學生可以用畫圖、剪貼、貼照片、錄製錄音帶或錄影帶的方式，來回答問卷上的問題。

製作學生個人作品集 218

老師可能會希望幫助一些有特殊需求與特殊能力的學生，透過製作作品集的方式來讓大家認識他們。作品集裡可以蒐集學生的一些資料，包括照片、美術作品、作文或作業的代表作品、學生最喜歡的事物清單，甚或是錄影帶或錄音帶等。製作作品集對自閉症的學生是一種很好的方式，不過全班一起製作也會有很多樂趣。有一所學校，全部的學生都有自己的一本作品集，他們用來跟同學和學校的教職員分享他們自己，還透過這些作品促進對彼此的了解，並且讓老師知道他們在學校以外的生活。

對那些不會說話或沒有一套有效溝通系統的學生來說，作品集特別有幫助。我曾經跟一個學生J.D.一起蒐集了他的一本作品集，讓他在從國中升上高中的轉銜時期使用。J.D.不會說話，第一次跟他見面的人常常都很難跟他建立關係，當J.D.的國中老師第一次陪他到他的新學校來時，J.D.的同儕就開始問他們有關他的一些問題：他聽得懂他們在說什麼嗎？他有沒有什麼嗜好？他的手臂為什麼那樣動來動去？後來老師們決定要想一個辦法讓J.D.為他自己說話，而不用他們一直替他發言或當他的傳聲筒。為了讓這個過程能夠順利地進行，老師跟J.D.一起製作了一本作品集，讓J.D.在遇到新認識的人時，能用這本作品集來介紹他自己，還有用這本作品集來跟他已經認識的人互動。J.D.的作品集裡所蒐集的東西包括：

- 照片四頁。（J.D.跟他家人和朋友的合照、J.D.在社區公園玩足球的照片、J.D.跟同學一起做生物實驗的照片、到俄亥俄州的搖滾音樂博物館的旅遊照片）
- 一份簡短的「履歷表」，扼要列出一些他在中學上過的課程。
- 他最喜歡的一些電影與音樂作品。
- J.D.在一場研討會上拿到的「認識自閉症」小冊子。
- 一張J.D.最喜歡的橄欖球隊——綠灣包裝人隊（Green Bay Packers）的光面照片。

雖然J.D.花了幾個星期的時間，才開始用作品集跟同學展開對話，但他很快就能夠很自在地走向同學，跟同學分享他的作品集。每一個看到J.D.作品集的人，都因此有了跟他互動的媒介，也因此更了解J.D.的生活，有兩個同學甚至也做了他們自己的作品集來跟J.D.分享。

每一位J.D.的新老師也因而有機會在開始到J.D.的班級上課前，

先看一看J.D.的作品集，這樣有助老師認識J.D.，並且對J.D.的需求與長處有一些了解。其中甚至還有一位老師在看完J.D.的作品集之後，把J.D.最喜歡的電影之一放進英文課的課堂上；另一位老師則是幫助J.D.創作一些水彩風景畫，讓他的作品集越來越豐富。

作品集可以是書面的形式，也可以是聲音或影像的形式；可以正式，也可以非正式；可以只有幾頁，也可以有很多頁；可以只收錄現在的訊息和手工藝術作品，也可以累積保存學生一生的記錄。我認識一位學生，他把他正式的作品集放在家裡，然後隨身攜帶著四頁的濃縮版；還有一個患有亞斯勃格症的年輕女孩，很有創意地用攝影的方式拍下她姊姊朗讀她的作品和所做的訪談。

蒐集資訊 219

老師可以透過很多不同的方法來了解自閉症。在過去的二十年中，有好幾本自閉症患者的自傳出版印行（請參看自傳的部分）；毫無疑問地，這些書可以說是取得有關自閉症訊息的最好來源。另外，市面上也有好幾本關於融合教育的書，能夠在老師為全班學生準備課程時，提供老師一些指引與幫助（請參看本章最後面所列的參考資料）。

另外，老師也可以從家長團體（parent groups）、地方性或全國性的研討會，尋求支持與取得相關資訊，而其他有成功教導過融合班級中各種不同需求與能力的學生的老師，也可以提供很好的支持與資訊。如果學生以前也是在普通班級上課，那去跟以前負責協助學生學習的老師談談，可能會有幫助。而教導特定科目或領域的老師，去跟其他教導這名學生同一科目或領域的老師談談，也會有幫助。比如說，教自然科學的老師若跟學生以前的自然科老師談談，或許會覺得有很大的幫助；同樣地，學生的語言治療師也可能會想跟以前的治療師談談，以獲得一些資訊。

觀察學生在現在所在的班級情境中的表現，也可能會有幫助。如果老師知道某一個學生下一學期將會在他（她）的班上，老師應該要花點時間先去觀察那名學生。觀察的時候，要特別留意學生成功的地方：哪些事情學生可以做得很好？學生的強項是什麼？哪些現在已經在執行的事情，對學生成功的學習經驗有幫助？觀察的老師也可以把一些問題記錄下來，之後再透過簡單的會議或電子郵件，詢問現任的老師。

訂定行動計畫策略

訂定行動計畫（Making Action Plans, MAPS）是由 Marsha Forest、Jack Pearpoint、Judith Snow 與 Evelyn Lusthaus，還有加拿大的統合教育中心的職員所共同研發的策略。訂定行動計畫時的重點是：孩子和家長要的是什麼？MAPS 對那些新加入融合班級的學生特別有幫助（Pearpoint, Forest, & O'Brien, 1996），有很多理由支持這個說法，包括 MAPS 確實能幫助教育訓練團隊設計有效的個別化教育計畫（IEPs）。

MAPS 的計畫過程是一整個團隊一起進行的，而團隊的成員是學生生活中的重要關係人：

> 學生本人、學生家人與老師，還有其他在學生生活中扮演著重要角色的人，大家聚在一起共同討論學生與家人的希望與目標，然後大家一起腦力激盪，想辦法把這些目標和夢想實現。在團隊合作的過程中，大家一起設計出一個可以在普通班級情境中執行的行動計畫。（Pearpoint, Forest, & O'Brien, 1996, p. 68）

MAPS 跟其他的一些評量工具或規劃工具不同，因為訂定行動計畫時的重點是放在學生的優勢、潛能和獨特的學習需求，而不是把焦點集中在學生的弱點，或學生「不會做」的事情。MAPS 是建立在下面的一些基本信念之上：

- 所有的學生都屬於普通班級的學生——沒有如果、而且或但是。 220
- 普通班級的老師有能力教導所有的學生。
- 當學生有需要的時候，要提供必要的協助。
- 有品質的教育是一項權利而不是特權。
- 每一位學生都一定要學有所成、要具讀寫能力，最後並能畢業。
- 無法用一般方式學習的學生，要提供他們其他有創造性的替代方案。（Pearpoint, Forest, & O'Brien, 1996）

訂定行動計畫的時候，要把學生生活中的重要關係人聚集在一起，讓大家一起想辦法幫助學生融入學校與社區生活。參與訂定計畫的人員包括學生本人、學生家長、學生的其他家庭成員（如奶奶、姊姊）、級任老師（包括普通教育和特殊教育的老師）、相關行政人員、其他學校裡的專業人員（如社工員）、學生最喜歡的教練，甚或是操場上的助理人員。另外也可以邀請學生的同儕來參加會議，學生的同儕在會議中也扮演著很重要的角色。

在進行MAPS的會議時，還需要兩個協助會議順利進行的主持人來引導整個團隊討論問題，並且確保團隊中的每一個人都感覺自在而有參與感。這兩個人中的其中一人負責促使會議過程進行順利，在會議一開始時，要先跟與會者解釋合作式的規劃過程，並在過程中提出問題；另一人則負責做會議記錄，用彩色麥克筆把開會的過程記錄在會議記錄上。

熱絡溫馨的氣氛也是MAPS的一部分。MAPS會議應該要在一個舒適的空間進行，氣氛應該像是非正式的私人會議。要營造出這樣的氣氛，主持會議的人應該要在牆壁上張貼一些鼓舞人心的海報，在空間中放置幾張沙袋椅給參與的小朋友坐，貼幾張參與者最喜歡的照片，或請團隊成員帶一些小點心來跟大家分享。

會議一開始，主持人先請學生的家人回答「學生有哪些重要的成長史與事蹟？」接下來，要把每一個與會者的焦點都放在其餘的五個問題，並且引導大家一起動腦筋規劃出 MAPS。其餘的五個問題包括：

- 你希望________能做什麼？會議的主持人要鼓勵大家擴大思考的範圍，可以提醒大家這是跟大家分享他們對________的希望的機會，不要考慮金錢或時間的限制。與會者則要真誠地跟大家分享他們心中對學生的希望，而不是只想他們覺得可行或合理的目標。
- 你最擔心________什麼事情？這可能是一個很難開口問的問題，同時也是很難回答的問題。但這個問題主要是把一些可以避免掉的情形整理出來。
- ________是什麼樣的人？或是，用什麼話來形容________最貼切？
- ________具有什麼樣的稟賦、強項和特殊才能？這個問題通常是會議進行過程中，最愉快也最容易的部分。有些團隊成員發覺他們在會議記錄上，看到大家所列的長長的優勢、稟賦與特殊才能之後，對學生有了不同的看法。
- ________有什麼事做得很好？他（她）有什麼需求？後面的這個問題是讓團隊思考學生所面臨的困難，另外也要思考學生現在所接受的各種不同形式的支持是否適當，或學生是否需要不同形式的支持。學生的需求可以非常廣泛，從缺乏具體的資源，像是錢或新的
221 輔助與替代性溝通輔具（AAC），到抽象的感覺與希望，如友誼或快樂等。

為了讓會議符合MAPS的品質，團隊一定要再訂出下一次開會的時間，並且會議最後一定要擬出具體的行動計畫，參與者應該要在會議中決定一些立即可以執行的任務。例如，家長可能需要跟戲劇課的

老師聯絡，討論讓學生加入學校戲劇表演的事宜；學校的校長可能需要研究學生的課程時刻表，確定學生可以跟一些朋友一起上課；而普通教師回到班級後，可能需要把學生的座位換到教室的前面；學生的朋友則可以與學生約好，一起去買唱饒舌歌的歌星海報貼在學生的置物櫃上。

在問題都討論完畢之後，MAPS 會議的主持人也可以請參與者想一想其他評量對學生的描述方式。例如，當我在主持一個年輕女孩Crystal的MAPS會議時，團隊的成員用了一些詞來形容她，像是「好的傾聽者」、「很真心的朋友」、「臉上總是掛著笑容」、「喜歡上美術課」、「海灘男孩的瘋狂歌迷」、「會自己轉動輪椅」、「大姊姊」、「有一頭漂亮的頭髮」、「舞者」、「穿著時髦」等。然後，我們整個團隊再一起腦力激盪，想一想在她的記錄上，曾用來形容她的標籤，包括下面的一些描述：「心智障礙」、「肢體殘障」、「遲緩」、「善操制人」、「自閉」，還有「具攻擊性」等。接著，我們把這兩組形容詞拿來做比較，兩組敘述可以分開討論，但是會議的主持人應該要把這兩組形容詞鮮明的差異指出來，好讓大家看見，學生的名聲和特殊教育學上的一些論述，常常都掩蓋了學生的長處與獨特性。圖 11-1 是當時為 Crystal 訂定的 MAPS。

研擬可能最糟的情況

雖然使用MAPS的程序來建構學生最好的情況，可以促進最好的情況實現，不過，研擬可能最糟的情況也會有幫助。想一想圖 11-2，這是由一組負責協助二年級學生 Meleah 的教育團隊所建構的情境。

Meleah可能最糟的情況一被建構出來，團隊就使用這些資訊來蒐集Meleah喜歡或不喜歡的事情，藉以討論怎麼樣能避免這類糟糕的情形發生。檢視 Meleah 的恐懼與困難也對教育團隊為 Meleah 擬定計畫有幫助，說得更明確點，就是有助團隊為Meleah規劃所需的支持和設計教學策略與個別化的教學。從這樣獨特而有益的觀點來看Meleah的你希望 Crystal 能做些什麼？
- 到南帕德里（South Padre）島旅遊
- 中樂透，讓她能得到她所需要的錢
- 談戀愛
- 開車
- 上廚師學校
- 可以跟人交談

你最擔心 Crystal 什麼事情？
- 她永遠都不會有男朋友
- 她無法在她自己的房子裡生活
- 她無法讀到高中畢業

Crystal 是……
（哪些話來形容 Crystal 最貼切？）
- 活潑愉快的
- 大姊姊
- 女兒
- 愛好動物的人
- 活躍的
- 夜行的貓頭鷹
- 戀家的
- 風趣
- 害羞

Crystal 有哪些稟賦？
- 體貼
- 好的傾聽者
- 燦爛的笑容
- 敏感細膩
- 優雅
- 積極迅速的行動者

Crystal 有哪些需求？
- 每天都有一段安靜的時間
- 柔軟的衣服
- 隨時可以拿到她蒐集的棒球卡
- 朋友
- 有時間讀她最喜歡的書

行動計畫：Crystal 理想的一天是怎麼樣的呢？
- 上學前看幾分鐘"CNN"。
- 跟一個朋友一起走路到學校，並且在上課前到餐廳坐一坐。
- 跟同儕一起在普通班級上課。
- 上兩堂美術課，其中一堂是雕塑課（她的朋友 Robby 跟她一起上課）。
- 跟一群朋友一起吃午餐，一星期至少吃一次漢堡。
- 用完餐後到走回教室準備上課前，跟這群一起用餐的朋友一起散步十分鐘。
- 下午上體育課，最好是上她最喜歡的體育老師 Dyson 的課，並在課堂中幫忙老師管理體育用品。
- 下午找一段時間去看她的朋友 Robby。
- 下午有一段時間在圖書館裡安靜的閱讀雜誌。
- 下午吃點什錦果乾當點心。
- 放學後留在學校參加追蹤練習。

圖 11-1　教學訓練團隊可以用來幫助 Crystal 實現個人的夢想與目標的 MAPS 表

教育，會激發出老師們的創意。會議中，成員們先仔細地研究Meleah可能最糟的情況，一開始成員們覺得其中的一些情況是很難避免的，Meleah的老師說：「消防演習是學校教育的一部分！Meleah每一年都會經歷消防演習直到她畢業，這件事我們怎麼也無法改變。」但對話再進行幾分鐘之後，老師們決定或許可以教導Meleah在遇到消防演習時的一些應對的策略。最後，老師們教Meleah用雙手摀住耳朵，並且重複著對自己說：「快要結束了！快要結束了！」雖然這個方法並沒有完全消除Meleah在消防演習時所感受到的痛苦與焦慮，但似乎真的給了 Meleah 一股力量，讓她覺得可以掌控，後來 Meleah 遇到消防演習時，就不再尖叫了。除此之外，老師們繼續列了一些情況，並針對每一個情況想出了下面這些解決的方法：

- 當 Charles 生病請假時，雖然 Meleah 或許還是會一直覺得有點難過，但是她的老師相信如果Meleah在班上有多一點的朋友，她就不會那麼難過了，於是老師們決定更加努力促進Meleah與同儕的社交關係。美術老師決定更常採用分組合作的編組方式上課，音樂老師則想到或許可以幫Meleah換位子，好讓她的座位更靠近一個她好像正在建立友誼關係的女生 Jackie。 222
- 老師們也同意當 Hicks 老師不在時，Meleah 都會有一點不安，但是 223

Meleah 可能最糟的情況
學校舉行消防演習。 Charles（她最好的朋友）請假。 Hicks 老師（她的老師）請假。 代課老師忘了把「我們的一天」作息時間表放在黑板上。 她忘了帶她最喜歡的手帕到學校。 因為集會而取消原本的音樂課。

圖 11-2　自閉症學生 Meleah「可能最糟的情況」的範例，老師可以用裡頭提供的資訊來為學生規劃課程與提供支持

她們覺得只要鼓勵 Meleah 在 Hicks 老師不在時，去尋求同學或教師助理的協助，應該可以把 Meleah 的不安減到最少。

- 老師們知道如果沒有讀日曆的活動，Meleah 會覺得很難受，因為這種情形過去在 Hicks 老師請假、代課老師跳過這項例行活動時，已經發生過。老師們覺得讀日曆活動對全部學生都是一個很重要的組織工具，也都同意他們應該要設計一個方式，不管 Hicks 老師在不在，班上都能在每天早上進行讀日曆活動。在跟班上的學生談過之後，老師們決定讓學生負責這項工作。學生們輪流做一些工作：每天早上由一位學生公布並張貼今天的日期，另一位學生宣布月相，然後再由另一位學生分享一件「歷史上的今天」的有趣史實。如果其中有一位輪到執行任務的學生缺席，則班上任何一位其他學生都可以代替這位缺席的學生，執行他（她）的工作。老師們覺得這項改變不僅對 Meleah 有幫助，還覺得把責任移交給學生，讓這項工作對全班學生都變得更具真實性，也更有意義。
- 很多自閉症的學生（跟很多沒有自閉症的學生）都有一些帶在身邊會覺得安心的東西。我認識的學生中，就有人隨身帶著玩具、最喜歡的書、幸運繩和瓶蓋等，Meleah 則是把她最喜歡的手帕放在她的口袋每天帶著。雖然她並不常把手帕從口袋裡拿出來，但她需要知道手帕就在口袋裡。有一次，Meleah 把她的手帕留在公車上忘了帶下來，結果一整天都很難過而沒有辦法專心寫作業，還問了好幾次她可不可以回家找手帕。為了避免這種情況再次發生，老師們決定請 Meleah 放一條手帕在學校，於是 Meleah 在學校有了兩條新手帕。Meleah 的媽媽受到老師們的影響，為 Meleah 班上二十個同學的座位，全都設計了手帕式座墊。

Meleah 的校長在得知 Meleah、Meleah 的家人及老師的努力之後，表示願意研究單子上所列的有關時間安排的問題。校長允諾盡可能地避免在晨間召開集會，雖然她無法一整個學年都不召開晨間集會，但是 Meleah 在一年中只需要因為集會而錯過一堂音樂課。

倒行規劃

224

當班上有需要非常獨特的支持的學生時，倒行規劃會是最有用的方法。倒行規劃意味著先看對學生「有效的辦法」，然後從那個點出發來做規劃，而不是先看典型的一天上學日應該是怎麼樣，然後再想「如何讓學生配合學校既定的作息或課程表？」倒行規劃是由一位或多位老師先思考學生的長處、偏好與能力，然後再想出方法，用學生的這些特點來讓學生融入。老師在使用倒行規劃的策略時要先問自己：

- 學生在什麼背景、學校情境或環境之下有成功的經驗？
- 學生什麼時候表現良好？
- 學生有什麼機會展現他（她）對適合他（她）年齡的課程教材的認識與了解？
- 學生什麼時候成功地跟同儕以自然而有意義的方式互動？

下面是倒行規劃的一個例子。

Andee：一個小學生的例子

我第一次使用倒行規劃是在遇到 Andee 的時候。當時他是一年級的學生，在那之前，Andee 從來沒有在普通班級上課過。要適應新學校對 Andee 來說好像很困難，他似乎覺得坐在座位上不太舒服，這樣一整天下來，Andee 需要大量的活動。有好幾次，Andee 打開門跑出教室，然後跑到操場上去，坐在他最喜歡的鞦韆上來來回回地搖盪。雖然我們試著慢慢帶他認識班上的其他學生，和同學上課用的有趣教材，還有班上在進行的刺激好玩的遊戲和活動，但是他還是無法好好地待在他的座位上，甚至是在教室裡超過八到九分鐘。面對這種情形，我們沒有強迫 Andee 坐在座位上，跟其他學生一樣操作教具教材；而是選擇坐下來，好好地研究 Andee 一天的作息表，思考如何重新規劃他一天的作息，讓他比較有安全感，並且能幫助他學習。在規劃 Andee 的作息安排時，我們不是依據一年級學生該有的作息，而是考量 Andee 的長處與喜好，我們知道他需要活動，所以每到星期一上體育課的時候，他都很開心；我們還知道他喜歡音樂課還有音樂老師，而且音樂老師有成功教導他的經驗。另外，Andee 很明顯地需要有機會到操場上活動，盪鞦韆好像會讓他比較舒服，或是讓他有「解脫」與「放鬆」的感覺。

在清楚地知道這些資訊之後，我們開始著手為 Andee 做規劃。我們先與體育老師商量，體育老師同意 Andee 可以三堂一年級的體育課都上。然後找了音樂老師，音樂老師也同意 Andee 可以去上所有一年級的音樂課。雖然為了上這些額外的課程，Andee 必須錯過一些一年級的學習內容，但是負責 Andee 的教學團隊同意接受這樣的調整與安排，因為 Andee 還是跟同儕融合在一起，還是有接受到適合一年級學生的課程，並且有更多的機會練習音樂教育所需的技能。我們也同意
225 應該要稍微延長 Andee 的下課時間，這樣他就可以跟幾個朋友早一點吃完午餐，然後在午間休息時間去加入幼稚園的一些課程，他們到幼稚園充當「遊戲股長」，教小弟弟小妹妹玩一些新的遊戲，還有協助他們跟彼此玩一些合作遊戲。

雖然我們的目標是要漸漸增加 Andee 上傳統一年級課程的時間，但是我們知道這需要時間，並且我們現在的目標是找出 Andee 最成功的作息安排。Andee 在體育課活動的時間增多了，還額外上了一些音樂課，這讓 Andee 在上學期間有了一些固定的成功經驗。我們團隊一致決定在這一學年當中，我們會努力增加 Andee 在他一年級班上的上課時間，不過在調整的時候要很小心，盡量不要讓 Andee 覺得很艱難，並能在新學校裡常有笑容。結果不到第二個學期，Andee 已經不再需要額外的體育課和音樂課了；不過，一些對他而言比較不熟悉和比較困難的活動，要讓他在一開始的時候感覺舒服和有成功經驗，這

樣他才會有信心參加。

■ Preshanth：一個高中生的例子

Preshanth 剛升上高中一年級，是一個很聰明、好奇心很強的學生，他很喜歡學習，但很難坐在座位上完成指定作業，也很難安靜的自習，偏偏中學的課程大部分都是這樣的學習方式。他的口語能力不是很好，不過他會用他的溝通板跟別人互動。他一次大約可以坐在座位上十分鐘，需要投入很多時間才能跟上課程。他會回應尊重他的老師，在讀中學的時候，他在相信他很聰明的那位老師的課堂上，表現得最好。另外，Preshanth 還喜歡游泳，他在水中覺得很舒服，不需要協助就能游得很好。

為 Preshanth 設計的倒行規劃就利用了他游泳的專長。Preshanth 的教育團隊為 Preshanth 安排了一天游兩次泳的機會，剛好學校裡有游泳池，所以這項調整很容易就可以做得到。不過，游泳池常常都有學生在上體育課，所以要讓 Preshanth 一天能游兩次泳，就要先取得體育老師的同意，並且要想辦法安排 Preshanth 能加入這些課程。體育老師同意留一個空間給 Preshanth 自己游泳，並且盡可能地讓 Preshanth 加入課堂上的游泳練習與活動。

接下來，Preshanth 的教育團隊檢視了 Preshanth 動態學習的需求，並且把目標鎖定在一些他可以成功參與並且適合動態學習的課程。我們給他一些可行的課程讓他選擇，他選了生物課、家庭與消費者教育，還有英文課（英文老師常常請學生表演故事和戲劇）。這些課程的老師都同意讓 Preshanth 在上課的時候站起來，或在教室後面走動，他們還在課堂上派遣差事給 Preshanth 做，讓 Preshanth 每天都能以有建設性和有目的性的理由，離開教室休息一下。例如，有一次生物老師請 Preshanth 和他的一位朋友，到教室外面取一些土壤作為上課展示的樣本；還有另一堂課，他請 Preshanth 和班上的另一位同學到辦公室打電話給當地的一家魚卵孵化場問一個問題。

Preshanth的英文老師常會給學生一段長時間，讓學生靜默地閱讀
226 和寫作。雖然我們真的已經做了很多不同的調整，想讓Preshanth可以在他的座位上跟大家一起讀寫，但他還是很難參與這項活動超過十五分鐘。於是老師採用倒行規劃的策略，開始思考Preshanth的長處與能力，考量什麼是Preshanth會做的，而不再著眼在他不會做的事情上，後來決定給Preshanth一個機會，讓Preshanth在班上進行閱讀與寫作的活動時，可以隨時使用教室裡的電腦。老師發現了一些訓練讀寫能力的電腦軟體，可以讓Preshanth在這段時間操作，甚至最後還讓班上的一些其他學生，也在這段獨立的閱讀與寫作時間，操作訓練讀寫能力的電腦軟體。

預覽校園

很多自閉症的學生如果在第一天上學前先去參訪、體驗和認識學校，將會對他們很有幫助，對轉學生或初次轉入某一特定班級的學生來說，這是個很有效的策略。學生可以透過很多不同的方式預覽學校，有一些學生可能可以透過觀看學校的錄影介紹來認識校園與教室，再加上跟他們的新老師做一個簡短的初步認識（比如「您好，我是 Thiel 老師，我是您下個學期五年級的老師，我們的教室陽光很充足，不過在春天的下午有一點熱。我們班上每天都以說笑話開始一天的活動喔」）；有一些學生則喜歡自己親自遊覽校園，並且在學校正式開始上課前，先和老師面對面接觸；另外還有一些學生可能想聽聽兄弟姊妹、家長或朋友跟他們說關於學校的事。下面是其他一些可以讓學生預覽校園的方法：

- 寄學校的簡介給他們。
- 從就讀一年前即開始寄送學校的簡訊給他們。
- 讓他們看學校的網站（如果有的話）。
- 讓他們想一些關於學校和／或新班級的問題，並且請老師以書面或

錄音的方式回答這些問題。

- 在開學前舉辦一場隨性的晚餐聚會。

有一些學生光是透過看錄影帶或簡介來認識新學校是不夠的。我們以前有一位學生在新生報到前的暑假期間，每個星期都到學校參訪一次，每一次都跟一個不同的教職員接觸，並看一間不同的教室，到9月開學之前，他已經能夠很輕鬆地接受這項新的轉變了。

支持全班教學與學習的策略

很多對自閉症學生有效的策略，也都對融合班級裡的每一位學生有幫助。接下來的這個部分，我們將特別提出老師在做課程規劃與教學安排時，可以用來幫助自閉症學生還有他們同儕的幾個策略。

安排固定作息與運用功課表 227

之前我們舉過Meleah的例子中，很多學生都從後來輪流執行公布功課表、畫圖填日曆，或規劃每天的課程活動中，受益良多。我們以前有一位自閉症學生曾跟我們解釋說：「對我來說，學校裡有很多刺激，很吵、很混亂。所以我需要適應新環境，還需要一份作息時間表。」老師應該要常常跟自閉症的學生說明課堂時間會如何運用，也要試著在班上的作息時間有所異動，或由代課老師上課時，盡可能地預先告知他們。

事實上，對班上的課程進度有多一點的了解對班上的所有學生都會有幫助。不管是哪一天或哪一週，如果學生都知道接下來的課程要上什麼內容、舉行什麼活動，就能幫助他們做更好的規劃和更妥善地管理時間。每一個班級的老師都可以把每天跟學生檢討當天的作息時間表，變成日常固定作息的一部分，即使每天只花幾秒鐘檢視，也會對一些學生的學習狀況產生影響。中學部的老師可以在黑板上留一處

「今日的功課表」，給全班的學生參考，有一些學生甚至可能想要在自己的筆記本上，抄寫一份上課流程表或功課表，這樣就可以一整天或是在上課中回頭看一下，提醒自己今天的活動；或者，老師也可以在一天或一週的開始，影印功課表給學生。

Martha Kaufeldt（1999）把她每天的功課表寫在一張圖表上，並且放在一個架子上，每天翻一頁，舊的進度表還是保留著，這樣可以讓請假的學生清楚知道自己需要補哪些內容。Kaufeldt 指出，這個系統也可以作為老師的規劃工具，不管什麼時候，老師都可以看到某一個活動已經進行了多少時間，以及某個課題或單元是什麼時候開始或結束的。

有時候老師會很驚訝的發現，居然有這麼多學生想要知道「接下來要做什麼」。我們現在是大專院校的教授，常常注意到大專生細心地把教學大綱標記出來，並且每上完一個主題之後就畫掉一個；有時候也會有學生在上課前來找我們，問我們說：「您可以告訴我今天課堂上要做些什麼嗎？」另外，至少有三個學生在不同的學期，要求我們在上課前把每天的課程表張貼出來。雖然有一些學生可能想清楚地知道某一特定時間要進行什麼活動，或有什麼轉變，但是有一些學生可能只是想要老師提供像圖 11-3 那樣很簡單的事件描述而已。

老師應該盡可能地讓學生負責設計課程表，或讓學生跟全班同學宣布，因為可以藉著這個機會，教導全班使用一般常用的各種規劃工具。比如可以透過給學生每一小時的資訊和／或圖片／文字，讓學生按照時間先後的順序做規劃。當學生對這項課程表的活動更積極投入時，課程表本身就變成訓練學生讀寫能力的工具了。學生可以一邊學習如何規劃時間和按照課程表上課，一邊增強他們的閱讀、寫作、口語和傾聽的技能。老師甚至可以請一位學生在每上完一個課程的時候，就上台把那一項畫掉。

228

______課的上課流程

1. 收作業
2. 練習寫習作
3. 全班一起討論有關 Napoleon 的事蹟
4. 分組合作報告

圖 11-3 上課流程表的範例

低年級的學生可能會比較喜歡用母子黏（Velcro）在他們的桌上貼一張功課表。學生或是老師可以在一小張正方形的紙上畫圖和寫語詞（如午餐、數學課、課間休息），來代表功課表上的每一個作息安排。然後在每一張小方塊的背後黏上一小塊的母子黏，當事情做完的時候，學生就可以把那張方塊撕下來移走。老師也可以在教室前面張貼這種形式的功課表，然後可以讓自閉症的學生或班上的任何其他學生，負責按照上課的進度調整表上的方塊。

幫助學生適應轉變

自閉症的學生遇到事情有所轉變時，都會很難適應。有一些學生是從一個環境轉變到另一個環境時會覺得不舒服；有一些則是從一個活動轉換到另一個活動的過程中會發生問題。有一些自閉症的患者說，轉變對他們來說是非常困難的一件事，因為轉變會帶給他們壓力和讓他們茫然不知所措。老師在轉換情境或活動時，若採取下面的一些做法，可以把學生可能會感受到的不舒服降到最低程度。

- 在任何轉變發生之前提醒全班學生，先是轉變前的五分鐘，再慢慢減少到轉變前的一分鐘。
- 在轉變的時候提供自閉症學生或全班學生一項活動，例如讓學生在家庭作業的筆記本上寫字，或讓低年級的小朋友唱一首有關打掃的歌謠。

- 用計時器讓學生知道到下一個活動之前還有多少時間。
- 請同儕在轉變的時候幫助自閉症的學生。教國小的老師可以請全班學生在轉換教室時都跟同伴一起走；國中或高中的老師則可以讓自閉症的學生選一個同學跟他（她）一起走。
- 設計一些固定的轉變（比如每次上英文課都以讀一首詩開始，在每天放學前都讓學生寫日誌）。
- 給學生一個幫助他度過轉變時期的輔助物。有些學生需要拿玩具、物品、圖畫或其他的輔助物，來幫助他們從一個地方移到另一個地方。我們就認識一個學生帶著幸運符從一間教室到另一間教室，他進到教室時會把幸運符放在門口，等到要換到另一間教室時，再把幸運符拿起來帶走。有一些學生需要一件特定的物品，來幫助他們在下一個環境或活動中保持專注，例如，學生可能每次到操場上都需要帶著一顆網球。

使用一些簡單的策略，就可以把學生一整天在轉變期間會遇到的困難（challenges during transitions）降到最低，不管是有特定障礙或是
229 沒有特定障礙的學生，幫助他們了解活動或環境的轉變會讓他們比較放鬆和安心。除此之外，在活動轉換前先提示學生，也有助於教室的管理，當學生知道他們就快要離開或轉換教室時，他們會比較有時間把他們的座位清理乾淨、整理他們的東西，還有準備結束他們手上的工作。

幫助學生提升他們組織的能力

雖然有些自閉症學生的組織能力很強，但有一些卻需要協助，才能找到東西和保持置物櫃和座位的物品擺放整齊，還有在放學的時候，需要別人的提醒才會記得把他們的作業帶回家。有一位診斷患有自閉症的女士Wendy Lawson，對她求學經歷的記憶是一團混亂的資料和課表，還有總是搞不清楚狀況：

> 讀中學的時候，我遇到了很多問題……我會把班上的課程表和上課的教室搞混，常常都沒有預先準備課程，家庭作業不是經常忘了帶，就是做得很糟糕。學校真是個很難理解的地方，我真的很怕去上學。（1998, p. 55）

對那些組織能力較弱而需要他人協助的學生，應該要用最簡單、最自然的方式來幫助他。比如老師可以在學生的置物櫃裡面，貼一小張「應攜帶回家的物品」的單子，或是建議學生在每一間教室都放一支鉛筆，而不要一整天帶著一支筆到各個不同的教室。老師還可以：

- 每星期要求全班學生做五分鐘的打掃和整理工作。
- 讓學生把回家作業抄寫下來、整理書包、把東西放好和打掃座位四周。在這段期間可以教學生一些技能（如設計待完成事項的單子、設定工作的先後順序），這個策略對任何年齡的學生都有幫助。
- 使用美國國稅局的組織方法（Goodman, 1995）。稅單信封的黏合處，都有一些文字來提示納稅人要檢查所填寫的資料，並且提醒他們要複查表上的一些特定欄位（例如，你有簽名嗎？你是否有附上一份州政府與中央政府的稅單影本？）。老師也可以在班級作業「欄位」的附近，寫上像這種形式的檢查項目（例如，你有沒有在你的報告上寫上姓名？你有沒有檢查你的作業？），或者是貼在門上，讓全部的學生看（如你有沒有帶鉛筆？筆記本？家庭作業？）。

若您班上的自閉症學生很需要秩序，並且能夠自己整理東西和保持座位整齊，那就可以請他（她）幫忙其他同學，甚至可以請他帶領班上同學做這些組織整理的工作。例如，可以讓學生跟全班同學分享他（她）管理書面作業的竅門。

讓學生選擇

老師應該要讓每一位學生在學校的每一天都有選擇的機會，讓他
們選擇他們作業與活動的形式，還有時間的安排。幾乎一整天的每一
230 個時段，都可以讓學生做選擇，比如可以選擇做哪一種評量、在合作
小組裡扮演哪一種角色、閱讀哪一本書或是解決哪一道問題，還有接
受什麼樣的個別化協助與支持。讓學生做選擇不僅可以讓他們對自己
的生活有掌控的感覺，同時也給了他們機會認識自己做事的風格。其
實學生經常是最清楚他們自己在一天當中，什麼時候最富創造力、最
有效率和精力最充沛，也最清楚他們自己需要什麼樣的教材和支持，
還有用什麼樣的方法最能讓他們把所學的展現出來。

此外，任何一項活動也幾乎都可以讓學生做選擇。有一位老師讓他的學生選擇每天離開教室時，以握手或擊掌的方式跟同學道再見。另一位老師提供她二年級班上的學生在練習拼字時七種不同的方式，包括用刮鬍膏寫、在同學的背上用手指寫，或用橡皮圖章「寫」等方式。還有一位高中生物老師讓學生選擇他們要做的一些實驗。表 11-1 列舉了一些老師可以提供給學生做選擇的方法。

提供「留在原位」的支持

自閉症的學生常常很難長時間的一直待在座位上，或是留在教室裡。雖然讓學生可以經常移動是解決這項需求的一個方式，但是有一些學生只要讓他們在課堂上操弄某一件物品，或是撫摸他們最喜歡的質地的東西，他們也可以感受到一樣的安慰。

有一個國小的班級，學生不管在什麼時候，都可以去一個「留在
原位」的資源箱裡拿東西，箱子裡有 Koosh 球、小型塑膠玩具和填充
玩具、吸管、出氣球和積木，還有其他類似的東西，當學生需要這些
東西的時候可以跟老師借，等他們使用完畢再歸還，這些借與還的動
231 作完全沒有打擾到老師或是造成班上的混亂，老師們甚至發現，允許

表 11-1 可以提供給任何學生選擇的方法

自己獨立完成作業或是跟一位同學一起做。
靜默的閱讀、聆聽課文朗讀帶或看電腦上的電子書。
自由選擇要坐在教室裡的哪一個位子。
用鉛筆、原子筆或麥克筆。
去圖書館做研究或是留在教室裡寫作業。
用電腦打字、寫在筆記本上或是用打字機。
用計算機計算、用手指數、操作教具或是在你的腦中解題。
自由選擇研究報告的題目。
知道答案的，請舉手、舉起大拇指或坐到桌子上。
開始寫你的家庭作業或是自己找一個教學軟體玩。
作業紙上的十道題目中，請選擇五道題目作答。
用「一般的」方式將我講課的內容做重點筆記，或是以畫圖的方式把我所講的觀念記錄下來。
站著或坐在椅子上。
選擇兩種這個單元的評量方式。
選擇布告欄上你最喜歡的作品。
由我來檢查你的報告，或是請一位同學幫你檢查。
把問題寫下來或是記住問題。

學生使用這個箱子會讓他們了解自己的學習需求，幫助他們上課專心，而且能夠持續「執行他們的任務」。

有一個老師說，有了這個簡單的支持方法，會對學生在課堂上的表現和參與活動的情形產生影響：

> Sam 在學期初的時候，沒有辦法整個晨會都好好地待在座位上，他的媽媽建議我們讓 Sam 手上拿點東西，後來她拿了一顆 Koosh 球來，自從 Sam 有了這顆 Koosh 球之後，他就能夠好好地坐著參加晨會了。之後我們就開始使用那個箱子，因為另外還有一些學生說，他們也想試試手上拿著某樣東西。（Kasa-Hendrickson, 2002, p. 134）

允許學生亂寫或畫圖是另一個讓學生「留在原位」很有效的方法。有很多有特定需求與沒有特定需求的學生，當老師允許他們在便條紙上亂寫、在文件夾裡畫圖或在筆記本上速描時，好像比較能夠專心上課或參與活動。我們的一個實習老師說，她在一所高中的美國歷史課堂上，有一個沒有特定障礙的學生常常在上課的時候，在一本著色簿上著色，雖然這個實習老師一開始對這個學生的行為抱持懷疑的態度，但是到了學期末的時候，她已經確信當這個學生在著色簿上畫畫時，不但可以比較長時間地坐著聽課，而且當他用蠟筆畫畫時，上課聽講會更專心並且學得更好。後來這位老師尊重這個學生的學習需求，買了一本跟下一個單元主題有關的著色本——「美國南北戰爭的女英雄」送給這個學生，讓學生當作上課資源使用。

幫助自閉症學生的個別化策略

雖然這個章節所提供的很多策略都適用於全部的學生，但是有一些策略可能只有自閉症或其他相似病症的學生需要。至於學生到底需不需要這些策略，一般最好的做法是聽從學生的聲音，或是請教學生的家人。

教導學生認識自閉症

幫助學生自我覺察（self-aware）和讓他們知道自己的病症與障礙，是對學生表示尊重的一種方式，還有可能因而啟發他們的力量。這種形式的覺察常常都會對學生產生驚人的助益，即使是對較年幼的學生也是如此。那些對自閉症有概念的學生，常常都會因為知道還有別人跟他們有相同的經歷而感到如釋重負；此外，如果讓學生知道一些其他自閉症患者的訊息，也可以讓他們得到一些如何處理實際問題的訊息，像是感覺敏感或溝通差異等問題。

當老師和學生對障礙有了共同的了解之後，老師可能會因此而有另一種工具，來跟學生溝通和幫助學生了解事情，學生也會更能夠了解他們自己的身體與經驗。例如，我曾跟一位自閉症學生 Jay 一起等校車，公車公司打過電話來跟學校說校車誤點，結果我們左等右等公 232
車就是沒有來。Jay 越等越不耐煩，後來甚至開始哭了出來，一副好像很痛的樣子。每次公車誤點 Jay 都是這個反應，不過因為我之前從一些自閉症患者的自傳中摘錄了一些片段讀給他聽，所以這一次我可以跟他說，他的自閉症如何影響著他的反應，我跟他說：「記不記得我們讀過的那本書？有一個小夥子很討厭等公車，他當然也很討厭等待。他的自閉症讓他很難等待，現在也是你的自閉症又犯了，嗯？你一定很難控制自己，但你現在做得非常好，你是怎麼辦到的？」雖然等待對 Jay 還是非常不舒服的一件事，但是他可以跟我進行簡短的對話，告訴我他是怎麼處理這種情形的。後來，我們把這段簡短的對話放進報告裡編成一篇故事，故事的內容是關於自閉症與等待，還有如何對付「不守規矩的公車」。

年紀比較大的學生，老師可以讀自閉症患者的自傳給他們聽，至於年紀比較小的學生，可能會比較喜歡看圖畫書的形式。另外，老師也可以帶學生去參加一些當地的自閉症研討會，幫助他們了解身心障礙在政治上的意涵。我以前有一個學生曾經參加一場在週末連續舉行幾天的身心障礙人權研討會，結束之後，這位學生以嶄新的自信回到學校來，身上穿著一件鈕扣上標有「自閉與自豪」圖樣的夾克；這個學生後來還在一場地方性的教師會議中報告他的成長故事，他因為成為他自己障礙的專家，和在這次會議中擔任他自己生命經歷的專家，而對自己很有信心。

我曾經針對中學生做過一項調查研究（Kluth, 1998），有一位輔助性專業人員 Colton 女士，她用讀自傳的方式幫助一個重度自閉的學生 Candy。她們常常一起讀自閉症作者 Donna Williams 寫的傳記，書中寫的是 Donna Williams 與自己的障礙共處的經歷。她們兩個常常會去一個安靜的地方，然後 Colton 大聲地念給 Candy 聽；她們也會進行很長的對話，嚴肅地討論 Candy 的障礙（Candy 透過打字跟 Colton 溝通）。這些經驗跟 Candy 過去整個求學期間跟別人所進行的任何對話都很不一樣，以前從來沒有人告訴過 Candy 關於她的障礙，也沒有老師告訴過她自閉症有時候會很辛苦，或者告訴她說她正努力地跨越她的障礙，並且做得很好，或者告訴她還有別人也跟她經歷了一些相同的事情。

老師甚至可以請年紀較大的學生把他們的經驗寫下來，然後刊登在學生期刊、校園新聞報，甚至是國內的出版刊物上，讓他們藉此跟同儕或協助他們的專業人員分享他們的生命故事。寫作可以說是一種透過藝術抒發情感的經驗，可以讓學生更加了解他們自己，同時還有教育他人的功效。我認識一個自閉症年輕小夥子，他很喜歡「回覆」專業人員在正式的學校報告上對他所做的評論，常常都會駁斥他們對他的能力／缺乏能力的解讀。

幫助學生克服動作的問題

我在第一章時說過，很多自閉症患者都有嚴重的動作問題。常常有自閉症與身心障礙的患者表示，他們無法控制他們的身體去做他們想做的事（Donnellan & Leary, 1995）。而當幫助自閉症學生學習的人
233 相信，「如果自閉症的學生真的有意願」，他們也可以控制或改變他們的動作或行為時，學生的動作問題會變得更嚴重。例如，我們認識一個學生，他很輕易就可以翻過單槓和穿過攀爬架，但卻很難自己穿越教室，他的老師有時候會對他差別這麼大的行為感到疑惑，很難理解怎麼會有些動作對他那麼簡單，有些卻是那麼困難。

有幾種方法可以幫助有動作差異的學生，表 11-2 舉了幾個可以透過一些調整來幫助學生的例子；不過，有一件事我們一定要記得，就是對一個人有幫助的做法，卻可能造成另一個人更嚴重的問題。也就是說，當在幫助學生克服動作問題的時候，一定要記住「一人之良藥，可能是另一人之毒藥」，好壞因人而異（Donnellan & Leary,

表 11-2　一些為自閉症學生及其所在班級調整（accommodation）的例子

學生個人的困難	調整的做法
Jason 很難好好地坐在教室的座位上，常常會離開座位，或是向後推他的椅子而翻倒在地上。	Jason 的老師發現，如果讓 Jason 坐在靠牆的位置，他就可以倚靠著牆坐。在進行某些特定的活動時，老師還讓 Jason（和其他幾個學生）選擇，看是要坐沙袋椅，還是要坐在原來的座位上。另外，老師還給了 Jason 五分鐘的休息時間（breaks），只要 Jason 要求，老師就允許他在教室四處走走。後來，老師注意到音樂可以幫助 Jason 坐久一點，就允許 Jason 在座位上學習或寫作業時，用隨身聽聽音樂。
走過鋪有地毯的走廊對 Trey 是很困難的一件事情，因為 Trey 好像沒有辦法讓細繩和絨毛好好地留在地上，當他看到地上有細繩或絨毛時，他一定要把它們撿起來。	Trey 跟他的同學一起用結實的繩子做成鑰匙鍊，讓 Trey 隨身帶著，這樣不管什麼時候，Trey 都可以在他想摸的時候，摸到繩索的觸感。還有，當 Trey 要從一間教室換到另一間時，兩個 Trey 最喜歡的同學會跟他一起走，他們把 Trey 夾在中間，兩位同學分別在 Trey 的一隻手臂上輕輕地施加壓力（微微地靠著 Trey），這股力量好像把 Trey 的注意力轉移了，Trey 不再盯著地板看，而能保持抬頭挺胸地走。
Barb 很難順利地通過餐廳的排隊路線，有時候是沒拿午餐就匆匆地穿過排隊的路線，有時候則是走到一半就坐在地板上。	Barb 的老師花了連續四天，把 Barb 通過午餐排隊路線的情形錄了下來，然後把錄影帶的內容稍做編輯，把一些 Barb 亂跑、坐下或是難過掙扎的「場面」剪掉，再把一些片段剪輯在一起，直到錄影帶顯現的內容是 Barb 成功地通過排隊路線、拿到午餐，並且坐下來用餐。觀看這個「模範的一天」錄影帶正是 Barb 所需要的，她因而在幾天內就能完全模仿錄影帶裡的行為表現。
Vang 無法順利上下樓梯，常常上樓走到一半就「卡住了」，並且就停在那兒不（或不會）下來。	一個 Vang 班上的輔助性專業人員叫 Vang 在爬樓梯時，想像他是在爬一座山，他跟 Vang 一起寫了一篇有關「登山者——Vang」的故事，然後讓 Vang 在每個星期四早上必須爬樓梯去上音樂課之前，先讀這篇故事。
Bob 在有壓力的情境下，常常會咬（或吃）他的教材。	Bob 的朋友在他好像快要被壓力壓垮時，就開始按摩他的肩膀，或就只是放一隻手在 Bob 的背上，這樣好像可以幫助 Bob 放鬆。另外，老師也會在 Bob 開始咬課本或作業時，給他口香糖或糖果。

1995）。

觸覺刺激

當學生好像不能移動時，可以碰觸學生的手背、手臂、腿或身上任何「熄火」的部位，藉以提示學生。比如，如果老師跟學生說他（她）可以從籃子裡拿一塊點心，而學生沒有反應時，老師可以試著碰觸學生的手來再次提醒學生。

節奏與音樂

有一些學生在聽到某些特定的音樂、口號或節奏時，動作會比較順暢。我們認識一個自閉症學生，平常在飯店洗衣部工作時，動作很緩慢，直到有一天，他的老闆在一早開始營業時播放 Billy Joel 的唱片，他的動作突然就快了起來。老師知道Billy Joel的音樂對這個學生
234 有這麼大的影響之後，就買了一個 CD 隨身聽給他，這樣一整天都可以用不同類型的音樂來幫助他。

示範

有一些學生需要先看到示範才會自己實際操作。我以前有一個學生會在下課前半段時間先觀看同學打籃球，然後後半場才加入一起玩。另外，跟學生一起做動作也會有幫助，我們認識一個教師助理，他跟我們說了一個有關他的女學生 Molly 的故事，有一天 Molly 跌坐在地上之後好像爬不起來，這個教師助理就跟Molly一起跌坐在地上，然後跟Molly說：「我跟你一起爬起來，或許這樣會有幫助。」結果，Molly 馬上就跟這個教師助理一起站起來了。

運用意象／想像力

Reed（1996）曾跟大家分享過一個很有意思的例子，內容是描述一個自閉症患者 Mac 如何運用意象來「擺脫動彈不得的困境」。當

Mac 要從一間教室走到另一間教室時，常常會全身麻痺或不能移動，後來他在心裡想像一個意象來打破這種「茫然不知所措的感覺」。為了要讓自己的身體在情境轉換時可以移動，Mac 想像他是明尼蘇達雙城隊的隊員，正在打一場重要的比賽，目前是第九局後半最後一次上場打擊，已經有兩人出局，接下來是輪到 Mac 上場打擊，結果他敲出一記全壘打，跑完三壘後，他的隊友興奮地在本壘迎接他。

提供學生休息的機會

有一些學生如果能夠在活動與活動之間，進行某種形式的歇息（如四處走走、伸展伸展筋骨，或只是停止工作），會有最好的學習狀況。有一些學生需要一段時間起來走走，時間長短依學生而定，可以是短短幾秒鐘，也可以長達十五到二十分鐘。有一些學生需要來回地在走廊上走一兩趟，有一些學生則只要能在教室裡走動一下就可以了。

曾經有一個學生需要在上課時，不斷地站起來走走，有人警告他的老師說，這名學生可能會在老師講課時，蹲在座位上（兩隻腳都放在椅子上）或站起來，並且可能每半個小時就有一分鐘以上的時間起來走走，老師的反應是安排這個學生坐在教室後排的座位，並且在他座位的四周，安排一些在學生檔案的問卷上填寫自己不會被別人的移動影響而分心的學生。

另外還有一個學生 Mike，當他到達學校時，需要一些時間放鬆他自己。Mike 的學校距離城裡的中等學校只有四分之一英里遠，所以 Mike 每天都跟一個同學一起走路往返兩所學校。不只是這樣，Mike 還開始在兩所學校間幫同學「送信」（國小學生可以寫紙條給他們在中等學校的兄弟姊妹或朋友），然後他二年級班上的同學再輪流跟 Mike 一起把信件遞送出去。

把學生的強項和專精的領域融入教學

很多自閉症的學生都有一些對他們很重要的興趣或喜好。很多老師說他們有學生很喜歡火車、電燈開關或馬（三種很普遍的興趣），我們也教過一些對韓國、吸塵器、螺絲起子、籬笆、雞、停止標誌、教堂、風向標、三角形、《綠野仙蹤》、史酷比狗和籃球感興趣的學生。所有這些興趣都可以運用在課堂上，比如班上若有喜歡火車的學
235 生，可以請他（她）寫一篇關於搭乘鐵路看守車的故事，或從網際網路上的資料研究鐵路系統，或是獨立做一篇關於美國陸路運輸的研究報告。

有一個學生叫作Freddie，他很喜歡研究日曆，和回答一些有關一年中的假日和特殊節日的問題（如美國獨立紀念日、聖誕節、春季的第一天等）。雖然 Freddie 對日曆的興趣並沒有影響到他的學習，但是對他的成長也沒有正面的幫助。為了要讓 Freddie 學到更多，並且激勵 Freddie 六年級班上的同學學習，我們設計了一個適合年紀較大學生的讀日曆活動。雖然班上的每一個學生都知道一週有七天，以及一年的十二個月份，但沒有人知道12月7日是珍珠港轟炸事件的紀念日，也不知道Kennedy總統是在11月22日在德州達拉斯遭暗殺的。於是，老師讓全班學生分組尋找在美國歷史和世界歷史上的重要日子，Freddie則負責在每天早上報告「歷史上的今日事件」。這個活動讓全班學生都學到了一些新的知識，包括 Freddie 在內；而且 Freddie 對老師把讀日曆活動融入班上每天的固定作息，感到非常興奮。

另外有一位就讀中學的學生Matt很喜歡地圖。他喜歡畫地圖、看地圖和解讀地圖。當我們去他家拜訪他時，看到了一些他的創作，對他每一幅作品的細緻與創意深感驚奇。後來當我們去Matt的學校拜訪時，很驚訝的發現，Matt 的老師竟然不太清楚 Matt 在繪製地圖方面有令人難以置信的能力。我們建議老師讓他在班上展現他的技能，他的老師非常高興的答應了。他們決定讓Matt在教室或校園裡展示他畫

的地圖，並且請Matt教同儕一些讀地圖的新技巧。第一個星期，Matt先教全班檢視地圖上的經緯度，並且就如何運用地理學來解讀過去的主題，發表了一場簡短的演說。

提供安全的空間

老師應該要布置一個可以安靜讀書或放鬆的區域，讓任何需要安全空間的學生使用。這個區域可以設在圖書館，或是在走廊上放置幾張椅子（端看學校的防火規定而定），讓需要從混亂的教室中抽離片刻的學生使用。

Donna Williams 說：「准許我有隱私和空間對我是最有幫助的事情。」（1992, p. 218）有很多自閉症患者表示，他們有時候需要退到一個安全的空間。亞斯勃格症患者Liane Holliday Willey指出，即使是大專生，也需要在校園的某一個地方「放鬆自己和重新振作起來」（1999, p. 132）。

要創造一個安全的空間，最重要的是要確保這個地方不會被當作或用作處罰的場所。讓我們看一看下面這個例子，Becky 十一歲，就讀於四年級，常常需要離開教室休息一下，但是老師不確定要怎麼做才能提供Becky一個安靜不受打擾的空間，而不會讓Becky覺得自己好像做錯什麼，和讓她背上羞恥的標記。後來老師和 Becky 密切合作，不但給Becky一個有尊嚴的空間讓她可以放鬆，還讓Becky以自然的方法學會放鬆的技巧（relaxation skills）：

> 我們先找到另一間用來測驗的小教室，教室裡有一張桌子和一張椅子。隔天當她越來越大聲並且開始丟她的蠟筆時，我們跟她一起走去這間新教室。我們帶了一本計畫在她靜下來之後讀給她聽的書，然後等她靜下來我們就回到教室去。結果在那間小教室，Becky 把椅子翻轉過來，並且想要站到桌子上，然後一直按教室裡兩個燈的開關，開了後關，關了後 236

又開。她在這間小教室裡的整段時間，都一直很大聲並且動個不停。顯然，Becky 並不喜歡這間教室，這個地方沒有辦法發揮讓她「靜下來」的效果。

於是我們又找了另一個空間。在特殊教育資源教室的外面，有一間小小的房間是學生進入資源教室的入口通道，我們（包括特殊教育老師、教師助理和教學顧問）判定Becky可能會喜歡待在這間小房間裡，因為每天都有其他的學生會來這裡，另外Becky也喜歡有關小貓咪和芭蕾舞女伶的音樂和書，所以我們在這間房間裡放了這些東西。Becky 每次離開教室，我們都不是把它當作是處罰，而是讓 Becky「休息」的方式，而且等她準備好後就回教室。隔天，當Becky又大聲嚷嚷時，我們就跟她一起走到這個我們叫作「Becky 的房間」的地方。Becky 在桌前坐了下來，我們一起讀些書和聽些音樂，Becky 好像很喜歡這個地方，她在這兒能夠放鬆，放鬆之後沒有絲毫的抗拒就回到她的教室去了。

傳統學習理論的假設會引導我們把我們所做的這些解讀為增強了Becky的負面行為，所以接下來我們會看到Becky為了得到這個增強，而「在教室裡大喊大叫」的行為會日益增加；還有，Becky 也會拒絕離開「Becky 的房間」。結果這兩種情形都沒有發生，套用（一個老師的）一句話，我們相信在目前的情況下，Becky 已經「盡可能地表現出她最好的行為」了，雖然她跟我們說她需要休息一下，但是她並沒有試著想要直接操控我們，當我們給她的回應是讓她休息而不是處罰她時，很顯然地，她能夠補償她自己，並且自己回到教室上課。對我們來說，這就好像我們很多人在對某些事感到挫折，並且一刻也無法再忍耐時用的策略是一樣的！當我們以希望他人對待我們的方式對待Becky時，她的行為就因此改善了。（Heeden, Ayres, Meyer, & Waite, 1996, pp.154-155）

提供非口語的支持與提示

有一些學生非常害怕口語的互動（verbal interactions），我們有一個自閉症朋友跟我們說過，當我們「說話」時，他無法了解我們的話，他發現尤其當說話的人說得太大聲或太快時，要跟他對話就更困難了。

另外有一個自閉症患者 Tito Rajarshi Mukhopadhyay 也對口語互動感到困難；不過，他已經找到處理這類問題的方法：

> 任何新的聲音對我都很可怕，我需要花時間來適應新的聲音。人們經常在我還沒適應之前，就感到沮喪並且放棄努力了。但是，如果這個人堅持下去，並且一直維持著同一個音調，我可以慢慢地習慣他的聲音的。（2000, p. 72）

Tito 透露的這些訊息對大家很有幫助，他讓我們看到尊重學生幫助他們自己的方式是多麼重要的一件事。老師在跟學生進行口語對話或以口語指示或教導學生時，需要體諒他們，並給他們一些時間。老師也應該在解讀學生行為時，用 Tito 的這段話來提醒自己，謹慎地給予學生回應。Tito 需要老師有耐心，並且努力去了解他們獨特的溝通需求與偏好，當然其他自閉症的學生也是如此。 237

有一些學生很難處理口語的訊息，所以老師要試試其他的方法來彌補口語的不足。比如說，可以在上課或進行班級固定活動的時候，加上使用手語和手勢。例如，當給學生簡單的指示時，就可以合併使用手語和口語（例如，請學生站起來、坐下或不要講話）。另外，不管什麼時候也都可以加上手勢，比如當老師下指令時，可以加上手指的動作：（舉起一根手指）「第一，你們要＿＿＿＿＿＿，」（舉起兩根手指）「第二，你們要＿＿＿＿＿＿」等等，而當學生做得很好時，可以舉起大拇指來讓他（她）知道。

另外，老師也可以試試加上書寫文字。當給學生口語指示時，可以在黑板上把指示寫下來。另外也可以在講課時，使用簡報軟體或投影機播放幻燈片，這樣學生可以一邊聽講，一邊看跟老師講述內容相關的文字與圖片。

有一些學生則是對在紙上進行對話的反應出奇的好，對那些好像對口語指示和話語不太有反應的學生，在紙上進行對話常常都有很好的效果。比如，老師可以在午餐前走向學生，在紙上寫著：「再五分鐘我們就要去餐廳了」，用這個方式來幫助學生準備轉換情境。另外，當要安撫學生的情緒時，寫字也可以是一種很有用的方式，當學生感到不安或困惑時，其他方式的互動可能會給學生太大的壓迫感，這個時候可以透過書寫的方式跟學生溝通。

我們其中之一曾教過一個五年級的學生Mickey。每當有轉變發生時（例如廣播播放的時間延後、最喜歡的同學沒來等），Mickey都會很緊張，不過，常常只要透過書寫的方式跟他溝通，就可以讓他平靜下來。只要有一位老師或同學在 Mickey 旁邊坐下來，請他拿出筆記本和筆，然後開始寫一些安慰他的訊息給他看，Mickey 就會平靜下來。比如說，當他的一個朋友生病沒來上學，老師就坐下來寫下：「哈囉，Mickey，你今天早上好像很不安……看你這麼不安我很難過，我在想你是不是因為 Maggie 今天生病沒來而難過，不過你不用替她擔心喔，我聽說她現在很好，只是需要多休息一天，或許等一下我們去上電腦課的時候，你可以寫封電子郵件慰問她。」

讓學生選擇表達的方式

書寫對很多學生都有幫助，不過，書寫有時候可能是造成自閉症的學生感到緊張與痛苦的主要原因。有一些學生一個字也不會寫，有一些雖然會寫，可是卻很困難。手寫的字也可能很潦草，或甚至難以辨識，寫字有困難的學生可能在書寫的過程中感到很挫折，因而對要使用紙和筆做的事情產生反感。就像 Temple Grandin 所說的，過度強調書寫反而會帶給學生壓力，還會模糊了焦點，忘了真正要學的是什麼：

> 我是四年級的學生中，最後一個拿到書寫技巧獎的。領到這
> 個獎是很了不起的一件事，因為當你的書寫技巧達到一定程
> 度的時候，老師會給你冠上「書記員」的封號，並且給你一 238
> 組色鉛筆。我比較不那麼在乎那個「頭銜」，但色鉛筆卻是
> 我夢寐以求的。我很努力的練習，但是我還是最後一個合格
> 的。
>
> 說到學數學就更難了，因為我們的數學老師Brown先生是英國人，他是一個很正統的英格蘭人，要求我們全班用自來水筆做數學習題。我們必須用尺畫加減符號，並且作業一定要保持整潔。要試著了解數學已經夠糟的了，還必須保持整潔根本就不可能，不管我再怎麼努力，還是會有墨汁潑灑在我的作業紙上。（p. 37）

Donna Williams 也有相似的經驗，她說書寫讓她無法完成作業，因而無法在班上有所進步：「我的書寫能力很弱，不管我再怎麼練習，我還是一直趕不上別人的進度，每次都是這樣的情形。」（1992, p. 26）

老師若要幫助書寫有困難的學生，可以在學生試著寫一些字的時候，溫柔地鼓勵他（她），不管是一個字、一句話，還是幾行字。老師也可以讓學生在上一些課的時候，使用電腦、文字處理機，甚至是打字機；此外，同儕、教室義工、老師和輔助性專業人員，都可以充當有活動和動作困難的學生的書記員，當聽到自閉症學生說出他們的想法和意見時，就幫他們寫下來。Stephen Shore 跟大家分享了另一種表達的方式對他有很大的幫助：

> 對我來說，電腦真是一個很棒的輔具。我在書寫和畫圖方面的精細動作有某種程度的損傷，所以要寫一手整齊的字，對我是很費時費力的事情。不過我可以用鍵盤來跟電腦溝通，當我用鍵盤打字時，可以在少很多的時間內，就打出比手寫多很多的字來。相對之下，用電腦打字簡單多了，讓我可以創造出一些文章來；而不會像寫字一樣，困難到讓我無法創作。（2001, p. 131）

不過，好像透過打字溝通的方式，學生可以比較輕易地完成作業。已經有些成就的作家兼詩人 Donna Williams（1996），跟大家分享了她小時候因為接觸到打字機而引發了她對寫作的興趣：

> 我十歲那一年，有一台打字機放在我的房間。我聞它、舔它、輕輕按下它的按鍵；我感覺它的觸感，傾聽碰觸它時所發出的聲音，看著它明亮又粗糙的外觀；我一小塊一小塊地探索著它的構造和系統，把各種不同的字型，一串一串地打在滾軸上，滾軸上覆蓋著文字，轉動著把字縮進排印。我想辦法把紙放進打字機裡，然後在紙上打出一串又一串不同類型的文字。（p. 241）

Willaims 後來繼續寫道，過了一段時間之後，打字機讓潛藏在她心裡的詩傾瀉而出：

> 十一歲時，我就已經打了好多行文字，那一行又一行的字，
> 在紙上滾出了一頁又一頁。打出來的字會以意象和感覺跳回
> 239 我身上，好像那是出自別人之手，那是我從來沒有過的感
> 覺。這些文字是從我自己的上下文中冒出來的，是從我內在
> 的某個部分跳出來的，不在我意識範圍內。打出來的字各有

各的風格，文字之間卻又彼此關聯。當文字從一個風格移轉到另一個風格時，有一種隱含的幽默潛藏在文字裡頭。在那些文字裡，有痛苦、有怒氣，還有美麗，裡頭還描繪了各種類別的事物，有大自然的、動物的、感覺的、敘述性的文字和廣告的商品。

我十二歲的時候，那一串串的文字開始看起來像一首首的詩。十三歲時，那些詩就像瀑布一樣，從我的指間傾瀉而出。（p. 242）

總　結

在我們舉辦的一場教師研習會中，有一個老師跟大家分享了她班上一個小男孩Kelly的故事，描述Kelly有時候是怎麼以在地上跑來跑去的方式處理他需要活動的問題。有一天，當學校的行政人員走進教室時，這位老師正在上一堂有關海洋的課，老師請學生說出美國周圍的海洋，Kelly從兩排桌子的中間冒了出來，大聲地說：「太平洋。」老師接著問學生還有沒有其他的答案，停了一會兒之後，Kelly又冒了出來，不過這次是從教室的另一個地方，他大聲地說：「大西洋。」校長不太贊同這個不符合傳統的上課方式和學習行為，皺著眉頭離開教室。後來，當這位老師去跟校長面談時，她解釋說 Kelly 有一些表現最好的學習狀況是在地板上發生的；還有說她雖然想盡可能地讓Kelly以各種比較傳統的方式參與課程，但是到目前為止，在地板上活動仍是讓他參與學習最有效的方式。

一些像在這章提到的老師都了解教導融合班級要用很多不同的策略，而其中有一些可能非常特別，而且是超越傳統的做法。有一個把非傳統做法帶到紐西蘭一個郊區學校教導毛利族學生的老師 Sylvia Ashton-Warner（1963）發現，老師可能需要「單打獨鬥」地去發覺和使用一些有效的策略。其實 Ashton-Warner 老師也常會擔心，她學校的行政人員會怎麼看待她獨特的、以學生為中心的、富含文化內涵的策略，但是為了不讓學生錯過學習與成功的機會，她還是執行了她覺得有效的策略：

> 要是我跟其他老師一樣，讓學生寫寫作業，按照傳統方式編教案和教學，我現在應該對自己很有信心吧。但是沒有辦法，這就是我的報酬，我單打獨鬥的代價。如果你看到過去這幾天來我設計的閱讀課教案，你就會知道為什麼我說是單打獨鬥了。但不管怎麼樣，我還是必須這麼教，我必須做我相信是對的事情，我完全相信我的做法。這是不按常軌行事的人得一再付出的代價，我覺得我已經太老了，老到負擔不起這樣的代價了，但是我還是必須做符合我信念的事，不然就乾脆什麼都別做，畢竟生命是如此短暫。我不知道別人是怎麼看待他們的上課時間的……在我上課的時候，學生可以在算術算到一半時，站起來跳舞。（p. 198）

無疑地，回應學生在教室裡的需求，和調整個人的教學風格以符合班上學生的需求，是老師每一年都要做的工作。也就是說，我們需要像 Kelly 的老師和 Ashton-Warner 老師那樣的教育工作者，會去學生的「所在位子」滿足學生的需求，而不是期待學生調整自己，以適應
240 課堂上使用的教學方法。雖然自閉症的學生需要有接納的校園和精彩的課程才能順利地學習；但是，或許沒有比老師願意承擔風險、把學生當作獨立個體看待，以及採用各式各樣的教學策略，讓學生發揮潛力展現他們的技藝與能力的意願更重要的了，老師的意願才是決定學生成功與否的關鍵。

更多的答案與資料請參考：

Campbell, L., Campbell, B., & Dickinson, D. (1999). *Teaching and learning through the multiple intelligences* (2nd ed.). Needham Heights, MA: Allyn & Bacon.

Feldman, J. (1995). *Transition time: Let's do something different.* Beltsville, MD: Gryphon House.

Goodman, G. (1995). *I can learn!: Strategies & activities for gray-area children, grades K–4.* Peterborough, NH: Crystal Springs Books.

Winebrenner, S. (1996). *Teaching kids with learning difficulties in the regular classroom.* Minneapolis, MN: Free Spirit Publishing.

Chapter 12
融合學校中的協作與合作

大家需要一起合作，
包括學生家人與學校教職員在內的每一個人都知道，
如果他們不一起合作，就無法一起學習。
我們必須要學習尊重彼此，
我們真的需要彼此信任。
（Wilson, 摘錄自 Kluth, 1999, p. 1）

我剛開始在融合學校教書的時候，我以為只要增進我的學生在普通班級的參與度，和輔導老師如何提供最好的支持給這些學生就足夠了。可是幾個星期之後，六年級的老師Peg要我參與她的自然科學課，這件事擾亂了我對我的工作的看法，原本安安全全地躲在幕後給老師意見的做法不再適用了。Peg班上有一名鑑定有障礙的學生，一名有嚴重情緒障礙的學生，兩名需要說話與語言支持的學生，和三名英語是第二外語的學生。更糟糕的是，那年 Peg 班上有三十六名學生，是學校有史以來學生人數最多的班級，Peg 真的很需要幫忙。

在一場教學團隊會議中，我跟 Peg 一起仔細地檢討了她的課程，我建議她試著採用合作學習的架構（cooperative learning structure），來教導學生食物鏈的觀念。「好，」她同意地說：「那你什麼時候可以來我班上跟我一起教呢？」我聽了之後，感到十分震驚，試著默默地在心裡弄清楚 Peg 的請求，我自忖著：「為什麼這位資深老師不了解特教服務系統？她不知道我提供建議然後由她執行嗎？」我呆呆地盯著她看了幾分鐘，然後結結巴巴地說了一些我不太清楚食物或食物鏈之類的話之後，她要我隔天去她的教室跟她一起開始規劃課程。

隔天我去了 Peg 的教室跟她會合，一起設計了一堂探討食物鏈功能的合作學習課程。我們把學生編組，然後指定每一組研究一種動物，老師會提供每一組學生一些資料，讓他們研究動物在食物鏈上所在的位置和功能，學生研究完之後要設計一張海報，說明他們那一組動物現在所處的生命週期，然後學生就他們研究的動物，向全班做一份簡短的、非正式的報告，為他們的觀點和圖樣辯護。我和 Peg 則充當「生存法庭」的法官，決定每一個小組是否證明了他們的動物在生態系統中扮演著不可或缺的角色。

我和 Peg 決定一開始上課，先由我就生態學的觀念發表一場簡短
242 的講演，她則幫忙把資料發給學生，還有指導整個活動的進行。這是我第一次以普通教師的身分披掛上陣，我很緊張，但我也很想升級站在教室的講台上上課。雖然我犯了很多新上任老師常犯的錯誤（如講太快、忘了衡量學生是否理解我所講述的資訊），但我和 Peg 都對那一堂課感到很滿意。我因為那堂課而有機會呈現我精心策劃的課程，並體驗其中的困難與樂趣；Peg 也終於有機會跟學生個別談話，分組指導各組學生，還有暫時卸下領導班級的工作，從旁觀察她的班級。

學生們也好像很喜歡這堂既緊湊又生動活潑的課程，大家都很熱烈地參與。最重要的是，我們有信心學生對課程內容有深入的了解，透過一些非正式的評量（如觀察、簡短的面試等），我們認為學生在這個活動中，對我們介紹過的字彙與觀念有很清楚的了解。

那堂食物鏈的課，結束了我隔離式的特殊教育服務模式，並且在我的教學生涯中，開始了與人協力合作的模式，成為教學團隊的一員。這並不是表示我從此就在Peg的班上全天候地跟她一起協同教學，也不是從此就不再扮演在幕後提供諮詢服務的角色。畢竟我要負責在五個不同年級，六個不同班級裡的六名學生，所以我並不是真的能夠參與很多的合作教學，但是我參與自然課教學的這件事透露給同事的

訊息是，身為一個融合教育的促進者，我很樂意在我的工作中接演一些我不太熟悉的新角色；而 Peg 傳達的訊息則是，她信任我，讓我不只是從旁觀察和提供建議。

合作的重要性

過去這十年來，合作的好處已引起國小、國中和高中老師的廣泛注意。尤其是普通教育老師和特殊教育老師已經在試著找出與其他提供服務的人員，以及學生家人一起合作的方式，共同為能力各不相同的學生，創造一個真正的融合班級（Lipsky & Gartner, 1996; O'Brien & O'Brien, 1996）。在美國，班級裡的學生異質性非常高，例如學生具備不同的能力、來自不同的種族和文化背景等；老師漸漸發現要獨自進行有效的教學是很困難的一件事；要提供靈活應變與適當的教學，需要組成團隊和與人合作，並且學校裡很多教職員的角色與責任，都需要轉變，尤其是教導融合班級時更是如此。用古人的至理名言「三個臭皮匠，勝過一個諸葛亮」來形容現在，比過去的任何一個時候貼切，因為現在的學校更多元化，所提供的服務也更多樣化。致力推廣融合教育的學校，一定要鼓勵並重視合作，並且在努力融合學生之外，還要「融合」大人。

團隊成員的角色與貢獻

有一天，當我走進學校的圖書館時，看到跟我同一團隊的輔助性專業人員正在跟一個六歲的男孩一起輕聲地閱讀。在觀察了他們至少二十分鐘之後，我完全愣住了。這個學生沒有口語能力，精力很旺盛，我從來沒有看過他好好地坐著超過六分鐘，也從來沒有一個老師、治療師或行政人員，能夠讓他這麼放鬆。放學後，我只請教了那 243
位同事一個問題，「你是怎麼做的？」她請我坐下來，然後告訴我那天下午她是怎麼跟那名學生坐下來一起分享 *Miss Spider's Tea Party*（Kirk, 1994）這本書的。她跟我說她是壓低嗓音輕聲地讀，而且她讓這名學生翻看書，即使這樣他會把書傾向一邊，並且以極快的速度翻完整本書。她還告訴我她跟這名學生說話的方式：「我會跟他說一些事情，當我們在大樓周圍走動時，我會跟他說些故事，有時候我會跟他說我小孩的事情。」

我這個很有天分的女同事，並沒有很多教育的經驗；事實上，在這件事情發生的時候，她才剛接下輔助性專業人員的工作幾個星期而已，她真正具備的是對孩子的了解和尊重，還有相信每一個孩子都能夠學習。這位同事不只給了我一些可以嘗試使用的具體方法，還證明了只要教育者以學生需要的方法教學生，學生就能成功。另外，她也證明了我們團隊的每一個成員都可以提供很珍貴的貢獻。

我的第一份教學工作需要跟七個輔助性專業人員密切地合作，身為一個年輕的老師，我從這樣的經驗中學到很多。從物理治療師身上，我學到了怎麼擴展學生的動作領域；從行政人員身上，我學到了怎麼辦理敏感的教職員評鑑；還有從體育老師身上，我學到了如何把一些刺激動覺的活動融入每天的課堂活動中。無疑地，每一個團隊成員都對學生是否能成功，還有其他團隊成員的專業成長，扮演著很重要的角色。團隊中的每一個人都有不同領域的專業，還有不同的經驗可以跟大家分享。有一些成員可能有比較多在融合學校工作的經驗，有一些則可能對社區資源、課程或教學比較熟悉。所以，充分利用每一個團隊成員的貢獻是很重要的一件事。

在這一段中，我描述了一些團隊成員典型的角色與貢獻，但是大家要注意的是，我並沒有列出也不可能列得出所有可能的成員。比方說，團隊也可以跟學校的護士、醫師、實習教師、學生顧問、社區機構的會員，還有一些我未提及而與教育相關的重要人士密切地合作。每一個團隊的組成都是獨一無二的，有些團隊比較小，成員只有學生家人、老師和行政人員；有些團隊則比較大，成員也比較複雜。只要是能夠帶給團隊獨特的觀點，或是提供其他成員無法提供的支持的人，團隊都應該樂意的接受。下面我試著扼要地列舉一些在融合學校的團隊中最常見的角色。

自閉症學生和他們的家人

自閉症學生及其家人是合作團隊中最重要的成員。雖然他們可能沒有定期參與課堂教學或提供服務，但是他們的想法、喜好和需求應該要持續地拿出來檢討。自閉症的學生能提供局內人的觀點，還可以就「策略管不管用」提供團隊最佳的資訊。基於這個原因，應該要讓學生正式或非正式地參與發展他們自己的個別化教育計畫（IEPs）， 244
還有設計支持他們自己的方法。

學生的家人也一定要是規劃過程中的核心成員。家庭與學校間的協力合作與夥伴關係的重要性，一直以來都有研究證據的一貫支持。現在兩者間的合作已不再是一個選項，而是一種專業上的責任（Corrigan & Bishop, 1997）。我們太常看到學生的家人在團隊中處於較低的地位，而被排除在他們孩子的教育之外。例如，學生家長可能受邀參加會議，會議中有很多的專業人員告訴他們有關他們孩子的情形，而沒有要求他們參與付出，或徵詢他們的意見或想法。這種過時的模式一定要以一種全新的模式取代，在新的模式中，學生家人在規劃教育的過程中，要被視為是地位平等的一分子，要讓他們有機會分享他們的見聞。（請看第四章參考更多有關與家人建立關係的內容）

自閉症學生班上的學生／同學

學生的同學是很合適的團隊成員，因為他們是跟自閉症學生在同一所學校、同一個班級一起接受教育的人。當然，每個學生的求學經驗都不一樣，但是，同儕可以就某一種課程或教學形式的效果，給大家一些大致的意見。例如有一個老師請班上的兩名學生一起參與會議，幫忙安排班上一個自閉症同學 Tressa 的日常功課表，這個自閉症學生很喜歡畫畫，當團隊建議讓她上某一堂美術課時，參與會議的兩名學生都哇哇叫，其中一個尖聲地說：「那堂課好無聊喔，老師一直說說說地說個不停，我們應該讓 Tressa 參加陶藝課，我也會去上那堂課，這樣班上就有一些她認識的小朋友。」Tressa 還沒有辦法與人清楚地溝通，所以團隊最後決定聽從這兩名學生的建議，重視他們的意見甚於大人的想法。受到學校文化的影響使然，這個團隊認為比起任何一個專業人員或 Tressa 的家人，學生的消息更為靈通。

如果每一次的討論、決定或會議，都邀請學生的同學參加可能不是很適當；不過，老師應該要很認真地尋求學生同學的意見。很遺憾地，團隊的組成常常沒有邀請學生參與，這或許是因為他們年紀比較小，或比較缺乏經驗的緣故吧。雖然學生可能沒有身心障礙、教學訓練或與課程相關的背景知識，但是他們本身也接受教育，所以一定有得自經驗的珍貴知識；而且他們了解他們的自閉症同學，跟自閉症的學生一起上課，還知道「當一個小朋友」是什麼樣的感覺。這些從學生身上累積而來的經驗與智慧，有時候跟教科書裡的知識和教育工作者的專業經驗，甚至是跟家長的生活經驗與局內人的智慧，一樣有幫助，甚至更有幫助。

可以讓學生幫忙的方式有很多，包括幫忙選擇課程的安排、建議協助參與課程的方式、規劃社交機會，或參與其他的決定與構思。如果讓同儕以這些方式或其他方式參與提供意見，當然是要由自閉症的學生選擇由哪一些同儕參加。如果該名自閉症學生沒有辦法清楚地與人溝通他（她）的選擇，那老師就要透過觀察學生，來決定由讓他（她）感覺最舒服的同學參加。學生的家人也可以幫忙選擇適合的同
245 儕加入團隊，因為學生的家長和兄弟姊妹認得一些自閉症學生認識的同儕，比方說鄰居的小朋友或教會認識的朋友等。

行政人員

處於領導位子的教育工作者是合作團隊中很重要的成員，尤其是

校長、學生服務處主任、教學督導和各處室主任等（Fullan & Hargreaves, 1996; Goor, Schwenn, & Boyer, 1997; Keyes, 1996; Udvari-Solner & Keyes, 2000; Villa & Thousand, 1990）。行政人員是支撐融合學校理念的中堅分子，假使行政人員在參與推行融合教育時，不清楚政府的法令規定，也不知道經營融合學校所需的工具與措施，那要為所有的學生提供適當的、富挑戰性的、吸引人的、激發學習動機的和融合的教育是很困難的，但也不是不可能。當行政人員支持老師並授權給老師的時候，老師的教學與學生的學習都有可能因此產生戲劇性的改變（Felner et al., 1997）。

有一點很重要的是，行政人員要把他們致力推廣融合教育的理念清楚地傳達出來。事實上，學校或許可以把它的立場清楚地列在學校的宗旨或標語裡，以確保每一個與學校教育相關的人，都了解學校致力推廣的理念的重要性。我們學校有一名行政人員在他的桌上插了一面旗幟，上面寫著：「特殊教育不是一個地方」，每一個參觀他辦公室的人看了，都明白他對學生和對融合教育的奉獻。

致力推廣融合教育的其中一個做法就是參與團隊會議，行政人員可以在課表編排和其他結構性調整方面提供協助，以支持融合、監督班級人數、督導特殊教育的服務過程、跟家長合作、鼓勵老師，還有扮演協助學生學習的角色等。校長與其他的行政主管也要幫忙調解紛歧、解決問題，和改善學校的融合教育方案。

老師

普通教育老師

雖然普通教育老師可能沒聽過一些融合教育的術語與做法，但是大部分的普通教育老師，只要是有回應一直都存在於班級裡的多樣性差異，就已經是在「做融合」了，只是他們不知道而已。普通教育老師是團隊中的重要成員，因為他們是普通教育課程與教學的專家，普通教育老師是團隊成員學習要如何結合學校的數學課程與學生的 IEP

目標的好對象，或是建議職能治療師可以在上美術課時訓練學生的方法的好人選。

普通教育老師是團隊中負責為融合班級規劃課程的成員之一（有時候是唯一的成員）。因此，普通教育老師應該是在為那些課程設計支持與規劃適應性調整時的主要決策者。普通教育老師也可以協助其他的團隊成員了解一個年級的習慣、作息與傳統。比如說，普通教育老師知道他們的學生下課玩些什麼遊戲，還有這一年他們會去哪裡舉行戶外教學等。所以，身為團隊的一員，普通教育老師可以協助團隊計畫這類型的活動。

246 有時候，普通教育老師在施行融合教育方面的經驗是最少的，所以會很樂意接受他人的指導。對身心障礙一無所知的老師，可能會很感謝學校提供小型的在職進修機會，讓他們對特殊教育的術語、IEP或學生教育相關的服務工作有所了解。另外，老師會需要得到一些有關自閉症的訊息，這些訊息的提供者，可以是學生、學生的家人、特殊教育老師、治療師、書，和／或網際網路。有一些老師在教導自閉症的學生之前，會希望對自閉症的症狀有很多的了解，有一些老師則比較喜歡在知道學生的障礙之前，先認識學生。

■特殊教育老師

特殊教育老師也是團隊的重要成員。這些專業人員常常在融合學校裡扮演著非常不同的角色，這些角色比在其他任何場合都還要分歧。在融合學校裡的特教老師，大多數都是從級任老師轉任為融合教育的推廣教師、教師顧問與協同教學教師等。對一些老師來說，轉換的過程可能很坎坷，尤其是當他們已習慣「掌管」他們的班級和學生。當普通教育老師樂於接納他們的同事，並且願意與他們合作，一起重新規劃教室的空間、重新界定教師的角色與責任，還有重新設計課程與教學時，轉換的過程往往會比較容易些。

特教老師在融合班級裡的角色，是要確保身心障礙的學生能夠參與普通教育的課程與教學，並且能從中受益；但是特教老師也要關照沒有障礙的學生的學習需求。就像大家期待普通教育老師負起教導全部學生的責任一樣，特殊教育老師也應該同時提供支持與服務給有障礙和沒有障礙的學生。

輔助性專業人員

輔助性專業人員在教育界中扮演很多種不同的角色，端看每一個老師的需求和每一個計畫、學校、地區的雇用規定與指導方針而定。很多學校約聘輔助性專業人員為教室助理，或是請他們負責協助個別學生的生活自理、課業學習與生活技能。那些負責幫助身心障礙學生的約聘人員的角色與責任，應該在計畫中表明清楚，並由督導清楚地告知。然而，很多輔助性專業人員的職責並沒有很清楚的界定，有時候他們會因此被指導和監督他們的人拉向不同的方向。應該要讓輔助性專業人員知道學生的教育需求（如 IEP 短期與長期目標、普通教育課程的內容等），和他們負責協助的學生特質，還有學校的措施與日常作息等。

也應該要讓輔助性專業人員有機會參與規劃學生的教育計畫和教學方案，但不應該由他們獨自承擔這些責任與相關的活動，這點很重要，因為太常看到有老師要求輔助性專業人員自己設計課程或教學、執行正式與非正式的評量、為學生設計適應性調整，還有做一些其他重大的教學決策（Downing, Ryndak, & Clark, 2000; Giangreco, Broer, & Edelman, 1999; Marks, Schrader, & Levine, 1999）。

有一個班級中的輔助性專業人員，一整天下來，做了許多跟學生
的課程和教學有關的決策。這個班級的普通教師跟我說，班上的自閉 247
症學生 Keith 只有在輔助性專業人員覺得活動對他有幫助時，才加入那個活動。這位輔助性專業人員未必想要扛這個責任，但是她得到的指導只有「用你的頭腦做最好的判斷」。這個決策擬定系統在很多層面上都是有問題的，但是其中犯了一個特別明顯的錯誤，就是他們沒

有針對 Keith 的教育開誠布公地規劃。像學生參與課堂活動這麼重大的決定，絕對不應該由輔助性專業人員負責，雖然很多輔助性專業人員可能都有能力做這些事情，但是這是屬於老師的專業責任與法令責任。

老師、特教老師和其他相關的服務提供者（related services providers）（如說話暨語言病理師、物理治療師、職能治療師、學校心理師等），要對輔助性專業人員負責執行的教學設計、教學方式與評估方式的適當性，負起最大的責任。因此，這些專業人員要撥出時間，設計訓練的結構與素材來幫助輔助性專業人員執行他們的工作，這是很重要的。比方說，假使說話暨語言治療師想請輔助性專業人員記錄學生的某個行為或技能，那麼，治療師就必須花一些時間，提供輔助性專業人員必要的訓練，讓他（她）能夠正確的執行任務。

輔助性專業人員是每一個團隊的重要成員（Doyle, 1997）。在適當的督導之下，還有提供員工成長的機會，輔助性專業人員可以在規劃與執行教育計畫時有重大的貢獻，還能夠與其他團隊成員分工合作，提供寶貴的協助（French, 1997; French & French, 1998; Pickett & Gerlach, 1997）。輔助性專業人員是合作團隊中如此重要的成員，所以應該讓他們有很多機會說出他們的擔憂、問一些問題和分享他們的想法。如果他們因為時間或課程的限制，而無法參與定期召開的團隊會議，那團隊就一定要想辦法透過其他的方式或架構，來跟他們溝通與分享。

當我負責督導九位輔助性專業人員並與其合作時，我試著每個月都安排跟他們個別會談幾次，每次十五到二十分鐘，讓他們保持擁有充分的訊息。另外，我們也在我們的辦公室裡共用的黑板上，透過張貼短箋與建議來溝通。每一個人都會進到辦公室放置個人物品和喝杯咖啡休息一下，所以我們小組的每一個成員都有機會提供和得到當天的消息，還能掌握個別學生或班級最新發生的事情。

在忙碌的日子裡，輔助性專業人員可能會覺得很疲累和缺乏成就感。他們常常都是校園中最忙碌的人，但是他們的創意、辛苦和額外付出的心血，卻常常得到太少的肯定和報償。為了把輔助性專業人員拉進團隊，還有讓他們心裡覺得比較舒服和受到重視，老師和其他的團隊成員一定要看見和發掘輔助性專業人員帶到班級中的所有才能。如果輔助性專業人員對歷史很在行，那老師就要找機會讓他（她）跟學生分享他（她）最喜歡的故事，或是請他協助教學團隊就一個歷史的主題設計一堂課。如果輔助性專業人員很擅長幫助經常難過不安的學生，那就可以請他（她）跟其他的專業人員和輔助性專業人員談談他（她）使用的策略。表 12-1 列舉了其他更多跟輔助性專業人員合作時的技巧。

表 12-1　與輔助性專業人員合作的技巧 *248*

把重要的團隊資訊，放在一個三孔的活頁夾裡，或是貼在容易看到的布告欄上，這樣可以讓輔助性專業人員查閱適應性調整、課程規劃和治療師日誌等相關訊息。
試著每週跟輔助性專業人員開一次會。即使會議的時間很短，但花一段時間跟輔助性專業人員取得聯繫是很重要的。
絕對不要請輔助性專業人員做任何你自己不做的事情。
提供時間跟輔助性專業人員互相分享想法。
給輔助性專業人員充足的時間學習新的技能，不應該期待輔助性專業人員在沒有人為他們做示範的前提下，執行任務或從事活動。
花些時間觀察輔助性專業人員的工作情形，必要時，提供他們回饋與支持。
只要情況允許，就安排輔助性專業人員參加團隊會議和教職員成長活動。

治療師

傳統上，學校的治療師都在他們私人的辦公室裡提供他們的服務，而他們的辦公室經常是在學校的地下室或是走廊的後端，所以治療的課程與服務一般都跟教室裡的教學與學習活動不太相關。老師們發現，很多接受這種治療模式的學生，無法把他們學到的新技能位移類化到教室的情境中。

現在老師們都了解，在隔離的情境下學習技巧與技能常常是不具效益的練習，學生必須要在他們最有可能使用到的地方來練習些新技巧與技能（Giangreco, Edelman, & Dennis, 1991; Rainforth & England, 1997; Rainforth & York-Barr, 1997）。

現今的說話暨語言治療師、職能治療師、物理治療師和視覺與動作訓練員，大都進到融合班級中，在普通教師與特教老師旁邊進行治療活動。雖然有一些治療工作可能需要在治療師的私人空間裡進行（比如幫助訓練學生比較私密的生活自理技能），但大部分的治療工作都可以在普通教育環境中進行。治療師一定要提供老師意見，幫助老師調整環境、設備與科技以配合學生需求，還有提供一些能夠幫助學生達成個別化訓練目標的活動。例如，物理治療師可以給體育老師一些意見，幫助動作能力有限制的學生參與籃球課；說話與語言治療師可以教導自閉症的學生和其班上的同學，如何在社會課分組討論的時候使用新的溝通系統；而職能治療師則可以在上日記寫作課的時候，在教室四處走動，幫助矯正自閉症學生和其他學生寫作時的坐姿與握筆姿勢。

另外，治療師也要指導老師，每一個治療師都一定要教導同事與治療相關的術語和策略。治療師應該要提供充分的資訊給老師、輔助性專業人員，和其他在融合班級中執行訓練目標的人，讓他們了解提供學生某一項技能或行為支持的原因。例如，職能治療師如果希望學生改變坐姿或用不同的握筆器握筆，那就要讓在學生班上的每一位工
249 作人員了解這些改變的原因與重要性，知道遇到這些事情時要怎麼協助學生，還有學習怎麼跟學生談這些改變。

社工員、學校輔導員和心理師

這些專業人員能夠在幫助學生了解與身心障礙同學互動的適當方式，以及在滿足自閉症學生的社會與情緒需求方面，提供團隊很多的

協助。扮演這些角色的人可能會花很多時間評估學生；但是他們還在其他很多方面幫助學生。這些專業人員可以直接提供自閉症學生一些服務，比如說輔導學生，或幫助學生規劃轉變期間的應對策略；也可以在安排課表、選修課程、提供社會支持、評估學生的學習需求，還有家庭與學校間的溝通等方面，幫助學生與負責學生的教育訓練團隊。

我認識一位在學校任職的心理師，她曾治療過一個患有亞斯勃格症的學生，幫助他發展自我決定的能力。在她治療這個學生的期間，她和這名學生一起上網瀏覽了一些討論亞斯勃格症的網站，和讀了一些亞斯勃格症患者寫的文章，她還跟這名學生一起把學生的生活製作成個人檔案。這名學生從瀏覽網路和讀文章中得到靈感，製作了一份自傳式的檔案，用來教導他的家人與朋友有關亞斯勃格症的症狀與診斷。同時，心理師也用這本檔案來跟這個學生產生聯結，教導他幫助自己爭取權益。

社工員、輔導員與心理師也可以幫助團隊與社區資源聯結。例如，社工員可以鼓勵學生參加一些社區俱樂部、社區團體或社區球隊，或是幫助學生的家人，找到一些私人的教學訓練服務。

這些專業人員還有一個很重要的功能，就是可以提供在工作上經歷重大改變的團隊成員一些幫助。從事心理健康輔導的專業人員，可以提供團隊成員一些處理壓力的方法，還有與其他成員間的協商技巧，或是幫助他們評估他們的困難點和成功之處。

專業顧問

有一些學校可能希望邀請自閉症學生的教育訓練專家加入服務團隊。有一些地區的學校有相關的專業人員供老師諮詢；不過，有一些地方的學校卻需要尋求當地非營利機構、大專院校或是獨立的教育顧問的協助。

這種形式的支持可以提供整個團隊一個嶄新的視野，和一些新的想法與觀念；有些時候，還可以幫助確認團隊的做法是正確的。當團隊需要更多關於自閉症的資訊，當學生的家人無法提供團隊所需的專門知識，還有／或當團隊與學生都感到所獲得的支持不足而需要新的解決方案時，可以尋求專業顧問的參與。顧問可以提供新的教材、策略或訊息；不過，大部分專業顧問提供給團隊的支援都是暫時性的，所以團隊在顧問離開之後，要訂定一套取得後續支援的計畫。

250 在尋求專業顧問和外在的支援時，有一點一定要注意，那就是團隊不應該只因為某個人有某一些證照或頭銜，就假設他（她）具有可以幫助團隊的專門知識。團隊的成員應該要確認顧問與團隊所抱持的價值觀念相同，並且了解學校推廣融合教育的理念。此外，顧問也應該要傾聽和尊重每一個團隊成員的意見，包括學生和學生的家人，並且要在提出建議的時候，考量整個團隊的需求和所具備的技能。

合作的原則

有時候學校會把老師聚在一起組成一個團隊，不過團隊並不是指派老師加入就形成，也不是只要成員有組成團隊的意願就可以。雖然在這裡所列的原則絕對稱不上詳盡，但是這幾個原則都是真正的團隊合作所必須符合的。

第一個原則：共同的目標、價值觀念和使命

無論是哪一種合作團隊，所屬成員都應該要有共同的目標（Appley & Winder, 1977; Thousand & Villa, 2000），還有某一類共同的思想或使命（Schwarz & Bettenhausen, 2000; Villa, Thousand, Nevin, & Malgeri, 1996）。在我擔任融合教育促進者的其中一所學校，為了讓團隊成員在做決策時，還有跟新進職員與社區民眾溝通學校的信念與價值觀時，能夠集中焦點並清楚表達，而把推動融合教育的整個理念草擬出來（Schwarz, Bettenhausen, & Kruse, 1994）（請參見表 12-2）。

表 12-2 某一所學校的理念與建議做法聲明書中所列的目標範例

能力程度和教育背景各不相同的學生，需要彼此互相學習。
我們的目的是要為具有個別差異的學生，找出能符合其需求且教學工作能順利進行的「最佳做法」。
我們可以藉由為各種程度的學生設計個別化的課程，以符合學生的各種不同需求。
讓學生彼此互相模仿學習是很重要的。
提供學生支持指的不只是監督而已，而是要事先為每一個學生訂定適合學生的教育決策。
每一個學生都是我們學校的一員：在我們的教育模式中，學生的界線盡可能地降到最低。
大部分身心障礙學生在小學與中學時期必須學習的學校本位與社區本位的目標課程，都可以跟同年紀沒有身心障礙的同儕在同一個情境下一起學習。
我們需要依照學生在班上的個別需求和所能忍受的壓力或適當壓力，盡可能地開發學生在普通教室情境中的能力。
提供相關的支持服務時，要把焦點集中在他們專精的領域，以成功地整合與加強普通教育課程。
每一個學生都是「獨立的個體」，所以個別化的短期與長期目標優先執行。
學習的重點是要讓學生更獨立，還有要讓每一個人都有能力成為適任的學習者與公民。

出處：Schwarz, Bettenhausen, & Kruse Education Center staff, 1994.

團隊的目標可以針對某些特定的學生（如「教導 Kenny 閱讀的技能」），也可以是跟學校或教職員有關的（如「我們全部都要學習如何上合作式的課程」）。

雖然每個團隊成員在加入團隊時，一定是各懷不同程度的使命感，對融合教育也有不同的理解，但是如果要讓融合教育成為學校文化的一部分，所有的成員就一定要有一些共同的核心價值觀念。一般融合學校的團隊價值觀念都包含相信所有的學生都能學習，以及身心障礙的學生有權利跟他們的同儕一起接受教育。

第二個原則：地位平等與角色分享

為了要擴展技能和提升專業知識，在融合班級中工作的成員要轉換所扮演的角色與所擔負的責任，好讓學生有更多管道可以取得更多樣化的支持。在融合學校規劃課程時，牽涉到的團隊成員不只是老師而已；有時候，治療師與輔助性專業人員的工作也與課程規劃有關，班級中的一些規定和全校的指導方針，也要由全部的成員一起訂定，包括學生和學生的家人；而 IEP 的訂定與執行，更是需要由特殊教育老師和普通教育老師一起負責。

在一開始轉換角色的時候，教育工作者可能會感到有些不知所措和焦慮。遇到這種情形的時候，開誠布公地規劃和討論改變可能會有幫助。Udvari-Solner 和 Keyes（2000）曾做過一項研究，在研究報告
251 中，有一所小學的校長 Jennie Allen 跟大家分享了她是怎麼幫助老師做角色與責任轉換的心理準備：

> 在團隊教導的班級形成之前，我們進行了幾次時間很長的討論。（討論）一些很簡單的事情，像是「你覺得班上有另一個夥伴的感覺如何？基本上，你即將會有一個夥伴，所以你要跟另一個人分享一間教室，在那間教室裡有另一個人的桌子、資料和東西，你覺得如何？當你們第一次在班上遇到行為問題的時候，你打算怎麼處理？誰去訓育學生呢？誰去打電話給家長？你們要怎麼做決定呢？在做課程規劃時，你們是一起規劃嗎？一星期中有幾天你們是一起做規劃呢？有幾天你們要分開進行課程規劃呢？誰教導哪一個小組學習呢？」這是一些我們需要討論的主題，（這些問題背後所傳遞的）訊息是我不打算在一個班級裡，讓一個人當教學助理另一個人當老師。（p. 443）

就像 Allen 所說的，合作時，所有參與者的關係應該是平等的，這意味著團隊成員要展現他們在教室中彼此不分上下一起合作的意願。Cook 和 Friend 建議班級內的成員在校園中一起合作共同傳遞彼此平等的信息，協調要怎麼合作來跟學生、學生家人和其他教職員溝通。平等的信息是要在「視覺、口頭與教學上」傳遞出成員間平等的訊息（1995, p. 11）。例如，兩個負責協同教學的老師可以一起主持一場公開活動，一起跟學生的家人做一個簡短的報告，並且向家長介紹他們兩人是班上的教學團隊。表 12-3 列舉了一些信息傳遞的方式，可以讓教育者感受到團隊努力地追求和／或實現成員間的平等。

表 12-3　一些可以顯示教師與輔助性專業人員地位平等的信息 252

把兩個／所有老師的名字寫在黑板上。
把兩個／所有老師的名字寫在給家長的信件上。
讓兩個／全部老師一起主持公開活動或其他的班級活動。
讓兩個／全部老師一起教學、設計課程和評量學生的能力。
讓兩個／全部老師一起參與家長／老師的座談會。
試著給教室中的每一個人一樣的辦公環境（如大小一樣的桌子）。

第三個原則：建立規劃與溝通的架構

有效的合作並不容易做到，也不是很快就能達成。一開始合作的時候，要花很多的時間與精力。成效良好的合作關係，是在團隊成員聚集在一起花時間交換意見和訊息，以及一起解決問題時發展出來的。要建立成員間的信任關係，和發展團隊成員正式、非正式的有效合作架構與程序，花些時間和不斷地練習都是必要的（Larson & La-Fasto, 1989）。

成功的融合教育，需要讓老師有面對面開會的機會，一起為個別學生做規劃和為全班學生設計課程。理想的做法是讓老師每週跟其他全部的團隊成員會面，一起規劃教學與設計課程。若無法每週會面一次，那間隔的時間可以拉長一點，一個月開一次會一起討論長期的規劃，再透過其他的工具或架構進行每天或每週的溝通（請查閱表 12-4 參考一些規劃與合作的架構）。

第四個原則：分散式領導

成效良好的團隊大都使用領導的分配功能理論（Johnson & Johnson, 1999; Thousand & Villa, 2000），也就是把「傳統上任務和關係等功能的單一領導角色，分配到全部的團隊成員身上」（Thousand & Villa, 2000, p. 257）。這意味著由不同的團隊成員輪流完成某些任務（如主持會議、打電話給學生家人、負責完成學生 IEP 的一些文書工作等），也意味著每一個成員都一起參與討論和做決策。一開始成員要從傳統的角色轉變到新的角色，可能會有些困難，尤其是當有行政人員或某一特定老師已經做了許多團隊合作開始前的預備工作時，轉變會更困難。為了能順利過渡到分散式領導，團隊可以選派成員擔任特定角色，然後再有系統地轉換這些角色。例如，指派一位老師擔任團隊合作的促進者一個月（如負責舉行會議和監控議程表上的後續工作等），一個月之後，再換成擔任團隊中調解分歧的人（如負責檢核成員的執行情形、評估團隊的進展，和澄清溝通上的問題等）。

第五個原則：分擔教育學生的責任

有一個學生推擠一位自閉症學生，這位自閉症學生也推擠回去，老師是同時制止兩位學生，並且協助他們以商量的方式解決他們共同的問題呢？還是只訓誡沒有特定障礙的學生，然後跟自閉症的學生說他需要去跟「他的老師」談談這件事情？

有一些新到融合學校的老師，可能會覺得他們只對那些沒有障礙的學生有責任，而認為那些有障礙的學生是「屬於」其他某一個老師的。這個把一些學生視為「其他學生」的做法，存在已久且根深柢固，每天都在我們的校園中以各種不同的方式出現。然而，在融合學

表 12-4　規劃與合作的架構 253

團隊會議	老師可以每週、每兩週會面一次，或是在每個月的月底或月初花幾個小時一起規劃。
小型團隊會議	進行小型的團隊會議時，一般多只預定討論一兩個議題。在每週一早晨上課前，花十五分鐘碰面討論。討論的主題一般都讓成員預先知道，然後參與的成員在會議中提出他們的想法。安排一個提高會議效率的人，可以讓團隊的成員保持高度的參與。
午餐會議	團隊成員中的一兩人或是整個團隊可以每個月安排幾次聚餐。有一些團隊會利用聚餐的時候開會討論一些事情，就像其他的會議形式一樣；有一些則是純粹聯絡感情，分享彼此的成功經驗。
「抽空」開會	有一些團隊成員可以在學生觀賞電影、聆聽客座演講，或獨立寫作業時，抽空在教室的後面或隔壁間教室開個會。
意見交換簿	有一些團隊透過在紙上交換意見進行溝通，團隊的成員在一張紙上寫下意見、想法與擔憂，然後傳給同事分享。看到的同事則在紙上加上自己的意見、想法與擔憂，然後傳回去以作為回應。這種形式的規劃與合作架構可以在兩個或兩個以上的教師間使用。
電子郵件	電子郵件可以用來詢問一些簡單的問題（如 Emi 交回戶外教學家長同意回條了嗎？）或規劃課程。一位老師可以針對即將上的課程做重點摘記，然後寄送給另一位老師，這位收到電子郵件的老師可以做些調整或給些建議，然後再寄回給發出郵件的同事。
課程活頁夾	有一些團隊會把所有的計畫整理在一個大的活頁夾中，讓每個團隊成員都可以看得到。教師、治療師、輔助性專業人員和其他成員若想加上一些意見，或提供一些素材，都可以加在活頁中。
溝通表格	在一些學校（尤其是團隊成員不一定每天都能看到對方的中學），團隊可以透過填寫一份溝通表格來溝通。表格中最好有一些清單選項、程度等級或簡短的答案選項可以勾選，讓表格很容易使用。比如說，有一所學校請普通教育老師每兩週填寫一份表格，請他們回答一些問題，包括：在 1 到 10 的等級中，你覺得學生的IEP目標在普通班級中的執行情形為何？在 1 到 10 的等級中，你覺得你滿足了班上所有學生的多少需求？你覺得輔助性專業人員提供給學生的支持不夠？剛好足夠？太多？請你描述最近某些學生的個別進步情形。你認為下次開會我們應該要討論哪些話題？

校裡，每一位教職員都對全部的學生負有責任，並且要積極地用行動負起這項責任。他們在乎並關心每一位學生，很努力地去認識學生，並且參與教導學生。例如，說話暨語言治療師可以把有障礙和沒有障礙的學生組成一閱讀小組，教導他們閱讀的技能；特教老師可以協助沒有障礙的學生進行一份獨立的研究報告；普通教師可以跟自閉症學
254 生進行一對一的教學；社工人員則可以教導全部的二年級學生一些社交的技巧等。

在大家分擔教育學生責任的班上，老師們所使用的語言也會跟著改變。例如，當全部的老師教導和支持全部的學生時，語言中的「你的」和「我的」將不再有意義，而當老師們開始使用別的語言，像是「我們」和「我們的」時，語言將會徹底轉變，這時候，區分責任和把學生看作是屬於某一計畫或老師的做法，常常會變得彆扭而不自然。

你怎麼跟班上全部的成員分工？

很多老師都對有人到教室裡來幫忙感到非常高興，並且因為有同事跟他（她）一起分享成功與分擔挫折而鬆一口氣；不過有些老師不知道該怎麼處理全部的支援。我甚至聽說過有老師抱怨他們班上的支援和人員太多。

事實上，如果真的有班級或學校有太多支援的情形，也是很少見的。幾乎所有的例子都是學生確實因為師生比例比較低而受益，所以有越多人的協助，好處就越多。不過，要最有效率和最有效果地使用這些支援是很關鍵的，如果團隊成員沒有巧妙地運用這些支援，珍貴的人力資源就浪費掉了，而最終受到影響的是學生。評估支持的距離、使用各種協同教學（co-teaching）的架構，和謹慎地規劃每一個在教室裡工作人員的角色與責任，就能讓全班的學生都因為在教室中全部的人員而受益，全部的老師也都能有意義地參與班級生活。

考量介入的程度

有一天，有一個朋友打電話給我請我去她的班級看看。我的這個朋友自任教以來，第一次擔任七年級的老師，她的班上即將有一名自閉症的學生加入，所以她正在徵詢他人的意見。我走進那所中學的教室時，學生正在做科學實驗，我立刻就認出了朋友說的那位新學生。他坐在教室後面的座位上，有三個大人圍繞著他，我稍後知道其中兩位是治療師，另一位是輔助性專業人員。雖然他的教育訓練人員可能是想參與他們認為很重要的教學活動，但他們之間的交流互動，看起來比較像是高峰會，而不是一堂七年級的自然科學課。

我描述這個場景是要跟大家說明，考量大人介入的程度（adult proximity）對學生學習所造成的影響，是多麼重要的一件事。在一份研究報告中，研究者提出了輔助性專業人員介入太多所造成的八大問題（Giangreco, Edelman, Luiselli, & MacFarland, 1997）。雖然參與研究的人指出，身心障礙學生與輔助性專業人員某種程度上的近距離接觸是好的，甚至有時候是很必要的（如使用觸覺提示、訓練生活自理等），但他們也承認了大人的支持與介入並不是總是必須的，事實上，有時反倒會對學生產生不良的影響，如同研究報告中的一位特殊教育老師跟大家分享的：

> 有時候，我覺得幫Holly做太多，Holly就沒有機會跟她的同 255
> 儕互動，而且總是有人在她的身邊轉來轉去，告訴她要做什麼或幫她做事情，反而會阻礙了她跟同儕發展關係的機會。我想請教學助理坐得離Holly遠一點兒，這樣同儕才有機會去Holly旁邊，跟Holly有比較多的互動。（Giangreco et al., 1997, p. 217）

這份報告還提出了具體的研究發現，指出大人太多的介入會干擾到普通教師與學生的關係，和影響到其所擔負的責任；還會把學生跟同學分開；讓學生養成依賴大人的習慣；減少學生與同儕互動的機會；學生接受其他優秀教導的機會也會因而受到限制；學生還會失去練習掌控自己的機會；失去發展性別認同的機會；還會干擾到別人的教學。有一點大家要注意的是，雖然這些研究人員特別集中在探討輔助性專業人員的行為，但這份研究報告及其研究結果提供了重要的訊息，給任何一個跟訓練身心障礙學生有關的人員，包括行政人員、老師、治療師和班級義工等。這份研究不是跟輔助性專業人員的工作那麼相關，它的重點在於融合班級裡的所有人員可能會如何使用或誤用他們的時間與精力。

太多大人的支持與形式錯誤的支持會剝奪學生一般正常的學習機會。例如，我以前有一位學生叫Thomas，他需要很大量的協助，他任何時段都很難好好地坐著，大約每一分鐘都會從他的椅子上跳起來，除非有人坐在他旁邊把手放在他的肩膀上。另外，他不是很會整理自己的教材，除非有人幫他準備好。因為這些原因，Thomas總是有老師或輔助性專業人員坐在他的旁邊，雖然這樣的安排在某方面來說，是增加了Thomas的參與度，但也因此剝奪了Thomas的社交機會，迫使他必須從頭到尾隨時隨地都要完全地「專心」。也就是說，當學生身旁老是有輔助人員一對一地看管著，提供他（她）一對一的協助與教導時，常常會錯過一些讓他們在求學期間愉快而難忘的社交機會與文化經驗。比如說，如果 Thomas 聽到朋友「不當的」笑話而咯咯地笑時，協助他的人便會馬上斥責他。像 Thomas 這樣有人負責提供他很多個別協助的學生，會一直有人看管他、注意他，他們因此而沒有機會跟別人一樣傳傳紙條、說些悄悄話、亂寫亂畫、做做白日夢，甚至是睡著！我並不是說讓學生在課堂上睡覺是好的教育做法，但我真的覺得讓學生在他們的求學經驗中有一些正常的經驗是很重要的。

逐漸減少大人的協助：兩個成功的例子

逐漸減少大人的介入會促使老師考量，用什麼樣的方式可以提供學生比較自然（natural）、比較不引人注目的支持。比如說，我以前的一個學生 Tim 好像需要很多的安全感，才能消除處在大團體中的恐懼，因為這個原因，他的老師把他的座位安排在教室的後面，這樣輔助性專業人員就可以坐在 Tim 旁邊，並且當 Tim 有需要休息時，可以很容易就離開教室。當我們注意到這個安排會把 Tim 和他的同儕隔離開來時，我們就把他的座位換到教室的中間，讓他坐在兩個他認識並且喜歡的學生中間，這兩位學生都有能力說些 Tim 需要的支持性話語給 Tim 聽，Tim 馬上就對這樣的安排有了很好的反應。過了一段時間之後，他需要的休息時間變少了，最後幾乎不需要什麼鼓勵的話就可以待在團體裡，並且參與課程活動。這個時候，之前負責協助 Tim 的輔助性專業人員就可以空出時間，來為 Tim 設計新的適應性調整方案，和在教室四處內走動提供全班學生支持，以及跟普通教師一起就課程的某個部分進行協同教學。 256

另外還有一個學生 Garren，他在學校的時候很獨立，但是吃午餐時，卻總是有輔助性專業人員或老師在旁協助他。這讓 Garren 的媽媽很傷腦筋，因為午餐時間是學生聯絡感情的時候，輔助性專業人員一直跟在旁邊，好像會阻礙了 Garren 參與午餐時間的一般常態活動的機會，像是說說笑話、分享一些消息和講講上課時候的事情等。當 Garren 的媽媽問老師能不能讓 Garren 自己一個人去用餐時，Garren 的老師回答說，Garren 需要協助才能把午餐準備好，因為 Garren 不太能自己維持托盤的平衡，常會讓重重的托盤掉到地上，他也無法自己打開盛裝食物的器皿和紙盒包裝的牛奶，甚至連把包裝熱騰騰午餐的錫箔紙拿掉都有困難。另外，還有一個職員也說，Garren 並不太想跟其他學生互動，因此，他們認為有個大人在場可以幫助 Garren 跟同儕互動。不過 Garren 的媽媽還是堅持想讓 Garren 自己到餐廳用餐，負責 Garren 的教育團隊同意試試新的方式來支持 Garren。

團隊肯定Garren了解怎麼通過領取午餐的路線拿到他的午餐，但是他沒有足夠的力氣或協調性來完成這個過程。所以團隊決定讓Garren 選擇，看他是要讓餐廳的員工幫他把托盤拿出來放在桌子上，還是要提早一點到餐廳，讓他一次把東西都拿齊。然後，職員還教Garren 怎麼用吸管在紙盒包裝的牛奶瓶上打個洞，而不用打開紙盒的開口，並教他請同學幫他把熱騰騰的午餐打開。同儕們都很樂意幫Garren，有一些學生甚至請 Garren 用很酷的新「吸管鑿洞法」幫他們打開牛奶瓶。這個新的做法才進行沒幾天，Garren 就已經能獨立地享用他的午餐，並且不需要大人的協助就能認識一些同學。當沒有人坐在Garren 旁邊把他和同學隔離開之後，Garren 反而不再需要大人幫忙「促進他和同儕的社會互動」，這真是很有意思的一件事！

提供學生更好的介入與支持

在教室裡用以支持學生的各種不同方法應該要持續地評估。在大部分的情況下，當學生學會了新的技能而變得比較能夠獨立時，就應該逐漸減少肢體的協助（physical supports）與介入的程度。當我鼓勵一些實習老師思考一下介入的程度，並且有時候要逐漸減少提供給身心障礙學生的支持與介入頻率時，他們有時候會跟我說，某一個學生「無法獨立做任何事」，或某個學生「需要完全的協助」。事實上，確實有很多自閉症學生有很大量的需求，其中有一些需要很密集的協助，但是，我們也確實可以透過很多方法來幫助這些需要密集協助的學生，並不是一定都得有大人待在旁邊才行。實際上，支持個別學生時，大人的協助應該是最後才用的方法之一，尤其是對那些幾乎沒什麼機會參與團體，和為他們自己做點事情的身心障礙學生。

以創造性方法解決問題的團隊能夠想出一些方法，一面提供學生所需的支持，一面讓學生有機會學習新技能與發展新能力。每一堂課
257 都依賴大人為其整理教具教材的學生，可以教導他們使用檢查清單和查看功課表；需要在下課的時候協助穿脫鞋子的學生，可以讓他們穿

比較容易穿脫的鞋子，如果有需要，也可以請同學幫忙；而依賴大人的協助才能與同儕溝通的學生，可以教導他們使用手語或溝通輔具，同時也可以教導班上的其他學生以說話以外的方式溝通。

當然還是有一些學生需要大人的協助，而讓學生接受大人直接的、一對一的教導，或肢體上的協助，常常也都是很適當的做法；但當學生需要這樣的支持時，教育工作者應該要謹慎地評估。有很多情形都是大人拉張椅子坐到學生的座位旁邊，然後就幾乎一整天都沒有從學生身旁的位子離開。即使是學生真的有需要大量的個別協助，每一個教育工作者也應該要想辦法把坐到學生身旁的負面標記降到最低。即使是需要個別協助才能開始做指定作業的學生，協助的大人還是可以在提供協助之後，離開學生的座位回到自己的位子。另一種做法是拉一張椅子坐到一小組學生的旁邊，協助在那個區域範圍內的全部學生。這兩種做法都提供了自閉症學生所需要的支持，同時也讓他們有獨立操作的機會。

我們之所以要改變協助學生的方法，其中一個最重要的原因就是跟成本／效益分析有關。老師在一天之中要完成許多不可能的任務，老師被要求要擔負的新責任越來越多，也越來越多聲音要老師轉變他們的角色，教育工作者需要好好運用他們所能得到的全部協助與支持。以批判性的態度思考在教室裡的大人該如何運作，才能提供給全部的學生更好的教學，並讓每一個大人的工作更容易管理和更愉快。當老師和其他在教室裡工作的大人減少提供學生密集的、一對一的協助之後，他們就有時間教導小組學生、上些課程、規劃和設計教材等，還可以多跟學生的家人以及其他的老師溝通。

使用各種不同的協同教學架構

我開始在融合班級中進行協同教學，是因為我的同事說她對自閉症「一點概念都沒有」，她好像對班上有身心障礙的學生感到很憂慮，於是希望我為「我的孩子」規劃課程和設計作業。但是才過幾個星期，她已開始跟我一起設計課程與執行教學了，並且會對我的決定提出質疑，還要求要一起參與身心障礙學生的 IEP 規劃。透過這樣的合作關係，她認識了自閉症，了解學生的 IEP 並且能夠執行，還能夠教導各種特質的學生；而身為特教老師，我也因此對普通教育課程有所認識，並且從此有信心帶領全班上課，我的同事教我設計主題式教學和學習成就評量，還教我設計具有挑戰性的自然課程與數學課程。

典型的協同教學是由一位專業工作者和一位級任老師，一起為普通教育班級的異質性學生團體，進行課程的規劃、教學與評量（Bauwens, Hourcade, & Friend, 1989; Walther-Thomas, 1997; Walther-Thomas et al., 2000）。藉著刻意地轉變角色，協同教學的老師更充分地分擔了對班級學生的責任。自 1990 年以來的研究報告都非常肯定，從學前到中學特殊教育專業背景與普通教育專業背景的老師使用協同教學的架
258 構（Meyers, Gelzheiser, & Yelich, 1991; Pugach & Wesson, 1995; Walther-Thomas, 1997）。例如，在一份由 Meyers 和他的同事（1991）一起做的研究報告中，普通教師表示他們比較喜歡教室內的支持模式甚過抽離式的支持模式，因為合作性比較強的模式似乎比較能夠激發老師在討論教學相關的議題時，更集中在討論有獨特學習需求的學生，因而召開團隊會議的頻率也比較高。在另外一份相關的研究報告中，協同教學班級中的老師說，他們有信心滿足班上所有學生的需求（Pugach & Wesson, 1995）。此外，Walther-Thomas（1997）評估了二十三個協同教學團隊，結果發現特殊教育老師和普通教育老師都表示，他們在合作的過程中獲得了專業上的成長，教學的動機也因此提升。在同一份研究中，學生說他們在協同教學的課堂上獲得老師更多的時間和注意力。

老師可以透過很多種不同形式的團隊教學架構，來獲得最佳的教學經驗、增加跟學生互動的機會、給其他同事機會建立新技能，還有讓彼此有機會互相學習。接下來的部分，我扼要地列出了五種不同的架構，可以讓兩位或兩位以上的老師或大人組成團隊一起教學。

一個教學／一個協助

當老師們使用這個模型時，他們通常都一起擔負上課的責任，一個帶領課程的進行，另一個則是以某種方式提供協助（Cook & Friend, 1995）。通常負責帶領課程的老師會準備上課的內容，而協助的老師則幫忙加些例子、分享一些趣事或軼事，或是在圖表、黑板或黑板架上做記錄。或者是一個老師在講台上講課，另一個則在教室四處走動，提供學生個別協助，和協助分組活動能順利進行。比如說，當一位老師在台上講授地理時，另一位老師則在黑板上寫一些重點，並指出教室地圖上的不同特色。

一個教學／一個協助模式很容易執行，而且可以「在現場」安排，這點很重要，因為執行上比較容易，老師便能夠在另一個老師在未經安排的情況下進入教室時，或者當一堂協同教學的課結束另一位老師仍留在教室時，很自然地轉換到一個教學／一個協助的模式一起教學。在使用一個教學／一個協助的模式時，老師應該要盡可能地多轉換角色，這樣兩位老師或全部的老師才都有帶領課程和提供協助的機會。

一個教學／一個觀察

在一些情況下，有些老師和輔助性專業人員可能會想要輪流扮演教室觀察員的角色。觀察員可以仔細察看整個班級的動態變化（如學生如何在小組合作的過程中解決問題等），或是個別學生的行為（如某一個學生對班上的噪音有什麼反應、某個學生怎麼跟人溝通等），老師可以用這些觀察到的資料來改善他們的課程規劃與教學，而且還能以有意義的方式認識學生。比如說，如果沒有花一個小時觀察沒有口語能力的學生跟一些同儕的互動情形，要評估這名學生的社交互動能力可能會很困難。

另外，老師也可以透過一個教學／一個觀察的模式從彼此身上學到很多。當我在學習帶領全班上課的技巧時，我有一個同事觀察我好幾次，她幫我改善了很多的教學技巧，同時，她也說她從觀察我的教學過程中，學會了多元層次教學法和正向的行為支持策略。

259 老師甚至也可以請同事互相觀察彼此在觀察期間內的特定教學行為，例如，還不習慣指導一小組學生的輔助性專業人員，可以請老師觀察她上課的情形，並在上課的步調、內容的組織與教學技巧等方面，給予她一些回饋。

一個教學／一個觀察的模式，也可以用來評估學生所需支持的分量與形式。有一個班級的普通教育老師認為，她班上的一個亞斯勃格症學生接受了太多輔助性專業人員的個別協助，老師相信這位學生在教室中可以更獨立，並且覺得只要有些時候讓這位學生獨立學習，他會更加主動。

團隊回應了老師所提出的這項憂慮，決定要觀察這名學生，並蒐集一些資訊，了解學生一整天下來需要什麼樣的協助。輔助性專業人員同意由她來蒐集資料，她花了一整天在教室中觀察，每當學生需要協助或遇到學生感到困難的作業或活動時，就記錄下來。團隊發現學生真正需要的直接協助其實非常少，雖然有幾次學生搞不清楚要做什麼（尤其是當班上在學一個新的數學遊戲時），但是同學都能夠當場就約略地教他一些。

在團隊看了輔助性專業人員觀察時所記錄的資訊之後，他們請輔助性專業人員開始用新的方法來協助這位學生。從此，輔助性專業人員不再提供這位學生直接的協助，也不再一直坐在學生的座位旁邊，而是把這個時間花在為學生設計一些調整和在班上四處走動，現場指導這位學生和班上的其他學生，並且協助級任老師呈現課程，讓課程可以顧及更多學生的需求（如老師在講課的時候，輔助性專業人員在黑板上寫下重點等）。

■ 雙人教學

雙人教學就是由兩個人一起合作來提供教學，在這些「雙人」的教學呈現中（Greene & Isaacs, 1999），通常兩個人都是扮演著班級主教的角色，例如兩名老師輪流帶領班上的學生討論、回答學生的問題，和促進課程和活動的順利進行等。

教學站

「使用教學站模式時，老師們把教學內容分成兩個或三個部分，甚至更多，然後在教室裡的不同地方分開呈現課程內容」（Cook & Friend, 1995, p. 6）。例如，老師可以設四個教學站，一站讓學生聆聽非洲鼓的錄音帶，一站讓學生一起創作幾小節的音樂曲子（如每組創作八小節），一站教導學生新的打鼓技巧，還有一站讓學生上網研究非洲舞蹈的節奏。

使用教學站的模式能夠把教室中每一個人員的專長與精力做極佳的運用，尤其是那些一天中有幾個大人會在固定的某些時段到教室裡提供服務的班級。要讓在教室中的大人很有效率地運用他們的時間，有一個方法就是讓他們在教室四處走動，在每一站幫助與教導學生（更多有關教學站的資訊，請參看第十一章）。雖然這個模式效果很好，但是有很多教學團隊發現，當大人們有特定的角色時，課程內容會更加豐富。比如說，為了一次提供五、六個學生組成的小組教學，可以讓一位老師駐紮在一個教學站，而讓輔助性專業人員在教室四處走動，跟個別學生面試重要的觀念，看看他們的理解情形；這個時候，特殊教育老師則可以就部分的課程內容，教導一些需要特別加強的學生。 *260*

平行教學

平行教學（Cook & Friend, 1995）是把全班平均分成幾個小組，然後提供每一小組相同的課程或活動。這個模式降低了師生比例，因此「很適合學生需要有大聲回答、實際操作，或是跟彼此互動的課程」（Cook & Friend, 1995, p. 7）。平行教學也可以在老師想要把學生分成比較小的團體，教導兩種不同的活動、觀念或目標時使用，兩位老師分別教導班上一組的學生不同的觀念，然後再交換教導另一半的學生同一個課程。當學生在學習一些來自經驗的知識時，特別適合使用這個模式，在這種時候，老師可以更仔細地觀察和評量學生的學習表現。下面是一些平行教學的例子：

- 老師把五年級班上的學生平均分成兩個小組，當特殊教育老師在教導一個小組有關美國民主黨的主題時，普通教育老師則教導另一組有關美國共和黨的主題。在學生聽完之後，回到全班一起上課的形式，讓他們互相教導剛剛聽講的內容。
- 在一個一年級的班上，普通教師和說話暨語言治療師分別教導一半的學生，兩人都就發音的主題教導學生。
- 當輔助性專業人員在幫班上一半的學生複習考試的重點時，級任的普通教育老師則教導另一半學生新的讀書方法與考試技巧（如快速瀏覽全文、把問題看清楚，和組織答案等）。然後下半堂課再讓學生交換組別聽講。
- 在一所高中的自然科學課上，老師把學生分成兩個異質性團體，其中二十位學生在自然科學老師的指導下，動手做生物實驗，另外五名學生則跟著特教老師在教室裡走動，觀察不同的教學站看同學做實驗，並就觀察到不同組別做實驗的方式做記錄。

分配特定的角色與責任

在參訪一些班級的時候，我常常看到專業人員和輔助性專業人員的專業與時間沒有被充分運用或被誤用。有一個幼稚園的班級，普通教育老師對著全班講故事，班上十八位學生、一位輔助性專業人員和一位特教老師，全部都坐在地板上看著老師上課。無疑地，輔助性專業人員和特教老師在試著扮演學生的好榜樣，還有幫助班上三名自閉症學生上課，但是我不知道這是否是幫助學生和使用人力資源的最好方式。有時候，這可能真的是最好的模式，因為讓全部的學生和全部的大人聚在一起，一定會建立起一種班級的團體歸屬感；不過，很多時候當老師評估課程或活動、衡量學生或課程的需求，還有針對班上專業人員與輔助性專業人員的技能與專長，有創意地設計出最適當、最有意義的運用模式時，學生可以獲得最有效的個別化支持。表 12-5 列舉了一些當大人們沒有提供學生直接的協助時，可以用來支持全班學生的很有意義的做法。

在一些情況下，教育工作者可能會刻意地讓他們的角色不那麼明 261
確，比如，老師和輔助性專業人員可能會在學生做實驗的時候，在教室四處走動，兩個人都負責在學生需要的時候幫助他們。這個模式和這些角色在一些情況下很適當，但有時候老師可能會希望彼此的角色明確些，好讓他們充分發揮他們的才能與天分。還有一個讓教育工作者分擔責任的方法，就是讓輔助性專業人員走來走去，回答學生一般性的問題，而普通教育老師則把注意力特別集中在某一小組的學生，幫他們上些簡短的課程，並且提出一些問題來讓一些需要加強的學生

表 12-5　大人可以用來支持全班學生的一些有意義的做法

評量學生的學習表現（透過觀察）。
觀察個別學生或全班學生的一些行為（如輪流、回饋信息）。
電訪學生家人。
跟其他的團隊成員保持聯繫。
設計調整方案。
做一些行政庶務工作（如影印、安排開會事宜）。
規劃課程或準備上課需要的教具教材。
跟團隊的成員開一個簡短的會議。
設計溝通輔具。
蒐集教材。
問學生一些問題，加強學生的理解。
蒐集個別化教育計畫目標的相關資料。
把教室中學生的互動情形錄下來（錄影或錄音），作為以後觀察和檢討用。
跟個別學生面談，評量學生對重要觀念的理解程度。

練習。或者也可以由普通教育老師在教室四處走動，帶領全班做實驗，輔助性專業人員則帶著一個有夾子的寫字板，輪流到各組記錄學生對「這個實驗」的了解情形。

當教育工作者發現自己正處於低潮時，當他們已經用同一種方法教了好多年而沒有試過其他不同的方法時，或者當他們想要做些不一樣的事情，但還沒有培養出足夠的勇氣時，考慮讓教育工作者扮演不同的角色和承擔不同的責任，就變得特別重要。當教育工作者覺得過度疲勞或挑戰性不足時，也是該轉換他們的角色與責任的時候。當下面的情形發生時，老師或許會需要試試新的方法：

- 班上的輔助性專業人員只負責一對一協助一位身心障礙的學生。
- 普通教育老師從來沒有機會個別指導學生。
- 特殊教育老師從來沒有上台講過課或教過沒有身心障礙的學生。
- 治療師沒有受邀參與設計課程或在班級中教學。
- 學生間沒有領導者的角色，並且從來沒有機會跟同學或老師一起呈現課程。

當然，我並不是建議老師一定要轉換他們承擔的每一種角色或責
262 任，但是，不斷地檢討和衡量每一個團隊成員的角色與責任是很重要的。適用於這個學期的模式，不見得適用於下個學期，今年在團隊中擔負某些特定責任的成員，明年或許會想試試其他的新角色。

總　結

真正致力於推廣融合教育的老師會尋求其他人的專業與支持，包括自閉症的學生及其家人。他們對新觀念會抱持著省思與開放的態度，會冒些險做些新嘗試，還願意跟別人分享他們的想法。彼此互相合作的教育工作者會質疑他們自己的做法、態度與認知，並且不斷地

思考要怎麼學習別人的做法、態度與認知。在融合學校裡，教育工作者也會不斷地檢討和評估合作的架構，當一個模式或所傳送的服務好像沒有效果時，相關的人員會思考他們支持學生的方式，設計一些效果更好的團隊教學模式，或是考量轉換團隊成員的角色與責任。如果團隊在設計和執行合作模式時，具有創造性思考的能力，有彈性，並且願意在現行模式不管用的時候用心設計新的模式，成功的機會就會越來越多。

自 1980 年代以來，企業界傾向採用分工合作與團隊導向的模式（Armstrong, 1997; Edwards, Edwards, & Benzel, 1997; Stieber, 1999）。這是為什麼呢？因為大型企業體認到團隊合作能夠提升生產力與創造力，並且團隊合作的工作品質也比較好。這是很重要的見解，身在教育界的我們也應該要注意。之所以要團隊合作，並不是為了趕流行，或是因為教育工作者對融合教育的認識還不夠深，無法自己獨立作業，教育工作者之所以要彼此互相合作，是因為這樣會強迫彼此成長與學習，並且這樣最後會對學生比較好。

更多的答案與資料請參考：

Doyle, M.B. (2002). *The paraprofessional's guide to the inclusive classroom: Working as a team (2nd ed.).* Baltimore: Paul H. Brookes Publishing Co.

Feigelson, S. (1998). *Energize your meetings with laughter.* Alexandria, VA: Association for Supervision and Curriculum Development.

Fishbaugh, M.S.E. (2000). *The collaboration guide for early career educators.* Baltimore: Paul H. Brookes Publishing Co.

Kinney, J., & Fischer, D. (2001). *Co-teaching students with autism.* Verona, WI: IEP Resources.

263 Morgan, J., & Ashbaker, B. Y. (2001). *A teacher's guide to working with paraeducators and other classroom aides.* Alexandria, VA: Association for Supervision and Curriculum Development.

Snell, M., & Janney, R. (2000). *Teachers' Guides to Inclusive Classrooms: Collaborative teaming.* Baltimore: Paul H. Brookes Publishing Co.

Walther-Thomas, C., Korinek, L., McLaughlin, V., & Williams, B.T. (2000). *Collaboration for inclusive education: Developing successful programs.* Needham Heights, MA: Allyn & Bacon.

參考書目

American Psychiatric Association (2000). *Diagnostic and statistical manual of mental disorders* (4th ed., text rev.). Washington, DC: Author.

Appley, D.G., & Winder, A.E. (1977). An evolving definition of collaboration and some implications for the world of work. *Journal of Applied Behavioral Science, 13,* 279–291.

Armstrong, R.V. (1997). *Teaming up for excellence.* Hardy, VA: Armstrong Publishing.

Armstrong, T. (1987). *In their own way.* Los Angeles: Tarcher.

Armstrong, T. (1994). *Multiple intelligences in the classroom.* Alexandria, VA: American Association of Supervision and Curriculum Development.

Aronson, E., & Patnoe, S. (1997). *The jigsaw classroom: Building cooperation in the classroom* (2nd ed.). New York: Addison-Wesley Longman.

Ashton-Warner, S. (1963). *Teacher.* New York: Simon & Schuster.

Attfield, R. (1993, February). Letter *Facilitated Communication Digest, 1*(2), p. 11.

Attwood, T. (1998). *Asperger's syndrome: A guide for parents and professionals.* London: Jessica Kingsley Publishers.

Ault, M.J., Gast, D.L., & Wolery, M. (1988). Comparison of progressive and constant time delay procedures in teaching community sign word reading. *American Journal of Special Education, 24*(1), 27–30.

Ayres, W. (2001). *To teach: The journey of a teacher.* New York: Teachers College Press.

Barron, J., & Barron, S. (1992). *There's a boy in here.* New York: Simon & Schuster.

Bauby, J-D. (1997). *The diving bell and the butterfly.* New York: Vintage.

Bauwens, J., Hourcade, J.J., & Friend, M. (1989). Cooperative teaching: A model for general and special education integration. *Remedial and Special Education, 10,* 17–22.

Bennett, B., Rolheiser, C., & Stevahn (1991). *Cooperative learning: Where heart meets mind.* Ajax, Ontario Canada: Bookation.

Bigelow, B. (1994). Getting off the track: Stories from an untracked classroom. From *Rethinking our classrooms: Teaching for equity and justice* (pp. 58–65). Milwaukee, WI: Rethinking Schools.

Biklen, D. (1990). Communication unbound: Autism and praxis. *Harvard Education Review, 60,* 291–314.

Biklen, D. (1992). *Schooling without labels: Parents, educators, and inclusive education.* Philadelphia: Temple University Press.

Biklen, D. (1993). *Communication unbound: How facilitated communication is challenging traditional views of autism and dis/ability.* New York: Teachers College Press.

Biklen, D. (1993, November). Questions and answers about facilitated communication. *Facilitated Communication Digest 1*(2), 10–14.

Biklen, D., & Cardinal, D. (1997). *Contested words, contested science.* New York: Teachers College Press.

Biklen, D., Saha, S., & Kliewer, C. (1995). How teachers confirm the authorship of facilitated communication: A portfolio approach. *Journal of The Association for Persons with Severe Handicaps, 20*, 45–56.

Biklen, D., & Shubert, A. (1991). New words: The communication of students with autism. *Remedial and Special Education, 12*, 46–57.

Bishop, K.D., Jubala, K.A., Stainback, W., & Stainback, S. (1996). Facilitating friendships. In S. Stainback & W. Stainback (Eds.), *Inclusion: A guide for educators* (pp. 155–169). Baltimore: Paul H. Brookes Publishing Co.

Blackburn, J. (1997). *Autism? What is it?* Retrieved from http://www.autistics.org/library/whatis.html

Blackman, L. (2001). *Lucy's story: Autism and other adventures*. London: Jessica Kingsley Publishers.

Blatt, B., & Kaplan, F. (1974). *Christmas in purgatory: A photographic essay on mental retardation*. Syracuse, NY: Human Policy Press.

Blau, L. (2001). 5 surefire strategies for developing reading fluency. *Instructor, 110*, 28–30.

Bober, S. (1995). Nicholas. In A. Stehli (Ed.), *Dancing in the rain: Stories of exceptional children by parents of children with special needs*. (pp. 114–115). Westport, CT: The Georgiana Organization.

Bondy, A., & Frost, L. (2002). *A picture's worth: PECS and other visual communication strategies in autism*. Bethesda, MD: Woodbine House.

Bordin, J., & Lytle, R.K. (2000). The IEP meeting: All together now... *The Exceptional Parent, 30*,(9), 74–77.

Bracey, G.W. (1994). Reward and punishment. *Phi Delta Kappan, 75*(6), 494–497.

Brady, J. (1995). *Schooling young children: A feminist pedagogy for liberatory learning*. Albany: State University of New York Press.

Brady, J., & Dentith, A.M. (2000, April). *A critical feminist postmodern pedagogy: Linking theory with practice*. Paper presented at the meeting of the American Education Research Association, New Orleans, LA.

Brendtro, L.K., Brokenleg, M., & Van Bockern, S. (1990). *Reclaiming youth at risk: Our hope for the future*. Bloomington, IN: National Education Service.

Broderick, A., & Kasa-Hendrickson, C. (2001). "SAY JUST ONE WORD AT FIRST": The emergence of reliable speech in a student labeled with autism. *The Journal of The Association for Persons with Severe Handicaps, 26*, 13–24.

Brophy, J., & Evertson, C. (1981). *Student characteristics and teaching*. New York: Addison-Wesley Longman.

Browder, D.M., Hines, C., McCarthy, L.J., & Fees, J. (1984). A treatment package for increasing sight word recognition for use in daily living skills. *Education and Training of the Mentally Retarded, 19*, 191–200.

Brown, L., Kluth, P., Suomi, J., Causton-Theoharis, Houghton, L., & Jorgensen, J. (2000). *Research team experiences for students with and without disabilities*. Durham:University of New Hampshire, Institute on Disability.

Burke, J. (1999, December). The school of my dreams. *Facilitated Communication Digest, 8*(1), 4.

Burke, J. (2002, December). TASH: Our quest: Opportunity, equality, justice. Keynote presentation at the meeting of The Association for Persons with Severe Handicaps, Boston.

Burns, N. (1998, October). Equality. *TASH Newsletter, 24*(10).

Calculator, S., & Singer, K. (1992). Letter to the editor: Preliminary validation information on facilitated communication. *Topics in Language Disorders, 13*, ix–xvi.

Campbell, P.H., McInerney, W.F., & Cooper, M.A. (1984). Therapeutic programming for students with severe handicaps. *The American Journal of Occupational Therapy, 38*, 594–602.

Cardinal, D., & Biklen, D. (1997a). Suggested procedures for confirming authorship through research: An initial investigation. In D. Biklen & D. Cardinal (Eds.), *Contested words, contested science: Unraveling the facilitated communication controversy* (pp. 173–186). New York: Teachers College Press.

Cardinal, D., & Biklen, D. (1997b). Summing it up: What should not and what can be said about facilitated communication. In D. Biklen & D. Cardinal (Eds.), *Contested words, contested science: Unraveling the facilitated communication controversy* (pp. 199–208). New York: Teachers College Press.

Cardinal, D., Hanson, D., & Wakeman, J. (1996). Investigation of authorship in facilitated communication. *Mental Retardation, 34,* 231–242.

Carle, E. (1969). *The very hungry caterpillar.* New York: Putnam.

Carlson, R. (1998). *The don't sweat the small stuff workbook.* New York: Hyperion.

Carroll, L. (1865). *Alice's adventures in wonderland.* London: Macmillan and Co.

Centers for Disease Control and Prevention. (2002, June). *Metropolitan Atlanta developmental disabiltities surveillance program.* Retrieved from http://www.cdc.gov/ncbddd/dd/ddsurv.htm

Chandler-Olcott, K. (in press). Seeing all students as literate. In P. Kluth, D. Straut & D. Biklen (Eds.), *Access to academics for ALL students.* Mahwah, NJ: Lawrence Erlbaum Associates.

Cisneros, S. (1991). *The house on Mango Street.* New York: Vintage Books.

Colasent, R., & Griffith, P.L. (1998). Autism and literacy: Looking into the classroom with rabbit stories. *The Reading Teacher, 51,* 414–420.

Coles, G. (1987). The learning mystique: A critical look at "learning disabilities." New York: Fawcett Columbine.

Contract Conultants, Inc. (1997). *What we are learning about autism/pervasive developmental disorder: Evolving dialogues and approaches to promoting development and adaptation.* New Cumberland, PA: Contract Consultants and Temple University Institute on Disabilities.

Cook, L., & Friend, M. (1995). Co-Teaching: Guidelines for creating effective practices. *Focus on Exceptional Children, 28,* 1–15.

Coppola, F.F. (Director). (1979). *Apocalypse now* [Motion Picture]. United States: Paramount Pictures.

Corrigan, D., & Bishop, K.K. (1997). Creating family-centered integrated service systems and interprofessional educational programs to implement them. *Social Work in Education, 19*(3), 149–163.

Crossley, R. (1997). *Speechless: Facilitating communication for individuals without voices.* New York: Dutton.

Cummins, J. (1996). *Negotiating identities: Education for empowerment in a diverse society.* Ontario: California Association for Bilingual Education.

Cunat, M. (1996). Vision, vitality, and values: Advocating the democratic classroom. In L.E. Beyer (Ed.), *Creating democratic classrooms: The struggle to integrate theory and practice.* New York: Teachers College Press.

Cutler, R. (1998). Ask Rob. *The communicator.* North Plymouth, MA: Autism National Committee.

Danforth, S., & Rhodes, W.C. (1997). Deconstructing disability: A philosophy for inclusion. *Remedial and Special Education, 18,* 357–365.

Darling-Hammond, L. (1997). *The right to learn.* San Francisco: Jossey-Bass.

Davern, L. (1996). Building partnerships with parents. In M.F. Giangreco (Ed.), *Quick guides to inclusion: Ideas for educating students with disabilities* (pp. 29–55). Baltimore: Paul H. Brookes Publishing Co.

Delpit, L. (1995). *Teaching other people's children: Cultural conflict in the classroom.* New York: New Press.

Dewey, J. (1910). *How we think.* Boston: Heath.

Donnellan, A. (1984). The criterion of the least dangerous assumption. *Behavioral Disorders, 9,* 141–150.

Donnellan, A., & Leary, M. (1995). *Movement differences and diversity in autism/mental retardation: Appreciating and accommodating people with communication and behavior challenges.* Madison, WI: DRI Press.

Downing, J. (1999). *Teaching communication skills to students with severe disabilities.* Baltimore: Paul H. Brookes Publishing Co.

Downing, J., Ryndak, D., & Clark, D. (2000). Paraeducators in inclusive classrooms: Their own perspective. *Remedial and Special Education, 21,* 171–181.

Doyle, M.B. (2002). *The paraprofessional's guide to the inclusive classroom: Working as a team (2nd ed).* Baltimore: Paul H. Brookes Publishing Co.

Draper, R. (1997). Active learning in mathematics: Desktop teaching. *Mathematics Teacher, 90,* 622–625.

Dugan, E., Kamps, D., Leonard, B., Watkins, N., Rheinberger, A., & Stackhaus, J. (1995). Effects of cooperative learning groups during social studies for students with autism and fourth-grade peers. *Journal of Applied Behavior Analysis, 28,* 175–188.

Dyson, B., & Grineski, S. (2001). Using cooperative learning structures in physical education. *Journal of Physical Education, Recreation & Dance, 72,* 28–31.

Education for All Handicapped Children Act of 1975, PL 94-142, 20 U.S.C. §§ 1400 *et seq.*

Edwards, P., Edwards, S., & Benzel, R. (1997). *Teaming up.* Los Angeles: J.P. Tarcher.

Edwards, E., Heron, A., & Francis, M. (2000). *Toward an ideological definition of literacy: How critical pedagogy shaped the literacy development of students in a fifth-grade social studies class.* Paper presented at the meeting of the American Education Research Association, New Orleans.

Egel, A.L. (1989). Finding the right educational program. In M.D. Powers (Ed.), *Children with autism: A parent's guide* (pp. 169–202). Bethesda, MD: Woodbine House.

Erickson, K. A., Koppenhaver, D. A., & Yoder, D. E. (1994). *Literacy and adults with developmental disabilities* (NCAL Technical Report TR 94-15). The Center for Literacy and Disability Studies, University of North Carolina at Chapel Hill. (ERIC Document Number ED 377 340).

Faber, A., & Mazlish, E. (1995). *How to talk so kids can learn—at home and at school.* New York: Avon Books.

Falvey, M., Givner, C., & Kimm, C. (1995). What is an inclusive school? In R. Villa & J. Thousand (Eds.), *Creating an inclusive school* (pp. 1–12). Alexandria, VA: Association for Supervision and Curriculum Development.

Farlow, L. (1996). A quartet of success stories: How to make inclusion work. *Educational Leadership, 53,* 51–55.

Felner, R.D., Kasak, D., Mulhall, P., & Flowers, N. (1997). The Project on High Performance Learning Communities: Applying the Land-Grant Model to School Reform. *Phi Delta Kappan, 78*(7), 520–527.

Ferguson, D., Ralph, G., Meyer, G., Lester, J., Droege, C., Guoôjônsdôttir, H., Sampson, N., & Williams, J. (2001). *Designing personalized learning for every student.* Alexandria, VA: Association for Supervision and Curriculum Development.

Fihe, T. (2000, November). *Speech in an Abnormal Psychology class.* Paper presented at University of California in Santa Cruz.

Fisher, D., & Roach, V. (1999). *Opening doors: Connecting students to curriculum, classmates, and learning.* Colorado Springs, CO: PEAK Parent Center.

Fling, E. (2000). *Eating an artichoke: A mother's perspective on Asperger syndrome.* London: Jessica Kingsley Publishers.

Fling, F.M. (1994). One use of sources in the teaching of history. *Social Studies, 85,* 206–210.

Fombonne, E. (1999). The epidemiology of autism: A review. *Psychological Medicine, 29,* 769–786.

Freedom Writers, & Gruwell, E. (1999). *The freedom writers diary.* New York: Doubleday.

Freire, P. (1970). *Pedagogy of the oppressed.* New York: Continuum.

Fullan, M., & Hargreaves, A. (1996). What's worth fighting for in your school? New York: Teachers College Press.

Gallagher, P. A. (1997). Promoting dignity: Taking the destructive D's out of behavior disorders. *Focus on Exceptional Children, 29,* 1–19.

Gambel, J. (Director), Kasa-Hendrickson, C., Broderick, A, Biklen, D, & Burke, J. (Producers). (2002). *Inside the edge: A journey to using speech through typing* [Motion Picture]. (Available from the Facilitated Communication Institute, Syracuse University, 370 Huntington Hall, Syracuse, NY 13244.)

Gardner, H. (1983). *Frames of Mind.* New York: Basic Books.

Gardner, H. (1993) *Multiple intelligences.* New York: Basic Books.

Garmston, R. (1997). Can collaboration be taught? *Journal of Staff Development, 18,* 44–46.

Gerland, G. (1996). *A real person.* London: Souvenir Press.

Giangreco, M.E., Broer, S.M., & Edelman, S.W. (1999). The tip of the iceberg: Determining whether paraprofessional support is needed for students with disabilities in general education settings. *The Journal of The Association for Persons with Severe Handicaps, 24,* 280–290.

Giangreco, M.E., Cichoski, K.E., Backus, L., Edelman, S., Tucker, P., Broer, S., Cichoski, K.C., & Spinney, P. (1999, March). Developing a shared understanding: Paraeducator supports for students with disabilities in general education. *TASH Newsletter, 25*(1), 21–23.

Giangreco, M.E., Edelman, S., Luiselli, T.E., & MacFarland, S.Z.C. (1997). Helping or hovering? Effects of instructional assistant proximity on students with disabilities. *Exceptional Children, 64,* 7–18.

Giangreco, M.F., Edelman, S.W., & Dennis, R. (1991). Common professional practices that interfere with the integrated delivery of related services. *Remedial and Special Education, 12*(2), 16–24.

Gibbs, J. (1995). *Tribes: A new way of learning and being together.* Sausalito, CA: Center Source Systems, LLC.

Gillingham, G. (1995). *Autism: Handle with care.* Edmonton, Alberta, Canada: Tacit Publishing.

Gillingham, G. (2000). *Autism: A new understanding.* Edmonton, Alberta, Canada: Tacit Publishing.

Gilroy, D.E., & Miles, T.R. (1996). *Dyslexia at college.* New York: Routledge.

Ginott, H. (1972). *Teacher and child: A book for parents and teachers.* New York: Macmillan.

Gomez, M.L. (1996). Prospective teachers' perspectives on teaching "other people's" children. In K. Zeichner, S. Melnick, & M.L. Gomez (Eds.), *Current reforms in preservice teacher education* (pp. 109–132). New York: Teachers College Press.

Goodman, G. (1995). *I can learn!: Strategies & activities for gray-area children, grades K–4.* Peterborough, NH: Crystal Springs Books.

Goor, M.B., Schwenn, J.O., & Boyer, L. (1997). Preparing principals for leadership in special education. *Intervention in School and Clinic, 32,* 133–141.

Gould, S. J. (1981). *The Mismeasure of Man.* New York: Norton.

Grandin, T. (1988). Frequently asked questions about autism. Retrieved January 2003 from http://www.autism.rg/temple/faq.html.

Grandin, T. (1995). *Thinking in pictures and other reports from my life with autism.* New York: Vintage Books.

Grandin, T. (1996a). *Emergence: Labeled autistic.* Boston: Warner Books.

Grandin, T. (1996b). *Interview with Temple Grandin.* Retrieved from http://www.autism.org/interview/temp_int.html

Graves, M., Graves, B., & Braaten, S. (1996). Scaffolding reading experiences for inclusive classes. *Educational Leadership, 53,* 14–16.

Gray, C. (1994). *Comic strip conversations.* Arlington, TX: Future Horizons Inc.

Gray, C. (2000). *The new social story book: Illustrated edition.* Arlington, TX: Future Horizons Inc.

Green, G., & Shane, H. (1994). Science, reason and facilitated communication. *Journal of The Association for Persons with Severe Handicaps, 19*, 173–184.

Greene, M., & Isaacs, M. (1999). The responsibility of modeling collaboration in the university education classroom. *Action in Teacher Education, 20*, 98–106.

Hall, K. (2001). *Asperger syndrome, the universe and everything*. London: Jessica Kingsley Publishers.

Hamrick, D. (2001, May 4). *Living with the challenges of autism*. Keynote presentation handout from the meeting of the Autism Society of Wisconsin, Green Bay.

Harrison, L. (2000, May 2). *Breaking away. Crossing dis/ABILITY borders: Beyond the myth of normal*. Paper presented at the meeting of the Facilitated Communication Institute, Syracuse University, Syracuse, NY.

Harry, B. (1992). Restructuring the participation of African American parents in special education. *Exceptional Children, 59*(2), 123–131.

Harry, B. (1995). Communication versus compliance: African American parents' involvement in special education. *Exceptional Children, 64* (4), 364–377.

Hart, C. (1993). *A parent's guide to autism*. New York: Pocket Books.

Harvey, S., & Goudvis, A. (2000). *Strategies that work: Teaching comprehension to enhance understanding*. York, ME: Stenhouse.

Harwood, A.M. 1992. Classroom climate and civic education in secondary social studies research: Antecedents and findings. *Theory and Research in Social Education 20*, 47–86.

Heeden, D.L., Ayres, B.J., Meyer, L.H., & Waite, J. (1996). Quality inclusive schooling for students with severe behavioral challenges. In D. Lehr & F. Brown (Eds.), *People with disabilities who challenge the system*. (pp.127–171). Baltimore: Paul H. Brookes Publishing Co.

Henderson, J. (1992). *Reflective teaching: Becoming an inquiring educator*. New York: Macmillan.

Hernandez, H. (1989). *Multicultural education*. Columbus, OH: Charles E. Merrill.

Hertz-Lazarowitz, R., Kagan, S., Sharan, S., Slavin, R., & Webb, C. (Eds.). (1985). *Learning to cooperate: Cooperating to learn*. New York: Plenum.

Hirshorn, A., & James, G. (1995). Further negative findings on facilitated communications. *Psychology in the Schools, 32*, 109–113.

Hitzing, W. (1994, November). Facilitated communication: Communication and black box psychology. *Facilitated Communication Digest, 3*(1), 2–3.

Hodgkinson, H.L. (1985). *All one system: Demographics of education and service delivery system*. Washington, DC: Institute of Educational Leadership, Center for Demographic Leadership.

Holt, J. (1967a). *How children fail*. New York: Pitman.

Holt, J. (1967b). *How children learn*. New York: Pitman.

Hornby, G., Atkinson, M., Howard, J. (1997). Controversial issues in special eduation.

Howlin, P. (1998). *Children with autism and Asperger syndrome: A guide for practitioners and carers*. New York: John Wiley & Sons.

Hundley, J. (1971). *The small outsider*. New York: Ballantine Books.

Hutchinson, J.N. (1999). *Students on the margins: Education, stories, dignity*. Albany: State University of New York Press.

Individuals with Disabilities Education Act (IDEA) of 1990, PL 101-476, 20 U.S.C. §§ 1400 *et seq*.

Individuals with Disabilities Education Act (IDEA) of 1997, PL 105-17, 20 U.S.C. §§ 1400 *et seq*.

Institute for the Study of the Neurologically Typical. (2002, March). http://isnt/autistics.org/

Irvin, J. (Director). (1987). *Hamburger hill* [Motion Picture]. United States: Avid Home Entertainment.

Jackson, L. (2002). *Freaks, geeks, and Asperger syndrome: A user guide to adolescence*. London: Jessica Kingsley Publishers.

Jacobson, J. W., Mulick, J.A., & Schwartz, A. A. (1995). A history of facilitated communication: Science, pseudoscience, and antiscience. *American Psychologist, 50*, 750–765.

Janzen-Wilde, M., Duchan, J., & Higginbotham, D. (1995). Successful use of facilitated communication with an oral child. *Journal of Speech and Hearing Research, 38*, 658–673.

Johnson, D.W., & Johnson, R.T. (1989). *Cooperation and competition: Theory and research.* Edina, MN: Interaction Book Company.

Johnson, M. (Producer), & Levinson, B. (Director). (1988). *Rain Man* [Motion Picture]. United States: United Artists.

Jorgensen, C. (1998). *Restructuring high schools for all students: Taking inclusion to the next level.* Baltimore: Paul H. Brookes Publishing Co.

Kagan, S. (1992). *Cooperative learning: Resources for teachers.* San Juan Capistrano, CA: Kagan Cooperative Learning.

Kallem, M., Hoernicke, P.A., & Coser, P.G. (1994). Native Americans and behavioral disorders. In R.L. Peterson, & S. Ishii-Jordan (Eds.), *Multicultural issues in the education of students with behavioral disorders* (pp. 126–137). Boston: Brookline Press.

Kanner, L. (1943). Autistic disturbances of affective control. *Nervous Child, 2*, 217–250.

Karagiannis, A., Stainback, S., & Stainback, W. (1996). Historical view of inclusion. In S. Stainback & W. Stainback (Eds.), Inclusion: A guide for educators (pp. 17-28). Baltimore: Paul H. Brookes Publishing Co.

Kasa-Hendrickson, C. (2002). *Participation in the inclusive classroom: Successful teachers for non-verbal students with autism.* Unpublished manuscript, Syracuse University, New York.

Kauefelt, M. (1999). *Begin with the brain: Orchestrating the learner-centered classroom.* Tucson, AZ: Zephyr Press.

Keefe, C.H. (1996). *Label-free learning: Supporting learners with disabilities.* York, ME: Stenhouse.

Keller, H. (1954). *The story of my life.* Garden City, NJ: Doubleday.

Kennedy, M. (2002). Creating ideal facilities. *American School & University, 74*(5) 30–33.

Kephart, B. (1998). *A slant of sun.* New York: Norton.

Keyes, M.W. (1996). *Intersections of vision and practice in an inclusive elementary school: An ethnography of a principal.* Unpublished doctoral dissertation, University of Wisconsin-Madison.

Kim, Retrieved Feb. 2003 from ani.autistics.org/kim.html

King-Sears, M.K. (1996). *Curriculum-based assessment in special education.* Baltimore: The Johns Hopkins University.

Kingsley, J., & Levitz, M. (1994). *Count us in.* New York: Harcourt Brace & Co.

Kinney, J., & Fischer, D. (2001). *Co-teaching students with autism K–5.* Verona, WI: IEP Resources.

Kirk, D. (1994). *Miss Spider's tea party.* Danbury, CT: Scholastic.

Kliebard, H. (1987). *The struggle for the American curriculum.* New York: Routledge.

Kliewer, C. (1998). *Schooling children with Down syndrome.* New York: Teachers College Press.

Kliewer, C., & Biklen, D. (2000). Democratizing disability inquiry. *Journal of Disability Policy Studies, 10*, 186–206.

Kliewer, C., & Biklen, D. (2001). School's not really a place for reading: A research synthesis of the literate lives of students with severe disabilities. *The Journal of The Association for Persons with Severe Handicaps, 26*, 1–12.

Kliewer, C., & Landis, D. (1999). Individualizing literacy instruction for young children with moderate to severe disabilities. *Exceptional Children, 66*, 85–100.

Kluth, P. (1998). *The impact of facilitated communication of the educational lives of students: Three case studies.* Doctoral dissertation, University of Wisconsin-Madison, Special Education Department.

Kluth, P. (1999, December). Developing successful schooling experiences for FC users: An interview with Franklin and Pat Wilson.*Facilitated Communication Digest. (8)*1, 7–11.

Kluth, P. (2000). Community-referenced instruction and the inclusive school. *Remedial and Special Education, 21*, 19–26.

Kluth, P., Biklen, D., & Straut, D. (in press). *Access to academics: Critical approaches to inclusive curriculum, instruction, and policy.* Mahwah, NJ: Lawrence Erlbaum Associates.

Kluth, P., Diaz-Greenberg, R., Thousand, J.S., & Nevin, A.I. (2002). Teaching for liberation: Promising practices from critical pedagogy. In J.S. Thousand, R.A. Villa, and A.I. Nevin (Eds.), *Creativity and collaborative learning: The practical guide to empowering students, teachers, and families* (pp. 71–84). Baltimore: Paul H. Brookes Publishing Co.

Kluth, P., Villa, R., & Thousand, J. (2001, December/January). "Our school doesn't offer inclusion" and other legal blunders. *Educational Leadership, 59*, 24–27.

Knight, T. (in press). Academic access and the family. In P. Kluth, D. Straut, & D. Biklen (Eds.), *Access to academics: Critical approaches to inclusive curriculum, instruction, and policy.* Mahwah, NJ: Lawrence Erlbaum Associates.

Kochmeister, S.J. (1997). Excerpts from SHATTERING WALLS. *Facilitated Communication Digest, 5*(3).

Kohl, H. (1967). *36 children*. New York: New American Library.

Koppenhaver, D., Coleman, P., Kalman, S., & Yoder, D. (1991). The implications of emergent literacy research for children with developmental disabilities. *American Journal of Speech and Language Pathology, 1*, 38–44.

Koppenhaver, D., Evans, D., & Yoder, D. (1991). Childhood reading and writing experiences of literate adults with severe speech and physical impairments. *Augmentative and Alternative Communication, 7*, 20–33.

Kozol, J. (1967). *Death at an early age.* Boston: Houghton-Mifflin.

Krystal, S. (1998/1999). The nurturing potential of service learning. *Educational Leadership*, January, 58–61.

Kumashiro, K. (2000). Toward a theory of anti-oppressive education. *Review of Educational Research, 70*, 25–53.

Ladson-Billings, G. (1994). *The dreamkeepers.* San Francisco: Jossey-Bass.

LaGreca, A.M., & Stone, W.L. (1990). LD status and achievement: Confounding variables in the study of children's social status, self-esteem, and behavioral functioning. *Journal of Learning Disabilities, 23*, 483–490.

Lalli, J.S., & Browder, D.M. (1993). Comparison of sight word training procedures with validation of the most practical procedure for teaching reading for daily living. *Research in Developmental Disabilities, 14*, 107–127.

Larson, C.E., & LaFasto, F.M.J. (1989). *Teamwork: What must go right, what can go wrong.* Newberry Park, CA: Sage.

Lasley, T.J., Matczynski, T.J., & Rowley, J.B. (2002). *Instructional models: Strategies for teaching in a diverse society.* Belmont, CA: Wadsworth.

Lawson, W. (1998). *Life behind glass: A personal account of autism spectrum disorder.* London: Jessica Kingsley Publishers.

Leary, M.R., & Hill, D.A. (1996). Moving on: Autism and movement disturbance. *Mental Retardation, 34*, 39–53.

Lemann, N. (2000, July 31). Gore without a script.*The New Yorker*, pp. 44–63.

Linton, S. (1998). *Claiming disability.* New York: New York University Press.

Lipsky, D., & Gartner, A. (1996). Inclusion, school restructuring, and the remaking of American society. *Harvard Educational Review, 66*, 762–796.

Loomans, D., & Kohlberg, K. (1993). *The laughing classroom: Everyone's guide to teaching with humor and play.* Tiburon, CA: H J Kramer.

Lopez, C. (1999). What food from the 'hood has done. In J.C. McDermott & L.B. Bird (Eds.), *Beyond silence: Listening for democracy* (pp. 37–38). Portsmouth, NH: Heinemann.

Lovett, H. (1985). Cognitive counseling & persons with special needs. Westport, CT: Praeger.

Lovett, H. (1996). *Learning to listen: Positive approaches and people with difficult behavior.* Baltimore: Paul H. Brookes Publishing Co.

Mairs, N. (1996) *Waist-high in the world.* Boston: Beacon.

Marcus, E. (1998, June). On almost becoming a person. *Facilitated Communication Digest, 6*(3), 2–4.

Marcus, E. (2002, Spring). Compulsion and yes, freedom too. *Facilitated Communication Digest, 10*(1), 7–10.

Marcus, E., & Shevin, M. (1997). Sorting it out under fire: Our journey. In D. Biklen & D. Cardinal (Eds.), *Contested words, contested science: Unraveling the facilitated communication controversy* (pp. 115–134). New York: Teachers College Press.

Marks, S.U., Schrader, C., & Levine, M. (1999). Paraeducator experiences in inclusive settings: Helping, hovering, or holding their own? *Exceptional Children, 65,* 315–328.

Markus, G.B., Howard, J.P., & King, D.C. (1993). Integrating community service and classroom instruction enhances learning: Results from an experiment. *Educational Evaluation and Policy Analysis, 15,* 410–419.

Martin, R. (1994). *Out of silence: An autistic boy's journey into language and communication.* New York: Penguin.

Martin, R. (2001). Disability rights are "civil rights" too. Retrieved 2/03 from www.reedmartin.com/specialeducationarticles.htm

Matthews, J. (1988). *Escalante: The best teacher in America.* New York: Holt and Company.

Maxwell, J. (1996). *Qualitative research design: An interactive approach.* Beverly Hills: Sage Publications.

McBee, R. (1998). Readying teachers for real classrooms. *Educational Leadership, 55,* 56–58.

McDaniel, E., & Colarulli, G. (1997). Collaborative teaching in the face of productivity concerns: The dispersed team model. *Innovative Higher Education 22,* 19–36.

McIntyre, T. (2002). Are behaviorist interventions inappropriate for culturally different youngsters with learning and behavior disorders? Retrieved from http://maxweber.hunter.cuny.edu/pub/eres/html

McKean, T.A. (1994). *Soon will come the light.* Arlington, TX: Future Education.

McMaster, K.L., Fuchs, D., & Fuchs, L.S. (2002). Using peer tutoring to prevent early reading failure. In J. Thousand, R. Villa, & A. Nevin (Eds.), *Creativity and collaborative learning: The practical guide to empowering students, teachers, and families* (2nd ed., pp. 235–246). Baltimore: Brookes.

McNabb, J. (2001). *I don't want to be a pioneer.* Retreived from http://www.autistics.org/library/nopioneer.html

Meier, D. (1996). *The power of their ideas: Lessons from a small school in Harlem.* Boston: Beacon Press.

Melnick, C., Capella-Santana, N., & Sentell, C. (2000, April). *Co-teaching in a pre-service program: Collaboration between special and elementary education professors.* Paper presented at the meeting of the American Education Research Association, New Orleans.

Meyer, L., Mager, G., Yarger-Kane, G., Sarno, M., Hext-Contreras, G. (1997). Syracuse University's inclusive elementary and special education program. In L. Blanton, C. Griffin, J. Winn, & M. Pugach (Eds.), *Teacher education in transition* (pp. 18–38). Denver, CO: Love Publishing Company.

Meyers, C., & Jones, T.B. (1993). *Promoting active learning: Strategies for the college classroom.* San Francisco: Jossey-Bass Publishers.

Meyers, J., Gelzheiser, L.M., & Yelich, G. (1991). Do pull-in programs foster teacher collaboration? *Remedial and Special Education, 12,* 7–15.

Michie, G. (1999). *Holler if you hear me.* New York: Teachers College Press.

Miller, L., & Opland-Dobs, D. (2001). Students blow the whistle on toxic oil contamination. In *Rethinking our classrooms: Teaching for equity and justice* (Vol. 2, pp. 144–147). Milwaukee, WI: Rethinking Schools.

Miller, P., Shambaugh, K., Robinson, C., & Wimberly, J. (1995). Applied learning for middle schoolers. *Educational Leadership, 52,* 22–25.

Mirenda, P. (1999). Augmentative and alternative communication techniques. In J.E. Downing (Ed.). *Teaching communication skills to students with severe disabilities* (pp. 119–138). Baltimore: Paul H. Brookes Publishing Co.

Molton, K. (2000). Paper presented at the Annual General Meeting of the National Autistic Society (UK), Cheshire, England.

Morehouse, P. (1995). The building of an airplane (with a little help from friends). *Educational Leadership, 52,* 56–57.

Morris, R. (Ed.). (1992). *Solving the problems of youth at-risk: Involving parents and community resources.* Lancaster, PA: Technomic.

Morrow, L., Tracey, D., Woo, D., & Pressley, M. (1999). Characteristics of exemplary first-grade literacy instruction. *The Reading Teacher, 52,* 462–476.

Moses, R.P., & Cobb, C.E. (2001). *Radical equations: Math literacy and civil rights.* Boston: Beacon.

Mukhopadhyay, T. (2000). *Beyond the silence.* London: National Autism Society.

Myles, B., & Simpson, R. (1994). Facilitated communication with children diagnosed as autistic in public school settings. *Psychology in the Schools, 31,* 208–220.

National Education Association. (1992). *Status of the American public school teacher.* New Haven, CT: Author.

Nieto, S. (2000). *Affirming diversity: The sociopolitical context of multicultural education.* New York: Longman.

Noddings, N. (1984). *Caring: A feminine approach to ethics and moral education.* Berkeley: University of California Press.

Oberti v. Clementon, 995 F. 2d 1204 (3rd Cir. 1993).

O'Brien, J., & O'Brien, C. (1996). Inclusion as a force for school renewal. In S. Stainback, & W. Stainback (Eds.), *Inclusion: A guide for educators* (pp. 29–48). Baltimore: Paul H. Brookes Publishing Co.

Olmedo, I. M. (1997). Challenging old assumptions: Preparing teachers for inner city schools. *Teaching & Teacher Education, 13,* 245–258.

Olney, M. (1995). Reading between the lines: A case study on facilitated communication. *Journal of the Association for People with Severe Handicaps, 32,* 109–113.

O'Neill, J. (1997, Spring). A place for all. *The Pennsylvania Journal on Positive Approaches, 1* (2). Retrieved from http://www.quuxuum.org/~greg/journal/o_neill.html

O'Neill, J. (1999). *Through the eyes of aliens: A book about autistic people.* London: Jessica Kingsley Publishers.

Onosko, J., & Jorgensen, C. (1998). Unit and lesson planning in the inclusive classroom: Maximizing learning opportunities for all students. In C. Jorgensen (Ed.), *Restructuring high schools for all students* (pp. 71–105). Baltimore: Paul H. Brookes Publishing Co.

Oyler, C. (2001). Democratic classrooms and accessible instruction. *Democracy & Education, 14,* 28–31.

Paley, V. (1979). *White teacher.* Cambridge, MA: Havard University Press.

Paley, V. (1990). *The boy who would be a helicopter.* Cambridge, MA: Harvard University Press.

Paley, V. (1992). *You can't say you can't play.* Cambridge: Harvard University Press.

Palinscar, A.S., & Brown, A.L. (1984). Reciprocal teaching of comprehension-fostering and comprehension-monitoring activities. *Cognition and Instruction, 1,* 117–175.

Parker, J. (1990). *Workshops for active learning.* Vancouver, British Columbia, Canada: JFP Productions.

Patterson, M. (1997). *Every body can learn.* Tucson, AZ: Zephyr.

Peterson, K. (2002). Positive or negative? *Journal of Staff Development, 23* (3). (Retrieved from http://www.nsdc.org/library/jsd/peterson233.html).

Peterson, M. (1996). Community learning in inclusive schools. In S. Stainback & W. Stainback (Eds.), *Inclusion: A guide for educators* (pp. 271–293). Baltimore: Paul H. Brookes Publishing Co.

Pearpoint, J., Forest, M., & O'Brien, J. (1996). MAPs, Circles of friends, and PATH: Powerful tools to help build caring communities. In S. Stainback, & W. Stainback (Eds.), *Inclusion: A guide for educators* (pp. 67–86). Baltimore: Paul H. Brookes Publishing Co.

Peek, F. (1996). *The real rain man: Kim Peek.* Salt Lake City, UT: Harkness.

Pickett, A.L., & Gerlach, K. (1997). Paraeducators in school settings: The future. In A.L. Pickett & K. Gerlach (Eds.), *Supervising paraeducators in school settings: A team approach* (pp. 263–267). Austin, TX: PRO-ED.

Pike, K., Compain, R., & Mumper, J. (1994). *New connections: An integrated approach to literacy.* New York: HarperCollins.

Pike, K., & Salend, S. J. (1995). *Authentic assessment strategies: Alternatives to norm-reference testing, 28,* 15–20.

Powers, M.D. (Ed.). (1989). *Children with autism: A parents' guide.* Bethesda, MD: Woodbine House.

Pritchett, P. (1993). Try something different. In J. Canfield & M.V. Hansen, *Chicken soup for the soul: 101 stories to open the heart and rekindle the spirit.* Deerfield Beach, FL: Health Communications Inc.

Prizant, B.M., & Duchan, J.F. (1981). The functions of immediate echolalia in autistic children. *Journal of Speech and Hearing Disorders, 46,* 241–249.

Pugach, M.C., & Wesson, C. (1995). Teachers' and students' views of team teaching of general education and learning-disabled students in two fifth-grade classes. *The Elementary School Journal, 95,* 279–295.

Putnam, J. (1997). *Cooperative learning in diverse classrooms.* Upper Saddle River, NJ: Prentice Hall.

Rainforth, B., & England, J. (1997). Collaboration for inclusion. *Education and Treatment of Children, 20*(1), 85–104.

Rainforth, B., & York-Barr, J. (1997). *Collaborative teamwork for students with severe disabilities: Integrating therapy and educational services* (2nd ed.). Baltimore: Paul H. Brookes Publishing Co.

Rajapatirana, C. (1998). On being mute. *Faciliated Communication Newsletter, 7*(1), 6.

Reed, D. (1996). *Paid for the privilege: Hearing the voices of autism.* Madison, WI: DRI Press.

Regal, R., Rooney, J., & Wandas, T. (1994). Facilitated communication: An experimental evaluation. *Journal of Autism and Developmental Disorders, 24,* 345–355.

Reid, R., & Maag, J. (1998). Functional assessment: A method for developing classroom-based accommodations for children with ADHD. *Reading and Writing Quarterly, 14,* 9–42.

Renzuli, J. (1995). Teachers as talent scouts. *Educational Leadership, 52,* 75–81.

Rethinking Schools. (2000). *Failing our kids: Why the testing craze won't fix our schools.* Milwaukee, WI: Author.

Robillard, A.R. (1997). Communication problems in the intensive care unit. In R. Hertz (Ed.), *Reflexivity and voice* (pp. 229–251). Beverly Hills, CA: Sage Publications.

Robinson, W. (2003). *Gentle giant.* London: Vega, Chrysalis Books.

Robinson, M. (1995). Todd. In A. Stehli (Ed.), *Dancing in the rain* (pp. 183–189). Westport, CT: The Georgiana Organization, Inc.

Rocco, S. (1996). Toward shared committment and shared responsiblity. In S.J. Meisels and E. Fenichel (Eds.), *New visions for the developmental assessment of infants and children.* Washington DC: Zero to Three/The National Center for Infants, Toddlers, and Families.

Roncker v. Walter, 700 Fd. 1058 (6th Cir. 1993).

Rosinski, D. (2002, June). Literacy on the autism spectrum. *The Spectrum.* Available from the Autism Society of Wisconsin.

Rossman, G.B. (1992). *State policy for integrating all students.* Thousand Oaks, CA: Corwin Press.

Rubin, S. (1998, December). *Castigating assumptions about mental retardation and low functioning autism.* Paper presented at The Association for Persons with Severe Handicaps National Conference, Seattle, WA.

Rubin, S. (1999, December). Independent typing. *Facilitated Communication Digest, 1*(8), 5–6.
Rubin, S., Biklen, D., Kasa-Hendrickson, C., Kluth, P., Cardinal, D.N., & Broderick, A. (2001). Independence, participation, and the meaning of intellectual ability. In *Disability & Society, 16*(3), 415–429. (http://www.tandf.co.uk)
Sabin, L., & Donnellan, A. (1993). A qualitative study of the process of facilitated communication. *The Journal of The Association for People with Severe Handicaps, 18,* 200–211.
Sacks, O. (1973) *Awakenings.* New York:Vintage Books.
Sacramento City School District v. Rachel H., 14 F.3D 1398 (9th Cir. 1994).
Sandler, L., Vandegrift, J.A., & VerBrugghen, C. (1995). From desert to garden: Reconnecting disconnected youth. *Educational Leadership, 52,* 14–16.
Sapon-Shevin, M. (1999). *Because we can change the world: A practical guide to building cooperative, inclusive classroom communities.* Needham Heights, MA: Allyn & Bacon.
Sapon-Shevin, M. (2001). Making inclusion visible: Honoring the process and the struggle. *Democracy & Education, 14,* 24–27.
Schine, J., & Halsted, A. (1997). Alienation or engagement? Service learning may be an answer. In S. Totten, & J. Pederson (Eds.), *Social issues and service at the middle level.* Needham Heights, MA: Allyn & Bacon.
Schmidt, J. (1998). Where there's a will there's a way: The successful inclusion of a child with autism. *B.C. Journal of Special Education, 21,* 45–63.
Schwarz, P., & Bettenhausen, D. (2000). You *can* teach an old dog new tricks. In R. Villa, & J. Thousand (Eds.). *Restructuring for caring and effective education: Piecing the puzzle together* (2nd ed., pp. 469–483). Baltimore: Paul H. Brookes Publishing Co.
Scott, J., Clark, C., & Brady, M. (2000). *Students with autism: Characteristics and instruction programming.* San Diego: Singular Publishing Group.
Selden, S. (1999). Inheriting Shame: The Story of Eugenics and Racism in America. New York: Teachers College Press.
Sellin, B. (1995). *I don't want to be inside me anymore: Messages from an autistic mind.* New York: Basic Books.
Shapiro-Barnard, S. (1998). Preparing the ground for what is to come: A rationale for inclusive high schools. In C. Jorgenson (Ed.), *Restructuring high schools for all students: Taking inclusion to the next level* (p. 12). Baltimore: Paul H. Brookes Publishing Co.
Sharan, Y., & Sharan, S. (1992). *Expanding cooperative learning through group investigation.* New York: Teachers College Press.
Shevin, M. (1987). *The language of us and them* [poem]. Unpublished manurscript.
Shevin, M. (1999, September). On being a communication ally. *Facilitated Communication Digest, 7(4),* 2–13.
Shevin, M., & Chadwick (Eds.) (2000). *Facilitated communication training standards.* Syracuse, NY: Facilitated Communication Institute.
Shevin, M., & Kalina, N. (1997, December). *On being a communication ally.* Presentation at the annual conference of The Association for Persons with Severe Handicaps, Boston.
Shore, S. (2001). *Beyond the wall: Personal experiences with autism and Asperger syndrome.* Shawnee Mission, KS: Autism Asperger Publishing Company.
Silberman, M. (1996). *Active learning: 101 strategies to teach any subject.* Needham Heights, MA: Allyn & Bacon.
Simon, K.G. (2002). The blue blood is bad, right? *Educational Leadership, 60*(1), 24–28.
Simon, E., Toll, D., & Whitehair, P. (1994). A naturalistic approach to the validation of facilitated communication. *Journal of Autism and Developmental Disabilities, 24,* 647–657.
Sinclair, J. (1992). Personal essays. In E. Schopler & F. Mesibov (Eds.), *High functioning individuals with autism.* New York: Plenum Press.
Sinclair, J. (1993). Don't mourn for us. *Our Voice, 1* (3), Autism Network International. Retrieved from http://ani.autistics.org/don't_mourn.html
Skinner, B.F. (1976). *About behaviorism.* New York: Random House.
Slavin, R. (1990). Cooperative learning: Theory, research, and practice. Englewood Cliffs, NJ: Prentice Hall.

Sleeter, C. E. (1986). Learning disabilities: The social construction of a special education category. *Exceptional Children, 53*, 46–54.
Smith, C., & Strick, L. (1997). *Learning disabilities: A to Z*. New York: Fireside.
Smith, H. (1999). To teachers and their students: The question is "How can we learn?," not "what are we going to do today?." In J.C. McDermott & L.B. Bird (Ed.), *Beyond silence: Listening for democracy* (pp. 37–38). Portsmouth, NH: Heineman.
Snow, K. (1998, October). To achieve inclusion, community, and freedom for people with disabilities, we must use person first language. *TASH Newsletter, 24*(10).
Stainback, S. (2000). If I could dream: Reflections on the future of education. In R.A. Villa & J. S. Thousand (Eds.), *Restructuring for caring and effective education: Piecing the puzzle together* (2nd ed., pp. 503–512). Baltimore: Paul H. Brookes Publishing Co.
Stallworth, B.J. (1998). Practicing what we teach. *Educational Leadership 55*, 77–79.
Staub, D. (1998). *Delicate threads: Friendships between children with and without special needs in incluisve schools*. Bethesda, MD: Woodbine House.
Stehli, A. (1991). *The sound of a miracle*. New York: Avon Books.
Stieber, W. (1999). *Teaming for improvement: Building business profits*. Bookpartners.
Stokes, S. *Increasing expressive skills for verbal children with autism*. Written by Susan Stokes under a contract with CESA 7 and funded by a discretionary grant from the Wisconsin Department of Public Instruction. Retrieved 1/31/03 from http://www.cesa7.k12.wi.us/sped/autism/verbal/verbal11.html.
Stone, O. (Director). *Platoon* [Motion Picture]. (1986). United States: MGM Studios.
Strully, J., & Strully, C. (1996). Friendships as an educational goal: What have we learned and where are we headed? In S. Stainback & W. Stainback (Eds.), *Inclusion: A guide for educators* (pp. 141–154). Baltimore: Paul H. Brookes Publishing Co.
Szempruch, J., & Jacobson, J. (1993). Evaluating facilitated communication of people with developmental disabilities. *Research in Developmental Disabilities, 14*, 253–264.
Tavalaro, J., & Tayson, R. (1997). *Look up for yes*. New York: Kondansha International.
Taylor, D., & Dorsey-Gaines, C. (1988). *Growing up literate: Learning from inner-city families*. Portsmouth, NH: Heinemann.
Thousand, J., Nevin, A., & McNeil, M. (2000). Achieving social justice through education for responsibility. In R.A. Villa & J.S. Thousand (Eds.), *Restructuring for caring and effective education: Piecing the puzzle together* (2nd ed., pp. 137–165). Baltimore: Paul H. Brookes Publishing Co.
Thousand, J., & Villa, R. (2000). Collaborative teaming: A powerful tool in school restructuring. In R. Villa, & J. Thousand (Eds.), *Restructuring for caring and effective education: Piecing the puzzle together* (2nd ed., pp. 254–291). Baltimore: Paul H. Brookes Publishing Co.
Tomlinson, C. (1995). *How to differentiate instruction in a mixed-ability classroom*. Alexandria, VA: Association for Supervision and Curriculum Development.
Tomlinson, C. (1999). *The differentiated classroom: Responding to the needs of all learners*. Alexandria, VA: Association for Supervision and Curriculum Development.
Treacy, D. (1996, Spring). A meditation. *The Communicator, newsletter for the Autism National Committee, 7*(1).
Trump, G., & Hange, J. (1996). *Teacher perceptions of and strategies for inclusion: A regional summary of focus group interview findings*. Charleston, WV: Appalachia Education Laboratory (ERIC Document Reproduction Service No. ED 397 576)
Udvari-Solner, A. (1995). A process for adapting curriculum in inclusive classrooms. In R. Villa, & J. Thousand (Eds.), *Creating an Inclusive School* (pp. 110–124). Baltimore: Paul H. Brookes Publishing Co.
Udvari-Solner, A. (1996). Examining teacher thinking: Constructing a process to design curricular adaptations. *Remedial and Special Education, 17*, 245–254.
Udvari-Solner, A. (1997). Inclusive education. In C.A. Grant, & G. Ladson-Billings (Eds.), *Dictionary of multicultural education* (pp. 141–144). Phoenix, AZ: Oryx Press.
Udvari-Solner, A., & Keyes, M. (2000). Chronicles of administrative leadership toward inclusive reform. In R. Villa, & J. Thousand (Eds.), *Restructuring for caring and effective edu-*

cation: Piecing the puzzle together (pp. 428–452). Baltimore: Paul H. Brookes Publishing Co.

Valencia, S. (1990). A portfolio approach to classroom reading assessment: The why, whats, and hows. *The Reading Teacher, 43*, 338–340.

Van der Klift, E., & Kunc, N. (1994). Beyond benevolence: Friendship and the politics of help. In J.S. Thousand, R.A. Villa, & A.I. Nevin (Eds.), *Creativity and collaborative learning: A practical guide to empowering students and teachers* (2nd ed., pp. 391–401). Baltimore: Paul H. Brookes Publishing Co.

van Dyke, R., Stallings, M. A., & Colley, K. (1995).How to build an inclusive school community: A success story.*Phi Delta Kappan, 76* (6), 475–479.

Vargo, R., & Vargo, J. (2000). In the mainstream: A confirmation experience. In R. Villa, & J. Thousand (Eds.), *Restructuring for caring and effective education* (pp. 242–248) Baltimore: Paul H. Brookes Publishing Co.

Vasquez, C. (1995). Failure to confirm the word-retrieval problem hypothesis in facilitated communication. *Journal of Autism and Developmental Disorders*, 25, 597–610.

Villa, R.A., & Thousand, J.S. (1990). Administrative supports to promote inclusive schooling. In W.C. Stainback, & S.B. Stainback (Eds.), *Support networks for inclusive schooling: Interdependent integated education* (pp. 210–218). Baltimore: Paul H. Brookes Publishing Co.

Villa, R.A., & Thousand, J. (Eds.). (2000). *Restructuring for caring and effective education: Piecing the puzzle together* (2nd ed.). Baltimore: Paul H. Brookes Publishing Co.

Villa, R. Thousand, J., Nevin, A., & Malgeri, C. (1996). Instilling collaboration to inclusive schooling as a way of doing business in public schools. *Remedial and Special Education, 17*, 169–181.

Waites, J., & Swinbourne, H. (2002). *Smiling at shadows: A mother's journey raising an autistic child.* Berkeley, CA: Ulysses.

Walker, A. (1982). *The color purple.* New York: Pocketbooks.

Walther-Thomas, C.S. (1997). Co-teaching experiences: The benefits and problems that teachers and principals report over time. *Journal of Learning Disabilities, 30*, 395–407.

Walther-Thomas, C., Korinek, L., McLaughlin, V., & Williams, B.T. (2000). *Collaboration for inclusive education: Developing successful programs.* Needham Heights, MA: Allyn & Bacon.

Waterhouse, S. (2000). *A positive approach to autism.* London: Jessica Kingsley Publishers.

Weatherbee, I. (1999, March). The view from Huntington College. *Facilitated Communication Digest*, 7(2), 2–6.

Webb, T. (Director). (1995). *A is for autism* [Film]. (Available from National Autistic Society, 393 City Road, London EC1V 1NE, 44 Tel:44–171–833–2299.)

Weiss, N. (1999). It may be non-aversive, but is it non-coercive?: The ethics of behavior change. *TASH Newsletter, 25*(11), 20–22, 27.

Weiss, M., Wagner, S., & Bauman, M. (1996). A validated case study of facilitated communication. *Mental Retardation, 34*, 220–229.

Weiss, M., & Wagner, S. (1997). Emerging validation of facilitated communication: New findings about old assumptions. In D. Biklen & D. Cardinal (Eds.), *Contested words, contested science: Unraveling the facilitated communication controversy* (pp. 135–156). New York: Teachers College Press.

Wheelock, A. (1992). Crossing the tracks: How "untracking" can save America's schools. New York: The New Press.

Wilhelm, J.D. (2001). *Improving comprehension with think-aloud strategies.* New York: Scholastic.

Willey, L.H. (1999). *Pretending to be normal: Living with Asperger's syndrome.* London: Jessica Kingsley Publishers.

Willey, L.H. (2001). *Asperger syndrome in the family: Redefining normal.* London: Jessica Kingsley Publishers.

Williams, D. (1992). *Nobody nowhere: The extraordinary biography of an autistic.* New York: Avon Books.

Williams, D. (1996). *Autism: An inside-out approach.* London: Jessica Kingsley Publishers.

Wheelock, A. (1992). *Crossing the tracks: How "untracking" can save America's schools.* New York: The New Press.
Winn, J., & Blanton, L. (1997). The call for collaboration in teacher education. In L. Blanton, C. Griffin, J. Winn, & M. Pugach (Eds.), *Teacher education in transition* (pp. 1–17). Denver, CO: Love Publishing Company.
Williams, D. (1998). *Autism and sensing: The unlost instinct.* London: Jessica Kingsley Publishers.
Winebrenner, S., & Espleland, P. (1996). *Teaching kids with learning difficulties in the regular classroom: Strategies and techniques every teacher can use to challenge and motivate struggling students.* Minneapolis, MN: Free Spirit Publishing.
Winner, E. (1996). *Gifted children: Myths and realities.* New York: Basic Books.
Yell, M. (1995). The law and inclusion: Analysis and commentary. *Preventing School Failure, 39*(2), 45–49.
Yoder, D. I., Retish, E., & Wade, R. (1996). Service learning: Meeting student and community needs. *Teaching Exceptional Children, 28,* 14–18.

由患有自閉症和亞斯勃格症的人所寫的關於自閉症的書

Barron, J. & Barron, S. (1992). *There's a boy in here.* New York: Simon & Schuster.
Blackman, L. (1999). *Lucy's story: Autism and other adventures.* Brisbane, Australia: Book in Hand.
Gerland, G. (1997). *Finding out about Asperger syndrome, high functioning autism and PDD.* London: Jessica Kingsley Publishers.
Gerland, G. (1997). *A real person: Life on the outside.* Souvenir Press, London, UK.
Grandin, T. (1995). *Thinking in pictures.* New York: Vintage Books.
Grandin, T. & Scariano, M. (1986). *Emergence: Labeled autistic.* Navato, CA: Arena Press.
Hall, K. (2001). *Asperger syndrome, the universe and everything.* London, PA: Jessica Kingsley.
Jackson, L. (2002). *Freaks, geeks, and Asperger syndrome: A user guide to adolescence.* London, PA: Jessica Kingsley.
Lawson, W. (1998). *Life behind glass.* London, PA: Jessica Kingsley.
Mukhopadhyay, T. R. (2000). *Beyond the silence.* London: National Autistic Society.
O'Neill, J.L. (1999). *Through the eyes of aliens: A book about autistic people.* London: Jessica Kingsley Publishers.
Sellin, B. (1995). *I don't want to be inside me anymore.* New York: Basic Books.
Shore, S. (2001). *Beyond the wall.* Shawnee Mission, KS: Autism Asperger Publishing.
Willey, L.H. (1999). *Pretending to be normal.* London: Jessica Kingsley Publishers.
Willey, L.H. (2001). *Asperger syndrome in the family: Redefining normal.* London: Jessica Kingsley Publishers.
Williams, D. (1992). *Nobody nowhere: The extraordinary biography of an autistic.* New York: Avon.
Williams, D. (1994). *Somebody, somewhere: Breaking free from the world of autism.* New York: Times Books.
Williams, D. (1996). *Like color to the blind: Soul searching & soul finding.* New York: Times Books.
Williams, D. (1998). *Autism and sensing: The unlost instinct.* London: Jessica Kingsley Publishers.

索引

（正文頁邊數字係原文書旁碼，供索引檢索之用）

AAC, *see* Augmentative and alternative communication systems 輔助與替代性溝通系統　37, 113-114, 125, 127-129, 193
Acceptance and belonging, promoting 接納與適應，鼓勵　106
Accommodations, example of 調整，的例子　223
Active listening 主動的傾聽　97
Adaptations, behavioral 適應性調整，行為的　170-172
Adapting tests, strategies for 測驗調整，的策略　210-212
ADHD, *see* attention-deficit hyperactivity / disorder 注意力缺陷及過動症　156
Administrators, collaborating with 行政人員，與合作　245
Adult proximity, considerations in 成人的介入程度，考量　254-255
Advocacy 爭取權益　49, 50
Aids and services 協助與服務　37-38
Alternative communication 替代性溝通
American sign language (ASL) 美式手語　114-116
Anti-testing movement 反測驗運動　50
Asperger's syndrome (AS) 亞斯勃格症候群　5-6, 7
Assessments 評量　8-10, 210-214
Atmosphere, classroom 氣氛，教室
　Considerations in 考量
　　Lighting 燈光　77-78
　　Seating 座椅　83-85

Smells 氣味　81-82
Sounds 聲音　78-81
Temperature 溫度　83
Attitude-altering story 改變態度的故事　172
Audiotape / videotape exchanges 錄音帶／錄影帶交流　70-71
Autcom, *see* Autism National Committee 國立自閉症委員會　50, 56
Authentic assessment strategies 真實評量策略　212-213
Authenticity, creativity and 真實性，和創造性　187-188
Autism, defining 自閉症，定義
Considerations in 考量　7-8
Diagnostic language of 診斷性語言　10-11
Expert perspectives on 專家觀點　2-4
Local understanding of 對……有局內人的理解　1-2
Problems with assessments 評量的問題　8-10
Significant characteristics 主要的特徵　11-19
Communication differences 溝通差異　14, 15
Interests or fascinations 興趣或執迷　17-19
Learning differences 學習差異　16-17
Movement differences 動作差異　11-13
Sensory differences 感覺差異　13-15
Socialization and interaction differences 社交差異　15-16
Social concerns 社會觀點　19-20
Summary of 總結　20-21
Autism spectrum disorders 自閉症系列異常　4, 7

Behavior, supporting 行為，支持性　153-154
Cautions in 注意事項　174-180
Compliance as a goal 以順從為目標　179-180

Limitation of behaviorism 行為主義的限制 174-177
Removing students from the environment 將學生從環境中抽離 177-179
Contextual perspective in 行為情境分析 154-155
Identifying problem behaviors 確認問題行為 155-157
Interpreted as phenomenon 主觀解讀的現象 154
Summary of 總結 180-182
Ten positive supports related to 十個與……有關的正面支持方法 157-173
Behaviorism, limitations of 行為主義，的限制 174-177
Brainstorming technique 腦力激盪法 193-194
Breaks, providing opportunities for 短暫休息，提供機會 233
Brown v. Board of Education 布朗與學校董事會案例 34

Caring, focus on 關懷，將注意力集中在 163
Centers / stations, using 教學中心／教學站，使用 209-210
Characteristic, of autism 特徵，自閉症的
Communication differences 溝通差異 14-15
Interests or fascinations 興趣或執迷 17-19
Learning differences 學習差異 16-17
Movement differences 動作差異 11-13
Sensory differences 感覺差異 13-14
Socialization and interaction differences 社交差異 15-16
Childhood disintegrative disorder 兒童期崩解症 7
Choices, giving 選擇，讓（學生） 229-230
Classroom environment, planning for learning atmosphere 教室環境，營造學習氣氛
Lighting 燈光 77-78

Seating 座椅 83-85
Smells 氣味 81-82
Sounds 聲音 78-81
Temperature 溫度 83
Managing materials 管理教材 86-87
Organizing learning space 設計學習空間 85-86
Summary of 總結 87-89
Classroom jobs 教室工作 87
Collaboration 合作
Importance of 重要性 242
Principles of 原則 250-254
Summary of 摘要 262-263
Support models, considerations in 支援模式，注意事項
Co-teaching 協同教學 254-257
Fading adult support 減少成人的支援 255-257
Proximity 介入程度 254-255
Specific roles and responsibilities 特定的角色與責任 260-262
Team roles and contributions 團體角色與貢獻 242-250
Collaborative learning structure 合作式學習架構 241-243
Communication boards 溝通板 117, 121
Communication devices 溝通裝置 117-119, 121
Communication differences 溝通差異 14-15, 115
Communication notebooks 聯絡簿 72
Communication skills, building 建立溝通技巧
Creating an environment for 創造環境 122-125
Methods of 方法 109
Augmentative and alternative communication (AAC) 輔助和替代性溝通 113-114

Communication devices 溝通輔具 117

Facilitated communication (FC) 促進溝通法 119-122

Objects and pictures 實物與圖片 115-116

Sign language and gesture systems 手語與手勢系統 114-115

Speech communication 口語溝通 110-113

Writing 書寫 117-119

Summary of 總結 132-134

Supportive communication partner 支持性溝通夥伴

Communication clashes, types of 溝通不良，的類型 128-130

Eye contact 視線接觸 126-127

Indirect communication 間接溝通 129-131

Interpreting language 解讀語言 131-132

Voice volume and tone 音量與音調 127

Communication systems, home-school 溝通系統，家庭一學校 66-72

Community building 營造歸屬感 91-92

Activities 活動 93-97

Facilitating social interactions 促進社交互動

After-school activities 課後活動 102

Common interest activities 同感興趣的活動 101-102

Peer support 同儕支持 99-101

Respecting differences in socializing 尊重社會性差異 98

Space for sharing 分享的空間 97-99

Specific strategies 特定的策略

Appropriate social skills 適當的社交技巧 106

Sharing secrets 分享秘訣 104-105

Social stories 社會故事 103-104

Summary of 總結 106-107

Using curriculum 運用課程 92-93

Community-building activities 營造歸屬感活動 93-97
Complexity, in learners 整體能力，學生 48-49
Compliance goal, consideration of 順從目標，注意事項 179-180
Compulsive behaviors 強迫行為 17-19
See also Behavior, supporting 另參照行為，支持性
Consultants, professional 專業顧問 249-250
Content matter, choosing 重要內容，選擇 185-187
Cooperative learning strategies 合作學習策略 184, 192-193
Cooperative learning structure 合作學習架構
See Collaborative learning structure 合作學習架構
Co-teaching structures 協同教學架構 257-260
Counselors, school 諮商輔導員，學校 249
Crisis, behavioral 突發狀況，行為 163-164
Cultural ideas, of autism 文化觀點，自閉症的 19-20
Culture, school 文化，學校 27-28
Curricula and instruction, designing 課程與教學，設計 28
See also Inclusive pedagogy 另參照融合教學法
Curriculum, building connections using 課程，運用……建立聯結 92-93

Definitions and labels 定義與標記
Autism spectrum disorders 自閉症系列異常 4-7
Considerations in 考量 7-8
Diagnostic language of 診斷式語言 10-11
Differing perspectives of 不同觀點 2-4
Labeling of difference, challenge of 相異的標記 45-46
Local understanding of 對……有局內人的理解 2
Problems with assessments 評量的問題 8-10
Significant characteristics 重要特徵 11-19

Communication differences 溝通差異 14-15
Interests or fascinations 興趣或執迷 17-19
Learning differences 學習差異 16-17
Movement differences 動作差異 11-13
Sensory differences 感覺差異 13-15
Socialization and interaction differences 社交差異 15-16
Social concerns 社會觀點 19-20
Summary of 總結 20-21
Democratic classrooms 民主式教室 25-26
Desktop teaching 桌上教學 207
Devices, communication 輔具，溝通 117-118, 121
Diagnostic and Statistical Manual of Mental Disorders, Fourth Edition, Text Revision (*DSM-IV-TR*) 心理異常診斷統計手冊（美國精神醫學會） 5, 6, 7
Diagnostic tests 診斷測驗 8-10
Dialogue teaching 磋商教學 97-99
Differences, recognizing 差異，認知 44-45
Differentiating instruction 多元層次教學 184
"Difficult" families, connecting with 「難對付的」家庭，與……聯結 61-62
Dignity, preserving 自尊，維護 47-48
DSM-IV-TR, see *Diagnostic and Statistical Manual of Mental Disorders, Fourth Edition, Text Revision* 心理異常診斷統計手冊
Duet teaching 雙人教學 259

Echolalia 鸚鵡式語言（仿說）
Perceptions of 理解 111-113
Uses and purposes of 用途與目的 110-111

Echo reading 複誦 143
Educational segregation practices 隔離教育的做法 34-35
Education for All Handicapped Children Act of 1975 (PL 94-142) 1975 年障礙兒童教育法（美國 94-142 公法） 32, 35
Educators, *see* Teacher, roles of the 教育者，參照老師，角色
Ethnic differences, recognizing 種族差異，認知 60-61
Expertise and power, reconfiguring 專業與權力，重新界定 46-47
Extended family members 大家庭成員 59
Extracurricular activities 課外活動 64, 102
Eye contact, avoidance of 視線接觸，避免 126-127

Facial expressions 臉部表情 124
Facilitated communication (FC) 促進溝通法 119-122, 158
Fading support 褪除協助 255-257
Families, welcoming（學生的）家人，接納 63-64
Family connections, building *see* Home-school partnerships 家庭聯結，建立，參照家庭－學校夥伴關係
Family diversity 家庭結構的多樣性 60-61
Family history, difficult 家庭史，障礙兒 62-63
Family resources, seeking 家庭資源，尋求 68-69, 160-161
Family-school collaboration 學校－家庭合作 243-244
FAPE, *see* Free and Appropriate Public Education 免費適當的公共教育
Fascinations or interests, characteristics 興趣或執迷，特徵 17-19
Fluorescent lighting 日光燈照明 78
Fragile X syndrome X 染色體脆折症，因 X 染色體異常導致的遺傳性病症，患童可能出現的症狀包括學習障礙、感覺統合障礙、行為情緒問題、過動、自閉傾向等 7
Free and Appropriate Public Education (FAPE) 免費適當的公共教育

32-33
Friendships, creating *see also* Community building; Community-building activities 友誼，建立，參照營造歸屬感；營造歸屬感活動 91-92

Games, for engaging all learners 遊戲，讓所有學生都參與的 196-202
General education teachers 普通教育老師 245-246
Gesture systems, of communication 手勢系統，溝通 114-115, 237
Groupings, flexible 分組，彈性 189-190

Handwriting, options for 手寫，選擇 117-119, 236-238
Hearing, sense of 聽覺 13-14
Home-school partnerships, building 家庭—學校夥伴關係，建立 57-59
Effective ways to improve communication systems 改善溝通系統的有效方法 66-68
Seek expertise from families 從學生家人身上尋求專業知識 68-69
Share information and knowledge 分享資訊與知識 69-72
Value all students 重視所有學生 66
Welcome families 溫馨接納（學生的）家人 63-64
Learning about families, suggestions for 認識（學生的）家人，建議
"Difficult" families 「難對付的」家庭 61-62
Diversity of families 家庭結構的多樣性 60-61
Extended family members 大家庭成員 59-60
Summary of 總結 72
Home visitations 家庭訪視 69

IDEA, *see* Individuals with Disabilities Education Act of 1990 (PL 101-476) 1990 年美國身心障礙者教育法（美國 101-476 公法）
IEP, *see* Individualized Education Program 個別化教育方案

Inclusive pedagogy 融合教學法
Lesson planning for 為……做課程規劃
Assessments 評量 210-213
Meaningful content 有意義的內容 185-188
Flexible groupings 彈性編組 189-190
Lesson formats 課程形式 191-210
Materials 教學輔具 191
Summary of 總結 213-214
Inclusive schooling 融合教育
Characteristics of 特徵
Committed leadership 堅定的領導 24-25
Democratic classrooms 民主的教室 25-26
Engaging and relevant curricula 增加學生參與並安排與學生切身相關的課程 28
Reflective educators 反思的教育者 26-27
Responsive instruction 靈活應變的教學 28-29
Supportive school culture 支持性的校園文化 27-28
Defining 定義 23-24
Federal law and 聯邦法案 31-40
Adoption practices 採用措施 35
Individuals with Disabilities Education Act (IDEA) of 1990 (PL 101-476) 1990 年美國身心障礙者教育法（美國 101-476 公法） 32-35
Questions and answers related to 與……相關的問與答 35-40
Summary of 總結 40-41
See also specific interests 另參照特定的興趣
Inclusive school movement 融合教育運動 29-31, 45
Indirect communication 間接溝通 129-131

Individual strategies, *see* Teaching strategies, ideas for inspiring 個別策略，參照教學策略，激勵（學生）的建議
Individualized education program (IEP) 個別化教育方案 33, 157
Individuals with Disabilities Education Act (IDEA) of 1990 (PL 101-476) 1990 年身心障礙者教育法（美國 101-476 公法） 32-35
Instructional arrangements 教學安排 28-29
Interests, incorporating 興趣，結合 139-140, 234-235
Interpreting language 解讀語言 131-132

Jigsaw strategy 拼圖策略 195-196

Kanner, Leo （為一美國精神科醫師，於 1940 年代首先提出自閉症為繼智能不足和腦性麻痺之後最常見的發展障礙） 4

Labels, *see* Definitions and labels 標記，參照定義與標記
Landau-Kleffner syndrome 藍道克萊富勒症候群（又叫藍克氏症或 L-K 症候群，為後天性癲癇失語症） 7
Language 語言
  Deciphering 辨識 131-132
  Importance of 的重要 166-169
Leadership, theory of 領導，的理論 24-25, 252
Learning differences 學習差異 16-17
Learning environment, *see* Classroom environment, planning for 學習環境，參照教室環境，設計
Learning log 學習日誌 71-72
Learning space, organizing 學習空間，組織 85-87
Least restrictive environment (LRE) 最少限制的環境（指特殊學生在各種特教安置模式中、依特殊學生的情況，盡可能安置在與一般環

境或同儕接觸最多的形態） 32, 33-34
Legislation 立法 31-32
Adoption practice 採用措施 35
Individuals with Disabilities Education Act (IDEA) of 1990 (PL 101-476) 1990 年身心障礙者教育法（美國 101-476 公法） 32-35
Questions and answers related to 與……相關的問與答 35-40
Lesson formats, ideas for 課程形式，建議 191-210
Lesson planning, *see* Inclusive pedagogy 課程規劃，參照融合教學法
Lighting, classroom 採光，教室 77-78
Listening skills 傾聽技能 51-53
Literacy opportunities, expanding 識字和閱讀寫作的機會，增加 135-137
Ideas for 建議
Comprehension support 幫助（學生）理解 147-149
Incorporating interests 結合興趣 139-140
Offering multiple texts 提供多樣化的閱讀教材 145-147
Reading aloud 大聲朗誦 142-144
Seeking natural instruction opportunities 尋求教學的自然情境 144-145
Using visuals 運用視覺輔助教材教具 140-142
Written conversation 文字溝通 142
Multiple model of literacy 多元讀寫模式 137-139
For students without reliable communication 為缺乏有效溝通能力的學生 149-151
Summary of 總結 151-152
LRE, *see* Least restrictive environment 最少限制的環境

Making Action Plans (MAPs), process for 訂定行動計畫，過程　219-224
Materials 教材
　　Managing 管理　86-87
　　Teaching 教學　191
Memory difficulties 記憶困難　16-17
Movement 動作
　　Differences 差異　11-13
　　Problems, help with 困難，協助　232-234
Multicultural connections 多元文化聯結　93
Music, benefits of 音樂，的效益　80-81

National Council on Disability (NCD) 美國身心障礙者協會　34
Natural lighting 自然採光　78
Natural opportunities, for instruction 自然情境，教學的　144-145
Natural supports, using 自然援助，採用　255-257
NCD, *see* National Council on Disability 美國身心障礙者協會
"Neurotypical" perceptions 典型神經知覺（典型神經症患者心裡一直擔憂著社會議題，有強烈優越感，對社會規範極為固執，心裡只有一套社會標準，事情只有絕對的對或錯，對異於社會標準的人事物難以接受，不善獨處，在團體中有固執的社交或行為，常常堅持一些沒有意義的、早已過時的或根本不可能做得到的儀式，想藉此來維護成員對團體的認同，不太會用直截了當的方式溝通，相對自閉症患者來說，比較常有說謊的現象）　19-20
Nonfiction reading materials 非故事性的讀物　146
Nonverbal communication, supporting 非口語溝通，支持性　149-151, 235-236
Numbered Heads Together strategy 編號分組策略　194-195

Oberti v. Clementon Oberti 對 Clementon 案例　38
Objects, communication through 實物，透過……溝通　115-116
Obsessive behaviors, *see* also Behavior, supporting 強迫行為，另參照行為，支持性　17-19
Occupational therapists 職能治療師　248-249
Organizational skills, improving 組織的技巧，提升　87, 229

Parallel teaching 平行教學　260
Paraprofessionals 輔助性專業人員　246-248
Parents 家長
　Groups 團體　219
　Reports 報告　69-70
Partnerships, building, *see* Home-school partnerships, building 夥伴關係，建立，參照家庭—學校夥伴關係，建立
PDD-NOS, *see* Pervasive developmental disorder-not otherwise specified 無其他特殊性的廣泛性發展障礙
PECS, *see* Picture Exchange Communication System 圖片交換溝通系統
Pedagogy, *see* Inclusive pedagogy 教學法，參看融合教學法
Peer support 同儕支持　99-101
Perceptions, understanding 認知／看法，了解　164-166
Personal relationships, forming 個別關係，形成　93
Personality conflicts 個性不合　62
Pervasive developmental disorder-not otherwise specified (PDD-NOS) 廣泛性發展障礙　7
Physical supports, fading 肢體協助，褪除　255-257
Physical therapists 物理治療師　248-249
Picture Exchange Communication System (PECS) 圖片溝通交換系統　116

Pictures, communication through 圖片，透過……溝通 115-116
PL 94-142, *see* Educational for All Handicapped Children Act of 1975 1975 年障礙兒童教育法（美國 94-142 公法）
PL101-476, *see* Individuals with Disabilities Education Act (IDEA) of 1990 1990 年身心障礙者教育法（美國 101-476 公法）
Planning backward 倒行規劃 224-226
Portability, principle of 可移動性，原則 38
Portfolio approach 作品集方式 121, 123, 218
Problem behavior, *see* Behavior, supporting 問題行為，參照行為，支持性
Problem-solving skills 問題解決技能 169-170
Processing difficulties 訊息處理困難 16-17
Professional development 專業成長 50-51, 219
Project-based instruction 主題計畫教學 205-207
Prompts, fading adult 提示，減少成人 255-257
Psychologists, school 心理治療師，學校 249
Punishment, using 懲罰，使用 176-177
see also Behavior, supporting 另參照行為，支持性

Reading aloud 大聲朗誦 142-144
Reading comprehension 閱讀理解，閱讀能力 147-149
Reading instruction, *see* Literacy opportunities, expanding 閱讀指導，參照識字與讀寫機會，增加
Reciprocal teaching 互動教學法 148-149
Reflective teacher, defining 反思的老師，定義 26-27
Reinforcement, using 增強，使用 175-176
Related service providers 相關服務的提供者 247
Relationships, facilitating, *see* Community building; Community-building

activities 關係，促進，參照營造歸屬感和營造歸屬感活動
Relaxation skills, teaching 放鬆技巧，教導　234-235
Rett syndrome 雷特氏症（一種發生率比自閉症更為罕見，而且只發生在女生的腦神經失調，病因未明，在歸類上屬廣泛性發展障礙）　7
Rewards, using 獎賞，使用　175-176
Roncker v. Walter Roncker 對 Walter 一案　38
Roundtable recordings 圓桌記錄模式　193-194
Routines and schedules, using 固定作息與課程進度表，採用　227-228

Sacramento City School District v. Rachel H.　33
Safe space, providing 安全的空間，提供　235-236
Schedules, using 功課表，使用　227-228
School community 學校社群　161-162
School counselors 學生輔導員　249
School culture, supportive 校園文化，支持性的　27-28
School-family partnerships, elements of 學校與家庭的夥伴關係，的基本要素　63-72
Seating options 座椅的選擇　83-85
Self-advocacy 自我爭取權益　50
Self-awareness, teaching 自我覺察，教導　231-232
Self-care, teachers 自我照顧，老師　173
Self-determination, curriculum of 自我決定，的課程　180
Sensory differences 感覺差異　13-14
Service learning projects 服務學習方案　202-205
Sharing, spaces for 分享，作為……空間　97-98
Siblings, support and information from 手足，來自……的支持和訊息　59-60

Sign language 手語 114-115, 236
Smell, sense of 嗅，覺 13-14
Smell sensitivities 嗅覺敏感 81-82
Social connections, creating 社會聯結，建立 92-93
see also Community building; Community-building activities 另參照營造歸屬感；營造歸屬感活動
Social construction, of autism 社會建構，自閉症的 19-20
Socialization and interaction differences 社交和互動差異 15-16
Social participation 社會參與 99
Social skills, appropriate 社交技巧，適宜的 106
Social stories 社會故事 103-104
Social workers 社工 249
Societal ideas, of autism 社會印象，社會看法，自閉症的 19-20
Solution building, sharing 建立解決方案，分享 67-68
Sound, sensitivities to 聽覺，敏感 78-81
Special education teachers 特殊教育老師 246
Speech-language therapists 說話及語言治療師 248-249
Speech communication, building 言語溝通，建立 110-113
Standardized testing movement 標準化測驗運動 50
Station teaching 教學站 209-210, 259
"Staying put" supports 「留在原位」的支持 230-231
Stereotypical movements 刻板動作 11-13
Strengths, student 強項，學生 64-66
Student learning logs 學生學習日誌 71-72
Student-centered instruction 學生中心式教學 193
Subversive pedagogy, *see also* Inclusive pedagogy 顛覆教育，另參照融合教學法 53-54
Supplemental aids and services 輔具與相關服務 37-38

Supportive communication partner, being, *see* Communication skills, building 支持性的溝通夥伴，做，參照溝通技能，建立
Surveys, family/student 調查，家庭／學生　216-217
Symbol Systems, of communication 符號系統，溝通的　114-115

Talking board 說話板（一種裝有電子音響合成器、會發出人聲的電子溝通裝置）　124
TASH, *see* The Association for Persons with Severe Handicaps 美國重度障礙者協會
Teacher, role of the 老師，的角色　245-246
　Summary of 總結　54-55
　Supportive practices 支持性做法　43-44
　　Advocate for students 為學生爭取權益　50
　　Elicit good listening skills 誘發良好傾聽技巧　51-53
　　Look for complexity in learners 發掘學生的整體能力　48-49
　　Practice subversive pedagogy 採行顛覆教育　53-54
　　Preserve student dignity 維護學生自尊　47-48
　　Recognize differences 認清差異　44-45
　　Reconfigure expertise 重新界定專業　46-47
　　Renew new ideas 更新新觀念　51
　　Resist the use of labels, *see also* Collaborative learning structure 拒絕使用標記，另參照合作學習架構　45-46
Teacher-family communication, *see also* Home-school partnerships, building 教師—家人溝通，另參照家庭—學校夥伴關係，建立　67-68
Teaching strategies, ideas for inspiring 教學策略；激勵……的建議　215-216
　For all students 為所有學生　226-231
　　Giving choices 讓（學生）選擇　229-230

Improving organizational skills 提升組織能力　229
"Staying put" supports 「留在原位」的支持　230-231
During transitions 轉變期間　228-229
Using routines and schedules 採用固定作息與課程進度表 227-228
Getting ready 準備　216-217
Developing portfolios 建立作品集　218
Family / student surveys 家人／學生調查　216-217
Gathering information 蒐集資訊　219
Making Action Plans (MAPs) 擬定行動計畫　219-221
Planning backward 倒行規劃　224-226
School previews 預覽校園　226
Studying "worst possible day" 研擬「可能最糟的情況」 221-223
Students with autism 自閉症學生　231
Individual strengths and expertise 個別的強項與專才　234-235
Nonverbal supports and cues 非口語的支持和提示　236-237
Opportunities for breaks 暫時休息的機會　234
Options for expression 表達方式的選擇　237-239
Providing safe space 提供安全的空間　235-236
Self-awareness 自我覺察　231-232
Summary of 總結　239-240
Team-oriented structures, *see* Collaborative learning structure 團隊導向架構，參照合作學習架構
Telephone call, parents 電話，家長　68
Temperature, classroom 室溫，教室　83
Testing adaptations 評量調整　210-212
Testing tools, problems with 評量工具，的問題　8-10

The Association for Persons with Severe Handicaps (TASH) 美國重度障礙者協會 50, 55
Thematic stories 主題故事 136
Therapists, school 治療師，學校 248-249
Think-aloud strategy 有聲思考法 148-149
Time-out 隔離，暫停 177-179
Tone, considerations in 音調，考慮 127-128
Transitional school previews 轉銜時期的校園預覽 226
Transitions, challenges during 轉變過程中的挑戰 228-229
Typed communication, *see* Augmentative and alternative communication (AAC) systems 打字溝通，輔助與替代性溝通系統
Verbal interactions, supporting 口語互動，支持 235-236
Visual clutter 視覺上的凌亂 87
Visual sensitivity 視覺敏感 14
Visuals, using 視覺輔助教材教具，使用 140-142
Voice volume, considerations in 音量，考量 127

Williams syndrome 威廉氏症候群（一種罕見的基因缺陷疾病，患者第七對染色體的長臂近端區段缺損，導致一或多個基因功能異常） 7
"Worst possible day", studying 「可能最糟的情況」，研擬 221-223
Writing process 書寫過程 117-119
Written expression 書寫表達 142, 237-239

國家圖書館出版品預行編目資料

愛上小雨人：自閉症參與融合教育完全手冊
／Paula Kluth 著；黃惠姿、林銘泉譯.
-- 初版. -- 臺北市：心理, 2006 [民 95]
面； 公分.--（障礙教育；65）
參考書目：面
含索引
譯自："You're going to love this kid!"：Teaching students with autism in the inclusive classroom

ISBN 978-957-702-971-3（平裝）

1.融合教育　　2. 自閉症

529.6　　95023293

障礙教育 65　愛上小雨人：自閉症參與融合教育完全手冊

作　　者：Paula Kluth
譯　　者：黃惠姿、林銘泉
執行編輯：林怡倩
總 編 輯：林敬堯
發 行 人：洪有義
出 版 者：心理出版社股份有限公司
社　　址：台北市和平東路一段 180 號 7 樓
總　　機：(02) 23671490　傳　真：(02) 23671457
郵　　撥：19293172 心理出版社股份有限公司
電子信箱：psychoco@ms15.hinet.net
網　　址：www.psy.com.tw
駐美代表：Lisa Wu　tel: 973 546-5845　fax: 973 546-7651
登 記 證：局版北市業字第 1372 號
電腦排版：龍虎電腦排版股份有限公司
印 刷 者：東縉彩色印刷有限公司
初版一刷：2006 年 11 月
初版二刷：2007 年 12 月

ISBN 978-957-702-971-3

讀者意見回函卡

No. ______　　　　　　　　　　　　　　　　填寫日期：　年　月　日

感謝您購買本公司出版品。為提升我們的服務品質，請惠填以下資料寄回本社【或傳真(02)2367-1457】提供我們出書、修訂及辦活動之參考。您將不定期收到本公司最新出版及活動訊息。謝謝您！

姓名：______________________　性別：1□男　2□女

職業：1□教師 2□學生 3□上班族 4□家庭主婦 5□自由業 6□其他____

學歷：1□博士 2□碩士 3□大學 4□專科 5□高中 6□國中 7□國中以下

服務單位：__________________ 部門：__________ 職稱：__________

服務地址：__________________________ 電話：_______ 傳真：_______

住家地址：__________________________ 電話：_______ 傳真：_______

電子郵件地址：____

書名：____

一、您認為本書的優點：（可複選）

❶□內容 ❷□文筆 ❸□校對 ❹□編排 ❺□封面 ❻□其他____

二、您認為本書需再加強的地方：（可複選）

❶□內容 ❷□文筆 ❸□校對 ❹□編排 ❺□封面 ❻□其他____

三、您購買本書的消息來源：（請單選）

❶□本公司 ❷□逛書局⇨______書局 ❸□老師或親友介紹

❹□書展⇨____書展 ❺□心理心雜誌 ❻□書評 ❼其他________

四、您希望我們舉辦何種活動：（可複選）

❶□作者演講 ❷□研習會 ❸□研討會 ❹□書展 ❺□其他_____

五、您購買本書的原因：（可複選）

❶□對主題感興趣 ❷□上課教材⇨課程名稱________________

❸□舉辦活動 ❹□其他______________　　　　（請翻頁繼續）

廣　告　回　信
台北郵局登記證
台北廣字第 940 號

（免貼郵票）

心理出版社股份有限公司
台北市 106 和平東路一段 180 號 7 樓

TEL: (02) 2367-1490
FAX: (02) 2367-1457
EMAIL:psychoco@ms15.hinet.net

沿線對折訂好後寄回

六、您希望我們多出版何種類型的書籍

❶□心理 ❷□輔導 ❸□教育 ❹□社工 ❺□測驗 ❻□其他

七、如果您是老師，是否有撰寫教科書的計劃：□有□無

書名／課程：________________________________

八、您教授／修習的課程：

上學期：________________________________

下學期：________________________________

進修班：________________________________

暑　假：________________________________

寒　假：________________________________

學分班：________________________________

九、您的其他意見

____

謝謝您的指教！ 63065